国家社科基金项目(17BFX012)人工智能知识产权法律问题研究成果

人工智能知识产权保护
挑战及应对

何炼红◎著

CHALLENGES AND COUNTERMEASURES
INTELLECTUAL PROPERTY PROTECTION OF
ARTIFICIAL INTELLIGENCE

法律出版社
LAW PRESS · CHINA
北京

图书在版编目（CIP）数据

人工智能知识产权保护：挑战及应对 / 何炼红著
. -- 北京：法律出版社, 2024
（知识产权法学研究丛书）
ISBN 978-7-5197-8659-5

Ⅰ. ①人… Ⅱ. ①何… Ⅲ. ①人工智能—知识产权法—研究—中国 Ⅳ. ①D923.404

中国国家版本馆CIP数据核字（2023）第248355号

人工智能知识产权保护：挑战及应对
RENGONG ZHINENG ZHISHI CHANQUAN BAOHU : TIAOZHAN JI YINGDUI

何炼红 著

责任编辑 邢艳萍
装帧设计 鲍龙卉

出版发行 法律出版社
编辑统筹 法律应用出版分社
责任校对 王 丰 李景美 裴 黎
责任印制 刘晓伟
经　　销 新华书店

开本 710毫米×1000毫米 1/16
印张 25 **字数** 340千
版本 2024年4月第1版
印次 2024年4月第1次印刷
印刷 北京金康利印刷有限公司

地址：北京市丰台区莲花池西里7号（100073）
网址：www.lawpress.com.cn
投稿邮箱：info@lawpress.com.cn
举报盗版邮箱：jbwq@lawpress.com.cn
销售电话：010-83938349
客服电话：010-83938350
咨询电话：010-63939796

书号：ISBN 978-7-5197-8659-5
定价：98.00元
凡购买本社图书，如有印装错误，我社负责退换。电话：010-83938349

目　录

导　论

一、研究背景

20世纪50年代，人工智能首次吸引了计算机科学家阿兰·图灵（Alan Turing）和数学家约翰·麦卡锡（John McCarthy）的注意力，自此人工智能逐渐发展成为一项具有学术理论研究意义和重大商业应用价值的科学技术。随后人工智能技术得到迅速发展与逐步完善，现已经不能仅仅将其定义为纯粹性的“工具”，其已逐步实现跳出人为设定框架的目标，通过深度学习作出自主决策。目前的人工智能能够以足够高的标准合成文本、音频和图像，人类很难分辨出限制性使用该人工智能技术的合成物（synthetic outputs）与不使用人工智能的非合成物（non-synthetic outputs）的区别。而无论是否出于社会实用性之目的，它们均有助于产生许多人工智能的下游应用，同时促使研究人员投身于人工智能生成模型的技术研究。例如，人工智能中应用于深度仿冒（the deepfakes detection challenge data）的“鉴别器”就能很好地区分该待测文本、音频或图像是否利用人工智能技术进行了合成。[1]随着数字经济时代的到来，深度学习技术推动人工智能进入大规模应用阶段，近年来，百度、阿里巴巴、腾讯、Meta、谷歌等国内外科技巨头以及A股上市公司大力布局人工智能生成内容（Artificial Intelligence Generated Content，AIGC）业务，推动人工智能（Artificial Intelligence，AI）作画、数字虚拟人产品广泛应用于传媒艺术、教育、电商

〔1〕 See Daniel Zhang, Saurabh Mishra et al., *The AI Index 2021 Annual Report*, AI Index Steering Committee, Human–Centered AI Institute, Stanford University, Stanford, CA (Mar.4,2021), https://aiindex.stanford.edu/wp–content/uploads/2021/03/2021–AI–Index–Report_Master.pdf .

等内容创作领域。作为领跑者，谁控制了数据和人工智能技术，谁就可以获取经济和战略发展优势。

人工智能是国际竞争的新焦点、推动经济发展的新引擎，同时人工智能也面临不确定性的风险。许多国家或地区已经开始制定以普遍使用人工智能为内容的第四次工业革命新型发展战略，其中涉及的知识产权问题为该发展战略中的关键要素。例如，2020年2月，欧盟委员会在布鲁塞尔正式发布了《人工智能白皮书：通往卓越和信任的欧洲路径》（White Paper on Artificial Intelligence: A European Approach to Excellence and Trust），旨在提升欧洲在AI领域的创新能力，同时提升贯穿欧盟经济的道德性和可靠性。2021年4月，欧盟发布的《关于人工智能的统一规则（人工智能法）并修正某些联合立法行为》提案（以下简称《人工智能法》提案），作为对《人工智能白皮书：通往卓越和信任的欧洲路径》中政策监管措施的积极践行，该提案提出一套人工智能领域的法律框架，以期采取实际立法行动对人工智能技术的应用风险予以规范和限制。美国特朗普政府于2019年提出美国的"人工智能倡议"（American AI Initiative），致力于加强美国在人工智能领域的世界领先地位，确认人工智能对于美国未来经济发展与安全防范中的重要性，并作出了13859号行政执行命令等措施。[1]随后在"2020年第一份指导备忘录"（The First Guidance Memorandum in 2020）中明确提出，联邦政府需对人工智能研究和政策作出进一步侧重，同时注重其中涉及的知识产权问题。[2]到2023年，人工智能的实践已经应用到人脸和语音识别（face and speech recognition）、视觉感知（visual perception）、自动驾驶车辆（self-driving vehicles）、手术机器人（surgical robots）和社

〔1〕 See *Artificial Intelligence for the American People*, The White House (Feb.11,2019), https://trumpwhite-house.archives.gov/ai/.

〔2〕 See *Memorandum for the Heads of Executive Departments and Agencies*, The White House (Nov.17,2020), https://www.whitehouse.gov/wp-content/uploads/2020/11/M-21-06.pdf.

交媒体的自动推荐(automated recommendations from social media)等领域。而生成式人工智能AIGC的出现，可以基于生成对抗网络、大型预训练模型等人工智能的技术方法，通过已有数据的学习和识别，以适当的泛化能力生成文章、图像、音频等相关内容。AIGC可以广泛应用于教育、科研、娱乐、媒体、营销等领域，为用户提供高效率、高质量、个性化的内容服务。人工智能在广泛作用于社会生产生活方方面面的同时，对现有的知识产权制度提出了诸多挑战。

自2016年起，先后有超过40余个国家和地区推动人工智能发展上升到国家战略高度。[1]这些涉及国家人工智能发展战略的文件均明确提及对人工智能的创新与科学研究的支持，以及相应人工智能的法律应用。面对人工智能发展的重大历史机遇，我国关注人工智能政策的战略布局与协调发展，以期主动谋划、把握方向、抢占先机，引领世界人工智能发展新潮流。2017年7月，国务院发布了《新一代人工智能发展规划》，在此基础上，国务院各部门推出的《促进新一代人工智能产业发展三年行动计划(2018—2020年)》《新一代人工智能治理原则——发展负责任的人工智能》《国家新一代人工智能标准体系建设指南》等政策，进一步细化了实施方案，为我国进一步提高人工智能软实力、应对国际人工智能竞赛提供了基础。2021年3月，《国民经济和社会发展第十四个五年规划和2035年远景目标纲要》提出，要瞄准人工智能等前沿领域，实施一批具有前瞻性、战略性的国家重大科技项目，加强原创性引领性科技攻关。2021年9月，中共中央、国务院正式发布《知识产权强国建设纲要(2021—2035年)》，明确提出了新时代中国特色社会主义知识产权强国建设的发展目标。为了在全球化新技术产业革命中能占据优势地位，《知识产权强国建设纲要(2021—2035年)》对新技术、新经济、新形势下知识产权制度变革面临的挑战予以了积

〔1〕 中国信息通信研究院:《人工智能白皮书》(2022年)。

极回应，明确提出，要“构建响应及时、保护合理的新兴领域和特定领域知识产权规则体系”，“研究完善算法、商业方法、人工智能产出物知识产权保护规则”。可见，我国正在利用知识产权政策作为国家新兴技术战略的关键工具，其中最值得关注的是知识产权法律制度的建设。在知识产权强国建设纲要出台的背景下，人工智能将更加深刻地融入人类生产生活，同时人工智能的知识产权保护也将带来一系列新的挑战，知识产权法律制度需要进行及时响应，促进人工智能与知识产权法律制度的良性互动。

传统意义上，作为知识产权客体的“智力成果”指向的是民法意义上“人”创造的智力成果。然而，基于人工智能技术的发展和逐步完善，其已能够通过算法作出一定程度上的创造性选择，因而引发了一系列知识产权问题的出现。如果人工智能发挥完全的创造作用，基于创新激励的现有知识产权制度可能不再促进社会进步，甚至是有害的。[1]尽管国际社会和主要发达国家对于人工智能领域出现的知识产权问题予以高度关注并积极回应，且学术界也已有不少关于人工智能领域知识产权问题的研究，然而，人工智能作为一个新生事物，其引发了知识产权法中关于法律主体、范围、保护标准、侵权和应用之间关系等诸多新问题并没有达成共识，也缺乏统一的规范。随着技术的不断发展、保护力度的不断加强、保护范围的不断扩展，人工智能知识产权问题将是一个持续研究的热点问题。本书从人工智能和知识产权制度之间的交互影响入手进行理论分析，探讨人工智能算法、人工智能数据的知识产权保护问题，回应人工智能生成物的著作权和专利权挑战以及人工智能技术对知识产权法律制度实践提出的挑战。本书的研究具有重要的理论和现实意义。

---

〔1〕 See Jyh-An Lee, Reto M. Hilty and Kung-Chung Liu, *Artificial Intelligence and Intellectual Property*, Oxford University Press, 2021, p.1.

二、研究思路

本书综合运用法政策学分析、规范分析、比较研究、实证研究等研究方法，在界定人工智能技术、考察人工智能发展趋势以及知识产权前沿动态的基础上，从人工智能与知识产权法律制度的关系出发，将人工智能知识产权法律问题归结为两大类型：

一是人工智能技术直接对知识产权保护提出的挑战。人工智能技术涉及的算法和数据，如何在平衡公共利益与创新发展的前提下确立知识产权保护规则，目前存在较大的争议，需要进行专门的探讨。与此同时，人工智能作为一项新兴技术也直接影响到知识产权的主体客体制度。由于人工智能生成"作品"的文化属性与生成"发明"的技术属性二者有所区分，应分别探讨人工智能生成物的著作权保护问题、人工智能生成物的专利权保护问题。由此，归纳出本部分的四个探讨的问题：(1)人工智能算法的知识产权保护问题；(2)人工智能数据的知识产权保护问题；(3)人工智能生成物的著作权保护问题；(4)人工智能生成发明的专利权保护问题。

二是人工智能技术应用对知识产权法律制度提出的挑战，即通过影响社会实践从而对知识产权法律制度产生影响，由此导致的人工智能知识产权法律应用问题。譬如，应用人工智能技术实现了网络平台著作权侵权纠纷解决"通知—删除"程序的自动化，利用人工智能促进网络购物的智能化、语音化等。在知识产权实务领域，人工智能技术可以应用于专业的知识产权审查、判断活动，例如在专利领域，可以极大地提高检索效率，或者在专利审查方面提高准确度、节约人力成本；在商标领域，可以方便商标的显著性审查以及相似性判定。人工智能在知识产权专业领域有着广泛的应用前景。因此，本部分内容选择了人工智能技术在著作权法、专利法、商标法领域的一些应用问题进行了深入研究。

此外，世界知识产权组织（World Intellectual Property Organization，WIPO）还在第三次“WIPO知识产权与人工智能对话”中提出了深度仿冒问题，所谓深度仿冒即生成人类模拟肖像及特征（如声音和外形）的技术，其已经成为现实存在，并已投入使用。深度仿冒是人工智能应用于社会实践后的技术效果，对知识产权制度也必将产生影响，基于其前沿性与新颖性，本书将其单独作为一章进行了探讨。

第一章　人工智能知识产权概论

第一节　人工智能的概念及构成

一、人工智能的概念

人类已经进入第四次工业革命时期。回顾前三次工业革命，第一次是以蒸汽机为代表的机械革命，标志着人类从传统的农业社会正式迈入工业社会；第二次是以发电机、内燃机为代表的电气革命，人类开始进入电气时代；第三次是以原子能、电子计算机、空间技术和生物工程为典型的新兴技术革命，它推动了人类社会的现代性变革。第四次工业革命，亦称“工业4.0”，它最早出现于德国2013年4月发布的《实施“工业4.0”战略建议书》之中。德国学术界和产业界普遍认为，“工业4.0”是指以智能制造为主导的第四次工业革命，或革命性的生产方法，旨在通过充分利用信息通信技术和网络物理系统等手段，推动制造业向智能化转型。[1]

2013年，我国也成立了专门的工业4.0研究院（China Academy of Industrie 4.0），它是独立的研究机构，主要研究第四次工业革命相关的技术、专利、战略、模式和实践等内容。[2]自2016年起，工业4.0研究院每年都会发布《全球工业4.0研究报告》，分析全球“工业4.0”发展态势，

〔1〕 参见《经济所：德国“工业4.0”及其影响》，载中国社会科学院，http://www.cass.cn/xueshuchengguo/jingjixuebu/201402/t20140224_971515.shtml。

〔2〕 参见《工业4.0研究院（China Academy of Industrie 4.0）介绍》，载工业4.0研究院，http://www.innobase.cn/? page_id=2。

2019年12月，工业4.0研究院发布了《2020全球工业4.0研究报告》，认为“2020是第四次工业革命的元年，它将延续至少50年的长周期，经济增长也将迈向一个新高度”。[1]“工业4.0”以高度数字化、高度自动化、高度网络化为主要特征，其中人工智能、数字孪生体、5G/6G是关键的技术动力。

第四次工业革命亦是高度智能化的革命，社会将朝着智能制造、智能应用方向不断发展。人工智能是第四次工业革命中蓬勃且富有前景的应用，自约翰·麦卡锡1956年提出人工智能概念以来，半个多世纪的发展进程中，人工智能技术经历了一轮又一轮的革新，从早期的自然语言理解程序到20世纪80年代人工智能程序“专家系统”，再到现代的人工智能的智能推算、深度学习，人工智能与社会行业形成更深刻的交涉。

人工智能的概念源于1956年的达特茅斯会议，它是“研究开发能够模拟、延伸和扩展人类智能的理论、方法、技术及应用系统的一门新的技术科学”，[2]经过半个多世纪的发展，人工智能逐渐成为一门成熟的学科。因此，宏观意义上的人工智能是“一门涉及心理学、认知科学、思维科学、信息科学、系统科学和生物科学等多学科的综合型技术学科”[3]。中国人工智能学会认为：“人工智能是一门利用计算机模拟人类智能行为科学的统称，它涵盖了训练计算机使其能够完成自主学习、判断、决策等人类行为的范畴。”[4]人工智能包含一系列的技术，如深度学习、语

---

〔1〕 工业4.0研究院：《2020全球工业4.0研究报告——迎接第四次工业革命的元年到来》，载工业4.0研究院2019年12月27日，http://www.innobase.cn/wp-content/uploads/2020/06/international_industrie4.0_report_2020.pdf。

〔2〕 谭铁牛：《人工智能的历史、现状和未来》，载《智慧中国》2019年第Z1期。

〔3〕 邹蕾、张先锋：《人工智能及其发展应用》，载《信息网络安全》2012年第2期。

〔4〕 中国人工智能学会、罗兰贝格：《2017中国人工智能系列白皮书——中国人工智能创新应用（罗兰贝格）》，载中国人工智能学会2017年12月8日，http://caai.cn/index.php?s=/home/article/detail/id/433.html。

音识别、自然语言处理、云计算、智能机器人，这些技术的目的在于使机器或系统更加智能地完成给定的任务，这也是各国的人工智能战略中最常见的理解。除了理解为一门学科，在具体的定义上，人工智能并没有一个从业者普遍接受的说法。有人认为，人工智能是一种能够表现出智能行为的计算机系统；也有人认为，它是能够理性解决复杂问题或在现实世界中采取适当行动实现目标的系统。[1]在欧盟《人工智能法》提案中，人工智能系统（AI system）被定义为“使用一种或多种技术和方法开发的软件，并且对于给定的一组人类定义的目标，可以生成诸如内容、预测之类的输出，影响与其互动的环境的建议或决策”。[2]联合国西亚经济社会委员会（Economic and Social Commission for Western Asia，ESCWA）认为，人工智能“为机器和系统获取和应用知识并进行智能行为的能力”。[3]世界经济合作与发展组织（Organization for Economic Cooperation and Development，OECD）是将人工智能系统进行整体定义，认为“人工智能系统是基于机器的系统，对于一组特定的人类定义目标，可以作出影响真实或虚拟环境的预测、建议或决策，人工智能系统的设计具有不同程度的自主性”。[4]

虽然对于人工智能的表述存在一定的差别，但是整体上都将人工智能视为一种系统，这种系统具有自主性或者智能性，能够提供决策或完成特定任务。系统可以分为硬件和软件两个层次，例如计算机系统在硬件

〔1〕 See *Preparing for the Future of Artificial Intelligence*, The White House (Oct.12,2016), https://obamawhite-house.archives.gov/sites/default/files/whitehouse_files/microsites/ostp/NSTC/preparing_for_the_future_of_ai.pdf.

〔2〕 欧盟《人工智能法》提案第3条。

〔3〕 See *Artificial Intelligence*, American University of Beirut (Jul.1,2019), https://www.unescwa.org/sites/www.unescwa.org/files/events/files/kayssi-definition-artificial-intelligence-en_0.pdf .

〔4〕 See *Recommendation of the Council on Artificial Intelligence*, OECD Legal Instruments (May 22,2019), https://legalinstruments.oecd.org/en/instruments/OECD-LEGAL-0449/.

上包括主机、外设，在软件系统系统上包括系统软件和应用软件。人工智能也是类似，系统的物理设备、机器人外形等属于硬件层次，其操作程序、应用程序、算法属于软件层次。因此，总的来看，人工智能是以算法为基础，数据为质料，由软件、硬件有机组成的、具备自主决策能力的智能系统。

二、人工智能的构成

从法律的角度，人工智能可以分为7个具有各自特性的相关组件：(1)包括软件源代码和算法的计算机程序；(2)训练数据语料库；(3)神经网络；(4)机器学习过程；(5)人工智能应用；(6)参考模型；(7)硬件。这些不同的组件可以结合不同形式的知识产权获得最有效的保护。[1]

(一)软件源代码和算法

软件由几个要素组成，每个要素都有自己的结构、目的和法律分类。从表层看，软件包含源代码和固件(目标代码)，这两者都可以受到版权保护。然而，当从底层看时，软件的基本算法、功能、原则和思想并不受版权保护。[2]这是思想表达二分法的结果，基于二分法版权保护思想的表达，而并非思想本身，因此，只有计算机程序的表达受版权保护。欧盟软件指令禁止对功能进行版权保护。

对于软件的功能是否有资格获得专利保护这一问题，支持和反对软件的专利性的论点往往集中在经济影响上。一方面，对软件功能的专利保护

〔1〕 See Mauritz Kop, *AI & Intellectual Property: Towards an Articulated Public Domain*, 28 Tex. Intell. Prop. L.J. 297 (2020).

〔2〕 See Daniel Gervais & Estelle Derclaye, *The Scope of Computer Program Protection after SAS: Are We Closer to Answers*?, European Intellectual Property Review, Vol. 34:8 p.565, 572 (2012).

可以为初创企业和小微企业提供一些保护，使他们在实现新概念和新想法的开发创造时免受强劲的市场竞争者的侵害。另一方面，那些同样的市场进入者可能会受到“专利流氓”不成比例的影响，他们可能将软件专利武器化对市场造成破坏，从而阻碍创新和创造新的就业机会。

（二）训练数据语料库

人工智能系统通常依赖大量的数据进行训练。在人工智能的许多领域，尤其是机器学习和深度学习中，输入计算机的数据越多，结果越好。数据是使人工智能功能强大的基础要素，收集的数据集越大，对数据的收集和分析越复杂，企业的竞争优势就越明显，而且数据经过迭代之后，企业和企业之间的距离就会越拉越大。[1]一个经过精练或标注的训练语料库（用于开发人工智能系统的数据）可以受到荷兰和法国等国家特别数据库权的保护，也可以受到德国和北欧等其他欧盟国家“邻接权”的保护。训练语料库的数据库保护标准是对信息的系统化建模和组织。这意味着投资者基于时间、精力和金钱的投资，将原始数据转化为高质量数据，满足领接权的保护条件。除此之外，在欧洲和美国，原始数据理论上可以受到商业秘密立法的保护，未经授权访问在线数据也可能违反侵权法、隐私法和刑法的相关规定。

（三）神经网络、机器学习过程、人工智能应用

神经网络拓扑技术可以通过专利进行保护，且专利保护期长达20年。由生成性和鉴别性神经网络（或算法）组成的生成性对抗性网络（GAN）、机器学习过程和人工智能应用也是可专利的。与数字双胞胎技术相关的新发明，利用数字模型、传感器信息、输入数据，反映并预测实体产品全生

〔1〕 参见答凯艳：《人工智能的过去、现在和未来》，载《系统科学学报》2022年第1期。

命周期的活动和技术，同样可以获得专利权保护。

（四）参考模型

如果说数据是燃料，则人工智能模型相当于引擎。参考模型是指被用于作为基准和对比的模型，在结构化信息标准促进组织的定义中，它被用于理解某些环境中实体之间的重要关系，以及用于开发支持该环境的一般标准或规范框架。根据欧盟《商业秘密保护指令（EU）2016/943》，参考模型可以受到商业秘密的保护。然而，用商业秘密保护参考模型并不能防止逆向工程。由此产生的立法和实务的差距可以通过合同约定排除逆向工程来弥补。机器学习模型使用它所学到的关于训练数据中其他对象的知识来推断、排除或预测结果。推理模型将这些学习到的逻辑关系应用于新的对象或问题。推理模型不能受版权保护，因为它的目的是获得技术结果。即使推理模型已经被编码进数据库中，但由于缺乏独创性和创造性，在版权制度下由数据库权利保护也可能存在问题。

（五）硬件

硬件设计、原理图和电路可以通过专利或计算机芯片授权保护。比如神经形态芯片、纳米生物芯片、记忆体、光纤芯片和量子计算机等都可以成为计算机芯片的权利保护的主题。人工智能的产品设计、软件接口和网站设计在美国和英国是可以通过商业外观来保护的，这种权利旨在让消费者不去购买或使用模仿原作形状、外观、感觉和包装的产品，但其一旦被授予就会永久存在从而阻碍市场竞争以及创新。硬件建模、硬件布局、印制电路板在欧洲可以受到设计权的保护，此种权利旨在保护产品视觉外观。硬件设计的非功能性创造方面可以受到版权保护。

第二节　人工智能涉及的知识产权法律问题

一、当前关于人工智能知识产权法律问题的探讨

（一）国内人工智能知识产权法律问题

人工智能时代是知识革命时代，人类社会的生产力结构从"（人+知识）+工具"向"人+（知识+工具）"转变。[1]人工智能将极大提高社会生产效率，包括文化的创造与生产。然而，"智能革命给当下的法律规则和法律秩序带来一场前所未有的挑战"[2]，在知识产权领域，人工智能可以生成各种"作品"以及"发明"，这些生成物的属性存在争议的同时，人工智能的生成机制，数据的利用与权益保护，以及人工智能技术应用对现行法律制度实施带来的挑战也成为关键的议题。人工智能的创新和创造是否需要知识产权制度激励，人类创造的价值与人工智能创造的价值应该如何平衡？面对这些问题，知识产权法是在既有框架下作出解释还是进行制度的变革，这是人工智能时代需要回应的重要问题。

面对诸多问题，需要形成体系化的思维去解决争议，首先需要对人工智能知识产权法律问题进行系统的总结，在这方面，存在一些既有研究，在国内，吴汉东、张平、张晓津三位学者较早对该问题进行了探讨，主要涉及的问题有人工智能著作权法问题、人工智能专利法问题、人工智能在反

〔1〕 参见何立民：《人工智能时代是什么时代？》，载《单片机与嵌入式系统应用》2020年第4期。

〔2〕 吴汉东：《人工智能时代的制度安排与法律规制》，载《法律科学（西北政法大学学报）》2017年第5期。

垄断与不正当竞争中的问题以及人工智能在知识产权司法中的运用，[1]整体而言讨论的问题较为广泛，但是仍不全面。杨延超也提出了对人工智能知识产权法律问题的看法，其从三个方面对人工智能知识产权法律问题进行了总结，分别为人工智能对知识产权法哲学的冲击、人工智能对知识产权主客体制度的影响、人工智能对算法和数据的保护。[2]除了上述知识产权基本理论的分析外，还有学者从法经济学的角度对人工智能的市场激励、经济成本问题进行探讨。马忠法、彭亚媛、张驰依据知识产权部门法的分类，对涉及人工智能的著作权法、专利法、商业秘密等问题进行了讨论，此外还补充了数据、无人驾驶汽车及区块链相关的知识产权问题。[3]

（二）域外人工智能知识产权法律问题

在域外的文献中，毛里兹·科普（Mauritz Kop）认为，人工智能包含的知识产权问题有：（1）人工智能创作的授权和所有权及法人资格问题；（2）人工智能发明专利问题；（3）人工智能系统本身各个组成部分的知识产权类型问题；（4）培训数据的许可和数据所有权的法律框架问题。[4]欧洲委员会科学知识服务机构联合研究中心（JRC）在2019年也发布了一份技术报告，对人工智能知识产权问题进行了文献综述，但是局限于四个问题：（1）人工智能的知识产权保护；（2）使用数据来培训人工智能的版权法问题；（3）人工智能生成物的知识产权保护；（4）知识产权与透明度和可解释

〔1〕 参见吴汉东、张平、张晓津：《人工智能对知识产权法律保护的挑战》，载《中国法律评论》2018年第2期。

〔2〕 参见杨延超：《人工智能对知识产权法的挑战》，载《治理研究》2018年第5期。

〔3〕 参见马忠法、彭亚媛、张驰：《与人工智能相关的主要知识产权法律问题》，载《武陵学刊》2019年第1期。

〔4〕 See Mauritz Kop, *AI & Intellectual Property: Towards an Articulated Public Domain*, 28 Tex. Intell. Prop. L.J. 297 (2020).

性之间的相互作用。[1]2020年欧盟发布了一份人工智能对知识产权框架影响的研究报告，报告审查了欧洲对人工智能辅助产出的版权和专利保护，涉及三个优先领域：科学（特别是气象学）、媒体（新闻）和药物研究，报告评估了人工智能在三个重点领域的使用状况，以及对知识产权法目前如何适用于人工智能辅助的创意和创新产出进行了法律分析。在具体展开上，仍然以版权法与专利法为基本框架进行法律分析。[2]

作为最具影响力的国际知识产权组织，WIPO也积极参与人工智能知识产权问题的探讨。WIPO先后召开了四次"WIPO知识产权与人工智能对话"，并且在第三次对话中提出了人工智能知识产权问题的基本框架。早在2018年，WIPO就对各国家和区域知识产权局人工智能工具使用情况进行了调查。2018年5月，WIPO又举办了"知识产权行政管理用信通技术策略和人工智能问题知识产权局会议"，会议一致认为，应对人工智能的迅速变化，需要建立在线协作平台分享经验和最佳实践，[3]随后WIPO创建了一个专门的人工智能网站。2019年9月，WIPO举行了"WIPO知识产权与人工智能对话"，"目标是为成员方提供机会，就AI相关的各种主题进行对话、交流观点，以期增进理解，并就AI对知识产权制度可能产生的影响拟定恰当问题"[4]。会议对各知识产权局人工智能运用进行了总结，例

---

〔1〕 See Joint Research Centre (European Commission), *Intellectual Property and Artificial Intelligence: A literature review*, EU Publications (Mar.4,2021), https://op.europa.eu/en/publication-detail/-/publication/912bc3f8-7d67-11eb-9ac9-01aa75ed71a1/language-en/format-PDF/source-237999626.

〔2〕 See European Commission,*Trends and Developments in Artificial Intelligence Challenges to the Intellectual Property Rights Framework: Final Report*, EU Publications (Nov.25,2020), https://op.europa.eu/en/publication-detail/-/publication/394345a1-2ecf-11eb-b27b-01aa75ed71a1/language-en.

〔3〕 See *Meeting of Intellectual Property Offices (IPOs) on ICT Strategies and Artificial Intelligence (AI) for IP Administration*, WIPO (May 23,2018), https://www.wipo.int/meetings/en/details.jsp?meeting_id=46586.

〔4〕 *WIPO Conversation on Intellectual Property (IP) and Artificial Intelligence (AI)*, WIPO (Sep.27,2019), https://www.wipo.int/meetings/en/details.jsp?meeting_id=51767.

如专利、商标、工业品外观设计检索，用于经济研究和战略分析的数据分析等，还指出WIPO将包容性地获取人工智能工具，提高数字化转型领域的业务效率。[1]2020年7月，WIPO召开了第二次“WIPO知识产权与人工智能对话”，会议最后提出了《关于知识产权政策和人工智能问题的议题文件草案》，指出WIPO人工智能工作的三条主线：(1)知识产权行政管理中的人工智能；(2)知识产权和人工智能战略交换所；(3)知识产权政策。[2]讨论的问题分为六个领域：(1)专利；(2)版权；(3)数据；(4)外观设计；(5)技术差距和能力建设；(6)对知识产权行政管理决定的问责。[3]六个领域中共包含了十三个核心议题，例如，发明人身份和所有权、可专利客体和可专利性指南、深度仿冒、数据权利等。2020年11月，第三次“WIPO知识产权与人工智能对话”召开，会议收集了大量反馈意见，对第二次会议提出的草案进行了修订，其中主要包括：(1)增加定义条款，包括“人工智能”“人工智能生成”等术语的界定；(2)将“版权”改为“版权及相关权”；(3)增加“商标”和“商业秘密”；(4)在多个部分增加了一些竞争法问题来强调相关性。[4]可以看出，第三次会议较之前又有较大的修改，不仅弥补了一些重要的内容，还将各个问题进一步细化。在第三次“WIPO知识产权与人工智能对话”中，将人工智能的知识产权问题概括为八个：(1)专利；(2)版权及相关权；(3)数据；(4)外观设计；(5)商标；(6)商业秘密；(7)技术差距和能力建设；(8)对知识产权行政管理决定的问责。[5]

---

〔1〕 See *WIPO Conversation on Intellectual Property (IP) and Artificial Intelligence (AI)*, WIPO (Sep.27,2019), https://www.wipo.int/meetings/en/details.jsp?meeting_id=51767.

〔2〕 See *WIPO Conversation on Intellectual Property (IP) and Artificial Intelligence (AI): Second Session*, WIPO (Jul.7–9,2020), https://www.wipo.int/meetings/en/details.jsp? meeting_id=55309.

〔3〕 See *WIPO Conversation on Intellectual Property (IP) and Artificial Intelligence (AI): Second Session*, WIPO (Jul.7–9,2020), https://www.wipo.int/meetings/en/details.jsp? meeting_id=55309.

〔4〕 See *WIPO Conversation on Intellectual Property (IP) and Artificial Intelligence (AI): Third Session*, WIPO (Nov.4,2020), https://www.wipo.int/meetings/en/details.jsp?meeting_id=59168.

〔5〕 See *WIPO Conversation on Intellectual Property (IP) and Artificial Intelligence (AI): Third Session*, WIPO (Nov.4,2020), https://www.wipo.int/meetings/en/details.jsp?meeting_id=59168.

从以上人工智能知识产权法律问题的研究来看，人工智能生成物的知识产权问题是最为核心的问题，也是极具理论争议与探讨价值的问题。首先，在研究的思路上，主要从著作权法以及专利法两大领域进行剖析。其次，人工智能的知识产权保护也是重要的议题，涉及其组件是否需要知识产权保护以及如何通过知识产权保护的问题。杨延超、JRC以及Mauritz Kop在其所著的文献中都进行了一些探讨。此外人工智能还涉及其他领域的问题，根据WIPO的划分还涉及外观设计、商标、商业秘密等。

二、本书对人工智能知识产权法律问题的归结

（一）人工智能知识产权法律问题归结的思路

合理界定概念之间的关系是破解人工智能知识产权问题的关键，人工智能知识产权问题即人工智能与知识产权法律制度交互影响下所产生的新问题新挑战。本书将人工智能知识产权法律问题归结为两大类型：一是人工智能直接影响知识产权法律制度产生的问题。作为一项新兴技术，人工智能直接影响知识产权的主体客体制度。知识产权法律制度作为一种上层建筑需要应对这种新的变化，保护人工智能这类变革性技术以促进社会发展，由此产生了人工智能的知识产权保护问题。二是人工智能间接影响知识产权法律制度产生的问题，即通过影响社会实践从而对知识产权法律制度产生影响，由此导致人工智能知识产权法律应用问题。

1.人工智能直接影响知识产权法律制度产生的问题

人工智能直接影响知识产权法律制度产生的问题可以一分为二：其一，人工智能技术对知识产权法律制度的影响；其二，人工智能生成物对知识产权法律制度的影响。对于第一类问题，需要对人工智能技术进行解构，探讨关键有价值的议题。如前所述，人工智能包括软件源代码和算法

的计算机程序、训练数据语料库、神经网络、硬件等，对于通用的技术进行专利保护不存在争议，其中的关键在于算法和数据的保护问题。算法是人工智能的基本逻辑结构，数据是人工智能的基本质料，二者是人工智能结构中最为关键的两部分，而对二者的保护是存在争议的。对于算法商业秘密或专利保护既有优势又有缺陷，孰者更加难以直言。对于数据的保护更具争议，在需要平衡公共利益与创新的前提下考虑其合理的流动，问题较为复杂，因此需要进行专门的探讨。对于第二类问题要解决的核心议题是人工智能生成物在知识产权法律制度中的属性。由于人工智能生成“作品”的文化属性与生成“发明”的技术属性，二者应当分别进行探讨以示区分，即分别探讨人工智能生成物的著作权法问题、人工智能生成物的专利法问题。综上分析，本部分内容涉及四个探讨问题：(1) 人工智能算法的知识产权保护问题；(2) 人工智能数据的知识产权保护问题；(3) 人工智能生成物著作权法问题；(4) 人工智能生成发明专利法问题。

2.人工智能间接影响知识产权法律制度产生的问题

人工智能对知识产权法律制度的间接影响，是通过影响社会实践从而对知识产权法律制度产生效应，由此导致知识产权法律制度人工智能技术应用问题。譬如，应用人工智能技术实现网络平台“通知—删除”的自动化，利用人工智能促进网络购物的智能化、语音化等。在知识产权专业领域，人工智能除了可以应用于知识产权机构、企业的管理及日常活动之外，还可以应用于专业的知识产权审查、判断活动。例如在专利领域，可以极大地提高检索效率，或者在专利审查方面提高准确度、节约人力成本；在版权领域，可以应用于作品的侵权判定，比对作品的近似程度；在商标领域，可以方便商标的显著性审查以及相似性判定。人工智能在知识产权专业领域有着广泛的应用前景，它可以充分提高效率，节约成本。本书选择了人工智能在著作权法、专利法和商标法领域的一些前沿应用问题进行了比较深入的研究。

(二)本书涉及的人工智能知识产权法律问题

1.人工智能算法的知识产权保护问题

人工智能算法是技术人员利用某种数学模型而设计的有步骤的运算方案,是借助计算机一系列特定指令处理问题的思路和策略。算法分类多样,人类可控性不一,算法的法律保护模式并不能一概而论,需要结合权利保护要求及算法本身特征来确定适宜的保护模式。

2.人工智能数据的知识产权保护问题

数字经济的发展已经成为新时代下全球共同关注的问题,在未来,数据如何合理使用,充分流动,有效保护,还需要争取在知识产权构架下,创立数据保护新规则。目前,人工智能数据在应用层面还面临权属不清、公共领域流入不足以及侵权保护困难的问题,为更充分挖掘人工智能数据的应用价值并促进我国数字经济的发展,这些问题亟待解决。

3.人工智能生成物著作权法问题

在目前的著作权法体系中,作品仅是自然人、法人或其他组织创作的智力成果,作品的权利也只能由上述主体取得。随着智能化程度的加快,人工智能已逐渐脱离原始程序而独立生成新的内容,不再局限于对原始信息的抓取和整合。由此出现了新的需要回答的著作权问题:人工智能生成物能否成为著作权法体系当中的"作品",如何确定这种成果的归属,判断人工智能生成物"独创性"应采纳主观标准还是客观标准,如何客观评价生成物产生过程中有无人类干预因素,著作权权利限制和例外制度是否需要作出新的回应等。

4.人工智能生成发明专利法问题

人工智能专利申请,首先,面临的问题为人工智能生成发明是否属于专利授权客体。其次,须明确人工智能生成发明的专利权人和发明人的法律地位和资格的认定问题。最后，需要考察人工智能发明侵权问题。在人机合作生成发明的过程中，发生的侵权行为中存在人类与人工智能合作的因素，单独由人类或人工智能均无法完成完整的发明创造，因此很难将发生的专利侵权结果归因于单个主体身上，对其应当承担的连带责任或按份责任需进行具体考量。

5.人工智能知识产权领域应用问题

人工智能对知识产权制度存在的间接影响，是通过影响社会实践从而对知识产权制度产生效应，可以归结为人工智能知识产权应用问题。本书将集中探讨三个问题。

其一，著作权法领域自动化“通知—删除”程序面临的挑战与回应。算法时代，网络著作权侵权通知呈现大规模增长趋势，存在通知错误侵权隐患，对著作权法上的“通知—删除”规则提出了新的挑战，本书拟探讨如何完善自动化通知构成要件及规制路径、如何明确自动化删除责任主体的审查义务、如何对反通知行为进行规制等问题。

其二，人工智能对高校专利开放许可制度的影响。落实专利开放许可制度对唤醒高校“沉睡”的专利具有现实意义，但在推广过程中依然面临诸多困难。本书拟探讨如何应用人工智能建立专利价值评估机制、提升专利开放许可平台的检索能力、建立专利开放许可数据库，以提升高校专利转化运用效益。

其三，人工智能对商标制度的影响。人工智能促使消费形式的智能化，消费者主观判断的比重降低，可能影响商标法中混淆、淡化等理论基础。同时在侵权领域，由于人工智能算法的介入，网络购物平台的归责问题应予重新审视。此外，人工智能在商标检索和商标管理中的应用，将改变商标注册制度的格局，商标的注册生态以及注册效率将会大为改善。在商标侵权判断和商标管理过程中如何应用人工智能技术，是本书探讨的内容。

6.人工智能深度仿冒技术提出的挑战与回应

深度仿冒是人工智能在人体图像合成技术上的应用，其利用行为可能涉及对知识产权中的著作权和邻接权、公民人格与财产权益、国家安全利益和社会公共利益的侵犯，且深度仿冒不同于一般的人工智能数据处理技术，因其“对抗生成网络”具有特殊性，且该问题具有前沿性与新颖性，本书予以专章探讨。尤其在邻接权领域，深度仿冒背景下对目标形象的盗用和对原表演形象的仿冒可能侵犯权利人的身份权、形象完整权等人身权和信息网络传播权等财产权。如何重新阐释“表演”的含义，明确目标形象来源，确定“歪曲”的认定标准，厘清信息网络传播“其表演”的范围等内容，需要从制度层面予以回应。

第三节　域外人工智能发展与知识产权动态

2010年以来，大数据、云计算等产业迅速发展，人工智能呈现爆发式的增长。到了2016年，AlphaGo在围棋上战胜李世石，标志着人工智能在智力上正式超过人类，人工智能开始引发全世界的关注，意识到其在未来社会中的巨大应用潜力，各国纷纷制定人工智能发展战略。如美国2016年推出的《国家人工智能研发战略规划》(*The National Artificial Intelligence Research and Development Strategic Plan*)，我国2017年7月发布的《新一代人工智能发展规划》，截至2020年7月，全球已有38个国家已制定国家层面的人工智能战略政策、产业规划文件。[1]可以说人类社会正全面迈进人

〔1〕 参见张涛：《2020年全球人工智能政策热点》，载搜狐网2020年12月1日，https://m.sohu.com/a/435550437_358040/。

工智能时代，各国在人工智能知识产权领域的实践同样基于其国家战略布局得以推进和实施。

一、美国人工智能发展趋势与知识产权动态

（一）美国人工智能发展趋势

2019年特朗普政府发布了《维持美国人工智能的领导地位》（Maintaining American Leadership in Artificial Intelligence）的行政指令，提议采取多种方式维护美国人工智能在世界的领先地位，基本原则包括五点：（1）优先考虑人工智能的投资、研发；（2）释放人工智能资源，让联邦数据、模型和计算资源更可供美国人工智能研发专家、研究人员和行业使用；（3）制定人工智能治理标准，促使联邦机构建立各技术部门、工业部门的人工智能开发使用指南；（4）建立人工智能员工队伍；（5）改善美国人工智能研究和创新的国际环境，开放美国人工智能工业的海外市场。[1]该行政指令也推动着《2020国家人工智能倡议法》（National Artificial Intelligence Initiative Act of 2020）[2]的出台，其宗旨也明确指出“确保美国在人工智能研发方面继续发挥领导作用”。法案的基本内容包括了人工智能发展的整体行政部署，规定了包括国家人工智能研究所、国家标准与技术研究所、国家科学基金会、能源部等各个机构的人工智能发展任务、职责，法案还提出科学技术政策办公室主任应建立一个跨部门委员会来协调各机构的项目和活动。从美国的行政指令以及立法来看，其根本意图在于通过全方

〔1〕 See *Maintaining America Leadership in Artificial Intelligence*, The White House (Feb.11,2019), https://trumpwhitehouse.archives.gov/articles/accelerating-americas-leadership-in-artificial-intelligence longress. gov.

〔2〕 See *National Artificial Intelligence Initiative Act of 2020*, Congress Government (Mar.12,2020), https://www.congress.gov/bill/116th-congress/house-bill/6216/text?.

位的战略部署保持其人工智能的领先地位，其战略具有鲜明的特点，具体概括为如下几个方面。

1.人工智能的国家安全高度

人工智能与国家安全息息相关是美国一贯重申的命题。2016年美国国家科学技术委员会（The National Science and Technology Council, NSTC）发布了《准备人工智能的未来》（*Preparing for the Future of Artificial Intelligence*）报告，其中认为人工智能可以在两个方面提升国家安全：（1）人工智能可以通过机器学习应对复杂变化的网络攻击，未来甚至可以“通过大量不断变化的不完整可用数据源生成动态威胁模型来预测网络攻击”[1]，通过发展人工智能将有效保障美国政府机构的网络安全；（2）人工智能在国防领域具有广泛的应用前景，如“致命自主武器系统”（Lethal Autonomous Weapon Systems），除此之外，在“后勤、维护、基地操作、退伍军人医疗保健、挽救生命的战场医疗援助和伤员后送、人员管理、导航、通信、网络防御和情报分析”[2]方面都可以有不错的应用。2017年美国出台了《国家安全战略》（National Security Strategy of the United States of America），其中指出美国将优先考虑对经济增长和安全至关重要的新兴技术，尤其是人工智能在智能驾驶和智能武器领域发展迅速。[3]在国防领域，《国家安全战略》指出将充分利用传统国防工业基础之外开发的创新技术，开发更具致命性的武器系统。美国对人工智能技术的重视使其进一步加大了行政预算，在2018年发布的《2020财政年度行政研究

〔1〕 See *Preparing for the Future of Artificial Intelligence*, The White House (Oct.12,2016), https://obamawhitehouse.archives.gov/sites/default/files/whitehouse_files/microsites/ostp/NSTC/preparing_for_the_future_of_ai.pdf.

〔2〕 See *Preparing for the Future of Artificial Intelligence*, The White House (Oct.12,2016), https://obamawhitehouse.archives.gov/sites/default/files/whitehouse_files/microsites/ostp/NSTC/preparing_for_the_future_of_ai.pdf.

〔3〕 See *National Security Strategy of the United States of America*, The White House, https://trumpwhitehouse.archives.gov/wp-content/uploads/2017/12/NSS-Final-12-18-2017-0905.pdf.

和发展预算优先事项》中提出，“机构应该投资人工智能的基础和应用研究，包括机器学习、自主系统和人类技术前沿的应用”，[1]以此持续维持经济竞争力和国家安全。在2020年10月通过的《关键与新兴技术国家战略》（National Strategy for Critical and Emerging Technologies）中，人工智能作为20个“关键新兴技术”之一被纳入优先发展的范围，[2]商务部部长罗斯认为“关键与新兴技术国家战略是保护国家安全及确保美国在军事、情报和经济事务中保持技术领先地位的关键路线图”。[3]人工智能的国家安全重要性主要体现在国防领域和情报领域。

其一，在国防领域，人工智能的研发运用计划在有序展开。2018年6月，美国国防部成立了联合人工智能中心（Joint Artificial Intelligence Center，JAIC），其目的正是在于通过人工智能技术的交付和采用，解决跨越多种服务的大型复杂问题集以及保护美国关键基础设施免受恶意网络活动的影响，促使国防部向人工智能化转变。[4]2019年2月，美国国防部发布了《国防部人工智能战略》（Summary of the 2018 Department of Defense Artificial Intelligence Strategy），提出“利用人工智能来促进我们的安全和繁荣”，除了肯定JAIC在人工智能战略中的焦点作用，其还认为“必须立刻采取行动以实现人工智能的益处”，具体包括：（1）提供实现关键任务的人工智能能力；（2）通过一个共同的基础来扩展AI在国防部的影响，从而实现分散的开发和实验；（3）培养领先的人工智能劳动力；（4）与

〔1〕 *FY 2020 Administration Research and Development Budget Priorities*, The White House (Jul.31,2018), https://trumpwhitehouse.archives.gov/wp-content/uploads/2018/07/M-18-22.pdf.

〔2〕 See *National Strategy for Critical and Emerging Technologies*, The White House (Oct.15,2020), https://trumpwhitehouse.archives.gov/wp-content/uploads/2020/10/National-Strategy-for-CET.pdf.

〔3〕 *Secretary Ross Highlights Commerce Actions Supporting Strategy for Critical and Emerging Technologies*, U.S. Department of Commerce, https://www.commerce.gov/news/press-releases/2020/10/secretary-ross-highlights-commerce-actions-supporting-strategy-critical (last visited Oct. 15, 2021).

〔4〕 See *Joint Artificial Intelligence Center*, U.S. Department of Defense (Jun.15,2018), https://dodcio.defense.gov/About-DoD-CIO/Organization/JAIC.

商业、学术、国际盟友和合作伙伴进行合作;(5)领导军事道德和人工智能安全。[1]

其二,在情报机构(intelligence community, IC),人工智能也正在加快投入使用。IC的主要职责就是收集数据、分析数据,从而为决策机构提供有效的信息,而数据生成速度的指数级增长,逐渐超出了集体的判断和分析能力,引入人工智能对突破"瓶颈"、提高效率的作用不言而喻。2019年1月,美国国家情报总监(the Director of National Intelligence, DNI)推出了《使用机器增强情报倡议》(Augmenting Intelligence Using Machines Initiative, AIM),提出了情报的发展的"AAA"(Artificial intelligence, process Automation, IC officer Augmentation)概念,即情报能力的增强将始终围绕着"人工智能""过程自动化""情报人员增强"发展。[2]同月,DNI还发布了《国家情报战略》(National Counterintelligence Strategy),认为人工智能为外国情报机构针对美国及其盟友的情报收集活动提供了新的机遇,对此,必须采取一系列包括新型技术手段在内的措施抵御外来信息入侵活动。[3]2020年7月,美国战略与国际问题研究中心(CSIS)发布了《利用新兴技术进行情报收集》的研究报告,该报告介绍了将人工智能等新兴技术集成到收集、处理和其他情报操作中的短期方法,以及IC利用这些功能的能力,还指出应用这些技术将面临的威胁和挑战,使人工智能在

[1] See *Summary of the 2018 Department of Defense Artificial Intelligence Strategy*, U. S. Department of Defense, https://media.defense.gov/2019/Feb/12/2002088963/-1/-1/1/SUMMARY-OF-DOD-AI-STRATEGY.PDF.

[2] See *The Aim Initiative a Strategy for Augmenting Intelligenge Using Machines*,Office of the Director of National Intelligence (Jan.16,2019), https://www.dni.gov/files/ODNI/documents/AIM-Strategy.pdf.

[3] See *National Counterintelligence Strategy of the United States of America* 2020-2022,Office of the Director of National Intelligence (Jan.22,2019), https://www.dni.gov/files/NCSC/documents/features/20200205-National_CI_Strategy_2020_2022.pdf.

情报工作中运用更进一步。[1]

2.全面的人工智能战略部署

2016年美国正式提出《国家人工智能研发战略规划》，该规划制定了一系列的目标，其中既包括政府的内部研究，又包括政府资助的企业外部研究，并且提出了7个重要的战略：(1)对人工智能研究进行长期投资；(2)开发有效的人类与人工智能协作方法；(3)了解并解决人工智能的伦理、法律和社会影响；(4)确保人工智能系统的安全可靠；(5)开发用于人工智能培训及测试的公共数据集和环境；(6)制定标准和基准以测量和评估人工智能技术；(7)更好地了解国家人工智能技术。[2]这些战略反映了美国人工智能的发展兼顾了各种问题，旨在构建一个全面的发展体系。2019年，该计划进行了更新，在吸收大量公众和政府机构的反馈后新增了第8项战略，即“扩大公私合作，加速人工智能的发展”，以“战略性地利用设施、数据集和专业知识等资源，促进科学和工程创新，加速这些创新向实践的转变”。[3]美国的人工智能全面发展战略可以从两个方面进行理解，一个是全方位的产业部署，另一个是政府全面投入应用。

其一，全方位的产业部署。美国致力于将人工智能的发展布局到各个工业领域，包括运输、医疗、制造、金融服务、农业、天气预报及国家安全与国防。

在运输领域，无人驾驶是核心的发展方向，其中包括无人驾驶飞机系

---

〔1〕 See *The Collection Edge: Harnessing Emerging Technologies for Intelligence Collection*, Center for Strategic and International Studies (Jul.13,2020), https://www.csis.org/analysis/collection-edge-harnessing-emerging-technologies-intelligence-collection.

〔2〕 See *The National Artificial Intelligence Research and Development Strategic Plan*, The White House (Oct.13,2016), https://obamawhitehouse.archives.gov/sites/default/files/whitehouse_files/microsites/ostp/NSTC/national_ai_rd_strategic_plan.pdf.

〔3〕 *The National Artificial Intelligence Research and Development Strategic Plan*: 2019 *Update*, The White House (Jun.21,2019), https://trumpwhitehouse.archives.gov/wp-content/uploads/2019/06/National-AI-Research-and-Development-Strategic-Plan-2019-Update-June-2019.pdf.

统（unmanned aircraft system，UAS）及自动驾驶汽车（automated vehicles，AV）。从2017年开始，美国运输部开始实施无人驾驶飞机系统集成试验计划（Integration Pilot Program，IPP），让州、地方政府及私营企业共同测试、评估民用和公共无人机，以使其更好地融入国家领空系统，这些测试包括夜间操作、人员飞行和飞行员视线之外的航班、包裹交付、检测和避免技术以及飞行员和飞机之间数据链路的可靠性和安全性。〔1〕自动驾驶方面，美国也在紧锣密鼓地展开战略部署，2020年1月，美国运输部发布了《确保美国在自动驾驶汽车技术中的领导地位：自动驾驶 4.0》（Ensuring American Leadership in Automated Vehicle Technologies: Automated Vehicles 4.0），该报告提出了智能驾驶的三个核心原则：保障安全、提高市场效率、保证政策监管的协调，并且从用户、市场、政府三个方面提出了具体的要求，为自动驾驶的发展奠定了基本框架。〔2〕

在医疗领域，人工智能可以推进医疗保健、加速医学研究，从而保障居民健康。2018年，美国食品安全部首次允许销售人工智能的医疗检测设备，该设备名为IDx-DR，具有人工智能算法程序软件，可以准确识别患有轻度糖尿病视网膜病变的患者。〔3〕此后，食品安全部又批准销售人工智能辅助检测骨折的Imagen OsteoDect软件，〔4〕进一步开放人工智能医疗设备

---

〔1〕 See *UAS Integration Pilot Program*, Federal Aviation Administration (Oct.25,2017), https://www.faa.gov/uas/programs_partnerships/integration_pilot_program.

〔2〕 See *Ensuring American Leadership in Automated Vehicle Technologies: Automated Vehicles* 4.0, Department of Transportation (Jan.8,2020), https://www.transportation.gov/sites/dot.gov/files/docs/policy-initiatives/automated-vehicles/360956/ensuringamericanleadershipav4.pdf.

〔3〕 See *FDA Permits Marketing of Artificial Intelligence-based Device to Detect Certain Diabetes-related Eye Problems*, U. S. Food and Drug Administration (Apr.11,2018), https://www.fda.gov/news-events/press-announcements/fda-permits-marketing-artificial-intelligence-based-device-detect-certain-diabetes-related-eye.

〔4〕 See *FDA Permits Marketing of Artificial Intelligence Algorithm for Aiding Providers in Detecting Wrist Fractures*, U. S. Food and Drug Administration (May 24,2018), https://www.fda.gov/news-events/press-announcements/fda-permits-marketing-artificial-intelligence-algorithm-aiding-providers-detecting-wrist-fractures.

的许可范围。人工智能在应对COVID-19也发挥着重要作用，美国能源部的橡树岭国家实验室（Oak Ridge National Laboratory，ORNL）正在利用人工智能和高性能计算来加速COVID-19治疗和疫苗研究。[1]

制造业也是人工智能的重要应用领域。ORNL正在利用材料、中子和计算科学方面的领先技术开发新的制造技术[2]，这些制造技术领域包括：（1）能源高效的生产；（2）精密制造与加工；（3）安全数字化制造；（4）物料循环及回收；（5）计量和描述。[3]能源部国家实验室也推出了高性能制造计算计划（High Performance Computing for Manufacturing Program），力图将世界级的计算资源和专业知识与制造业相结合，为其注入先进知识和技术，从而促进能源清洁、减少资源消耗，最终增强企业的竞争力。[4]

除了上述领域的发展应用外，人工智能还可以促进金融的监管，美国证券交易委员会正在积极推动机器学习算法在潜在的不正当市场投资方面的监管；[5]提高农业的生产，美国农业科学研究院（Agricultural Research Service，ARS）已经在推动人工智能监测牲畜、机器人收成灌溉、无人机分析农作物情况等；更好地设立天气模型，实现飓风、风暴等灾害的精准预测，有效地提高渔业、物种、海洋的监测能力。总而言之，美国已经意识到人工智能强大而广域的应用价值，在各个领域都制定了相应的发展政策、展开研究合作项目，以实现人工智能产业的全面发展。

---

〔1〕 See *ORNL is in the Fight Against COVID*-19, Dak Ridge (Apr.15,2020), https://www.ornl.gov/news/ornl-fight-against-covid-19.

〔2〕 See *Advanced Manufacturing Program*, DAK Ridge, https://www.ornl.gov/advancedmanufacturing (last visited Oct. 15, 2021).

〔3〕 See *Advanced Manufacturing*, DAK Ridge, https://www.ornl.gov/file/advanced-manufacturing-fact-sheet/display (last visited Oct. 15, 2021).

〔4〕 See *High Performance Computing for Manufacturing Program*, HPC4EI (May3,2021) https://hpc4mfg.llnl.gov.

〔5〕 See *The Role of Machine Readability in an AI World*, U. S. Securities And Exchange Commission (May3,2018), https://www.sec.gov/news/speech/speech-bauguess-050318#_ednref3.

其二，政府全面投入应用。2020年12月3日，美国发布了《关于在联邦政府中推广使用可信人工智能的行政指令》(Executive Order on Promoting the Use of Trustworthy Artificial Intelligence in the Federal Government)，指出美国政府应当加快人工智能的采用，以更好地服务美国民众。该指令充分意识到人工智能改善政府工作的潜力，确立了四项行动以改善人工智能的使用：(1)确立了政府使用人工智能的原则，包括合法及尊重美国的价值观、有目的及驱动力、准确、安全、高效、可理解、可信赖、可追踪、透明。(2)原则的执行。指令指示预算管理局(Office of Management and Budget，OMB)制定了合理政策指导路线图，以更好地促进人工智能的政府使用，此外，同样呼吁适当使用工业界自发形成的标准。(3)编制人工智能应用场景清单。指令指示各机构编制该机构的人工智能用例清单，审查和评估这些清单的一致性，酌情与其他机构共享以改善机构间的协调，以推进再设计、开发、获取。(4)人工智能实施专业知识。确定专业的优先领域，吸引企业界、学术界的专家在政府机构工作，进一步推进政府间人工智能的开发、应用。〔1〕该指令除了排除国防及国家安全领域的人工智能外，适用于所有可以应用人工智能的政府机构，因此具有广泛的效力，可以认为是对政府的一次技术革新。

3.综合的人工智能机构组织

由于对人工智能的高度重视，除了多领域、全方位的发展、应用外，美国正在筹建系统的人工智能行政监管体系。最早的是2016年5月设立的机器学习和人工智能分委员会(Machine Learning and Artificial Intelligence Subcommittee，MLAI)，旨在监督联邦机构之间的人工智能协调。2018年5月，美国国家科学技术委员会下设了人工智能专门委员会(Select

〔1〕 See *Executive Order on Promoting the Use of Trustworthy Artificial Intelligence in the Federal Government*, The White House (Dec.3,2020), https://trumpwhitehouse.archives.gov/presidential-actions/executive-order-promoting-use-trustworthy-artificial-intelligence-federal-government.

Committee on Artificial Intelligence，SCAI），该委员会由联邦政府中最高级别的研发官员组成，代表了整个政府对人工智能研发计划和协调的态度。[1]2018年6月，美国国防部（United States Department of Defense，DOD）成立了联合人工智能中心，促进国防部智能化转变。[2]2018年11月，美国国会设立了国家人工智能安全委员会（the National Security Commission on Artificial Intelligence，NSCAI），它是一个独立的委员会，依据是《约翰·麦凯恩2019财政年度国防授权法案》（the John S. McCain National Defense Authorization Act for Fiscal Year 2019）的第105条，旨在"推进人工智能、机器学习及相关技术发展的必要方法和手段，以全面解决美国的国家安全和国防需求"。[3]2021年1月12日，美国白宫科技政策办公室（Office of Science and Technology Policy，OSTP）成立了美国国家人工智能倡议办公室（the National Artificial Intelligence Initiative Office，NAIIO），该办公室根据提议中的《2020国家人工智能倡议法》成立，主要负责监督和执行美国国家人工智能战略，并将作为联邦政府人工智能研究和决策及私营部门、学术界和其他利益攸关方进行协作的中心枢纽。[4]从上述实践来看，美国建立了多个专门的人工智能机构，这些机构有的隶属于白宫的下属办公室，有的隶属于行政部门，还有的隶属于立法机关，形成了覆盖立法、行政的人工智能规划管理体系。此外设立的部门具有很强

〔1〕 See *Charter of the Select Committee on Artificial Intelligence*, The White House (Jan.5,2021), https://trumpwhitehouse.archives.gov/wp-content/uploads/2021/01/Charter-Select-Committee-on-AI-Jan-2021-posted.pdf.

〔2〕 See *Joint Artificial Intelligence Center*, U. S. Department of Defense (Jun.15,2018), https://dodcio.defense.gov/About-DoD-CIO/Organization/JAIC.

〔3〕 See *The National Security Commission on Artificial Intelligence Overview*, University Libraries Digital Libraries (Jun.24,2020), https://www.nscai.gov/about/Charter.

〔4〕 See *The White House Launches the National Artificial Intelligence Initiative Office*, The White House (Jan.21,2021), https://trumpwhitehouse.archives.gov/briefings-statements/white-house-launches-national-artificial-intelligence-initiative-office.

的综合性，尤其是SCAI和NAIIO，都具有协调的功能，其中SCAI的组成源于各个机构的高级研发官员，侧重于政府机构间的协调，而NAIIO注重促进企业、学术界的合作，为政府提供意见咨询。总的来看，美国业已建立起综合的人工智能机构体系（见表1）。

表1　美国专门的人工智能组织机构

时间	机构	所属部门	职能
2016年5月	机器学习和人工智能分委员会	美国国家科学技术委员会	（1）协调跨部门人工智能研究发展； （2）提供技术和政策建议； （3）监督各行业、研究机构以及政府的人工智能研发
2018年5月	人工智能专门委员会	美国国家科学技术委员会	（1）就跨部门的人工智能研发优先事项向白宫提供建议； （2）建立联邦政府与产业界和学术界的合作； （3）完善政府人工智能研发规划及协调机制； （4）监督人工智能年度协调机构间预算； （5）促进国家人工智能研究机构的协调； （6）优先考虑和支持国家人工智能研发生态系统
2018年6月	联合人工智能中心	美国国防部	管理国防机构所有人工智能工作
2018年11月	国家人工智能安全委员会	国会	（1）考虑推进人工智能、机器学习和相关技术发展所需的方法和手段； （2）向总统和国会提交调查结果的报告，提出有关人工智能、机器学习和相关技术的建议
2021年1月	国家人工智能倡议办公室	白宫科技政策办公室	（1）负责监督和执行美国国家人工智能战略； （2）为联邦政府提供人工智能研究和决策； （3）促进私营部门、学术界和其他利益攸关方协作

（二）美国人工智能知识产权动态

1.美国专利商标局向公众征求人工智能知识产权意见

美国专利商标局（United States Patent and Trademark Office,USPTO ）

将人工智能作为当前的两大倡议之一。[1]2019年8月27日，USPTO发布了一份关于申请人工智能发明专利的评论请求（RFC），向利益相关方寻求人工智能问题的意见，截至2019年11月8日，USPTO收到了来自广泛利益相关者的99条评论，包括个人、协会、公司和外国知识产权办公室，2020年，USPTO发布了《人工智能和知识产权政策的公众意见报告》（Public Views on AI and IP Policy），[2]对上述意见进行了系统的总结，反映了美国知识产权机构关于人工智能知识产权问题的主要态度。

首先，该报告将人工智能进行限定，大多数公众意见虽然没有提供人工智能的定义，但都同意目前的技术水平仅限于“狭义的”人工智能，即指那些在定义明确的领域（如图像识别、翻译等）中执行单个任务的系统。人工智能知识产权问题涉及较多主题，主要有人工智能发明专利问题、人工智能版权领域问题、人工智能商标问题等，在所有的知识产权话题中，大多数公众评论者表示，现有的美国知识产权法被正确校准以解决人工智能的演变。[3]

在专利法领域，大多数评论者认为，人工智能最好被视为计算机实施的发明的一个子集。目前USPTO的指导方针，特别是在专利主体资格和计算机实施发明的披露方面，已经具备处理人工智能生成发明的能力。然而，一些评论人士强调，按照美国《专利法》第35条、第112（a）条的要求，某些人工智能发明可能存在认定的困难，需要USPTO的进一步探索。

其次，公众意见认为，人工智能的日益普及将影响USPTO和法院如何评估“具有普通艺术技能的人”（person having ordinary skill in the art）的

---

〔1〕 See *USPTO Initiatives: Major Agency Initiatives*, United States Patent and Trademark Office, https://www.uspto.gov/uspto-initiatives (last visited Oct. 15, 2021).

〔2〕 See *USPTO Report: Public Views on AI and IP Policy,* United States Patent and Trademark Office, https://www.uspto.gov/sites/default/files/documents/USPTO_AI-Report_2020-10-07.pdf.

〔3〕 See *USPTO Report: Public Views on AI and IP Policy*, United States Patent and Trademark Office, https://www.uspto.gov/sites/default/files/documents/USPTO_AI-Report_2020-10-07.pdf.

法律假设标准，这一标准对于确定是否应该颁发专利权至关重要。还有一些意见认为，当人工智能生成发明的体量迅速扩张，现有技术的范围可能更为广泛，将对专利法中的现有技术认定产生影响。[1]

除此之外，主要的观点都认为当前的知识产权法在解决版权、商标、商业秘密等领域的问题上都足以应对，通过既有的民商事原则也能充分填补一些空白。在版权方面，较多意见表示，使用受版权保护的材料来“训练”人工智能可能会侵犯版权所有者的复制权，并且这种使用难以判定为合理使用；还有意见认为现有的合理使用制度不需要修改，因为合理使用是一种灵活的原则，能够在人工智能的背景下适应版权作品的使用。在商标方面，大多数评论者一致认为，人工智能将提高对商标申请的审查效率。但在商业秘密和数据方面产生了较多争议，涉及偏见、透明度、隐私等问题，以及关于人工智能的进步是否值得在知识产权体系中产生一个专门数据权利的争论。[2]

2.NSCAI 2021年发布了《人工智能报告》

2021年3月，美国人工智能国家安全委员会发布了《人工智能报告》（National Security Commission on Artificial Intelligence Final Report），该报告系统地检视了人工智能的发展与规划，NSCAI的最终报告提出了一项综合的国家战略，报告分为两大部分：第一部分为“在人工智能时代捍卫美国”，概述了人工智能的应用风险，认为当前美国需要防范人工智能引起的威胁，政府须尽责地利用人工智能保护美国人民利益。第二部分为“赢得技术竞争”，致力于解决人工智能竞争的关键要素，建议政府必须采取行动来促进人工智能创新，以提高国家竞争力和保护美国的关键

〔1〕 See *USPTO Report: Public Views on AI and IP Policy*, United States Patent and Trademark Office, https://www.uspto.gov/sites/default/files/documents/USPTO_AI-Report_2020-10-07.pdf.

〔2〕 See *USPTO Report: Public Views on AI and IP Policy*, United States Patent and Trademark Office, https://www.uspto.gov/sites/default/files/documents/USPTO_AI-Report_2020-10-07.pdf.

优势。[1]

《人工智能报告》认为，需要解决由于缺乏全面的知识产权政策而造成的漏洞。目前，美国政府协调的知识产权政策工作集中在知识产权执行和防止知识产权盗窃，并没有有效地利用知识产权政策作为工具来支持国家安全、经济利益和在人工智能和新兴技术方面技术竞争力的国家战略，并且美国缺乏一个能够制定或执行支持和整合国家战略的国家知识产权政策的机构或跨机构实体。总统应发布一项行政命令，承认知识产权为国家优先事项，并要求制订全面计划，改革和制定知识产权政策和制度，以促进国家安全、经济利益和技术竞争力战略。行政命令应指示商务部部长与知识产权副部长和USPTO局长协调，根据需要制定和实施新的知识产权政策，以激励、扩大和保护人工智能和新兴技术。该报告应包括为实现这些目标而改变知识产权政策的行政和立法行动建议，并应伴随有一份非常详尽的知识产权执行清单。行政命令应指示副总统评估商务部部长提出的知识产权政策、制度和改革建议哪些应纳入国家安全、经济和技术竞争力战略，并授权商务部部长促进这些建议的实施。[2]

3. USCO发布《版权登记指南：包含人工智能生成材料的作品》

随着ChatGPT、GPT-4、Midjourney等 AI 大模型被广泛应用于内容创作，AI 作品的版权保护也越来越成为一个不得不回答的问题。2023年3月16日，美国版权局（USCO）发布《版权登记指南：包含人工智能生成材料的作品》，[3]以阐明其对使用人工智能技术生成的作品进行审查和登记的

[1] See *National Security Commission on Artificial Intelligence Final Report*, National Security Commission on Artificial Intelligence (Mar 1,2021), https://www.nscai.gov/wp-content/uploads/2021/03/Full-Report-Digital-1.pdf.

[2] See *National Security Commission on Artificial Intelligence Final Report*, National Security Commission on Artificial Intelligence (May1,2021), https://www.nscai.gov/wp-content/uploads/2021/03/Full-Report-Digital-1.pdf.

[3] See *Copyright Registration Guidance: Works Containing Material Generated by Artificial Intelligence*, Federal Register, https://www.federalregister.gov/documents/2023/03/16/2023-05321/copyright-registration-guidance-works-containing-material-generated-by-artificial-intelligence.

做法。该指南明确完全由AI生成的作品不受版权法保护。理由是依据美国版权局发布的《美国版权局实践纲要》(Compendium of U.S. Copyright Office Practices)第202.02(b)节规定,完全由自然、植物或动物产生的材料不受版权保护。"作品必须是人类作者的产物",因此由机械过程或随机选择产生而没有人类作者任何贡献的作品是不可注册的。此外,USCO规定,版权申请者必须披露 AI 的使用情况,否则注册可能会受到影响。Midjourney 等生成的 AI 图像不受版权保护,但像文字+AI 图片结合而成的漫画书受版权保护,因里面存在人类工作。随着AI 生成的作品越来越普及,我们可以预见 AI 作品版权的注册和管理将会成为一个新兴的领域。

二、欧盟人工智能发展趋势与知识产权动态

(一)欧盟人工智能发展趋势

2018年4月,欧盟委员会推出了《欧洲人工智能》(Artificial Intelligence for Europe),这是其首次制定专门的人工智能政策,欧盟委员会意识到人工智能正在深刻地改变世界,为此有必要制定欧洲的发展路线图。在该政策中,欧盟规划了人工智能的基本发展框架,主要关注的有三点:(1)加强人工智能的投资研发,提供更多数据;(2)准备应对人工智能带来的社会变革;(3)建立合适的人工智能伦理和法律框架。[1]《欧洲人工智能》推动了后续人工智能战略措施的展开,2018年7月,欧盟各成员国签署了《人工智能合作宣言》(Cooperation on Artificial Intelligence),提议就人工智能发展及可能引起的各种经济、社会问题展开合作。[2]2018年

---

〔1〕 See *Artificial Intelligence for Europe*, EUR-LEX (Apr.25,2018), https://eur-lex.europa.eu/legal-content/EN/TXT/?uri=COM%3A2018%3A237%3AFIN.

〔2〕 See *EU Member States Sign up to Cooperate on Artificial Intelligence*, European Commission (Jul.16,2018) https://ec.europa.eu/digital-single-market/en/news/eu-member-states-sign-cooperate-artificial-intelligence.

12月，《人工智能协作计划》(Coordinated Plan on Artificial Intelligence)发布，它回应了《欧洲人工智能》的要求，旨在“最大限度地提高欧盟和国家投资的影响，鼓励整个欧盟的协同合作，交流最佳做法，共同确定前进的道路，以确保整个欧盟能够在全球竞争”。[1]2019年4月，欧盟发布《人工智能伦理准则》(Ethics Guidelines for Trustworthy AI)，同样依照之前的规划，旨在建立可信任的人工智能框架，它提出可信的人工智能在生命周期中需满足三个要素：“合法”(lawful)、“合伦理”(ethical)、“稳健”(robust)。此外还提出了四条伦理准则以及七个实现的关键因素。[2]2020年欧盟发布的《人工智能白皮书：通往卓越和信任的欧洲之路》提出了两大方向的政策安排：一个是促进欧洲、国家和区域一级的协调，充分调动各种资源，建立人工智能的“卓越生态系统”；另一个是规划人工智能监管框架的关键要素，从而建立人工智能“信任生态系统”。最终目的是使人工智能能够充分尊重欧盟公民的价值观和权利，实现可信和安全的发展。[3]

为了加强整个欧盟范围内对于人工智能的使用、投资和创新，2021年4月21日，欧盟发布了欧洲议会和理事会制定的《人工智能法》提案，[4]作为《人工智能白皮书：通往卓越和信任的欧洲之路》实施计划的重要一环，该提案采取了积极的立法措施，进一步明确了规制对象与规制范围，不仅包括对人工智能技术的应用进行规范，也包括对欧盟执法系统和司法系统

---

〔1〕 See *Coordinated Plan on Artificial Intelligence*, EUR-LEX (Dec.7,2018), https://eur-lex.europa.eu/legal-content/EN/TXT/?uri=CELEX%3A52018DC0795&qid=1613715087304.

〔2〕 See *Ethics Guidelines for Trustworthy AI*, Publication Office of the European Union (Nov.8,2019), https://op.europa.eu/en/publication-detail/-/publication/d3988569-0434-11ea-8c1f-01aa75ed71a1/language-en/format-PDF/source-191943432.

〔3〕 See *White Paper on Artificial Intelligence: A European Approach to Excellence and Trust*, EUR-LEX European Commission (Feb.19,2020), https://eur-lex.europa.eu/legal-content/EN/TXT/HTML/?uri=CELEX:52020DC0065&rid=15.

〔4〕 欧洲议会和理事会制定的《人工智能法》提案，布鲁塞尔21.4.2021 COM(2021)206最终版。

使用人工智能的情形进行相应的规制。总的来看，欧盟的人工智能政策具有两个典型的趋势，一个是注重成员内部以及对外的协同合作，另一个是重视人工智能法律、伦理框架的建设，以下介绍其具体内容。

1.促进人工智能协作

促进人工智能协作的政策主要体现在《人工智能协作计划》中，该计划以《人工智能合作宣言》为依据，主张各成员国通力合作，促进符合欧洲道德价值观、可信人工智能的发展，从而最大限度地满足欧洲的共同利益。在具体的安排上，《人工智能协作计划》提出四个关键的发力点：(1)加大投资。将根据“地平线2020”(Horizon 2020)项目增加15 亿欧元的人工智能投资，到2020年欧盟及其成员国的总投资达到200亿欧元，同时，该计划还鼓励委员会、会员国和私营部门共同努力，最大限度地发挥投资在公共和私营部门的影响。(2)提供更多数据，认为应当创建一个共同的欧洲数据空间来促进公共和私营部门共享数据，鼓励会员国与委员会合作，促进数据的开放共享。(3)培养人才，鼓励会员国加强卓越人工智能人才的培养和留用，提高现有劳动力的人工智能素养。(4)建立合适的法律道德框架，《欧洲人工智能》已经着重提出了人工智能伦理和法律框架的建立，该计划再次强调了其在保护民众基本权利和自由，促进社会信任方面的作用。〔1〕《人工智能协作计划》推动了欧洲合作项目的展开，例如2019年1月的欧洲人工智能项目(Artificial Intelligence for Europe)，汇聚了21个国家的79家顶级研究机构、企业，建立起了一个包括数据存储库、计算能力、工具和算法在内的人工智能资源协调中心。〔2〕

---

〔1〕 See *Coordinated Plan on Artificial Intelligence*, EUR-LEX (Dec.7,2018), https://eur-lex.europa.eu/legal-content/EN/TXT/?uri=CELEX%3A52018DC0795&qid=1613715087304.

〔2〕 See *Artificial Intelligence: 79 Partners from 21 Countries to Develop an AI-demand-platform with €20 Million EU Funding*, European Commission (Jan.10,2019), https://ec.europa.eu/digital-single-market/en/news/artificial-intelligence-79-partners-21-countries-develop-ai-demand-platform-eu20-million-eu.

2.推动伦理框架建设

人工智能伦理框架的建设集中体现在《人工智能伦理准则》，该准则自《欧洲人工智能》出台即开始进行筹划，组织成立了一个人工智能高级专家组，该专家组由52名遴选的学术界、企业界、民间社会代表组成，目前已交付了四项成果，包括值得信赖的人工智能伦理准则、值得信赖的人工智能政策和投资建议、值得信赖的人工智能最终评估列表、关于政策和投资建议的部门考虑。[1]《人工智能伦理准则》是其主要成果之一，它制定了一个完整的人工智能伦理框架，具体内容包括伦理的基本要求、伦理原则、实现的关键要素。

其一，提出了三点基本要求。(1)“合法”，人工智能必须遵循既有法律法规；(2)“合伦理”，确保遵循伦理原则和价值；(3)“稳健”，从技术和社会的角度来看，即使出于好意，人工智能系统也可能造成无意的伤害，因此系统中的每个组件都必须是可信赖的。[2]

其二，提出了四条伦理原则。(1)尊重人的自主权(The principle of respect for human autonomy)。与人工智能系统互动的人类必须能够充分有效地自我决定，并能够参与民主进程。人工智能系统不应该无理地服从、强迫、欺骗、操纵人类。相反，它们应该被设计成增强、补充和增强人类的认知、社会和文化技能。(2)避免伤害(The principle of prevention of harm)。人工智能系统不应对人类造成伤害或以其他方式对人类产生不利影响，这种伤害包括身体伤害和精神伤害。(3)公平(The principle of fairness)。人工智能系统的开发、部署和使用必须是公平的，其中包括实质公平和程序公平。实质公平指保证利益和成本的平等和公正分配，确

---

〔1〕 See *High-Level Expert Group on Artificial Intelligence*, European Commission, https://ec.europa.eu/digital-single-market/en/high-level-expert-group-artificial-intelligence (last visited Oct. 15, 2021).

〔2〕 See *Ethics Guidelines for Trustworthy AI*, Publication Office of the European Union (Nov.8,2019), https://op.europa.eu/en/publication-detail/-/publication/d3988569-0434-11ea-8c1f-01aa75ed71a1.

保个人和群体不受不公平的偏见、歧视和污名化；程序公平指人工智能决策的过程必须是可解释的、责任主体是可识别的。(4)可解释性(The principle of explicability)。人工智能系统的过程必须透明，其能力和目的必须有效公开，避免“黑箱”算法。[1]

其三，提出了七条具体的要求。《人工智能伦理准则》面向各类人工智能的开发者、最终使用者即广大社会公众，具体包括：(1)人类监督；(2)技术稳健性和安全性；(3)隐私和数据管理；(4)透明性；(5)多样性、非歧视性和公平性；(6)社会和环境福祉；(7)问责。[2]

其四，提出了实行可信赖人工智能的两种途径。(1)技术方法，即在整个人工智能的设计、开发、使用的周期中融入伦理和法律要求、解释方法、测试和验证、服务质量指标；(2)非技术方法，例如监管、设立行为准则、设立标准、进行认证等。总的来看，《人工智能伦理准则》进一步细化完善了欧盟的人工智能政策框架，符合欧盟发展的战略需求，也为欧盟制定、主导国际规则提供了话语权。

此后，欧盟经济社会委员会(European Economic and Social Committee, EESC)同样提出了具有重要意义的伦理规则文件《以人为中心的人工智能》(Human-centric Artificial Intelligence)，该委员会认为“人工智能本身并不是目的，而是一种能够带来深远、积极变化并具有风险的工具”，[3]因此需要建立起以人为中心的人工智能体系，“尊重人的尊严、

〔1〕 See *Ethics Guidelines for Trustworthy AI*, Publication Office of the European Union, (Nov.8,2019) https://op.europa.eu/en/publication-detail/-/publication/d3988569-0434-11ea-8c1f-01aa75ed71a1.

〔2〕 See *Ethics Guidelines for Trustworthy AI*, Publication Office of the European Union (Nov.8,2019), https://op.europa.eu/en/publication-detail/-/publication/d3988569-0434-11ea-8c1f-01aa75ed71a1.

〔3〕 See *Human-centric Artificial Intelligence*, Publication Office of the European Union (Oct.30,2019), https://eur-lex.europa.eu/legal-content/EN/TXT/?uri=CELEX%3A52019AE1830&qid=1613798865467.

自由、民主、平等和不歧视、法治和尊重人权”。[1]在基本的框架上，《以人为中心的人工智能》沿袭了《人工智能伦理准则》中的七条具体要求，同时又在经济社会领域进行了细致的安排，进一步落实了伦理准则的基本理念。

3.推动法律框架建设

欧盟人工智能的法律框架体现在《人工智能法》提案[2]之中。《人工智能法》提案内容具体涉及一般规定、禁止的人工智慧实践、高风险AI系统、某些AI系统的透明性义务、支持创新的措施、治理、欧盟用于独立高风险AI系统的数据库、入市后监测—信息共享—市场监视、行为准则、机密性和惩罚、权力和委员会程序的授权、最终规定等十二编，共计85条。《人工智能法》提案第1条明确了五个方面的规制目标：(1)将人工智能系统投放欧盟市场、投入服务和使用的统一规则；(2)禁止某些人工智能实践；(3)高风险AI系统的具体要求以及此类系统操作员的义务；(4)旨在与自然人互动的AI系统、情感识别系统和生物特征分类系统以及用于生成或操纵图像、音频或视频内容的AI系统的统一透明度规则；(5)市场监测和监督规则。该规则旨在为全球范围内人工智能技术的应用与发展制定详细标准，并为符合道德和法律双重标准的人工智能技术铺平道路。

《人工智能法》提案第2条第1款明确了三类适用主体：(1)将人工智能系统投放欧盟市场或投入使用的提供商，无论这些提供商是在欧盟内部还是在第三国成立的；(2)欧盟领域内人工智能系统的用户；(3)位于第三国的人工智能系统的提供商和用户，该系统产生的输出在欧盟使用。由此可见，《人工智能法》提案具有域外适用效力，所有在欧盟市场投放、使用人

---

〔1〕 See *Human-centric Artificial Intelligence*, Publication Office of the European Union (Oct.30,2019), https://eur-lex.europa.eu/legal-content/EN/TXT/?uri=CELEX%3A52019AE1830&qid=1613798865467.

〔2〕 欧洲议会和理事会制定的《人工智能法》提案，布鲁塞尔21.4.2021 COM(2021)206最终版。

工智能系统及其相关服务的国内外提供商和用户，只要其人工智能系统影响到欧盟及欧盟公民，均将受到该提案约束。

不同AI系统在相同场景中可能造成不同种类的风险，相同AI系统在不同场景中的应用也可能造成不同种类或不同程度的风险。《人工智能法》提案将人工智能技术可能带来的风险划分为四个层级，对不同应用场景按照AI系统风险可能的影响程度和危害性质实施不同等级的分类治理。

第一，不可接受的风险。《人工智能法》提案第二编规定了4类禁止的行为，因为此类行为会对公民的安全、日常生活和基本权利构成明显威胁。

第二，高风险。《人工智能法》提案第三编将人工智能技术可能发生高风险的领域归纳为关键基础设施、公民教育、产品的安全组件、公民就业、公共服务、涉权型执法、出入境问题、司法和民主进程8类。规定存在高风险的人工智能技术在投放市场之前必须履行7项严格义务。同时，这些义务在人工智能系统投放市场或投入使用前及在整个生命周期内都要接受审查。7项严格义务具体包括：(1)完备的风险评估系统；(2)向系统提供高质量的数据集，以将风险和歧视性结果降至最低；(3)记录活动以确保结果的可追溯性；(4)提供有关系统的所有必要信息，以供当局评估其合规性；(5)向用户提供清晰、充分的信息；(6)采取适当的人为监督措施，将风险降至最低；(7)高水平的安全性和准确性。

第三，有限的风险。此类风险指包含特定透明度义务的人工智能系统。《人工智能法》提案第四编规定了三个方面的透明度义务，以确保用户在知情的情况下决定继续运行或中止。

第四，极小的风险。对于《人工智能法》提案列举的前三类风险之外的AI系统，对公民的权利或安全产生的风险极小，故无须进行干预。

此外，《人工智能法》提案在第五编支持创新的措施方面，提出了AI监管“沙箱”[1]新模式。通过为AI系统在有限的时间内开发、测试和验证提供一个可控的隔离环境，以促进企业在将创新的AI系统根据具体计划投入市场或其投入使用前，可在免责条件下进行AI相关的试验和创新。此项工作应在主管当局的直接监督和指导下进行。该机制通过在可控的范围内实行容错纠错机制，在杜绝AI未知风险向不可控外部环境扩散的同时，也为企业创造了相对宽松的创新发展环境。

在过去的十年里，欧盟一直是世界上最激进的科技行业监管机构，《人工智能法》提案意图通过构建一个清晰且系统性的治理框架，实现对 AI系统复杂性风险的有效治理。2023年5月11日，欧洲议会发表声明，议会内部市场委员会和公民自由委员会通过了《人工智能法》的谈判授权草案。这一草案在提交欧洲议会全会表决之后，欧洲议会将与欧盟理事会就法律的最终形式进行谈判。一旦获得批准，欧盟《人工智能法》有可能成为世界首部有关人工智能的法规。总体而言，欧盟在人工智能的伦理框架、法律框架的建设中投入了相当多的精力，其围绕人工智能治理建立的规则体系深刻体现了规则本身的价值，即为市场中的投资者与潜在投资者提供制度的确定性以保障和促进产业发展。

（二）欧盟人工智能的知识产权动态

欧盟对人工智能的知识产权问题也给予了较高的关注，2020年9月欧盟委员会发布了《人工智能发展趋势：知识产权制度的挑战》（Trends and Developments in Artificial Intelligence:Challenges to the Intellectual Property Rights Framework）报告（以下简称《人工智能发展趋势报告》），对人工智能的知识产权问题进行了系统的梳理，该报告审查了欧洲对人工

〔1〕 计算机语境下的“沙箱”（sandbox）是一种维护计算机安全的虚拟技术，是指在受限的安全环境中运行应用程序，并通过限制授予应用程序代码访问权限，为一些来源不可信、具备破坏力或无法判定程序意图的程序提供试验环境。

智能辅助输出的版权和专利保护，并对三个优先领域：科学（特别是气象学）、媒体（新闻）和药物研究的人工智能使用技术状况进行了评估，系统地对知识产权法如何应用于人工智能辅助的创造性和创新产出进行了法律分析。[1]

在版权法的分析中，根据欧盟版权法规定，人工智能辅助创作作品须符合四个要件以获得作品保护：一是“文学、科学或艺术领域的作品”；二是人类智力努力的产物；三是创造性选择的结果；四是输出的“表达”（expressed）。第一步成立要件是毋庸置疑的，大多数人工智能创作都属于“文学、科学或艺术领域”，同时至少存在一些“人类智力努力”，在实践中，版权分析的重点是在要件三和要件四上。结合一些判例法，《人工智能发展趋势报告》认为，人工智能生成物是否构成作品的关键在于人工智能辅助输出是否是人类创造性选择的结果，这些选择在输出中“表达”出来。人工智能辅助制作的创作过程分为三个不同的阶段：“构思”（设计和规格）、“执行”（制作草稿）和“编辑”（编辑、定稿），虽然人工智能系统在执行阶段发挥主导作用，但人类作者在概念阶段的作用仍然是必不可少的。此外，在许多情况下，人类也将负责编辑阶段，这允许人类有足够的空间进行创造性选择，假设这些选择在最终的人工智能辅助输出中表达，将生成符合版权保护的作品，相反，如果一个人工智能系统被编程为自动执行内容，而输出内容不需要一个进行创造性选择的人构思或编辑，就难以获得作品保护。

在专利法领域，《人工智能发展趋势报告》也涉及了较多问题。第一，关于人工智能发明人的地位。欧洲专利法要求专利申请指定发明者

---

〔1〕 European Commission, *Trends and Developments in Artificial Intelligence: Challenges to the Intellectual Property Rights Framework: Final Report*, Publication Office of the European Union (Nov.25,2020), https://op.europa.eu/en/publication-detail/-/publication/394345a1-2ecf-11eb-b27b-01aa75ed71a1/language-en/format-PDF/source-238341408.

须确定一个或几个人类发明者，这属于《欧洲专利公约》（EPC）制度下的一个形式要求。然而，已经存在人工智能作为发明人的申请，欧洲专利局（EPO）在2020年裁决了相关的案件，[1]一个案件中，EPO要求申请人在空白栏填写“发明者”字段，申请人输入了一个名为DABUS的人工智能系统名称。两周后，申请人提交了另一份表格，表明他是DABUS的雇主的继承人。EPO拒绝接受“自然人以外的实体”，因为EPC中包含的法律要求是“在申请中指定的发明者必须是人，而不是机器”。第二，《人工智能发展趋势报告》讨论了人工智能发明的所有权（ownership），认为人工智能辅助发明至少有三种可能的所有权人：人工智能系统的专业人士、语法师或开发者，系统的所有者，以及系统的授权用户（向系统提供培训数据或以其他方式监督其培训的用户），而EPC没有明确规定专利所有权可能会受到这种新型人工智能辅助发明活动的影响，认为可能属于成员国的法律问题，或者当人工智能辅助发明和专利申请人之间建立起足够的联系的情形下可能不需要协调。第三，关于专利授权的要求。人工智能系统可能并不会对新颖性等核心概念产生实质性影响，但可能会影响专利局，人工智能系统能够在质量上或数量上进行不同的新颖性搜索，而且由于人工智能系统的日益使用，某些声称的发明对普通技术人员来说可能是“显而易见的”，因此发明的实际应用可能会发生变化。这些变化可能会反映在EPO上诉委员会或国家层面的法律裁决中。此外，专利申请还必须充分公开发明。一些人工智能系统的“黑箱”特性可能会对这一要求提出挑战。在这方面，有建议认为可以建立一种存放人工智能算法的机制，类似于微生物的机制（布达佩斯条约）。虽然难以确定存放人工智能算法系统是否有用，但至少明智地考虑到可能要求申请人提供这种类型的信息，同时对机密信息进行足够的保障。

---

[1] EPO decision of 27 January 2020 on EP 18 275 163.

《人工智能发展趋势报告》的最终结论是，人工智能应用不需要欧洲版权和专利法立即进行实质性改变，现有的版权和专利法概念足够抽象和灵活，可以应对人工智能的挑战。此外，相关的权利制度可能会扩展到多个部门的“无授权”人工智能生产，而独成一体的数据库特别权可能会为大量投资导致的人工智能生成的数据库提供保护。然而，考虑到人工智能技术的实际影响，《人工智能发展趋势报告》确定了未来法律改革的具体途径，提出了改进现有规则应用的建议，并强调了进一步研究替代知识产权制度在保护人工智能辅助产出方面的作用的必要性，如商业秘密保护、反不正当竞争和合同在应对人工智能挑战方面可以发挥重要作用。

三、日本人工智能发展趋势与知识产权动态

在人工智能领域的“国家竞赛”中，日本不仅将人工智能发展视为激活经济增长潜力、实现“超智能社会”的重要基础，而且试图在人工智能等前沿技术引领的新一轮“军事革命”中占有先机。近年来，日本积极推出相关战略举措，战略制定与实施路径始终处于动态调整中，逐渐形成了自上而下、逐层递进的政策体系。[1]在中长期规划层面，2016年1月，日本发布《第五期科学技术基本计划（2016—2020）》，首次提出“超智能社会”构想，并将人工智能等列为实现该构想的重要技术领域。2021年1月，日本政府拟定《第六期科学技术创新基本计划（2021—2025）》，明确提出加速数据开放与人工智能应用等。在年度重点科技创新工作层面，2021年6月发布的《综合创新战略2021》有单独章节梳理推动人工智能发展的重要举

〔1〕 参见邓美薇：《日本人工智能的战略演进和发展愿景及其启示》，载《日本问题研究》2022年第2期。

措、实施情况与方向。

在具体落实层面，日本政府专门针对人工智能研发与应用，先后发布了《人工智能技术战略》《人工智能战略2019》《人工智能战略2021》《人工智能战略2022》。其中，《人工智能战略2019》全面、系统地提出了推进人工智能发展的战略规划；《人工智能战略2021》强调要将医疗、农业、基础设施等作为利用人工智能的优先领域，并制定了针对性措施加强技术应用的透明度等。2022年4月22日，日本政府在第11届综合创新战略推进会上正式发布《人工智能战略2022》，在战略目标中提出：构建符合时代需求的人才培养体系，培养AI时代各类人才；运用AI技术强化产业竞争力，使日本成为全球产业的领跑者；确立一体化的AI技术体系，实现多样性、可持续发展的社会；发挥引领作用，构建国际化的AI研究教育、社会基础网络。除了以上4个战略目标，还要运用AI技术应对新冠疫情等大规模灾害，确保国民的生命和财产安全。

此外，日本在医疗、农业、交通等领域的科技发展规划中也往往涉及人工智能。日本发布的国防领域重要战略《防卫生产和技术基础战略》、《防卫技术战略》以及近年来的《防卫计划大纲》等均表现出对人工智能等前沿技术的重视。

2020年6月5日，日本第201届国会常会通过了《著作权法及计算机程序作品登记特别例外法的部分修正法案》，并于同年6月12日公布。这是日本自2018年《著作权法》修订后的又一次修订。从总体上看，2020年修订后的日本《著作权法》主要有以下修改：（1）强化打击网络盗版的措施；（2）保障作品顺利使用的措施；（3）确保适当保护著作权的技术措施。其中日本关于深度链接侵权及其刑事责任、下载侵权内容违法化、强化技术措施保护等新立法规定，对人工智能时代的新挑战作出了制度性回应。

四、韩国人工智能发展趋势与知识产权动态

2019年12月17日韩国政府发布“人工智能（AI）国家战略”，以推动人工智能产业发展。该战略旨在推动韩国从“IT强国”发展为“AI强国”，计划在2030年将韩国在人工智能领域的竞争力提升至世界前列。根据预算，相关措施若得以实施，到2030年，韩国将在人工智能领域创造455万亿韩元（约合2.7万亿元人民币）的经济效益。韩国“人工智能（AI）国家战略”提出构建引领世界的人工智能生态系统、成为人工智能应用领先的国家、实现以人为本的人工智能技术。在人工智能生态系统构建和技术研发领域，韩国政府提出，到2024年建立光州人工智能园区，到2029年为新一代存算一体人工智能芯片研发投入约1万亿韩元。在支持初创企业方面，韩国政府将集中培育人工智能创业公司，还将为人工智能初创企业发展提供管制放宽、完善法律服务等各方面的支持。在培养人工智能领域人才方面，韩国政府支持在高校增设人工智能专业，把软件和人工智能相关教育纳入中小学基本课程。面对人工智能技术发展带来的劳动市场变化，韩国政府将进一步扩大社会保险覆盖范围，同时建立跨部门合作体系，加大对人工智能服务安全性的管理力度。

2020年12月21日，韩国提出了修订《著作权法》的提案。该提案增加了“使用人工智能创作作品的作者”的新定义，该定义是根据创作者的各自贡献水平而提出的。为保护人工智能创作过程中的贡献者的利益，该提案建议规定，创建算法的人工智能开发人员或为人工智能深度学习提供数据的人类艺术家也可以成为版权所有者。该提案还指出，人工智能创作作品的版权在公开披露后持续5年，在著作权登记过程中，其作者需要指定该作品是由人工智能创作。不过，韩国在2021年实施的新《著作权法》中，暂

未采纳提案的上述规定。但其中关于平台临时复制、“通知—删除”规则与技术措施例外的最新规定，仍有力地回应了人工智能时代的部分新问题。

五、其他国家人工智能知识产权动态

（一）英国

2016年，英国科学和技术委员会就向首相提议发展机器人、自动化和人工智能，得到了肯定。[1]同年，政府科学部推出了《人工智能：未来决策的机会和影响》（Artificial Intelligence: Opportunities and Implications for the Future of Decision Making），提出了人工智能带来的机遇和挑战。[2]2017年，英国正式推出人工智能国家战略《产业战略：人工智能领域行动》（Industrial Strategy: Artificial Intelligence Sector Deal），确定了四个优先发展的领域：（1）将英国建设为全球人工智能与数据创新中心；（2）支持各行业利用人工智能及数据分析技术；（3）保证英国在数据及人工智能安全上保持世界领先；（4）培养公民工作技能。[3]英国的人工智能战略在不断推进当中，例如，2019年发布了《人工智能道德指南》（Artificial Intelligence Ethics and Safety Guidance），提出了公平、问责、可持续性、透明度作为人工智能的基本原则，以解决人工智能投入应用前的伦理问题。[4]2020年2月推出的《人工智能公众标准》（Artificial Intelligence and

〔1〕 See *Robotics, Automation and Artificial Intelligence*, GOV. UK (Dec.19,2016), https://www.gov.uk/government/publications/robotics-automation-and-artificial-intelligence.

〔2〕 See *Artificial Intelligence: Opportunities and Implications for the Future of Decision Making*, Gov. UK (Nov.09,2016), https: //www.gov.uk/government/publications/artificial-intelligence-an-overview-for-policy-makers.

〔3〕 See Industrial Strategy: *Artificial Intelligence Sector Deal*, GOV. UK (May 21,2019), https://www.gov.uk/government/publications/artificial-intelligence-sector-deal.

〔4〕 See *Artificial Intelligence Ethics and Safety Guidance*, GOV. UK (Jun.10,2019), https://www.gov.uk/guidance/understanding-artificial-intelligence-ethics-and-safety.

Public Standards),通过研究报告的形式为政府及公众提出了一些人工智能方面的建议。[1]2023年英国政府发布《促进创新的人工智能监管方法白皮书》(A pro-innovation Approach to AI Regulation),提出了人工智能监管应考虑的五项原则,即安全性和稳健性、透明度和可解释性、公平性、问责制和管理、可竞争性和补救性,为企业和公众使用人工智能提供了信心,为行业提供了具有确定性、一致性的监管方法。[2]

英国也在关注人工智能的知识产权问题,2020年9月,英国知识产权局发布了关于"人工智能和知识产权征求意见"的通知,鼓励公众从专利、版权及相关权、设计、商标、商业秘密五个方面提出专业的见解,促进英国人工智能与知识产权政策的推出。英国知识产权局将来自律师、贸易机构、行业协会、技术部门、创意产业和其他部门的答复进行了汇总并整理出最后的结论。[3]总体而言,大多数回复认为目前的框架可以应对未来的挑战,可以依靠现有的责任规则处理人工智能的侵权行为。在人工智能与专利的关系上,许多观点认为,随着人工智能系统的使用增加,目前确定发明人的条件可能会成为创新的障碍;此外,发明标准可能会影响可专利性,对人工智能研究的投资动机会降低,创新过程的透明度会降低。普遍接受的观点是,专利在保护和支持人工智能创新方面发挥着重要作用,但对于专利的可获得程度及其对后续创新的影响,各方意见不一。在版权方面,许多受访者强调将人类创作者放在第一位的重要性,一些人认为,完全由人工智能创作的作品根本不应受到版权保护。另一些人则认为,它们

〔1〕 See *Artificial Intelligence and Public Standards*, GOV. UK (Feb.4,2020), https://assets.publishing.service.gov.uk/government/uploads/system/uploads/attachment_data/file/868284/Web_Version_AI_and_Public_Standards.PDF.

〔2〕 See *A pro-innovation Approach to AI Regulation*, GOV. UK (Mar.29,2023), https://www.gov.uk/government/publications/ai-regulation-a-pro-innovation-approach/white-paper.

〔3〕 See *Artificial Intelligence and Intellectual Property: Call for Views*, GOV. UK (Sep.7,2020), https://www.gov.uk/government/consultations/artificial-intelligence-and-intellectual-property-call-for-views.

应该受到保护，但作为一个单独的权利类别，其持续时间和范围应当缩短。在商标、设计及商业秘密方面，受访者普遍认为当前法律足以应对人工智能的挑战。[1]

对于如何应对人工智能挑战，英国知识产权局也给出了规划。首先要坚持2020年9月发布的《国家数据战略》(The National Data Strategy)，支持数字行业、数字权利，确保数字市场具有竞争力以及数据的创新使用。知识产权局将致力于以下举措：(1)与来自商业、技术和研究领域的专家合作，建立对人工智能行业的了解，并建立强大的基础；(2)倡导与志同道合的国家采取共同做法，在国际舞台上起带头作用；(3)与人工智能的开发人员和用户以及知识产权所有者和用户进行沟通和接触，以促进对这方面的了解。[2]

在具体的领域知识产权局还将采取更系统的针对性措施。在专利领域，将采取的措施包括：(1)以回复的建议为基础，后续对政策选择(包括立法改革)进行咨询，保护人工智能产生的发明，除非这些发明不符合标准。(2)发布有关人工智能发明专利排除做法的增强型IPO指南，并吸引包括中小企业在内的人工智能相关部门和专利律师行业参与，以增进对英国专利排除实践和人工智能发明的了解。IPO将审查其专利实践，为准则作准备，并确定在IPO和欧洲专利局提交的人工智能专利申请的结果差异。(3)委托进行一项经济研究，以增进对知识产权框架在激励人工智能投资和其他因素方面所起的作用的理解。此外，与其他政府部门合作，收集新兴数据，并了解英国人工智能行业的驱动因素。这将提供一个理论基

〔1〕 See *Artificial Intelligence and Public Standards*, GOV. UK (Feb.10,2020), https://assets.publishing.service.gov.uk/government/uploads/system/uploads/attachment_data/file/868284/Web_Version_AI_and_Public_Standards.PDF.

〔2〕 See *Artificial Intelligence and Public Standards*, GOV. UK (Feb.10,2020), https://assets.publishing.service.gov.uk/government/uploads/system/uploads/attachment_data/file/868284/Web_Version_AI_and_Public_Standards.PDF.

础，以判断是否有进一步干预该领域的理由。(4)与利益相关者和国际合作伙伴合作，为专利申请中披露的AI系统数据建立基础。在版权领域，将采取的措施包括：(1)审查版权所有者许可其作品使用人工智能的方式，并咨询如何简化许可或版权例外，以支持创新和研究。(2)咨询是否将原创作品的版权限制在人类创作(包括人工智能辅助创作)，咨询是否以相关权利取代现有的计算机生成物保护，还要考虑是否应采取行动，减少人类和人工智能作品之间的混淆，以及虚假归因的风险。

除此之外，关于人工智能的综合措施，包括：(1)与志同道合的国家和多边组织(包括世界知识产权组织和EPO)就《征求意见书》中提出的问题进行探讨，以促进合作，建立共识。(2)与包括人工智能办公室和人工智能理事会在内的合作伙伴合作，包括技术初创企业和研究人员，进一步探讨并加深对人工智能部门的理解。(3)以政府这一答复的内容为基础，举行由大学主导的研讨会。(4)开展人工智能和知识产权执法研究，以及这一领域的机遇和挑战。(5)作为首次公开募股转型方案的一部分，寻找机会将人工智能纳入知识产权的运营行动。[1]

(二)南非

人工智能通常被谨慎地赋予专利资格，美国、欧洲、日本都相继拒绝人工智能发明专利权，然而2021年7月，南非宣布“Dabus”(统一感知的自主引导装置)为提高抓力和热传递的食品容器的发明人。在此前，“Dabus”的创造人斯蒂芬·泰勒(Stephen Thaler)博士曾在英格兰和威尔士高等法院提出申请，但均遭到驳回，法院指出，虽然“Dabus”创造了这些发明，但因为它不是“自然人”所以不能被授予专利，欧洲专利局和美国专利商标局

---

〔1〕 See *Artificial Intelligence and Public Standards*, GOV. UK (Feb.10,2020), https://assets.publishing.service.gov.uk/government/uploads/system/uploads/attachment_data/file/868284/Web_Version_AI_and_Public_Standards.PDF.

以同样的理由驳回申请。南非首次宣布授予人工智能发明专利权，具有重要的实践意义，人工智能成为发明人究竟是实践所趋还是特例仍然有待探讨。

（三）澳大利亚

在南非授予人工智能发明人资格不久，澳大利亚联邦法院就认定可以将人工智能系统命名为专利申请的发明人，主要观点是澳大利亚的法律中并没有明确规定专利申请人必须为人类。法官在判决书中表达了三点理由以支持其观点：(1)发明者是一个代理名词，代理可以是发明的人或物；(2)这样的观点反映了许多本来可以获得专利的发明的现实，在这些发明中，不能理智地说人类是发明者；(3)该法中没有任何规定要求得出相反的结论。然而，该观点仅仅在司法中发生效力，当专利申请返回给专利审查员，关于“Dabus”的专利申请仍未在澳大利亚得到批准。对于该判决也存在一些争议，如澳大利亚的知识产权律师Mark Summerfield认为该判决将导致一种不良的示范，任何人任何机器都可被授予专利权，当人工智能大量创造时，很可能造成“专利蟑螂”，阻碍创新。[1]

第四节　我国人工智能发展与知识产权动态

一、我国人工智能产业的发展状况

人工智能正在引领技术的变革，全球主要国家及地区都把发展人工智

〔1〕 参见黄莺：《澳大利亚：全球第二个支持人工智能作为专利“发明人”的国家》，载微信公众号“企业专利观察”，https://view.inews.qq.com/k/20210730A0HN3100?web_channel=wap&openApp=false。

能作为提升国家竞争力、推动国家经济增长的重大战略，我国也不例外。近年来，我国人工智能产业发展迅速，图像识别、深度学习、语音识别等技术广泛应用于智能终端、移动支付、智能家居等领域，未来人工智能在教育、医疗、出行等领域将发挥更显著的作用。当前人工智能技术与传统行业经营模式和业务流程开始产生实质性融合，智能经济时代的全新产业版图初步显现。据艾瑞咨询发布的《2020中国人工智能产业研究报告》分析，2020年人工智能产业规模预计超过1500亿元规模，而到2025年很可能超过4500亿元，其中30%～45%的市场是人工智能创业企业所占据，随即而来的是互联网公司、云服务公司、大数据公司、信息技术服务公司、通信设备公司以及个别科研院所切分其余市场。[1]人工智能产业可以分为人工智能基础层、人工智能技术层、人工智能应用层。人工智能基础层主要负责相关软件硬件的开发，人工智能技术层是产业的核心，旨在模拟人类智能方面发挥作用，而人工智能应用层指人工智能具体的应用行业、情形。在当前，我国各个层次的人工智能技术都有布局，在基础方面各种人工智能数据管理、算法行业都有所发展，应用层面更是广泛，涉及工业、医疗、教育、金融等各个方面。

WIPO 2019年发布的人工智能发展趋势的报告显示，中国科研机构在人工智能研发方面硕果累累，在人工智能专利申请的前20名学术参与者中有17家是中国机构，在与人工智能相关的科技出版物中有10家是中国机构；在新兴的深度学习技术方面，中国尤其强大，主要的公共研究机构是中国科学院（CAS），拥有2500多个专利组合，发表了2万多篇人工智能科学论文。[2]清华大学的一份研究报告也表明中国在自然语言处理、芯

[1] 参见《2020年中国人工智能产业研究报告（Ⅲ）公开版》，载艾瑞网2020年12月25日，https://report.iresearch.cn/report/202012/3707.shtml。

[2] See *WIPO Technology Trends 2019: Artificial Intelligence*, WIPO (Jun.31,2019), https://www.wipo.int/edocs/pubdocs/en/wipo_pub_1055.pdf.

片技术、机器学习、信息检索与挖掘等10多个人工智能子领域的科研产出水平都紧随美国之后，居于世界前列；在多媒体与物联网领域的论文产出量超过美国，居于全球第一；而在人机交互、知识工程、机器人、计算机图形、计算理论领域，中国还需努力追赶。〔1〕过去十年全球人工智能专利申请521,264件，中国专利申请为389,571件，位居世界第一，占全球总量的74.7%，是排名第二的美国专利申请量的8.2倍。可以看出，我国当前人工智能的研发、应用都取得了较好的进展，较多领域逐步跻身于世界前列。

二、我国人工智能政策的主要趋势

（一）人工智能国家战略

2015年5月国务院出台的《中国制造2025》提出发展智能装备、智能产品和生产过程智能化，随后人工智能相关政策进入密集出台期，2016年3月16日第十二届全国人民代表大会四次会议通过《国民经济和社会发展第十三个五年规划纲要》，将人工智能写入“十三五”规划纲要。

2017年7月，国务院发布《新一代人工智能发展规划》，这是我国首个人工智能国家战略。人工智能是国际竞争的新焦点、推动经济发展的新引擎，同时人工智能也面临不确定性的风险：“面对新形势新需求，必须主动求变应变，牢牢把握人工智能发展的重大历史机遇，紧扣发展、研判大势、主动谋划、把握方向、抢占先机，引领世界人工智能发展新潮流……”〔2〕《新一代人工智能发展规划》提出了分三步走的战略：第一步，到2020年人工智能总体技术和应用与世界先进水平同步；第二步，到2025年人工智能基础理论实现重大突破，部分技术与应用达到世界领先水平；第三步，到

〔1〕 参见清华大学人工智能研究院等：《人工智能发展报告（2011-2020）》，载搜狐网2021年4月7日，https://www.sohu.com/a/459477909_100204233。

〔2〕《新一代人工智能发展规划》（国发〔2017〕35号）。

2030年人工智能理论、技术与应用总体达到世界领先水平，成为世界主要人工智能创新中心。[1]

2017年12月，工业和信息化部发布的《促进新一代人工智能产业发展三年行动计划（2018—2020年）》对《新一代人工智能发展规划》进行了一定的补充，详细规划了人工智能在未来三年的重点发展方向和目标，重点发展智能网联汽车、智能服务机器人、智能无人机、医疗影像辅助诊断系统等八个领域。[2]2018年1月，中国电子技术标准化研究院发布了《人工智能标准化白皮书》，进一步落实了国家人工智能战略，该白皮书分析了国内、国际人工智能标准化现状，并且提出人工智能标准体系结构及标准体系框架。[3]2019年6月，国家新一代人工智能治理专业委员会发布了《新一代人工智能治理原则——发展负责任的人工智能》，它提出了八个人工智能治理原则：（1）和谐友好；（2）公平公正；（3）包容共享；（4）尊重隐私；（5）安全可控；（6）共担责任；（7）开放协作；（8）敏捷治理。[4]2020年7月，国家标准化管理委员会联合其他四部门推出《国家新一代人工智能标准体系建设指南》，继续加强人工智能领域标准化顶层设计，推动人工智能产业技术研发和标准制定，促进产业健康可持续发展。该指南将标准体系分为八个部分：（1）基础共性；（2）支撑技术和产品；（3）基础软硬件平台；（4）关键通用技术；（5）关键领域技术；（6）产品与服务；（7）行业应用；（8）安全与伦理。[5]该指南还提出，到2021年，明确人工智能标准化顶层设计，到2023年，初步建立人工智能标准体系。

---

〔1〕《新一代人工智能发展规划》（国发〔2017〕35号）。

〔2〕参见《促进新一代人工智能产业发展三年行动计划（2018—2020年）》（工信部科〔2017〕315号）。

〔3〕参见《人工智能标准化白皮书》，载中国电子技术标准化研究院，http://www.cesi.cn/images/editor/20180124/20180124135528742.pdf。

〔4〕参见《新一代人工智能治理原则——发展负责任的人工智能》，载中华人民共和国科学技术部，http://www.most.gov.cn/kjbgz/201906/t20190617_147107.htm。

〔5〕参见《国家新一代人工智能标准体系建设指南》（国标委联〔2020〕35号）。

2021年9月，国家新一代人工智能治理专业委员会发布《新一代人工智能伦理规范》，旨在将伦理道德融入人工智能全生命周期，为从事人工智能相关活动的自然人、法人和其他相关机构等提供伦理指引。《新一代人工智能伦理规范》的发布标志着人工智能政策已从推进应用逐渐转入监管应用，确保人工智能处于人类控制之下。

2022年4月，中国信息通信研究院发布了《人工智能白皮书》，该白皮书重点从人工智能政策、技术、应用和治理等维度进行了阐释，它认为人工智能逐步进入新的阶段，指明下一步应由技术创新、工程实践、可信安全"三维"坐标进行定义和牵引。

2023年7月，网络安全等级保护与安全保卫技术国家工程研究中心发布了《通用人工智能AGI等级保护白皮书（2023版）》，该白皮书从技术角度介绍了通用人工智能在过去几年的发展趋势，以及它未来的应用前景和挑战；分析了通用人工智能的安全风险，包括传统数据安全风险、数据隐私泄露、模型可靠性、模型滥用误用等方面的内容。

当前，生成式人工智能正在加速发展，不断催生新场景、新业态、新模式和新市场，赋能千行百业。与此同时，其暴露出的安全风险也引发了各国监管部门的广泛关注，意大利、德国、法国、西班牙等多个国家的数据保护监管机构对ChatGPT表示担忧或发起调查。为了统筹生成式人工智能发展和安全问题，2023年7月10日，国家互联网信息办公室（以下简称网信办）联合国家发展和改革委员会（以下简称发改委）、教育部、科学技术部（以下简称科技部）、工业和信息化部（以下简称工信部）、公安部、国家广播电视总局发布了《生成式人工智能服务管理暂行办法》，自2023年8月15日起施行。该办法是我国促进生成式人工智能健康发展和规范应用的专门立法，旨在促进生成式人工智能健康发展和规范应用，维护国家安全和社会公共利益，保护公民、法人和其他组织的合法权益。该办法体现了风险防范、风险应对和风险管理的基本思路，其实施对推动产业发展有重要的意义，为生成式人工智能的发展创造了良好的创新生态。

综上所述，相比于欧美，我国同样关注人工智能的协调发展。在战略的规划上，讲究稳步推进，不断地制定阶段性的目标，统筹各种因素，促进人工智能健康发展。目前《新一代人工智能发展规划》是最根本的政策，在此基础上，已经逐步推出了许多详细的安排，这为我国进一步提高人工智能的软实力，应对国际人工智能竞赛提供了基础。

（二）推动人工智能新基建

除了专门的人工智能政策，我国的人工智能发展还呈现出一个显著性特点，即大力推动人工智能新基建。根据发改委的正式定义，“是以新发展理念为引领，以技术创新为驱动，以信息网络为基础，面向高质量发展需要，提供数字转型、智能升级、融合创新等服务的基础设施体系”，它包括信息基础设施、融合基础设施、创新基础设施。〔1〕人工智能既属于信息基础设施又属于融合基础设施，是新基建的重点领域。2018年12月召开的中央经济工作会议就指出，要“加强人工智能、工业互联网、物联网等新型基础设施建设”。2019年12月，发改委等七部门印发《关于促进“互联网+社会服务”发展的意见》，指出“支持政府和企业建设人工智能基础服务平台，面向社会服务提供人工智能应用所需的基础数据、计算能力和模型算法，提升社会服务基础设施智能化水平”。通过要启动一批重大项目，加快传统基础设施和5G、人工智能等新型基础设施建设。在“十四五”规划中，人工智能同样得到重视，指出要“推动互联网、大数据、人工智能等同各产业深度融合”，统筹推进基础设施建设，发展战略性新兴产业。〔2〕基础

〔1〕 参见刘琳：《官方定义来了！国家发改委正式定义新基建：范围更新、更广，政策支持力度更大》，载搜狐网2020年4月20日，https://www.sohu.com/a/389628795_114877。

〔2〕 参见《中共中央关于制定国民经济和社会发展第十四个五年规划和二〇三五年远景目标的建议》（2020年10月29日中国共产党第十九届中央委员会第五次全体会议通过）。

设施为生产提供必要的发展基础，同时也将提高整个社会的环境，推动人工智能新基建意味着提升智能生产、智能社会的水平，对促进人民生活福祉、提升国家的现代化水平、增强我国产业的国际竞争力具有举足轻重的意义。

三、我国人工智能知识产权动态

从各国的实践来看，人工智能的知识产权问题并非只停留于理论探讨，其重要性已引发各国知识产权机构采取切实措施，包括积极征求公众意见以及加紧人工智能知识产权政策的推出。在我国人工智能的知识产权问题同样受到关注。2020年2月国家知识产权局新修改的《专利审查指南》正式实施，《专利审查指南》第二部分第九章新增第6节，“包含算法特征或商业规则和方法特征的发明专利申请审查相关规定”，旨在回应创新主体对进一步明确涉及人工智能、区块链、商业规则和方法等新领域新业态专利审查规则的需求。2020年11月，《著作权法》完成了第三次修改。著作权客体、权利内容、合理使用等条款得到进一步完善，为人工智能生成内容、数字化复制、数据和文本挖掘等行为提供了规制的依据。

2021年9月，国家知识产权局支持北京、浙江人工智能产业知识产权运营中心的建设，该平台旨在发展人工智能新技术新业态新模式，大力提升根植于产业的知识产权专业服务能力，提高知识产权自主创新水平。2021年9月，中共中央、国务院正式发布《知识产权强国建设纲要（2021—2035年）》，该纲要明确提出，创新是引领发展的第一动力，知识产权作为国家发展战略性资源和国际竞争力核心要素的作用更加凸显。实施知识产权强国战略，必须回应新技术、新经济、新形势对知识产权制度变革提出的挑战。《知识产权强国建设纲要（2021—2035年）》的一个主要内容就是，建设面向社会主义现代化的知识产权制度，其中明确提出，要“构建响应及时、保护合理的新兴领域和特定领域知识产权规则体系”，“研究完善算法、商业方法、人工智能产出物知识产权保护规则”。2021年10月，国务院印发《“十四五”国家知识产权保护和运用规划》，提出了“数据知识产权保护工程”，强调要构建数据知识产权保护规则、促进数据资源利用和安全保护。与此同时，该规划还提出要“健全高质量创造支持政策，加强人工智能、量子信息、集成电路、基础软件、生命健康、脑科学、生物育种、空天科技、深地深海探测等领域自主知识产权创造和储备”。

正如美国NSCAI在2021年发布的《人工智能报告》所言，“中国正在利用知识产权政策作为其国家新兴技术战略的关键工具”，当前我国人工智能的快速发展与一系列的政策密不可分，当前无论是《新一代人工智能发展规划》还是《知识产权强国建设纲要（2021—2035年）》，均将前沿的人工智能技术当作国家战略的关键内容，其中最值得关注的是知识产权制度的建设，知识产权制度是保障人工智能发展的源泉，近年来我国修改了各大部门法，不断完善知识产权制度，为人工智能创造、发展、运用营造了良好的环境。在当前知识产权强国战略出台的背景下，人工智能将更加深刻地融入生产生活；同时人工智能的运用也可能带来一系列的挑战，知识产权法律制度有必要进行一定的回应，从而促进人工智能与知识产权法律制度的良性互动。

第二章　人工智能算法的知识产权保护问题

第一节　人工智能算法的基本概念与保护争议

一、人工智能算法的概念与分类

（一）人工智能算法的概念

人工智能算法是技术人员利用某种数学模型而设计的有步骤的运算方案，它是能够把输入转换成输出的计算步骤的序列和完成计算命题的工具，是多种信息技术联结、运用广泛和可以创造出无垠价值成就的关键。[1]EPO在《专利与第四次工业革命》中提到，加强产品及方法的创新愈来愈频繁地出现在软件的虚拟层次。软件创新的关键要旨在于设计算法。[2]人工智能算法的发展源于20世纪中叶，其发展是比较迅速的，信息时期相较机械时期，从算法至实际应用间的显著差距已经大大缩小了。比较有代表性的例子就是巴贝奇研制的差分机，其乃当代电子计算机机械式设计的前身。它所运用的数学原理及具体算法早已十分明晰，但在当时简单的加法运算都只能借助组装齿轮之类的机械零件来完成，从初步算

---

〔1〕 参见张吉豫：《智能时代算法专利适格性的理论证成》，载《当代法学》2021年第3期。

〔2〕 See *European Patent Office, Patents and the Fourth Industrial Revolution*, EPO (Doc.10,2020), http://documents,epo.org/ projects/baby Ion/eponet. nsf/0/06E4D8F7 A2D6C2E1C125863900517B88/ $ File/ patents, and_ the_fourth_industrial_revolution_study_ 2020_ en. Pdf/.

法模型至具体实现构想，离不开精细化设计、制造、组装这几个步骤。但是受当时的技术水平所限，特制齿轮以及机械部件的精密的制造是很难实现的。因此，虽然巴贝奇对于算法的研究早已完成，但是他最终也没有实现技术上较为复杂的二代差分机。〔1〕然而到了现代，一名接受了基本计算机编程教育的学子都能在很短时间里使计算机指令成为实在的工具。这显示在当下信息时代，从初步的算法构想到具体的应用实现的成本及距离被很大地降低和缩短了。在算法运用广泛的智能时代，日渐丰富多维的数据和日趋普遍存在的高算力设备为算法的应用奠定了厚实的基础。

（二）人工智能算法的分类

算法经过不断的迭代和发展，其类目已较为繁多，但是能经得起实践磨炼的经典算法依然为数不多。当下，有根据算法的结构为分类标准的，比如递归、迭代、贪心算法、分治策略、动态策划等；有以算法的实际应用领域为分类标准的，如分类算法、回归算法及模式识别算法等；还有的算法并没被纳入某一分类体系，仅就几种宏观的方法作总结及算法展开。人工智能算法所依据的理念及概念实际上非常简易，但要让这些理念及概念成为现实就离不开以繁杂的数学公理公式与复杂精细的算法结构为基点。以作为数学学科的基础的集合论为分类标准的经典AI算法有k-NN算法（k近邻算法）、K-means算法（K均值算法）及Apriori算法等；以主要研究对象为随机事件及过程的概率统计为分类标准的AI算法有逻辑回归算法、朴素贝叶斯算法、最大熵算法、隐马尔科夫算法等；以有多种特定结构的图论为分类标准的AI算法有决策树算法、Adaboost算法、Bagging算法等；以向量和维度为要件的空间几何为分类标准的AI算法有空间向量模

〔1〕 参见吴军：《信息传》，中信出版集团股份有限公司2020年版，第56页。

型算法、支持向量机算法等。另外，在现今时代，许多AI算法是以交叉学科为基准的，如借助模拟人类神经网络的深度学习算法，基于“物竞天择、适者生存”进化论理论的遗传算法，借助观察蚁群活动而衍生的蚁群算法等。[1]

WIPO将人工智能技术分为三类：人工智能算法、人工智能功能性应用、人工智能行业应用，[2]其中后两者通常可以进行专利保护，并无太大争议，而对人工智能算法进行专利保护则有待商榷。算法根据其可预测性可分为“白箱”算法（算法完全程度的确定，即预先制定的指令集）、“灰箱”算法（算法具有不确定性，但容易解释和进行预测）、“黑箱”算法（算法表现出突发性，预测并描述其特征难度很大甚至可能性为0）、感知算法（算法图灵测试可通过，已经接近甚至超过人类IQ）、奇异算法（算法可实现自行递归完善）。“白箱”算法及灰箱算法的核心内容及技术特征能为发明人进行明确清晰的说明，但“黑箱”算法、感知算法、奇异算法的主要技术特征无法被清楚地描述，因为算法发明人对生成高阶算法的径路含有认知上的盲区。当算法借助深度学习可以自动化形成新的自主设计路径，达到“黑箱”及“智能化”的地步，就已完全不受人类控制而难以描述和预测，导致发明人难以从宏观上把握高阶算法主要的技术内容，亦很难记录构成高阶算法必不可少的技术特征。发明人已经无法再有效干预三种高阶算法对要素的决策衡量过程，遑论对算法的生成径路以及重点技术特征作明晰的记录和描述。也就是说，即使是发明人有能力借助语言大致对高阶算法的主要的技术特征作出解释，行业内其余的技术人员亦不一定可以让相同的算法结果被重演，因为还不清楚算法的生成是否遵照的是相同的路径。“白箱”算法和“灰箱”算法这两种低阶算法相对来说较为透明和简

〔1〕 参见陶阳明：《经典人工智能算法综述》，载《软件导刊》2020年第3期。

〔2〕 See *WIPO Technology Trends 2019*: *Artificial Intelligence*, WIPO (Jan.31,2019), https://www.wipo.int/edocs/pubdocs/en/wipo_pub_1055.pdf.

易，易于甄别、分析、解释、预测，在一定程度上能够满足专利法对于应用专利进行保护的法定要求，可使用专利权的保护模式。与此相比，“黑箱”算法、感知算法及奇异算法此三类高阶算法的操作规程的精密程度和复杂程度大，其决策过程超越了人类能直接控制的范围，不在人类目前的认知框架中，发明人很难对其具体的操作规程进行清晰的描述和披露。[1]因此，算法的法律保护模式并不能一概而论，需要结合权利保护要求及算法本身特征来确定适当的保护模式。

二、人工智能算法的保护争议

根据我国《计算机软件保护条例》第2条及第7条的规定，对计算机软件的保护在当前并不能延及软件开发过程中所使用的原理、思想以及算法。算法原本作为计算机软件的组成部分，在计算机软件的整体保护中具有专属性。但与软件中的源码和目标码所体现的具体而详尽的指令形式不同，算法主要是指解决具体问题，通过处理输入来达到目的的指令步骤，一般不包括完整的软件所包含的场景和数据部分。而且，软件作为产品销售，通过安装到不同计算机中实现商品价值。但算法则是大数据环境下处理输入与输出决策的步骤方法，其本身的价值不在于通过销售复制软件获取利益，而是通过平台处理数据达成判断，并以给出特定问题之解决方案为目的。[2]因此，按现今法律规定，算法不属于计算机软件作品，因此不具备可版权性。

人工智能的基础是计算，核心在于算法。算法作为在有限步骤内求解某一问题所使用的一组定义明确的规则，通俗地讲，算法是通过计算机设

〔1〕 参见孙建丽：《试论算法的法律保护模式》，载《电子知识产权》2019年第6期。
〔2〕 参见李晓辉：《算法商业秘密与算法正义》，载《比较法研究》2021年第3期。

定而形成的模拟人类思维解决问题的方法。[1]我国《专利法》第25条规定了专利保护范围的例外，其中第1款第2项为“智力活动的规则和方法”，《专利审查指南》中关于智力活动的规则和方法的例证中列举了“计算机的语言及计算规则”，并且进一步规定“如果一项权利要求仅仅涉及一种算法……则该权利要求属于智力活动的规则和方法，不属于专利保护的客体”。按照此种逻辑推论，算法若被纳入智力活动的规则和方法的范畴，则不属于专利法的保护范围。虽然算法与人类思维活动存在本质区别，其既不是人类思维活动的替代，也不是人类思维活动的纯粹延伸，但也很难说算法与智力活动的规则、方法毫无关联，且《专利审查指南》对“智力活动的规则与方法”予以举例说明，其中的计算机的语言及计算规则、计算机程序本身被认为仅仅涉及智力活动的规则与方法，不应当被授予专利权，[2]那算法按此逻辑则似乎也不应被授予专利权。因此，算法能否成为专利法的保护对象还有待商榷。

（一）人工智能算法专利保护

人工智能算法是否具有可专利性是理论上有待探讨的问题。从促进人工智能技术商业化成熟、落实人工智能发展规划、实现专利制度的功能与目的来看，应给予人工智能算法以专利保护。[3]我国2020年修改了《专利审查指南》，也将算法或商业规则和方法等智力活动的规则和方法特征纳入审查范围。具体规定上，首先，将属于《专利法》第25条第1款第2项的“智力活动的规则和方法”予以排除；其次，需要从技术方案三要素——技术问题、技术手段、技术效果进一步考察；最后，需要将技术特征与技术

〔1〕 参见徐小奔：《人工智能“创作”的人格要素》，载《求索》2019年第6期。

〔2〕 参见《专利审查指南》第二部分第一章第4.2节。

〔3〕 参见狄晓斐：《人工智能算法可专利性探析——从知识生产角度区分抽象概念与具体应用》，载《知识产权》2020年第6期。

特征功能视为整体综合考量，考量其是否功能上彼此相互支持、存在相互作用关系。虽然《专利审查指南》承认了人工智能算法可以作为专利的客体，但是并没有明晰人工智能算法的概念，由此可能导致人工智能算法、计算机软件的重叠保护。

（二）人工智能算法商业秘密保护

从理论上讲，人工智能算法是人工智能技术的核心，通常都是不公开的，与商业秘密要求的秘密性特征相符，但对人工智能算法进行商业秘密保护存在诸多隐藏的风险。其一，商业秘密保护将强化人工智能算法的“黑箱”属性。算法需具备透明性与可解释性，而进行商业秘密保护意味着不仅不能公开，还要采取一定的保密措施，因此，将强化人工智能算法的“黑箱”属性。其二，商业秘密保护可能侵害公众权利。将算法进行商业秘密保护可能进一步加剧算法歧视、算法杀熟、信息茧房等，侵犯消费者的知情权，此外，当算法应用于更需要透明度的公权领域时，如司法活动、教育，将影响公民的民主、自由、公正等基本权利。由此可见，商业秘密保护应用于人工智能算法存在一定的困境，需要法律上进行合理的规制。

（三）其他保护

除了以上两种保护模式的选择外，还有学者认为著作权法、专利法和商业秘密保护都难以为算法的信息披露提供合适的激励机制，因此可以创设新的权利类型，赋予算法一定期限的排他权来换取算法透明，使之可以平衡各种利益的冲突。〔1〕

---

〔1〕 参见梁志文:《论算法排他权：破除算法偏见的路径选择》，载《政治与法律》2020年第8期。

第二节　人工智能算法的商业秘密保护

一、人工智能算法的商业秘密保护可行性

认定是否构成商业秘密，需要认定其是否具有价值性、保密性、秘密性，算法作为人工智能运作的核心部分，决定了运行的结果质量，可以在实践中发挥创造的经济价值，具备价值性，并且由于算法一般不对公众公开，天然地具有秘密性，因此商业秘密保护人工算法具有很强的契合性。在人工智能研发、生产和经营过程中能带来经济效益的实用秘密信息，包括人工智能产品的市场推广策略、客户名单等，都可以通过商业秘密途径进行保护。

相较而言，在诸种算法利益保护模式之中，算法的商业秘密保护在知识产权法层面是争议最小的。商业秘密法保护算法相较于专利法保护算法的优势体现在以下方面：

其一，与专利边界的变化和不确定相比，商业秘密法为开发商提供了更稳定的保护，以确保他们的合法权益，降低失去保护的风险。商业秘密法更符合人工智能企业战略和营销对不透明度的渴求，算法属于自然地不受公共解释和难以反向工程的一类信息形式，保持其秘密性不至于使公司付出较大成本。在专利法的语境下，若修改算法的功能体系结构，则不符合专利的原始权利要求，算法并不能得到专利法保护。人工智能时代，通过商业秘密形式保护算法专有权不仅有利于防止他人故意侵权，还给其他竞争者的“搭便车”行为创设了难度。由于这些原因，商业秘密法可以看

作企业保护算法的最有利的途径，甚至那些来自公共领域的算法也可被称为商业秘密。〔1〕

其二，人工智能商业秘密的保护不以披露为条件，而人工智能的专利保护则要求充分披露其技术方案。根据《专利法》第 26 条和《专利法实施细则》第18条至第24条规定，专利申请说明书应当对发明内容及其主要技术特征作出清楚、完整的说明。根据算法的可预测性程度的高低，依次可分为“白箱”算法、“灰箱”算法、“黑箱”算法、感知算法、奇异算法。“白箱”算法和“灰箱”算法属于低阶算法，相对来说较为透明和简易，易于甄别、分析、解释、预测，在一定程度上能够满足专利法对于应用专利进行保护的法定要求，可使用专利模式对其进行保护。但是针对“黑箱”算法、感知算法及奇异算法这三类高阶算法，目前发明人还难以对其作出清晰的描述和披露。因此虽然这三类高阶算法具有一定程度上的可专利性，但若真的直接通过专利模式对其施以保护，将会对现行《专利法》及其实施细则的框架造成强势冲击。〔2〕

除此之外，商业秘密保护毋须经主管部门的审查和授权，且与版权的自动取得相较亦更为便利，因为创作完成的作品才可自动取得版权，而商业秘密不要求形式上的完整性，任何片断的实用秘密信息都可受其保护。此外，相较于版权和专利的固定期限保护而言，算法的商业秘密保护在理论上具有永久性，在技术先发优势较大且保密措施较到位的情况下，实际上也能拥有较长的保护期限。

〔1〕 See Sylvia Lu, *Algorithmic Opacity, Private Accountability, and Corporate Social Disclosure in the Age of Artificial Intelligence*, 23Vanderbilt Journal of Entertainment and Technology Law 99 (2020).

〔2〕 参见孙建丽:《试论算法的法律保护模式》，载《电子知识产权》2019年第6期。

二、人工智能算法的商业秘密保护困境

（一）保密难度大

算法的开发设计过程具有分散和不连续的特征，参与主体和研发环节众多，使投资者无论以内部规章制度还是以合作保密协议来维持相关信息的秘密性，在实践中都不容易。首先，考虑到科技公司的人员流动，员工需要在入职时签订严谨的劳动合同和竞业禁止协议，以确保离职员工保守商业秘密。其次，需要制定并执行严密的网络安全政策，以防止竞争对手窃取商业秘密。最后，从市场交易模式来看，除非人工智能产品选择定制开发的模式，应尽可能在有限的范围通过有限的渠道销售，以防范反向工程的发生。因为人工智能算法往往涉及大数据的交互，保密上较之其他领域存在一定困难，可能被反向工程，而保密性又是商业秘密的构成要件。因此，商业秘密保护不适用于互联网日常交互或反向工程的算法。

（二）阻碍累进创新

专利法和著作权法鼓励创新公开，而商业秘密法与之相反。公开使其他人能够围绕现有的创新进行改进，从而促进技术进步。而创新的信息被保密则会将这种良性循环中断，导致诸多公司将继续在同一领域进行重复性研究。且人工智能企业需要在研发、访问数据源以及具有高技能的员工的参与方面进行大量投入，不公开则会限制人工智能取得重大进展的机会，降低创新效率。创新本身就紧密依赖已有发明和技术，而赋予算法商业秘密属性则会出现后续累进创新难以推进的局面。假设人工智能涉及领域的发现与技术一直被保密，无疑延缓了社会累进创新的步伐。采用商业秘密的方式保护人工智能算法，会有碍于对算法进行产业应用和商业开

发。创新的源泉若不能得到充分的传播和涌流，生产力的深入革新和社会的全面进步就会缺乏推力，长远来看并不利于对技术的快速更新迭代和创新型国家的建设。

（三）影响雇员再就业

公司的专有信息通常与雇员的知识和技能密切相关。如果雇员不能将其在工作期间获得的一部分知识传达给新雇主，则实际上不利于该雇员在最熟练、最有经验、最有能力谋生的行业从事新工作。商业秘密会对求职者构成一些限制。受竞业禁止协议或保密协议限制的员工可能无法向潜在雇主展示在先前工作上完成的某些工作。例如，美国《得克萨斯州统一商业秘密法》将商业秘密的“使用”广义地规定为“销售包含商业秘密的商品，在制造或生产中雇用知晓商业秘密的员工，依靠商业秘密来协助或加速研究或开发，或者通过使用商业秘密信息来招揽客户”，可知在制造或生产中雇用知晓商业秘密的员工也涉及对商业秘密的使用，实践中雇主可能拒绝雇用某些雇员或特定竞争对手的雇员，因为这些雇员可能会使雇主面临被指控盗窃商业机密的风险。

（四）侵权后难以鉴定及取证

商业秘密被盗窃后可能会面临诉讼过程中司法机关在取证过程中无法取得被诉方完整关于算法的源代码，诉讼难度大。在案件涉及商业秘密的情况下鉴定委托人若通过公证途径获取材料，可能会产生“打草惊蛇”的负面影响，有碍案件的正常调查，影响权利人的合理维权。〔1〕且在司法实践中，不仅被诉方可能以商业秘密受保护为由拒绝取证，司法机关也可能担心受到侵犯商业秘密的指控和维护开发者利益的需要而不开启对涉

〔1〕 参见陈小静、黄少晖、梁永宏：《浅析计算机软件技术信息的商业秘密鉴定》，载《中国发明与专利》2013年第8期。

及商业秘密的人工智能的相关的源代码、算法、数据等的侦查，更加大了维权难度。当前美国有三种风险评估软件，COMPAS、PSA 、LSI-R，超过一半的州使用这三类软件辅助当地法官进行量刑。在人工智能算法的帮助下可依仗其预测力，降低犯人的羁押率，法官自由裁量的效率和公正性也会得到提升。这种运用算法来辅助法官自由裁量的做法引发了广泛的讨论和批评，在算法的准确性、算法引入不相关的社会因素以及算法的正当程序三个方面引起普遍的质疑。2016年发生于威斯康星州的Loomis案在算法公平和商业秘密的较量之间选择支持商业秘密，而并不要求企业将算法模型及参数进行公布。Loomis案件的司法立场于促进人工智能产业发展和技术创新有所裨益，但导致的诉讼难题仍然是一个悬而未决的问题。

（五）侵犯公民正当权利

应用人工智能保护商业秘密可能会加剧“算法黑箱”，而算法的不透明则可能威胁公民在隐私、平等、安全、知情等方面的正当权利。“算法黑箱”“算法歧视”“算法共谋”“算法损害”“算法操纵”“算法霸权”“算法权力”“算法监狱”“算法囚徒”“算法奴隶”等概念在近年来被相继提出，折射出人们对人工智能发展过程中的算法风险隐忧。[1]美国技术信息的权利人常以商业秘密为借口，拒绝披露算法进行决策的步骤，比如智能风险评估系统COMPAS的销售者Northpointe公司，其出于维持营利的目的，以商业秘密为由，针对在服刑期有改进表现并且符合假释条件的犯罪嫌疑人的“高风险”评估的自动化算法决策的具体情况拒绝披露。[2]近年来，通过智

〔1〕 参见胡小伟:《人工智能时代算法风险的法律规制论纲》，载《湖北大学学报（哲学社会科学版）》2021年第2期。

〔2〕 See Kirsten Martin, *Ethical Implications and Accountability of Algorithms*, 160 Journal of Business Ethics 835 (2019).

慧司法的手段提升司法效率、促进司法公平成为司法改革的趋势。司法领域对回应并解决“算法黑箱”“算法歧视”的需求较为急迫，怎样利用正当程序及平等原则良好应对算法困境将成为司法领域人工智能持久不衰的话题。〔1〕人工智能时代，自动化决策算法被广泛应用，但法律尚未配置相对人知情、质疑、救济的机制，而应用商业秘密保护算法则会加剧这种不平衡，如何救济被不公正对待的自动决策的相对人，以及配置给相对人知情、质疑的权利及行使的限度和程序又应如何设计是值得思考的问题。〔2〕由于“算法黑箱”“算法歧视”“算法茧房”等问题往往不涉及犯罪等严重违法行为，大多时候也不直接显示危及公共安全和健康等公共利益，仅与公民基本权利相关，宪法权利的涵摄依然需要充分的法理和解释性规则的支持，当前部门法法条又都存在可适用性条款缺乏的情况，极大地降低了“算法歧视”相关的平等权和“算法茧房”相关的知情权、安全权等基本权利在司法实践中获得足够保护的可能性。

1.对平等权的侵犯

人工智能可指导有关贷款资格、保险范围、医疗程序和其他与人类生活息息相关的重要问题的决策。人工智能可以消除或减少影响人类决策的主观要素，如偏见和错误，作出更客观的决策。然而，算法本身并不意味着人类决策者更公平。首先，人工智能通常依赖于培训数据来得出决策模型，由于训练算法的数据源于人类的行为，这也就无可避免地会在数据中掺杂裹挟人类思维及认知偏见，输入端的偏见因素可能在算法模型迭代更新的过程中进一步固化，导致歧视和偏见被加深。〔3〕其次，算法可能引

〔1〕 See Pauline T. Kim, *Auditing Algorithms for Discrimination*, 165 University of Pennsylvania Law Review Online 633 (2017).

〔2〕 参见张凌寒:《商业自动化决策的算法解释权研究》，载《法律科学（西北政法大学学报）》2018年第3期。

〔3〕《自然》杂志用 BIBO（Bias in, bias out）揭示了算法生产偏见的内在机理，参见https://www. Nature.com/news/more-accountability-for-big-data-algorithms-1.20653，最后访问日期：2021年10月10日。

发价格歧视，不利于公平交易权的实现；平台部署算法者使用大数据模型可知悉用户画像，从而给各种情况不同（如存在消费能力差异）的用户推荐不同的产品和服务，甚至一并差异化定价，如某些打车软件和外卖平台对消费者进行杀熟，不同消费者在相同时间享受相同服务但产品的价格迥异，这就触犯了消费者平等原则。[1]

2.对安全权的侵犯

目前人工智能在自动驾驶以及医疗领域得到了广泛的应用。对安全的担忧可追溯到数据的无形使用、算法的未知编程以及一些机器学习算法的不可预见和不受控制的特性。算法的工作在很大程度上取决于数据的输入。当数据的输入存在模棱两可的、偏颇的或伪造的情况，输出就会变得错误和不可靠。数据和算法的无形运作本身就阻碍了对人工智能系统的监测，监控机器学习算法设计和开发的安全法规也处于缺位的状态，若因为商业秘密的保护，则可能导致对人工智能更没有足够的监控，算法的故障、错误计算和不当行为可能很难得到纠正，从而给公众带来更大安全风险。

3.对知情权的侵犯

通过商业秘密模式对算法施以保护，还将进一步削弱公众获取的相关信息面。自从算法被社会各领域广泛运用，算法仿佛一只无形的大手，在智能化的背后操纵着社会各领域。算法通过采取复杂精密且隐匿不易察觉的技术手段，影响公众获取消息的范围、有关信息的具体化排名及用户的具体化访问权限等，这类现象于商事领域甚为明显，不仅会造成对公众个体的信息视域的垄断，还会冲击市场经济整体的竞争秩序。商事算法甚至有能力利用无关参数的设置，在毫无正当依据的情形下，任意篡改某商品信息的排名，从而导致其他同类产品信息在消费者视野出现的频率降

〔1〕 参见杜小奇：《多元协作框架下算法的规制》，载《河北法学》2019年第12期。

低，严重阻碍消费者正常获取同类产品信息的权利的实现。如果运用商业秘密模式对算法施以保护被立法固化，那么针对隐藏不良因素甚或违法性质的算法展开的审查工作将不能形成足够有说服力的结论，造成一种算法不再置于法律监管之下的假象，这不仅会制约算法技术蓬勃发展，也会阻碍公众获得多元化信息。

三、人工智能算法的商业秘密保护困境的应对

（一）企业采用综合手段降低泄密风险

随着人工智能的不断发展，法律需要回应不断变化的技术格局，企业也应主动保护好与人工智能算法相关的知识产权。专利法和商业秘密法都为公司保护与算法相关的知识产权提供了可行的途径。每种方法在特定的情况下都是有效的。在大多数情况下，最佳的保护策略将涉及对两种制度的周密利用。根据企业及其技术面临的情况，企业应考虑商业秘密与专利保护或其他类型的知识产权保护模式相比，商业秘密保护是不是更好的选择。在许多情况下，公司可以两种保护模式相结合以更有效地保护其算法技术。

人工智能企业选择商业秘密来保护其利益，可通过自建或购买网络防火墙，通过网络、数据监控的技术及加解密技术来为企业建立尽可能周密的网络安全体系。其一，要防范外来技术入侵和窃取。其二，要做好资料存储备份，避免内部员工进行不当下载及泄露。其三，在发生泄密事件或网站被攻击时，企业要能及时响应，从而最大限度地降低泄密风险，防范对企业的正常运营造成不利影响。其四，在人才引进过程中，企业应与核心技术人员订立有关的法律隔离和技术隔离协议，需做好内部风险隔离机制，以免在未授权或不知情的情形下误用第三方技术秘密，而造成被起诉调查的不利局面。其五，人工智能企业可采用区块链等新技术强化对商业

秘密的保护。区块链技术是汇集分布式账本、时间戳技术和加密技术而产生的新技术，具有可信度高、去中心化、不易被篡改、时间戳等的特点。[1]区块链技术可以通过哈希算法的形式将商业秘密数据加密，以解决企业保密措施难开展及诉讼中举证难等问题，不仅可为商业秘密作出其存在性证明，还可以在诉讼中以电子证据的形式作证，使商业秘密举证更具说服力。[2]

（二）政府建立专门监管部门

为了加强对算法开发者以及算法产业的管制，需要建立专门监管部门对算法进行审查并将相关信息向公众披露，实现商业秘密保护和促进社会创新的平衡。其一，在算法设计层面，监管机构应要求算法开发者在设计算法时遵循一定的伦理及道德准则，注重引导进行算法决策的设计者及使用者把禁止算法歧视等原则与规制嵌进算法之中。其二，在规制算法产品方面，可以引入产品责任，由于当前算法并不具有民事主体资格，当人工智能算法产品对人身、财产造成损害时，可依据《民法典》及《产品质量法》来确定责任主体是算法开发者还是监管者。[3]国务院于2017年发布的《新一代人工智能发展规划》中，呼吁政府在安全防范及市场监管等方面履行其相应的职责，并建立人工智能监管体系，从而对人工智能算法设计、产品开发和成果应用建立起全流程监管。[4]为强化政府的有效监管，立法者可从以下两个方面作出规定以确保专门机构监管的公开性以及透明性：一是专门监管部门应定期对算法开发者设计的算法是否产生不良后果以

〔1〕 参见张怀印、凌宗亮：《区块链技术在商标领域的证明作用》，载《知识产权》2018 年第 5 期。

〔2〕 参见张怀印：《区块链技术与数字环境下的商业秘密保护》，载《电子知识产权》2019年第3期。

〔3〕 参见王利明：《人工智能时代对民法学的新挑战》，载《东方法学》2018年第3期。

〔4〕 参见《新一代人工智能发展规划》（国发〔2017〕35号）。

及是否合乎预期的运行等情况进行审查，尤其要注重可能应用于老人、妇女和儿童等特殊群体的算法审查，并将审查结果进行披露。二是针对不进行算法公开的情形，专门监管部门应审查算法开发者是否向公众或非营利性组织提供了有限的访问通道，例如，提供API接口去访问算法的逻辑信息，从而让公众对具有社会性意义的算法进行个人或集体审查。

（三）配置最低限度披露义务

欧盟在2016年通过的《通用数据保护条例》（GDPR）中对自动化决策的规制作了调整，其中规定了基于透明度的要求，应用自动化决策的数据控制者有义务向数据接受主体提供具有意义的逻辑信息，与此同时根据欧盟《通用数据保护条例》第29条工作组发布的指导意见，数据的控制者并不一定要解释复杂的算法，只需要用简要的语言说明其基本逻辑。[1]

对"算法歧视""算法黑箱"等问题的审查需要内外部的合力。在内部需要算法开发者及时发现并纠正人工智能系统作出的歧视性决策，在外部需要法律构建有力的规制体系。而创设算法问责制，或是向算法开发者配置有底线的必要的披露和解释义务，可消弭算法可解释权面临的诸多阻碍，在不打开"算法黑箱"的情势下令相对人对算法系统予以信任。[2]具体而言，配置披露和解释义务有以下好处：首先，披露和解释义务可以保障公众知情权，并为第三人对算法决策提出挑战提供支持，如Facebook允许用户查看是哪些个人特征（如用户浏览的网页内容、用户间关系链）对个体内容的推送和呈现起到了影响，辅助其用户理解算法决策过程，并决定如何通过调整改变自己的行为影响接下来推送的内容。其次，算法开发

〔1〕 参见《第29条工作组〈关于自动化个人决策目的和识别分析目的准则〉》，载安全内参2018年12月29日，https://www.se-crss.com /articles/7479。

〔2〕 See Wachter, Sandra, B. Mittelstadt & C. Russell,*Counterfactual Explanations without Opening the Black Box: Automated Decisions and the GDPR*, 31, Harv.JL & Tech. 841 (2017).

者并不需要将算法黑箱承载的内部逻辑（通常含有数百万变量的加权连接）对公众说明，避免算法开发者负担过多的技术成本。最后，算法开发者仅需将特定的变量（如收入及信用记录等）对最终输出结果起到的作用告知相对人，这是最低程度的披露，因而并不至于泄露受保护的商业秘密以及侵犯包含在培训数据集里的个人隐私信息。

（四）加强人工智能领域商业秘密立法

目前，我国关于人工智能的法律规制分散在《数据安全法》《电子商务法》等法律法规之中，有关人工智能算法的商业秘密保护在立法层面还处于缺位状态。考虑到人工智能领域商业秘密保护的特殊性，立法应该在保护人工智能领域的创新和第三方获取特定算法的合法权益之间建立适当平衡。例如，缺乏足够程度的人为干预的人工智能生成物是否应纳入商业秘密保护范围，是否应该进入公共领域；如何确定基于公共利益的人工智能企业最小化的披露义务；是否应该设立司法决策中的例外以保证诉讼过程中的证据支持。这些都是人工智能领域的商业秘密立法保护所要考虑的问题。此外，可以探索建立问责制，一旦算法出现问题，必须明确相关企业或个人的法律责任。

（五）设立算法结果拒绝权

公众对算法的拒绝可分为对应用的拒绝和对结果的拒绝。在算法上应用拒绝权可能会使得数据主体拒绝所有关于自动决策算法的应用，哪怕算法结果是利于自身的，相对人都可以要求所有与自身有关的决定均非由自动决策算法作出。[1]设置算法应用拒绝权，可能会制约包括数据画像等技术在内的行业的发展，冲击行业商业模式，还会延缓技术创新。若应用

〔1〕 参见林洹民：《个人对抗商业自动决策算法的私权设计》，载《清华法学》2020年第4期。

使用者无理由即享有拒绝算法应用的权利，将给算法平台开发者和现今技术体系带来巨大的运营成本，并可能削弱算法运作带来的正面社会效果。

我国2021年11月1日起施行的《个人信息保护法》第24条第3款规定，当个人认为自动化决策对其权益造成重大影响的，有权要求个人信息处理者予以说明，并有权拒绝个人信息处理者仅通过自动化决策的方式作出决定。此条规定的“自动化决策”拒绝权具有模糊性，不能明确判断其是否为基于结果的拒绝权。本书认为，可以参照欧盟《通用数据保护条例》中确定的算法结果拒绝权之方案。GDPR在原则上允许数据主体享有对自动决策算法结果的拒绝权，而主张算法拒绝权的前提条件为自动决策算法及算法决策对数据主体造成不良影响。若某算法应用享有豁免事由，则主体并不能拒绝自动决策算法的决定。

（六）加强行业自律

算法设计者具有因信息不对称形成的优势，可通过算法应用来获取垄断并获得利润，这将激励算法设计者主动规避核心算法被审查。此外，司法实践中对商业秘密的强化保护，并不利于算法透明愿景的实现。政府通过督促行业建立自律规范，使整个行业从算法的开发阶段至应用阶段都自觉遵守特定的伦理准则。行业的自律规范可以要求大型网络公司作为主要算法开发者进行自我监管，比如Google通过建立人工智能伦理委员，致力于建立算法应用的伦理准则，纠正算法可能产生的不利后果。

第三节　人工智能算法的专利保护

在商业秘密保护模式下，随着未来可解释性算法或算法技术的成熟，商业秘密算法被反编译夺取专利权的危险性也增大，这将极大破坏企业自身的商业竞争力。相比之下，专利法“以公开换保护”的模式，能够在防范“算法垄断”的基础上鼓励“算法创新”。因此，从现有的专利制度出发，完善专利权保护的相关规定，消除算法可专利性的制度障碍，是目前急需解决的问题。

一、人工智能算法专利保护的域外考察

随着人工智能相关发明专利申请量的增加，大部分发达国家和地区的政府也意识到鼓励算法创新的必要性，并通过进一步调整审查政策，实现算法创新成果的相应保护。

（一）欧洲

欧洲专利局在审查算法及相关发明创造是否具有可专利性时，其主要根据《欧洲专利公约》第52条，审查是否构成“可以取得专利的发明”。该公约并未明文规定哪些创造属于发明，仅是反向举例了哪些项目不能被认定为发明专利。依据《欧洲专利申请指南》，由于人工智能算法及其模型本身带有抽象的数学属性，因此无法获得专利授权。〔1〕若除去算法特性外，申请人若在权利要求书中囊括了其他的技术特征，则该技术整体可以被授予专利。像“神经网络”这一类算法术语，由于其本身仅仅是指代抽象的数学模型和算法，而不是代表它使用了某一技术手段，所以它并不一定属于能够取得专利权的客体。〔2〕若根据权利要求申请专利保护的技术方

〔1〕《欧洲专利公约》第52条第2款规定，不属于“发明”的主体包括：(1)发现科学理论和数学方法；(2)美学创作；(3)进行智力行为、运动、游戏或者经营业务的计划、规则和方法，以及计算机程序；(4)信息的提供。其中，上述(1)和(3)项均与算法相关发明相关，尤其是(3)项明确规定了“计算机程序”。

〔2〕 Guidelines for Examination in the EPO(November 2019),Part G−Chapter Ⅱ−5.

案，将模型或算法用于特定的技术领域应用时，则能够成为可授予专利权的主体。例如，把“神经网络”用于心脏检测装置以鉴别不规则心跳时，就具有了技术特性，从而满足了可专利性条件。

在专利审查实践中，“包含其他相关技术特性”这一条件更易实现。这是因为，按照《欧洲专利申请指南》，计算机程序实施方法、数据的存储介质、包含算法（计算机程序）的装置等均包含技术特征，都属于发明专利。虽然机器学习算法自身并不能满足发明专利授予条件，但是若把权利条件撰写成“计算机实施的方法”，则其由于蕴含了科学技术特性而构成可专利权的客体。这些撰写方式，尽管能够让算法的创新满足“发明”要求，但进行专利审查时，仍然需要考虑权利要求是否具有创造性的“技术贡献”。

（二）美国

美国的专利法指出，对于任何新的且有益的技术方案，在符合其他授权要求的情形下皆可被授予专利。[1]在此基础上，美国联邦立法又引入了“司法例外”，即以司法判例的形式，将抽象定义与自然规律及现象排除在可专利权主题的范畴之外。一直以来，USPTO就可专利权主题的审查尚未形成统一的规范。2019年1月，美国专利商标局颁布了《专利权主题适格性指南》，对于专利授权的评审进行了全新的规范。这一规则也同样适用于人工智能算法发明专利申请的审核。针对司法判例所排除的能获得专利授权客体以外的“抽象概念”，《专利权主题适格性指南》还作出了细分，具体内容分为：数学方法、[2]人类组织活动的某些方法、[3]心理过程（如个人观念的实施）。在此基础上，该指南还进一步完善了对识别权

---

〔1〕 U. S. Patent Act (35 U.S.C) 101.

〔2〕 包括数学关系、数学公式或方程、数学计算。

〔3〕 例如基本的经济原理或实践、商业或法律活动、个人行为或人际关系管理等。

利要求是否指向抽象概念等“司法例外”的判断标准。按照该指南规定，如果权利要求以一种整体形式将算法模型等抽象概念及“司法例外”整合到实际应用当中，则该权利要求不属于指向“司法例外”。这一规则也较大程度地放松了对算法及相关发明可专利性的约束。具体来说，虽然算法和模型本身因“抽象概念”被排斥在可以获得专利保护的客体以外，但是只要在权利要求书中将算法或模型整合进各产业领域的实际应用之中，则该整体就能够被看作具有实用性，因此满足了成为专利保护客体的条件。〔1〕

（三）日本

日本专利审查指南第二部分是有关发明可专利性的基本规则，同时也是有关算法的可发明专利申请的判定基础。这一部分规定如果被要求的发明创造为不同于大自然的任何其他规则（如经济规则）、任意的规则（如游戏规则）、数学方式或智力活动方法，或仅利用这些规则（如经商方式）的发明创造不得视为专利发明。可以发现，对算法发明而言，必须把科学技术方案“作为一个整体”来思考，并考察其整体的技术属性。在实际审核中，日本把人工智能的机器学习与应用阶段具体分成了七个阶段：原始数据、数据整合、机器学习算法、机器学习阶段、学习完成模型（不包括输出输入的程序）、学习完成模型（包括输出输入的程序）与识别阶段，其中机器学习算法在符合技术属性的条件之下，可以视为运算程序并被授予专利。

〔1〕 参见邱福恩：《人工智能算法创新可专利性问题探讨》，载《人工智能》2020年第4期。

二、域外人工智能算法专利保护的启示

（一）人工智能算法专利保护的经验

目前的人工智能算法专利保护实践都一致主张，单纯用于数学运算的人工智能算法不应落入专利的保护范畴，因为其没有摆脱数学方法的原始属性，而一旦该算法与硬件整合运用于某些特定学科或产业应用领域时，则因具备“技术性特征”可以被授予专利。不过，各个国家和地区的专利评审标准都不大相同。比如欧洲专利局在专利授权审查中注重的是专利的技术贡献，而美国的标准就相对宽松，对于涉及抽象思维的技术创新方法，只要其内容满足了两步法的审查原则，就可以被授予专利。而日本专利局对专利的公开步骤与解释说明有更严格的标准，只有智能算法所涉及的技术方案需要详细说明其各类模块实现发明效果具体步骤，或充分披露才有可能符合发明专利的要求。

当今世界各国对待人工智能算法可专利性问题的回应与各国的经济发展以及社会的整体技术水平息息相关。我国2020年《专利审查指南》中已将“算法”作为可授权的专利客体。人工智能算法的可专利性探讨主要可从如下角度考虑。

首先，单纯的人工智能算法本身并不构成可专利客体。如果专利申请的权利要求书记载的计算机算法在其实施过程中仅表现为数值运算，所提供的技术改变也仅是数值的结果，那这一算法，属于《专利法》第25条所规定的有关人类“智力活动的规则和方法”。

其次，只有当算法运用于特定的“技术领域”解决特定的“技术问题”时才具有“可专利性”。例如在“一种基于学习的人脸关键点对齐算法”

中，[1]这个算法通过在人脸面部设置关键点对齐的方式，主要解决人类识别准确率低、识别效果差的问题，体现了显著技术特征。在“一种基于贝叶斯网络的网络认知自适应算法”中，[2]专利申请文书中体现的专利方案均是为解决数学问题而进行的数学运算演练，并未阐述该数学算法在具体技术领域的运用步骤与详细流程，因此仅能视其为一种数学方法。综上所述，关于人工智能算法是否具有可专利性，取决于其是否能实际解决对应技术领域的实际问题，权利要求的保护范围要能体现出人工智能算法在实际中解决具体技术问题的可行性与技术效果。

最后，“有益的技术效果”具有一定高度。在美国有相关判决指出，人工智能算法发明只有在能解决具体领域的技术问题时才具有可专利性。但是，欧洲专利局的技术上诉委员会对于“技术效果”的这一标准认定，则是通过“新颖性”与“创造性”来综合审查，让“专利蟑螂”无处遁形。

（二）人工智能算法专利保护的问题

1.“二分法”实践存在的问题

从世界主要发达国家和地区的立法以及国际专利审查实践分析，尽管其具体审查规范有些不同，但方向上仍存在较大的一致性：“技术性”是可

〔1〕 专利申请号（2015110288927）摘要：本发明提供了一种基于深度学习的人脸关键点对齐算法。其包括以下步骤：建立卷积神经网络，该卷积神经网络学习非线性函数F（x），F（x）为输入是人脸图像x，输出是p个人脸标记点的坐标估计值的函数，利用样本集训练该卷积神经网络，使F（x）与S（x）的输出间的欧式距离最小；其特征在于：所述卷积神经网络包括全局卷积神经网络和局部卷积神经网络。本发明提供的算法在XM2VTS、LFPW和HELEN三个公共数据集上，与包括CFAN和SDM等其他现有算法相比较，更为高效，鲁棒性更强。

〔2〕 专利申请号（CN20131048278）2.2摘要：本发明提供了一种基于贝叶斯网络的网络认知自适应算法，包括从所有可行解中根据均匀分布随机生成初始的问题解群；当自适应算法结束条件不满足时，根据选择策略从当前解群中选择出适应值较优的解群，基于当前的较优解群构造贝叶斯网络，并构建贝叶斯网络概率模型；当自适应推理次数未结束时，继续利用当前的贝叶斯网络模型进行推理，得到采样较优的解；当自适应推理次数结束时，由新产生的候选解替换掉当前解群中的某些个体。本发明通过在算法中引入自适应策略，使贝叶斯优化算法既能充分利用已建立的贝叶斯网络概率模型进行推理，还能对某些未知区域进行探索，不需要大量可信实例数据也能得到很好的实验效果，提高了算法的有效性和可靠性。

专利保护的主要前提条件，人工智能算法本身属于抽象的数学研究模型，不具有“技术性”，因此也无法被授予专利。但是，算法创新也可以通过与技术领域的实践融合从而达到“技术性”，以此满足可获得专利权的条件。从另外层面看，这些发达国家和地区对人工智能算法的专利保护采用的是“二分法”原则：对算法自身的创新并不进行专利保护，而对算法在某些技术领域中的运用则可以取得专利权。

“二分法”虽在一定程度上可以缓解对创新算法遗漏保护的困境，但是对其他算法的保护力度非常有限。从技术创新的形式上分析，一些算法技术创新就是把已有技术中的算法运用于新兴的特定学科领域从而解决相应的技术难题，这一类技术创新所包含的算法能够顺利落入“二分法”原则的专利保护范畴。但是，实际上当前大量的算法创新所针对的其实是算法自身的创新与变革，其核心发明点就是创造新的算法，对算法自身作出进一步完善，而不在于将相同的算法使用于某一新领域。更为重要的是，在许多情形下，这种创新或完善后的算法可以应用在许多不同技术领域。针对这些创新，如果仅能根据算法在特定科技领域的应用而取得相关专利权，那么显然就无法对其进行有效保护。

2.专利公开障碍

在专利申请过程中，需要披露各发明部分对应的技术效果，以及发明所改进或解决的对应领域的技术问题。人工智能算法发明因包含难以估量的算法、模型及数据，其在专利申请信息披露环节可能存在障碍。

第一，算法的难以表述导致的技术公开障碍。在发明专利的审查过程中，要求申请专利的技术方案能全流程披露并阐述专利结构各部分的技术效果与成因。在人工智能算法的专利申请中，很多算法是会在机器学习的过程中不断进步与完善的。在这种情况下人为设计的结构及其技术效果将会发生改变，也难以用人类的语言进行描述或解释，因此，很有可能因为无法具体说明技术结构而被拒绝授予专利。算法设计者难以控制人工智能算法的技术效果已经存在案例，Facebook的算法工程师因其研发的智能广告程序发布不实消息，紧急关闭其自研的语言程序。[1]计算机专家虽然可以读懂人工智能算法发明中设计的各类源代码，但是在理解与分析算法的运行流程与效果时却很可能面临障碍。尤其是基于大型数据集运行的算法或是随机算法，其算法本身的运行方式往往不可预知。

第二，算法的集合性使用增加了算法的认知障碍。在申请人工智能算法专利时，如果不能确切地描述算法实现技术效果的各项发明步骤，亦很难被认为是一种发明。算法经常是组合使用的，尤其是集合性算法，即各类算法的汇集使用，在这种情况下申请人也难以描述各类算法的运行流程，以及算法运行各个步骤所对应的技术效果。例如，为能在不同的产业领域使用相关的既定数据集，使集成算法的使用范围越来越广阔，将统一数据集用集成算法运算分析以得出最终的解决方案或解释，如信用评价或相关信息的排名。[2]

第三，算法的“结构性”位置难以预判中的不可见性不仅表现在“算法架构”的复杂性中，更体现在算法在大数据环境下的“结构性”位置。当算法成为大数据分析系统的组成部分参与数据解析时，都是各部分整体运作的。从整体结构上，大数据分析系统主要是算法与大量数据信息的组合。人工智能算法在设计上绝不是单纯的代码堆积，要全面考察大量数据信息这一输入内容在计算中的表现。在算法专利申请书中，对于算法技术实现流程的表述，还要考量算法对于数据处理的变化，以及数据的抓取是否随机等问题，这些都使算法专利的“可解释性”难度加大。单一的算法不存在研究价值，只有与数据库的整合应用才能达到专利法要求的实用

---

〔1〕 See Kroll, J. A., Barocas, S.,Felten, E. W.,Reidenberg, J. R.,Robinson, D. G.u, H., *Accountable algorithms*, 165Un iversity of Pennsylvania Law Review 633(2017).

〔2〕 See Kitchin, Rob, *Big Data, New Epistemologies and Paradigm Shifts*, 1Big Data & Society1 (2014).

性。在这一环节中，算法对数据处理的分析方法是环环相扣的。前一环节生成的数值或信息结果，被视为后一环节的输入内容。从这个视角来看，对算法的解释，不但要说明算法或代码自身的内涵，还必须阐述算法在大数据系统中的位置，以及执行具体技术步骤的内容。〔1〕

三、人工智能算法专利保护的制度完善

在人工智能技术时代，人工智能算法成为拥有极高实用价值的科学技术方法，对现有的“发明专利客体审查”、“发明专利三性审查”与“公共政策”审查制度提出了一定的挑战，有待我国专利保护制度予以回应。

（一）专利确权规则的完善

依据我国的《专利法》与《专利审查指南》，涵盖技术特点的商业模式具有获得发明专利授权的可能。具有技术特点的商业模式可以理解为，在商业领域内应用的含有智力劳动的方法。换言之，将技术创新与商业活动相融合可以被授予专利。这意味着在人工智能算法被应用到商业领域中时，可以选择申请商业模式发明专利。正如《专利审查指南》中例举的“一种卷积神经网络模式的训练方法”，虽然该网络算法本质是数学算法的一类，但一旦将其转化成解决问题的方式，则可以获得商业模式的专利授权。该解决方案实际上是一个卷积神经网络模型（Convolutional Neural Networks, CNN）的训练方法，其在各个训练步骤都涉及图片数据分析信息及其处理方法，这反映出神经网络技术训练算法是与图片数据处理密切相关的。该技术方案在CNN模型基础上有所改进，拓展了图像识别的尺寸范围，提高了辨别图像的效率和准确度，符合发明的新颖性、实用性、创造

〔1〕 See Kitchin, Rob, *Big Data, New Epistemologies and Paradigm Shifts*, 1Big Data & Society1(2014).

性要求，属于专利保护的客体范围。

实际上，经过扩大解释，“人工智能算法”尽管并不能被明文列为《民法典》中的知识产权客体，但其实际上早已得到了专利法的保护。这些保护方式比较复杂，对于技术领域的指导意义也不太明显。并且在实践中，要想人工智能算法获得专利保护，必须在专利申请和说明书中采取必要的技巧，防止算法发明专利申请被驳回。

此外，《专利审查指南》中，尽管已确定了算法和商业方法可以作为授予专利权的客体，〔1〕但此种规定模式还是有待商榷。首先，该条忽视了算法和计算机软件的高度相关性；其次，较为含糊地将商业模式与商业方法重叠保护，在一定程度上模糊了专利审查规则，甚至导致同一客体多种保护方式的混淆。因此，建议有关主管部门应当综合考量算法与计算机程序、商业模式与商业方法这两大类之间的关联性，明确算法和商业方法的概念及其可专利性。

（二）专利审查规则的细化

发明专利的实质性审查主要围绕专利的“三性”，即“新颖性”“实用性”“创造性”。依据前文分析，人工智能算法与其他专利权客体相比，无论是在载体形式上还是在技术实现上都存在很大的差异，这种差异对现有的专利审查制度来说是一个挑战。若不及时与时俱进，更新现有的审查标准，不仅会浪费大量的信息资源、削弱开发者的积极性，还会妨碍智能经济的发展，拖累人工智能技术发展的步伐。

1.新颖性审查

新颖性审查要求申请人所提出的技术方案不属于现有技术。现有的

〔1〕《专利审查指南》(2020年)第二部分第九章第六节：“包含算法特征或商业规则和方法特征的发明专利申请审查相关规定。”

新颖性审查标准针对人工智能算法发明需要进行相应调整。

其一，专门针对“人工智能算法”进行审查时，应对“现有技术”进行缩小解释，对相关领域的信息检索需要排除仅靠替代相关词汇所产生的海量技术方案。当前国内外有很多网站，通过专门收集专利相关文书，运用人工智能算法进行整理，再智能替换整合生成新的其他潜在专利发明申请与说明书，并于互联网公之于众，对已经取得或即将取得专利权的发明创造实施防御保护。虽然这里面的许多新技术方法的完整性与可操作性很低，但也在一定程度上扩展了现有技术的范畴，与之对应的，可行性新技术方法的生存空间也急剧缩小。综上所述，在对人工智能算法的专利新颖性审查时，需要及时并尽量剔除“防御专利”的相关信息，维护“公共领域”的开放。

其二，应当要求人工智能算法的专利申请人在专利申请文件中，充分公开其与人工智能算法发明相关的所有数据文献。专利审查部门在“新颖性”审查过程中，针对现有技术的检索方法和新一代人工智能技术的数据库相比存在大量的信息差，且这种差异正有逐步增大的态势，而技术比对的不完全性也会导致专利授权的不确定性。一般而言，人工智能算法的实现主要体现在对数据的处理与训练，因此，要求人工智能算法专利申请人依据《专利审查指南》要求详细披露技术方案的形成过程，则应当披露算法所使用的数据集。为了节省审查成本，提高审查效率，披露数据集也是最有效的解决方式，能避免因使用的数据集不同而无法评估算法的可重现性。

2.创造性审查

发明专利“创造性”的判断，是该领域“普通技术人员”基于“一般技术知识”在“现有技术”的认知范围内对专利申请进行评估。

其一，“普通技术人员”是基于专利审查的特殊需要拟制出来的主体，是掌握专利申请相关领域现有技术知识的“人”。对于早期的人工智能算法发明而言，“普通技术人员”通常以自然人为标准，通过分析能解决自然人在现有技术领域问题的智能算法可形成发明专利。但对于现如今以及未来的人工智能算法发明而言，原来的“自然人”标准，必定不能符合现在及未来的技术发展环境。因为一旦人工智能算法具备超乎人类的数据处理与信息整合能力，这已经远超于“自然人”的标准，非常容易被认定为具有“创造性”。因此，在人工智能算法的专利审查中，“普通技术人员”的标准应以同类“人工智能”为标准，而非以“自然人”为衡量标准。

其二，“普通技术人员”所掌握的技术需要与“现有技术”的发展同步。以人工智能技术中最广泛应用的遗传编程计算法为例，“普通技术人员”的知识水平不是一成不变的，是会依据不同的数据训练动态变化的。在这种情况下，一方面，可以通过参照专利相关领域发明专利的应用来判断该人工智能算法的实践程度；另一方面，还可以参考“行业发展趋势”判断该应用领域的人工智能技术应用水平。〔1〕

3.实用性审查

专利的“实用性”是指发明或者实用新型申请的主题必须能够在产业上制造或使用，并且能够产生积极效果〔2〕。具备一定实用性特点的科学技术方案不能违反自然规律且应当具有可重现性，同时还应当能够产生预期的经济、技术和社会效果。人工智能算法专利申请“实用性”审查主要考虑以下几点。

第一，从严审查专利“实施效果的积极效益”。人工智能算法的特殊性及其技术效果的不可预测性，在带来科技成果的同时也伴随潜在的风险。与其在可观的经济绩效与技术风险两者之间取舍纠结，不如完善对专利的实用性审查条件以及相关技术风险的事前监管。换言之，对发明专利

〔1〕 参见刘友华、李新凤：《人工智能生成的技术方案的创造性判断标准研究》，载《知识产权》2019年第11期。

〔2〕《专利审查指南》（2020年）第五章。

进行实用性审查，主要有以下两个方面：首先，判断该发明创造的技术实现是否能产生积极的效益，以及该发明创造的实现是否真正有利于国家经济社会的发展；其次，要评估或预判该发明创造是否具有潜在的涉及国家安全、伦理道德、社会秩序或不正当竞争等方面的风险。

第二，将“人类介入”因素作为评价算法可控性的判断标准。“积极实施效果”的评价方法和过程通常比较抽象，没有自然人参与的算法极易脱离掌控。应将自然人的参与作为衡量算法有效执行的评估标准。[1]在人工智能算法发明专利的实现过程中，只有自然人的充分参与才能保证人工智能算法专利实施过程中的监督，保证算法效果的可控制性。

〔1〕 参见邓建志、程智婷：《人工智能对专利保护制度的挑战与应对》，载《南昌大学学报（人文社会科学版）》2019年第2期。

第三章　人工智能数据的知识产权保护问题

信息时代的蓬勃发展使数据的交换和流通更为快速、便捷，新科技的兴起使人工智能可对各类信息进行非直观的数据分析及推断。在这个过程中，人工智能所得到的推论结果是基于对高价值性、高多样性和特征丰富的数据进行研究，其结论的效益体现在为可能具有歧视性、偏见性和侵入性的决策提供了新的解决方案。[1]换言之，数据是人工智能运行的基础。人工智能数据的权属问题是人工智能相关法律问题的争议焦点，以对个人信息进行记录的人工智能数据为例，就具有三种不同的观点：第一种观点认为个人信息是人格权保护的客体，需要保护个人尊严；[2]第二种观点认为个人信息是数据的一部分，而数据具有财产权的属性，应当从保护数据财产权的角度出发进行考虑；[3]第三种观点认为个人信息与数据具有统一性，因此也就有人格权和财产权的双重属性，应当同时对二者进行保护。[4]对于这个问题，需要在界定数据的自然属性和法律属性的基础上确定人工智能数据的权属，进而对可能涉及的开放利用和保护问题进行深度思考。

---

〔1〕 See Brent Daniel Mittelstadt, Patrick Allo, Mariarosaria Taddeo, Sandra Wachter & Luciano Floridi, *The Ethics of Algorithms: Mapping the Debate*, 3 Big Data and Society 1(2016).

〔2〕 参见王玉林、高富平、曾咏梅：《信息服务与信息交易视野下的信息分类研究》，载《情报理论与实践》2015年第12期。

〔3〕 参见张书青：《脚印与路：个人信息保护与大数据权益归属》，载《电子知识产权》2018年第11期。

〔4〕 参见王玉林：《大数据中个人信息开发利用法律问题研究》，载《情报理论与实践》2016年第9期。

第一节　人工智能数据的属性

对人工智能数据的属性作出分析之始，需将数据、数据库与信息进行分界。三者作为不同的术语，具有不同的自然属性，以此才能对数据的法律属性进行研究，从而更深入分析其权属问题。

一、人工智能数据的自然属性

（一）数据与信息的界分

对于数据与信息的关系，主要有两种观点。一种观点认为数据即为信息，另一种观点认为数据是信息的电子载体。这两种观点都肯定了数据与信息的"无形性"，但是就二者是否具有同一性产生了争议。

对于数据即信息的观点，其佐证可能是《电子签名法》第2条第2款，即"数据电文，是指以电子、光学、磁或者类似手段生成、发送、接收或者储存的信息"，此处的"数据电文"的最终概念落在了"信息"二字上，似乎就将"数据"与"信息"两词的概念画上了等号。然而持有此种观点的人忽视了在其后的第4条中，明确要求数据电文需要"能够有形地表现所载内容"，其对数据电文的要求在法律表达上仍然需要具有载体，且要求"能够有效表达"，由此看来数据在法律中的侧重点更偏向于信息的载体。

数据强调载体，信息强调含义。[1]信息是在数据基础上的对特定事物

〔1〕 参见高富平：《信息财产——数字内容产业的法律基础》，法律出版社2009年版，第27页。

的表达，具有独立认识的对象性，即信息需要将载体作为介质，对事物的现象和本质进行认识和表达。[1]该观点就数据和信息的本质区别做了详细说明，而且在法律意义上存在相应证明。国际标准化组织（International Organization for Standard, ISO）将数据明确定义为"以适用于通信、解释或处理的形式化方式对信息进行重新解释的表达"。[2]我国2021年9月生效的《数据安全法》中也将数据定义为"任何以电子或者其他方式对信息的记录"，侧重了"记录"的载体性质。因此，数据与信息二者具有明显的界分，数据更侧重于"载体"的表现，信息更侧重于"含义"的表达。

数据对载体的侧重在人工智能背景下以电子载体为核心。国际标准化组织将"数据载体"定义为"按照程序对数据进行的计算、管理和操作"。[3]该定义不同于传统载体如纸质的概念，"计算、管理和操作"等词汇均为动词，体现出数据在二进制下以"0"和"1"形式自由流动（free movement）的特点，与有形的纸质不同的是，在自由流动下无法将数据这个载体特性固定下来。有观点认为，数据作为信息的载体，其是比特形式的电磁记录，是一种无形电子载体，是与纸张、画布等有形的传统载体区分开来的。[4]

在人工智能的系统当中，以电子形式载入具有信息内容的数据，经过计算、管理和操作，通过人工智能深度学习，能够输出具有倾向性和结论性信息的数据，从而在不同的语境下，结合使用者的情形，作出更有利于利益追求的决策。而非电子载体形式的信息无法通过人工智能的分析与处理系统，或者说非电子载体的信息也需要转化为电子载体形式的信息数据才能被人工智能"使用"，如果转化的过程是由人工智能进行的，则其运

〔1〕 参见李晓辉：《信息产权：知识产权的延伸和补充》，载《电子知识产权》2013 年第 11 期。
〔2〕 ISO/IEC 2382: International Orgemization for Standard (2015).
〔3〕《情报与文献工作词汇基本术语》（GB 4894-85）。
〔4〕 参见刘金瑞：《数据财产保护的权利进路初探》，载《中国信息安全》2017年第12期。

行本质还是数据的电子载体形式。

（二）数据与数据库的界分

数据库是“可以被单独访问的具有系统性或条理性的单独作品、数据或其他内容的集合”，〔1〕单从定义上来说数据与数据库可认为是个体与其集合体的概念，但二者并不能看作同一对象。

欧盟于1996年颁布并于2015年作出修改的《欧洲议会与欧盟理事会关于数据库法律保护的指令（96/9/EC）》明确规定，可通过著作权保护具有独创性的数据库，而对于不具有独创性的数据库，则设立特别财产权予以保护。〔2〕直至2018年欧盟《通用数据保护条例》的实施，才对非数据库形式的个人数据作出严格保护的规定，此处明确将数据与数据库的概念进行了区分。

当数据库集合的过程本身具有独创性时，则可以通过著作权法进行保护。《世界知识产权组织版权条约》（WCT）第5条、TRIPs第10条第2款对于汇编作品的概念包括了“汇编不构成作品的数据并具有独创性的作品”。〔3〕这种数据汇编的形式明确表达为“数据库”，并且该种保护不延及数据本身。因此，数据库和数据是有明确区分的，在具有独创性的条件认定下，数据库可以看作汇编作品，从而被涵盖在著作权法的保护范围内。

当数据库中所包含数据的选择和编排不具有独创性，仅仅作为事实信息的合集时，国际上不同的国家保护模式也并不一致。欧盟提出“特别财产权”的概念，赋予不具有独创性的数据库以“数据库权”，且不考虑实用

〔1〕《欧洲议会与欧盟理事会关于数据库法律保护的指令(96/9/EC)》英文原文第17条注释，http://eur-lex.europa.eu/legal-content/EN/TXT/?uri=celex%3A31996L0009 (last visited Oct. 5, 2021)。

〔2〕 See *Directive 96/9/EC of the European Parliament and of the Council of 11 March* 1996 *on the Legal Protection of the Databases*, EUR-Lex (Mar.27,1996), https://eur-lex.europa.eu/legal-content/EN/TXT/?uri=celex%3A31996L0009.

〔3〕《世界知识产权组织版权条约》第5条明确指出，数据汇编等于数据库，且将数据库和数据的保护状态做出了明确划分，二者保护不互相延及。

价值、美学价值、目的价值等衡量因素，是对数据库投资者资金投入保护的权利。换言之，对于形成数据库的人工智能数据，一旦投入的资本能够转换为值得法律保护的经济资产，那么该数据库的所有者就有权对他人进入或使用该数据库进行限制，而无关使用情形是否由数据的合法用户进行。〔1〕

因此，虽然在自然属性上数据库是数据的集合，但二者不能看成同一对象，从保护状态的延伸上也可以看出当数据作为个体概念单独存在时和作为几何体的数据库概念存在时的区别，只有作为几何体的数据库形态时才可以作为一种特殊对象纳入知识产权法律制度中，二者具有不同的法律表达。

（三）人工智能数据的自然属性：信息的电子载体

人工智能运行中，对于数据的创造与产生有两个过程，即输入数据和输出数据。首先，输入数据是从各种渠道获取数据，其中涉及第三方对数据的所有权和财产性权益问题；其次，人工智能对数据的分析处理并输出新数据的过程，涉及文本和数据挖掘（Text and Data Mining, TDM）。〔2〕文本和数据挖掘指对于文本数据作出信息分析处理和收集，且就相关联数据的知识进行计算机处理的技术。〔3〕输入数据是以电子载体形式对事实问题作出表述的电子信息的记录，输出数据是人工智能在人类智慧创造中以自动化形式表达的电子信息的记录。

对于输入数据和输出数据，以个人数据为例，欧盟《通用数据保护

〔1〕 See Valeria Falce, *Uses and Abuses of Database Rights*, in Peter Drahos, Gustavo Ghidini & Hanns Ullrich eds., Kritika: Essays on Intellectual Property, 4 Edward Elgar Pub. 289(2020).

〔2〕 See Daniel Gervais, *Exploring the Interfaces between Big Data and Intellectual Property Law*, Journal of Intellectual Property, 10 Information Technology and Electronic Commerce Law 1(2019).

〔3〕 参见唐思慧:《大数据环境下文本和数据挖掘的版权例外研究——以欧盟〈DSM版权指令〉提案为视角》，载《知识产权》2017年第10期。

条例》将网络计算机科技领域的“个人数据”准确定义为针对自然人的“任何信息”（any information），并说明信息作为数据的客体内容（data subject），即在该条例中确定了个人数据是以电子形式（automated means）对个人信息的记录。〔1〕同时《通用数据保护条例》对个人数据的内涵做了更为精准的定义，其广义概念包含了涉及或影响个人的推论、预测和假设。〔2〕即将作为输入数据的个人数据和作为输出数据的被人工智能演算获得的个人数据也纳入了保护范围之内。

我国2021年1月1日生效的《民法典》第1034条至第1039条规定了对自然人的信息保护，该规定基本沿用了《网络安全法》的第四章网络信息安全之内容，也广义地将置于人工智能语境下的个人信息进行了一定的保护。2021年8月我国颁布的《个人信息保护法》中对个人信息概念的规定与《民法典》中的规定“以电子或者其他方式记录的能够单独或者与其他信息结合识别特定自然人的各种信息”一致。可以发现，我国对于“个人信息”的定义与欧盟《通用数据保护条例》中对于“个人数据”的定义有着相似性，但是《通用数据保护条例》中将“信息”作为“数据”的内容，而《个人信息保护法》则是对“个人信息”本身作出规定，虽然二者看似一样，但却因为“数据”和“信息”两词的界定不一，而存在不同的保护状态。我国除《个人信息保护法》外，2021年6月还颁布了《数据安全法》，对以“数据”为本位的涉及个人信息、企业信息、组织信息和国家信息等电子载体形式的数据进行保护，从而将二者进行了区分。

根据我国《数据安全法》第3条的规定，明确将数据定义为“任何以电

〔1〕 See *General Data Protection Regulation* (*GDPR*), Intersoft Consulting (May 4,2016), https://gdpr-info.eu .

〔2〕 See Sandra Wachter, Brent Mittelstadt, *A Right to Reasonable Inferences*: *Re-Thinking Data Protection Law in the Age of Big Data and AI*, 2 Colum. Bus. L. Rev. 443-493 (2019).

子或者其他方式对信息的记录”,[1]这里将数据的定义落脚于“电子或其他方式的记录”,即信息的载体,并且从立法的角度,可以看到“电子形式”作为信息记录方式的核心,“其他方式”仅作为兜底形式的补充。但一般情况下,无须将非电子载体形式的对信息的记录作为数据进行保护。[2]同时,相对于欧盟的《通用数据保护条例》,《数据安全法》更是将数据安全与数据处理的数据来源由个人拓展到组织,并保护个人或组织与数据有关的权益,以“促进以数据为关键要素的数字经济发展”。[3]因此,不同于对“数据”的本质定义为“信息的载体”,在新时代大数据背景下,结合人工智能是以电子形式的数据进行“深度学习”的系统特征,将“人工智能数据”的自然属性确定为“信息的电子载体”更为恰当。综上所述,无论是从现有的法律法规相关规定中,还是从人工智能运行流程中,抑或从促进数字经济发展的层面上,均表明了人工智能数据的自然属性为“信息的电子载体”。

二、人工智能数据的法律属性

(一)人格权说

人工智能数据作为信息的电子载体,在处理涉及个人信息的数据时,对于有关个人隐私内容(如个人购物清单)的数据而言,具有人格权属性,需要对相关自然人的人格利益进行保护。比如美国1974年的《隐私权法》就对个人数据的保护采用“隐私”一词予以法律保护,同时欧盟1981年颁

---

〔1〕 该条说明数据处理包括数据的收集、存储、使用、加工、传输、提供、公开等,而该法所称的数据是指任何以电子或其他方式对信息的记录。本书认为人工智能数据可分为输入数据和输出数据。

〔2〕 参见吕炳斌:《个人信息权作为民事权利之证成:以知识产权为参照》,载《中国法学》2019年第4期。

〔3〕《数据安全法》第7条规定,“国家保护个人、组织与数据有关的权益,鼓励数据依法合理有效利用,保障数据依法有序自由流动,促进以数据为关键要素的数字经济发展”。

布的《个人数据自动化处理中的个人保护公约》中第1条明确指明个人数据在被处理时要尊重他们的隐私权。[1]回溯相关法律立法的历史文件可以肯定的是，通过确认人工智能数据的人格利益可以在我国《个人信息保护法》以及《数据安全法》尚未出台前对个人数据进行有效的保护。

对人格权说持否定态度的学者主要认为，个人数据无法成为独立的人格利益，个人数据载体上的个人信息范围比隐私的范围要更广。[2]根据《个人信息保护法》的规定，个人信息是指针对特定自然人具有识别性的信息，而个人数据则是对此类信息的电子形式载体表达。“隐私”是指不得遭到不法干涉的私生活安宁以及不得受到不法公开的私生活秘密。[3]而信息越私密，不得被干涉和公开的程度就越高，也就越能代表自然人的个人特性从而被识别，变成个人信息。换言之，个人信息包含隐私信息的内容，二者具有涵盖关系。[4]且个人信息是可识别的，即具有公开性，相对而言隐私具有私密性，二者在性质的核心内容方面并不统一，因此有不少学者反对人格权说。

但是，自西方国家提出了人格自决权的理论后，人格权说现在又被大多数学者所支持。该观点认为个人对于个人信息具有决定、控制和支配权，具有防止他人未经许可非法传播与利用，并能够对个人信息进行交易的权利。[5]由此，基于个人自决权基础的人格权说又重新进入大众的视野而被讨论。《个人信息保护法》第1条规定的立法目的“保护个人信息

---

〔1〕 See *Convention for the Protection of Individuals with regard to Automatic Processing of Personal Data*, The Council of Europe (Jan.28,1981), https://www.coe.int/en/web/conventions/full-list?module=treaty-detail&treatynum=108.

〔2〕 参见梅夏英:《在分享和控制之间——数据保护的私法局限和公共秩序构建》，载《中外法学》2019年第4期。

〔3〕 参见王利明:《隐私权概念的再界定》，载《法学家》2012 年第1 期。

〔4〕 参见高富平:《个人信息使用的合法性基础——数据上利益分析视角》，载《比较法研究》2019 年第2 期。

〔5〕 参见安柯颖:《个人数据安全的法律保护模式——从数据确权的视角切入》，载《法学论坛》2021年第2期。

权益”，实际上是以个人信息“权益”二字间接肯定了个人信息的人格属性。同时，《数据安全法》第7条规定“国家保护个人、组织与数据有关的权益”，即对于涉及个人信息的数据而言，也间接肯定了个人数据的人格属性。

（二）汇编作品说

人工智能所分析处理的数据往往不是单一个体的数据，而是在网络环境中以匿名或昵称等非真实姓名形式所留下的数据，比如网络购物评价。人工智能通过输入针对某一商品的所有网络购物评价得出该商品的推荐评分和畅销数值。这些收集的购物评价并不一定具有自然人识别性，且当前网络用户的互联网名称大多数为非真名，同时这些购物评价并不一定聚集在某一平台，更多的是分布在论坛、各类购物网站、新闻等不同平台中。人工智能可通过其数据处理技术系统汇编各个平台不同的购物评价，形成具有选择性和独创性的总结数据，从而更好地提供给该商品的供应商以参考并作出更具有经济效益的决策。因此，尽管《世界知识产权组织版权条约》和TRIPs中将数据的合集形式“数据库”作为汇编作品的对象，并排除延伸至相应单一个体的数据进行保护，但是，人工智能所分析处理的数据可以看作数据库。我国《著作权法》第15条规定，数据的选择或编排具有独创性的数据库属于汇编作品，可纳入著作权的保护范围。例如在“弘历通诉鑫三汛案”中，法院认定北京弘历通投资顾问有限公司的数据分析属于汇编作品并受到保护。〔1〕

在我国现有的法律制度中，数据与数据库的保护状态并未如世界知识产权组织和欧盟一般进行严格区分，但数据本身不具有独创性、期限性

〔1〕 北京弘历通投资顾问有限公司诉北京鑫三汛投资顾问有限公司侵犯计算机软件著作权纠纷案，北京市朝阳区人民法院（2008）朝民初字第17787号民事判决书。

和法定性的知识产权特征。[1]“汇编作品说”排除了不具有独创性的纯排列式数据集合作为汇编作品的情形，而是根据《数据安全法》中的规定是“个人、组织与数据有关的权益”。因此，将人工智能数据的法律属性仅仅定性为汇编作品，实则是限缩了人工智能数据的范围。

（三）财产权说

人工智能数据的独特体现为五个特性，即多量性、准确性、及时性、多样性和财产性。[2]人工智能在数量巨大且广泛联系的数据信息中进行筛选处理，使人们能够在社会劳动中产生新的知识和灵感，提升社会性“效率”，可准确表述为“经济效率”。另外，人工智能数据虽包含与“个人”相关的数据，但并不等于人工智能数据当然地具有了人身属性，其中具有人身属性的数据是含有对于自然人身份识别的个人信息。但当数据对“经济效率”有提升后，更多地体现出了虚拟财产的特征，尤其表现在企业收集、加工数据后的财产权益。同时《民法典》第127条规定“法律对数据、网络虚拟财产的保护有规定的，依照其规定”，在《民法总则》（已废止）第127条同样有此类规定，可以看出在立法层面将“数据”与“虚拟财产”并列，表明二者的相似性，而无论将虚拟财产定义为物权、债权，还是知识产权或其他新型权利，均应在财产范围之内。[3]

在司法实践中，也肯定了人工智能数据的财产权属性。“淘宝诉美景案”中法院肯定了争议数据是由淘宝公司进行加工、处理和分析过程中所产生的，而该数据的产生是由于淘宝（中国）软件有限公司在这个过程中投入了人力和财力，人力和财力的投入证明了淘宝（中国）软件有限公司

〔1〕 参见李爱君：《数据权利属性与法律特征》，载《东方法学》2018年第3期。

〔2〕 See Daniel Gervais, *Exploring the Interfaces between Big Data and Intellectual Property Law*, Journal of Intellectual Property, 10 Information Technology and Electronic Commerce Law 1(2019).

〔3〕 参见梅夏英、许可：《虚拟财产继承的理论与立法问题》，载《法学家》2013年第6期。

对该数据享有相应的财产权益。[1]同时根据《数据安全法》中促进“数字经济发展”等表达以及对于国家利益和社会利益的平衡思考，均体现了在立法层面我国对数据的经济效益和市场秩序的考量。

在交易实践中，人工智能数据已经成为商品进行交易且具有了交换价值，比如中关村数海数据交易平台进行交易的就是除国家数据和个人数据以外的数据，在人工智能数据方面以人工智能研发企业的数据为主。《数据安全法》的出台更是肯定了国家对于数字经济发展的倚重，在交易的具体操作实践中也肯定了人工智能数据的财产属性。

（四）综合权利说

综合权利说是目前较为主流的观点，该学说认为当人工智能数据涉及个人信息时，对于包含个人信息的数据的人格权与财产权属性之间的冲突使得数据的法律属性处在二者之间，兼顾人格权和财产权属性。[2]在人格权与财产权兼顾的地带，体现出人格权财产化和财产权人格化的特征，其主要的针对性做法有两种，一种是人格权具有财产利益，这是大陆法系的做法，也就是人格利益理论出现的原因；另一种是创造出一种新型的财产权利，这是英美法系的做法。[3]可以看到其中的发展路径与数据的法律属性变迁具有极高的吻合性，我国对于人工智能中涉及个人信息的数据，由最初的认为具有人格利益从而支持人格权说的观点，到其后对个人自决权的认同，同时也肯定了个人对数据交易的财产利益的决定权，肯定了人格权的内容中包含财产利益。欧盟1996年出台的《数据库指令》就对包

〔1〕 淘宝（中国）软件有限公司诉安徽美景信息科技有限公司不正当竞争纠纷案，杭州铁路运输法院（2017）浙8601民初第4034号民事判决书，杭州市中级人民法院（2018）浙01民终7321号民事判决书。

〔2〕 参见张玉洁、胡振吉：《我国大数据法律定位的学说论争、司法立场与立法规范》，载《政治与法律》2018 年第10期。

〔3〕 参见姜福晓：《对人格权财产化和财产权人格化统一解释的初步思考》，载《理论月刊》2013年第9 期。

括不具有独创性、无法形成汇编作品的数据库的财产性权益进行保护，新设数据库权保护数据财产利益。但是，我国并未对“数据特别权利”作出规定。

三、人工智能数据的权属争议

我国目前并未对数据新设权利，在《数据安全法》中的表述为“国家保护个人、组织与数据有关的权益”，间接否定了存在“数据新型权利”的可能性。同时由于数据具有自由流动、可复制性、无形性等特点，数据的占有主体非唯一，对于企业所持有的人工智能分析处理过的涉及个人信息的数据，将会产生与个人信息权利交叉重叠的部分。司法实践中，“大众点评诉百度案”中认为数据劳动并不必然能够推导出数据权利，因为我国目前的法律制度中并不存在“劳动成果权”的说法。[1]

目前，我国对于将数据新设“数据新型权利”存在理论困境和现实困境。[2]人工智能数据具有人格权和财产权兼顾的法律属性，且在立法层面《民法典》第127条和《数据安全法》第7条均肯定了与“人工智能数据相关的权益”保护。因此，本部分所要讨论的并非“人工智能数据本身的权利及其归属”，而是“与人工智能数据相关的权益及其归属”，并分析其权益分配问题。

（一）个人权属论

将人工智能数据相关的权益归属于个人，是基于“信息自决权”的基础。数据的分类中根据欧盟的“二分法”原则可分为个人数据和非个人数

〔1〕 上海汉涛信息咨询有限公司诉北京百度网讯科技有限公司不正当竞争纠纷案，上海知识产权法院（2016）沪73民终242号民事判决书。

〔2〕 参见韩旭至：《数据确权的困境及破解之道》，载《东方法学》2020年第1期。

据。[1]2019年生效的《欧盟非个人数据自由流动框架》中将“非个人数据”定义为《通用数据保护条例》中规定的“个人数据”以外的数据。个人数据在数据中占有相当的比重，只有通过将数据相关的权益归属于个人，才能更好地对个人数据进行保护，体现了人格权和财产权兼顾的法律属性。

个人对个人数据更好进行保护的关键在于“信息自决权”的实现，个人享有个人数据的财产绝对权，个人自身对数据的删除、修改、交易等行为能够基于其意志实现最大化经济效益并进行保护，因而具有较高的数据保护水平，使将数据相关的权益分配给个人具有正当性。

同时，人工智能数据相关的权益归属应当寻根溯源，应由数据的产出者也就是个人所拥有，当个人信息数据涉及人格尊严和隐私时，个人可以通过人格权属性进行保护；当个人信息数据涉及财产权益，如数据交易时，个人可以通过财产权属性与相关对象进行交易；而当个人信息数据涉及人格权属性和财产权属性的双重属性时，由个人自决，给予其更多的选择自由，二者并不冲突。[2]

但是个人权属论学说具有现实和理论的障碍。首先，在实践层面，个人往往很难脱离企业的平台服务来对自己的数据使用情况进行追踪，当个人信息数据被收集、分析时个人难以察觉，个人与拥有人工智能等高科技的企业之间存在明显的信息和技术差，难以完全实现将数据权益归属于个人的强大交易和保护功能。其次，在理论层面，数据价值的产生往往源于数据池的存在，个人少量数据难以通过“个人数据商店”的形式实现其经济价值，[3]而数据池的价值来源往往依赖于企业对个人数据的分析与挖掘。

---

〔1〕 See Josef Drexl, *Legal Challenges of the Changing Role of Personal and Non—Personal Data in the Data Economy*, 2018 Max Planck Institute for Innovation & Competition Research 18(2018).

〔2〕 参见刘德良:《个人信息的财产权保护》，载《法学研究》2007年第3期。

〔3〕 参见胡凌:《商业模式视角下的“信息/数据”产权》，载《上海大学学报(社会科学版)》2017年第6期。

因此，将人工智能数据相关的权利与权益完全归属于个人，排除企业等商业平台的所有权和权益分配，实则是忽视了企业在数据分析处理过程中的投资成本，也是过分强调数据的人格权属性的体现，并且不具有现实可行性，难以达到理论上的“信息自决权”实现后的美好愿景。

（二）平台权属论

将人工智能数据相关的权益归属于平台，依据是数据的价值源于人工智能数据平台对数据的收集、分析、处理与输出，企业平台对该数据价值的产生投入了大量的成本，也是“数据发展的中坚力量”。[1]同时，用户难以对其单个的个人数据产生财产性权益，并且在对人工智能数据的人格权与财产权属性分别分析时，以财产权属性为重点的数据类型为非个人数据。换言之，用户在人工智能数据中往往不是非个人数据相关的权益归属关注的重点。

根据洛克的劳动财产学说，劳动是产生财产权的根本原因。人工智能研发平台从输入数据的收集，自输入数据至输出数据的流程中均投入了大量的劳动，正是由于平台对人工智能数据收集和处理中的劳动投入，赋予了人工智能数据以财产价值，因此将人工智能数据的相关权益归属于平台符合劳动财产的特性。同时，根据边沁的激励理论，当人工智能研发运营平台对其投入大量劳动产生的成果无法享有权益时，则难以对人工智能研发公司形成投入激励，有碍于人工智能的技术发展和数字经济市场的繁荣。因此，根据劳动财产学说和激励理论，将投入大量成本用于人工智能数据的平台设为人工智能数据相关的权益的归属者具有一定的合理性。

但如果将与人工智能数据相关的权益完全地归属于平台，会产生两个

〔1〕 龙卫球:《再论企业数据保护的财产权化路径》，载《东方法学》2018年第3期。

方面的主要问题：

其一，排除了平台用户对于人工智能输入数据再次授权的可能。用户作为人工智能的使用者以及输入数据的提供者，当其使用该平台的人工智能时，相当于用户通过个人授权该输入数据被平台人工智能使用。由于人工智能数据的相关权益归属于平台，而数据的处理过程以及最后输出数据的产生将使用户本来基于输入数据的权益也被转移，变相成为“独占许可”的情形。人工智能技术的发展是数据训练的过程，而用户可能会出于数据相关权益保护的考虑，对于人工智能的使用越发谨慎，不利于人工智能技术的完善和市场应用。

其二，虽然用户在非个人数据中不是被关注的重点，且经济效益更多的是来自平台对人工智能数据的分析与处理，却仍可能涉及用户个人信息的权益保护。人工智能数据除财产权属性外还兼具人格权属性，我国2021年8月通过的《个人信息保护法》明确规定“自然人的个人信息受法律保护，任何组织、个人不得侵害自然人的个人信息权益”，同时个人信息包括以电子形式对其进行的记录，即涉及个人信息的人工智能数据。

（三）公共领域论

将人工智能数据的相关权益完全归属于公共领域，是基于数据公共特性的考量，即数据具有非竞争性、非排他性和共享性。数据的价值在流通中是非消耗性的，不会因为流通的频繁而使数据产生损耗，反而会因为流通过程使得数据的价值增值。人工智能输入数据从个人身上流通至人工智能研发平台，经过分析和处理后，所产生的输出数据相较于输入数据而言产生了更多地包括经济价值和文化价值在内的多种价值，而平台之间的人工智能数据流通，也会使数据的价值在不断地筛选与分析中得到比流通之前更多的价值。在分享经济的理念中，认为“数据”在分享经济中具有决定性因素，包括信息的电子载体形式的记录（representing information digitally)、硬件能力、标准化软件平台。[1]

但是一味地强调人工智能数据的自由流通反而会得到相反的结果，该现象已经在欧盟有所体现。2018年欧盟通过《非个人数据自由流通框架条例》，该条例的通过旨在促进非个人数据的流动，使公共领域在最大程度上共享数据利益，以期能够打造具有竞争力的数字经济市场。然而在产业实际中，数据流通过程中的个人或者平台所产生财产利益远远小于将数据掌握在“自己”手中所能够产生的财产利益，使该条例并没有发挥出其本身应该具有的效力，反而导致数据封闭程度的提高，与分享经济的理念背道而驰。[2]因此，将人工智能数据相关的权益在公众中进行分享与分配，在实际实施过程中，可能会产生与“促进数字经济”和“分享经济的互惠分享”完全相反的现实结果，反而导致人工智能数据的封闭，使得数据更难以流入公共领域。

（四）综合权属论

“综合权属论”认为，可将人工智能数据相关的权益主体确定为用户个人和研发平台。其并不绝对排除任意一方的权益分配，具体的分配原则可通过签订合同的形式确定，以实现对人工智能数据的人格权与财产权属性的双重兼顾。

在实践中，人工智能数据的流通链条相当复杂，数据的载体与数据的内容之间的二元结构的影响越发凸显。从人工智能数据的载体性来说，人工智能研发公司对其具有创设和控制力，能够在分析处理过后的输出

---

〔1〕 See Leena Ajit Kaushal, *Book Review: Arun Sundararajan, The Sharing Economy: The End of Employment and the Rise of Crowd-Based Capitalism*, Also See online 21 The Journal of Business Perspective 237-238 (2017). https://www.researchgate.net/publication/318293984_Book_Review_Arun_Sundararajan_The_Sharing_Economy_The_End_of_Employment_and_the_Rise_of_Crowd-Based_Capitalism.

〔2〕 参见郝思洋:《知识产权视角下数据财产的制度选项》，载《知识产权》2019年第9期。

数据中，对人工智能数据形成创设与控制的权益，这点是用户个人难以做到的。而从人工智能数据的内容性来说，人工智能数据包含个人数据，其中包括对于个人信息的电子记录，虽然个人信息中包括涉及敏感性的信息和非敏感性的信息，人工智能研发公司可以通过“脱敏措施”来规避掉对于非敏感性个人数据的权益享有，但该操作具有现实中的困难，具有更高的技术要求，且该“敏感性”的判断具有主观性。因此，人工智能数据相关的权益主体应包括数据的创设者、控制者与使用者，即用户个人与平台。

与此同时，《数据安全法》已明确规定国家保护“个人、组织与数据有关的权益”，将与数据有关的权益主体确定为个人以及组织，即人工智能用户和研发平台，也具备相应的法律依据。在《数据安全法》实施前，有关于人工智能数据相关权益的归属问题，在实践中也是遵循个人与平台共享的模式。例如，腾讯公司研发的所有人工智能产品在对用户开放使用时，均依托于《腾讯服务协议》对相关权益在用户与平台之间进行约定。[1]

综上所述，对于人工智能数据的权益归属问题，应当采用“综合权属论”，将与人工智能数据相关的权益归属于个人与平台所共有，并遵循意思自治优先的原则，二者可自行约定权益的具体分配方式与违约责任。由此，不仅吻合人工智能数据兼具人格权与财产权的法律属性，同时也是平台操作实践的经验总结，并为我国《个人信息保护法》和《数据安全法》所认可。

---

〔1〕 参见《腾讯服务协议》第11.1条规定，用户在使用服务中所产生内容的知识产权归用户或相关权利人所有，除非与腾讯另有约定。载腾讯网，https://www.qq.com/contract.shtml，最后访问日期：2021年10月10日。

第二节 人工智能数据的开放利用

公共领域的开放是文化、社会和经济发展的基本要求，也是一个健康的民主社会和稳定的信息系统所需要的重要的内容。[1]而高质量的共享数据是人工智能产业发展的关键。

前文探讨了人工智能数据相关的权益主体涉及个人和平台，其实在数据的流通过程中，还会涉及不同人工智能应用之间的数据流动。而数据具有非消耗性，其价值在流通的过程中不断累积，即在不同的流通环节，各自的研发公司也会对本流通阶段的数据进行分析处理并享有相应的权益。人工智能数据主体的多元化可能会导致各自利益追求的最大化，由此产生“数据割据”问题，显然，这不利于人工智能数据的开放利用。与此同时，信息时代下信息泄露问题的日益严重，导致个人对于个人数据流入公共领域具有天然的抵制态度，且人工智能数据的经济价值主要体现在人工智能的分析与处理阶段，个人难以对单一个体的个人数据产生相应的经济效益，从而导致个人越发把控个人数据的流通，即使是丝毫不涉及敏感隐私信息的个人数据，继而形成个人与公共领域的数据壁垒问题。

本书认为，可以借鉴基于罗马多层财产范式而建立的人工智能数据公共领域新模型——“人工智能公共财产模型”（res publicaeex machina）构建人工智能数据深度共享机制。确定人工智能数据的信息有限支配前提，促进个人利益与公共利益的平衡；以深度共享为核心目标，促进人工智能

〔1〕 Pamela Samuelson, *Challenges in Mapping the Public Domain*, in Lucie Guibault & Bernt Hugenholtz eds., The Future of the Public Domain: Identifying the Commons in Information Law, Kluwer Law International 2006, p.22.

数据的流通共享，防止“数据孤岛”的形成；以意思自治为主要内容，确保各利益方的权利与权益分配，防止数据割据；并且对于能够直接流入公共领域的人工智能数据，由政府牵头加盖“公共领域财产”标志。与此同时，在为保障公权力行使和个人人身利益不受侵害的情况下，应对人工智能数据的深度共享机制提出必要的限制。

一、人工智能数据开放利用中的问题

（一）多元利益主体之间的数据割据

随着数据价值的日益体现，以数据交易市场为例，目前已经在世界各国开始进行布置。比如日本富士通公司，在2013年建立了名为“Data Plaza”的数据交易中心并建立线上线下方式双向实现数据的全面交易。用户登录该数据交易平台，即可通过付费使用的方式获取自己所需要的数据，且该数据的处理形式是匿名的。在富士通公司所建立的这个数据交易平台中，明确列明了“人工智能数据”的类型，用户不仅可以付费使用存储于该交易中心中的人工智能数据，同时还可以使用富士通公司自己的人工智能服务，从而使用户可以获得经过其人工智能数据处理后的输出数据，并进行支付使用。〔1〕

而企业对于人工智能数据的把控，同时其作为人工智能数据财产性权益主要关注的对象，极容易导致企业对于人工智能数据形成“数据霸权”，不利于行政和司法对于数据的监管和秩序维持，由此使人工智能数据企业获得相关领域的“数据监控”与“数据独裁”隐形权力。〔2〕

---

〔1〕 See *Data Center System: Fujitsu Global*, Fujitsu, https://www.fujitsu.com/global/themes/ai/products (last visited Aug. 21, 2021).

〔2〕 See Yuval Noah Harari, *Why Technology Favors Tyranny*, The Atlantic (Oct.20,2018), https://www.theatlantic.com/magazine/archive/2018/10/yuval-noah-harari-technology-tyranny/568330.

前文已经论及，对于人工智能数据的相关权益应当采纳“综合权属论”，即用户个人和平台二者均为权属主体，具体如何分配的问题可以通过合同的方式进行解决，优先意思自治。但正是由于平台对人工智能数据未穷尽的价值把控，以及存在“数据监控”和“数据独裁”的隐形权力，使用户基于个人利益、平台基于企业利益二者之间对数据产生了利益拉锯，并逐渐形成不同利益方之间的数据割据。当用户个人想要使用人工智能数据时，该人工智能数据即使是基于用户自身的个人数据而产生的，也需要支付平台费用。

数据割据不仅在用户个人与平台之间基于数据交易市场而产生，也存在于平台内部的人工智能数据控制者之间。除用户个人之外的相关利益主体，可以将其分为直接利益层和间接利益层。直接利益层包括人工智能设计者和人工智能研发公司，间接利益层则包括政府和相关行业组织。人工智能数据的权属问题目前在实践中仍处于不甚清晰的状态，对于人工智能研发公司内部而言，人工智能设计者和公司之间就人工智能数据问题也具有各自的分歧，同时在外部，由于人工智能公司存在“数据霸权”的可能性，对政府公权力的行使也产生了障碍。同时，人工智能能够给不同行业提供基于数据分析产生的决策建议，也可对人工智能行业本身以及相关行业产生影响。多元主体之间形成利益冲突，从而产生不同利益层之间的数据割据，不利于人工智能数据的开放利用。

（二）个人与公共领域的数据壁垒

虽然人工智能数据相关的权益应归属于用户个人和平台，然而实际上，人工智能研发公司往往会为了减少成本支出而进行无告知的侵权行为，再加上人工智能数据的流通和共享是非消耗性的，其传输数据的过程成本基本为零，使人工智能研发公司对于数据相关权利的侵权行为难以得到有效遏制。因此，个人在数据共享开放已经逐渐成熟的当下，越发重视个人数据的流通共享问题，甚至为了防止侵权，只能被动选择“不上传”数据的举措，多个采取相同举措的个人所组成的集合使“数据孤岛”形成，但同时个人并不反对从公共领域获取所需要的数据并加以利用，两种截然不同的行为方式导致个人与公共领域之间形成“数据壁垒”。

有观点认为“排他性权利”的设立是市场机制调整市场经济活动中各主体利益的必要条件，〔1〕故从数据确权角度提出对于调整个人与公共领域数据流通的建议。我国2021年新颁布的《个人信息保护法》和《数据安全法》更是确保了个人对于信息数据的保护，以防止相关权益被他人侵犯，虽然并没有对数据权利进行确权的肯定，但是体现了对这一问题的重视。对人工智能数据设立“排他性权利”，可能会与社会实际情况相悖，绝对“数据排他权”的设置会提高人工智能数据的使用成本，并且对于一些并不涉及个人信息隐私内容、企业商业秘密或国家安全问题的数据的流通也会形成限制，比如平台的用户评价信息，如果不成为该平台会员就无法悉知，而成为会员的前提是支付一笔入会费用，由此提高了个人和相关企业使用人工智能数据的门槛。加上维权意识的逐渐普及，完全的排他性权利会使得个人和公共领域之间的人工智能数据流通形成“数据壁垒”，被各自的数据权利主体牢牢把控。

另外，完全不设置数据排他性权利，也会导致“数据壁垒”问题的形成。例如，《欧盟非个人数据自由流动框架》的颁布与实施是为了确保数据的流通共享，从社会整体的视角实现数据经济效益最大化，然而却出现与预想所不同的情况。因此，在不侵犯人工智能数据相关权益的前提下，实现人工智能数据的经济社会效益，需要平衡人工智能数据开放利用中的个人利益与社会利益，避免出现“数据壁垒”。

〔1〕 参见杜振华、茶洪旺：《数据产权制度的现实考量》，载《重庆社会科学》2016年第8期。

二、构建人工智能数据公共领域深度共享机制

(一)信息有限支配为前提

过度的数据保护会给人工智能研发公司带来市场壁垒,其中的关键在于既不要形成封闭的数据共享空间,也不要形成垄断的数据共享空间。[1]由此可知,人工智能数据开放利用的关键在于两个方面:一是不能封闭数据共享,即过度保护使其他主体对人工智能数据的获取形成障碍;二是不能垄断数据共享空间,人工智能数据的市场交易中,如果由某一方掌控人工智能数据的交易话语权形成垄断地位,则会抵制其他个体平等地共享数据。而形成人工智能数据的封闭圈和垄断市场的根本原因是对于人工智能数据的过度保护,权利主体对于数据相关权益的绝对把控,使得其市场准入门槛提高,难以实现人工智能数据开放利用的社会价值。

有学者认为,无论是出于实践目的还是内容相关性的考量,数据本身就是言论,数据隐私的法律实际上是规制思想的法律。[2]如果对数据实行过多的使用限制,将与宪法所保障的"言论自由"相悖,而人工智能数据作为数据的一种,其也并不能例外。另外,在具有排他权属性的所有权中,以知识产权为例,具有私权属性的著作权也并不体现绝对的排他权,美国最高法院金斯伯格法官认为著作权中的思想与表达二分法学说以及合理使用制度,本身就是"版权法内的自由言论保护机制"。[3]换言之,在著作权法的体系中,如果属于合理使用的范畴,即使使用数

---

〔1〕 See Mauritz Kop, *AI and Intellectual Property: Towards an Articulated Public Domain*, 28 Texas Intellectual Property Law Journal 324(2020).

〔2〕 See Jane Bambauer, *Is Data Speech*?, Stanford Law Review (Jan.29,2019), https://www.stanfordlawreview.org/print/article/is-data-speech.

〔3〕 崔国斌:《大数据有限排他权的基础理论》,载《法学研究》2019年第5期。

据的行为本身可能涉及著作权侵权，但是可以因为合理使用形成侵权抗辩，使得在该范围内可以“畅所欲言”。所以，在解决人工智能数据的开放利用问题时，需要先确定其是以人工智能数据的信息有限支配为前提。

（二）深度共享为核心目标

数据网络的建设是以分享为目标，这是它的自然属性。〔1〕美国哈佛大学的教授劳伦斯·莱斯格认为网络可以分为三层：最底层为物理层（physical layer），由计算机和线路组成，物理层的设计初衷即是无限制主体的使用；中间层是逻辑层（logical layer），逻辑层是在对计算机和线路的开放利用基础上对语言的逻辑使用，逻辑层的使用也是自由流通的；在逻辑层之上则是内容层（content layer），其属性也随着逻辑层的自由表达而兼具自由和被控制的属性。对于内容层中能够自由表达的部分应置于公共领域，而这些具有公共属性的内容层同时也受到相应的限制，不能如同逻辑层一样完全实现物理层面的公共利用。以上三层架构共同组成了公共领域，而网络就是公共领域下的沟通交流系统。

而人工智能的发展与完善离不开网络技术的繁荣，且其创设的基础也是由于网络的兴起，人工智能本质也是基于其自身网络进行分析处理的系统。在劳伦斯·莱斯格教授认为的网络的三层理论中，数据处于第三层也就是内容层中，人工智能数据作为数据的一种，其也在这一层的理念里。虽然内容层是兼具自由性和被控制性，但是该层所建立的基础是“自由流通”的物理层和逻辑层，如果深究构建该内容层的原始内涵，则在“自由流通”的公共领域范畴中，可以准确地表达为“深度共享”。因此，解决人工

〔1〕 See Lawrence Lessig, *The Architecture of Innovation*, 51 Duke Law Journal 1783(2002).

智能数据再开放利用的问题，要以“深度共享”为目标。

（三）意思自治为主要内容

目前，人工智能数据的开放利用方式仍然以自愿提供或义务提供为主，由于人工智能研发公司对于人工智能数据具有相对较大的控制力，能否流通进入公共领域，除了意外泄露以外，大多数情况下只能依仗于其主动地流入。由于数据尚有较大的利益挖潜空间，各方对数据利益的重视程度不断提高，导致人工智能公司对人工智能数据流入公共领域持消极态度。同时，国家保护企业组织与数据相关的权益，难以通过强制措施强迫相关主体公开人工智能数据，一旦采取如此行径，反而会更加封闭人工智能数据的共享圈。因此，基于人工智能数据兼具人格权属性和财产权属性，以及其对个人和人工智能研发平台数据权益双重主体的肯定，在人工智能数据深度共享机制的构建中，仍需以意思自治为主要内容。

罗马的多层财产范式，包括以下内容：公社、公共公社、无主公社、神社、普世公社和爱国公社。这些财产范式当中均引入了公共领域的概念，而将公共性引入财产制度当中，是一种帕累托优化，即在没有使任何因素变坏的前提下，至少有一个因素得到了提升。[1]其中，这些财产范式当中的公共性能够融入并起到关键作用主要依据于“官方公共领域标志”（Official Public Domain Mark），即对于其中能够直接流通于公共领域的财产加盖标志，让所有人都明白该财产是可以直接使用的，对于不具有“官方公共领域标志”的财产，则仍然受到意思自治的调整。

因此，类比于数据的分级分类保护，对于能够直接流入公共领域的人

〔1〕 See Rob Van der Noll et al., Flexible Copyright. The Law and Economics of Introducing an Open Norm in the Netherlands, Commissioned by the Dutch Ministry of Economic Affairs, also see Research Gate, https://www.researchgate.net/publication/289520952_Flexible_Copyright_The_Law_and_Economics_of_Introducing_an_Open_Norm_in_the_Netherlands (last visited Oct. 5, 2021).

工智能数据加盖“官方公共领域标志”，即政府对社会公众作出承诺，可以自由使用该类数据，无须就该人工智能数据相关的权益问题担忧，能够促进数字经济的发展。另外，仍然采用以前的“主动提供”模式，通过意思自治为主要内容，鼓励个体和人工智能研发公司等平台自愿且合理地提供人工智能数据，促进人工智能的完善与发展。

（四）深度共享机制的必要限制

在劳伦斯·莱斯格教授的网络三层理论中，数据在内容层中虽然具有“自由流通”的属性，但是同时兼具被控制性，也就是说，人工智能数据的开放利用，应以深度共享为目标、信息的有限支配属性为前提、必要的限制为例外，这是内容层相比较逻辑层而言最大的区别。

例如，欧盟《人工智能法》提案第70条规定，国家主管部门和指定机构应尊重在执行其任务和活动时所获得的信息和数据的机密性，并予以特别保护：（a）自然人或法人的知识产权，机密商业信息或商业秘密（包括源代码），但除《关于保护未公开的专有技术和商业信息的第2016/943号指令》第5条（商业秘密）规定的情况之外禁止其非法获取、使用和披露；（b）有效执行本法规，特别是为了检查、调查或审计的目的，公共和国家安全利益；（c）刑事或行政诉讼程序的完整性。此外，在不损害前款的前提下，当提到高风险AI系统时，未经原始国家主管部门和用户事先协商，不得披露国家主管部门之间以及国家主管部门和委员会之间以保密方式交换的信息。

此外，针对科研数据如何划定“开放”和“关闭”之间的界限，联合国教科文组织（UNESCO）大会第41届会议审议通过的《开放科学建议书》[1]也有比较明确的规定，即科学知识的获取应尽可能开放，对获取所设的限

〔1〕 参见2021年联合国教科文组织大会第41届会议审议通过的《开放科学建议书》第8条。

制应相称且合理。唯有基于国家安全、保密、隐私和对研究对象的尊重，相应的访问限制是合理的。这包括法律程序和公共秩序，商业秘密，知识产权，个人信息和对人类主体、神圣的土著知识以及稀有、受威胁或濒危物种的保护。尽管如此，根据国家或地区相关管理机构制定的定义访问标准，某些未开放的研究结果、数据或代码仍可供特定用户访问。对限制的需求也可能随着时间的推移而改变，从而使数据可以在以后访问。从上述规定可以发现数据共享会受到两种限制：一是与信息的性质有关；二是与信息的权属有关。

1.根据信息的性质作出必要限制

信息的性质作为限制其公共可用性的正当理由，是现代民主和法治社会已经存在并被接受的理由。在信息流通方面，思想自由、新闻自由、信息自由和言论自由是默认规则，即默认所有信息都允许公开，除非适用某些限制，这些限制源于与其他应得到同等或类似保护的权利。联合国教科文组织的建议草案考虑到了这一规定，并提到了“法律程序和公共秩序……个人信息和对人类主体、神圣的土著知识以及稀有、受威胁或濒危物种的保护”等例外情况。由此，可以根据信息的性质证明这些限制是合理的，并可对其访问进行限制。

在国家安全、保密、隐私、亵渎、名誉、仇恨言论和访问基于隐私的机构文件等限制的情形中，有一些限制是基于法律上明确界定。例如，我国《个人信息保护法》中对涉及人身利益的隐私信息单独进行了说明，明确涉及“敏感个人信息”的人格尊严和人身利益不受侵害。但涉及“国家安全”等术语仍需要具体作出解释。此外，刑法明确规定了披露或传播信息构成犯罪的行为。所有这些情况都可能构成限制获取、使用和重用科学信息的可能性的正当理由。此外，这些基于信息性质的一般性限制，也可能会在特定情况下存在例外，即“根据地方、国家或地区相关管理机构制定的定义访问标准，某些未开放的研究结果、数据或代码仍可供特定用户访问”。[1]

2.基于信息的权属作出必要限制

开放意味着任何人都可以出于任何目的自由使用、修改和共享开放数据和内容。但是，开放数据“绝对不意味着不加选择地开放”，其默认的规则是，任何信息被限制的原因都应该是显而易见的，且需要有充分的理由才能决定限制的例外情况。基于信息权属需要对数据开放进行限制，例如，基于“商业秘密”和“知识产权”限制数据共享。但是，政府公共资助项目所形成的科学知识和数据，应排除在限制的范围之外，因为受纳税人资助的项目也应该将研究结果回馈给整个社会。此外，专利文献必须公开披露发明相关的信息，不应阻碍知识的传播。

〔1〕 参见2021年联合国教科文组织大会第41届会议审议通过的《开放科学建议书》第8条。

第四章　人工智能生成物著作权保护问题

第一节　人工智能生成物的法律保护路径

一、人工智能生成物进入公有领域

社会公共领域说支持者认为将人工智能生成物纳入公有领域范畴，是遵循公共利益之上、最大限度便利公众的做法。有研究表明，在某些领域即使没有知识产权保护，或者是没有强大的知识产权保护，该领域的创新也不会缺乏。[1]对于不需要法律保护就大量出现的作品，激励论已经不是研究人工智能生成物权益归属的正当性支撑，禁止私权性占有、垄断和滥用成为该领域的主要目标。持该观点的学者主要从激励理论的正当性基础和公私领域的界限范围两方面进行论证：第一，传统激励理论是建立在作品稀缺性的基础上，而如今，人工智能生成物大量涌现，有必要在一定程度上限制对人工智能生成物的激励。第二，知识的公共性、市场经济的自由竞争是遵循并实现"公共领域为原则、知识产权为例外"的客观前提。如果基础数据源于公有领域，那么著作权的无限扩张将严重挤占和压缩原共有领域的空间，使原本属于公有的知识信息变为个人私有财产，导致

〔1〕 See KalRaustiala, Christopher Sprigman, *The Piracy Paradox Revisited*, 61 Stanford Law Review 1201 (2009).

“反公有领域”现象不断强化。[1]因此，将人工智能生成物归属于公有领域，并不与知识产权制度“保护与限制”的基本精神相抵触，只是更加强调了“限制”的一面，即禁止私权性占有、垄断和滥用。[2]

当然，人工智能生成物直接进入公有领域并不能一劳永逸，也会面临一定的风险：其一，立即将原创作品发布到公有领域，而不是在经过一段时间的版权保护后才进入公有领域，这会大大降低创造性的激励作用，不利于原创作品的发展。[3]其二，人工智能生成物与人类作品难以区分会给某些不法分子牟取暴利提供便利。在依托硬件的“准智能”时代，人工智能所有人署名人工智能生成物行为难以得到法律的否定性评价，因为人工智能生成物并不属于著作权法中所规定的作品。而在依托计算机软件的“算法”智能的弱人工智能时代和“全脑仿真”深度学习的强人工智能时代，进入公有领域可能面临的问题是：当人工智能演化到具有“类似于人脑神经网络的人工网络范式，以及模拟人类进化的自适应机制的移动机器人范式”，在人类创作与人工智能创作难以区分时，若人类不主动披露后者，且进一步将该成果占为己有，导致公众误信，将违背著作权法激励创新的基本原理。基于此情景，反倒不如认定人工智能生成物的法律属性，满足著作权司法保护实践的实然性需要。

二、人工智能生成物纳入邻接权保护

（一）人工智能生成物邻接权保护的合理性探讨

考虑到著作权法尚难以承认人工智能创作主体地位的情况，有学者提

〔1〕 参见曹阳：《非典型作品著作权保护的审慎原则证成与修正》，载《电子知识产权》2019年第12期。

〔2〕 参见江帆：《论人工智能创作物的公共性》，载《现代出版》2020年第6期。

〔3〕 See Kalin Hristov, *Artificial Intelligence and Copyright Dilemma*, The Journal of the Franklin Pierce Center for Intellectual Property, Vol. 57: 3, p.431–454（2017）.

出了一种较为保守的方案，即考虑到投资者的非创造性投入是人工智能生成物的核心支撑，将人工智能生成物纳入邻接权保护，有利于维护传播者利益，维护著作权法律制度的逻辑自洽。[1]邻接权保护路径存在一定的合理性基础，具体表现为以下两方面。

1.保障投资者的利益，促进信息的传播

弱人工智能时代人工智能作为辅助工具，其独创性贡献较低，生成物更多体现为计算机的衍生物，其生成内容难以达到作品要求的创造性高度。但是，人类参与者投入了较高的开发和运行成本，并注入一定的创作意志，仅因为独创性不高而否定人类的贡献，将挫败相关人员发展人工智能产业的积极性。在邻接权模式下，邻接权的主体不是作者，不要求其对人工智能生成物的独创性作出实质性贡献，人类主体可以被认为是作品传播者，具备成为邻接权人的合理性。因此，通过邻接权保护传播者的利益，既能保障投资者的相关回报，又能克服人工智能生成物面临的著作权保护作品独创性障碍，兼得法律效益与社会效益。

2.实现传播过程中资金的融通，推进创造与传播事业同步发展

大陆法系邻接权的制度基础为维护投资利益，因此，可通过设置新型邻接权方式对技术类作品予以保护。[2]一是邻接权的设置为投资者参与人工智能产业的投资降低了风险，提供了担保；二是邻接权的设置为权益归属和分配提供了明确的依据。在邻接权制度体系中，注重的是投资者的技术与资金投入，而非创作者的智力投入、审美价值及独创性表达，经济因素成为权益分配的主要要素。因此，将邻接权权益归属于在人工智能领域投入较多的投资者或所有者，可以形成创造与传播的良性循环。

---

〔1〕 参见许明月、谭玲：《论人工智能创作物的邻接权保护——理论证成与制度安排》，载《比较法研究》2018年第6期。

〔2〕 参见梁志文：《论人工智能创造物的法律保护》，载《法律科学（西北政法大学学报）》2017年第5期。

（二）人工智能生成物邻接权保护的困境

1.“源”作品难以确定

邻接权以狭义著作权为基础，人工智能生成物寻求邻接权保护存有一定的困难。能够明晰权利来源是邻接权制度的特点，如表演者与录制者均是建立在已有明晰作品的基础上对其再现、复制并进一步传播而产生相关表演者权益和录制者权益的。然而，利用机器学习产生的作品，是通过大量相关作品训练演化的结果，有时操作者只需输入相关原材料要求，人工智能就会在海量作品库中寻找相关作品模拟学习和训练，从而生成满足操作者要求的内容。这一过程是无法确定其所传播的原作品的，[1]究其原因，人工智能生成物产生了与其所学习的作品库中的作品不同的新内容，甚至新作品，不再仅仅是对原作品的内容传播，而这显然与不产生新作品的邻接权具有显著的区别。

2.创设新型邻接权可能导致国际保护失衡

支持人工智能生成物邻接权保护的观点认为，相对于作品类型固定且封闭，邻接权类型开放，能根据需要进行增设，[2]且创设成本远低于狭义著作权增设客体类型。但从国家利益和立法成本的角度深层考量，邻接权类型设置并非无限制条件，而是有一定门槛，受一定约束。缺失国际条约的支撑，我国独设邻接权类型将导致在国际范围内权利人的该项权益形同虚设，同时，我国却需要增加成本保护国外权益人的人工智能生成物邻接权，保护失衡将严重损害我们国家和国民的利益，立法成本的考量也将失

---

〔1〕 参见郑远民、贺栩溪：《结果视角下人工智能生成物的保护路径检讨》，载《科技与法律》2020年第3期。

〔2〕 参见郭艳：《人工智能创作物著作权制度难题及破解》，载《中国出版》2018年第12期。

去基础。[1]不过，在各国知识产权领域关于人工智能立法回应普遍滞后的背景下，先加强国内保护，维护好国内秩序，再应对国际治理问题也可作为一条探索路径。

（三）人工智能生成物邻接权保护展望

我国著作权法关于邻接权制度在权利主体、客体、内容和保护期限等方面有明确的规定。将人工智能生成物归入邻接权体系保护和规制，必先明确归入方式。有学者提出邻接权类型开放，能根据需要增设，因而可以设置新的邻接权，比如“数据处理者权”[2]“数据再生成者权”[3]“人工智能创作投资者权”；[4]也有学者主张从现有的邻接权类型中进行选择，包括：出版者权、表演者权、录音录像制作者权、广播组织权，其分别针对的是书刊、表演活动、录音录像制品、影视作品等对象。人工智能创作物通常表现为技术人员开发技术并对现有数据抓取、重组。无论是主体名称还是行为对象，人工智能创作物均不在现有邻接权类型之列。因此，有必要在邻接权制度体系之下，新设邻接权类型。

在“创作”与“传播”二者中，邻接权制度的目标定位为鼓励“传播”和保障“创作”，鼓励“传播”是首要目标，保障和推动“创作”是实现效果，因此将新设邻接权类型命名为“人工智能创作传播者权”。权利主体是以投资者占据主导地位的利益相关者，也是主要的传播者。权利客体是由人工智能按照预设的算法、模板完成且生成内容难以达到创造性标

---

〔1〕 参见蓝纯杰：《从生成内容到基础数据——人工智能法律保护的新方向》，载《科技与法律》2020年第3期。

〔2〕 陶乾：《论著作权法对人工智能生成成果的保护——作为邻接权的数据处理者权之证立》，载《法学》2018年第4期。

〔3〕 秦涛、张旭东：《论人工智能创作物著作权法保护的逻辑与路径》，载《华东理工大学学报（社会科学版）》2018年第6期。

〔4〕 许明月、谭玲：《论人工智能创作物的邻接权保护——理论证成与制度安排》，载《比较法研究》2018年第6期。

准而又具备特定价值的人工智能生成物。同传统邻接权一样，“人工智能创作传播者权”权利内容既包括人身权，也包括财产权。但考虑到邻接权保护力度低于著作权，因此有必要在权利内容方面加以限制，以适应对人工智能生成物的保护弱于人类作品的合理性。[1]在人身权方面，可授予其署名权，但是人工智能并不具有自然人以及法律拟制人所特有的人格、名誉和商誉。因此，人工智能署名仅仅是一种区别的标志，从而使生成物与人工智能创作之间建立唯一的对应关系，以便于被公众识别。在实践中，已经有基于人工智能在特定领域、特定用途的创作，例如，百度智能机器人“小度”，国际商用机器人“沃森”、发表诗集的“小冰”、攻克棋手的“AlphaGo”等，其署名的目的，就是使公众识别其机器人身份。在财产权方面，为保障人工智能生成内容以及内容传播的利益回报，应当赋予人工智能生成物以复制权、发行权和信息网络传播权等权利，通过产权激励，推动产业应用与发展。在保护期限方面，由于人工智能创作传播者权应当在遵循基本标准的基础上，结合人工智能生成物成本低、数量多的特点，应进一步缩短保护期限，并设置发表区间作为邻接权保护的门槛，超过一定时间仍未发表则不再受邻接权保护。

三、人工智能生成物纳入著作权保护

（一）人工智能生成物著作权保护的可行性

支持人工智能生成物著作权保护，学术界主要有下面三个理由：第一，从维护投资人利益和保障公民权益双重视角出发，否认作品属性将伴随大量的抄袭现象，对作品的无偿利用将迫使投资者和使用者停止进一步的成

〔1〕 参见何炼红、潘柏华：《人工智能自主生成成果“作品观”质疑与反思》，载《贵州省党校学报》2018年第5期。

本投入，从而扰乱市场秩序。与此同时，在人类创作与人工智能创作难以区分时，若人类不主动披露后者，且进一步将该成果占为己有，将导致公众误信，并进行非对价支付，损害公共利益。〔1〕“视觉中国”就是一个典型事例。第二，基于激励人工智能产业的健康发展的目的，对人工智能生成物给予著作权法保护，不仅可以保障人类“创作、保护、激励、再创作”的良性循环，还可以推动人工智能产业的健康发展。〔2〕第三，从保护人类文艺创作的积极性出发，相比于有酬支付，公众更愿选择与人类作品无差别的无须付酬的人工智能创作物，长此以往，人类创作积极性受打压，创作空间受挤压，违背著作权法立法初衷。〔3〕

从我国立法来看，将人工智能生成物纳入著作权保护也具有合理性。我国《著作权法》第3条不完全列举了八类典型的作品，人工智能生成物这类非典型作品〔4〕并不在其列，但该条同时规定“符合作品特征的其他智力成果”可以获得著作权法保护，这也为司法扩张保护非典型作品提供了线索依据。相较于邻接权保护模式，著作权保护有其基础要求〔5〕和一定的优势。目前，最有可能获取著作权保护的是基于深度学习的类比于人类创作主体身份的强人工智能创作物，该类创作物仅需克服主体资格最后一层障碍。目前也有不少学者主张“作品中心主义”，即机器学习生成内容达到作品的要求，就应当属于作品。从最终呈现形式看，人工智能创作物这类非典型作品可能最终以“文字、音乐、美术作品”等典型作品类型体现，符合“能被客观感知的外在表达”。另外，为激励创作，从国家战略、立法

〔1〕 参见魏丽丽:《人工智能生成物的著作权问题探讨》，载《郑州大学学报(哲学社会科学版)》2019年第3期。

〔2〕 参见郭欢欢:《AI生成物版权问题再思考》，载《出版广角》2020年第14期。

〔3〕 参见孙玉荣、刘宝琪:《人工智能生成内容的著作权问题探究》，载《北京联合大学学报(人文社会科学版)》2020年第1期。

〔4〕 参见曹阳:《非典型作品著作权保护的审慎原则证成与修正》，载《电子知识产权》2019年第12期。

〔5〕 狭义著作权保护必须以作品为前提，作品特征有三:(1)须为创造性智力成果;(2)能以一定形式表现;(3)须具有独创性。

宗旨以及成本上综合分析，著作权足以保护具有独创性的人工智能生成内容，没有必要额外耗费立法成本去创设新的邻接权。[1]

（二）人工智能生成物著作权保护的困境

1.著作人身权制度受到冲击

大陆法系的著作权法受黑格尔人格理论影响，强调作品创作事实及对作者人身权利的保护，作品是作者人格的延伸，是创作者自由意志在文学艺术以及科学领域内的客体化。我国作为大陆法系国家，肯定以作者为中心的思想，认为人格与作品之间存在无法分离的精神纽带，自然人创作的作品才能成为著作权法保护的客体。但在人工智能时代，作品来源途径得到拓展，由人类作者延伸到人工智能，由此对著作权制度产生极大的冲击。首先，相比于财产权，著作人身权专属于作者，具有绝对性、永久性和不可转让性，若给予人工智能著作人身权保护，著作制度将受到严重的冲击；其次，人工智能不存在时间期限的问题，在理论上是可以永存的。而事实上，根据法律规定，著作权保护有明确时间限制。此外，根据现有民事主体制度，人工智能很难被认定为“人”，故而也难以享有人身权的权利内容。

2.立法滞后

在现有法律难以应对人工智能新问题的处境下，部分学者寄希望于对人工智能进行专门立法，以期通过创设立法、新增内容的方式解决新问题。例如各国知识产权法可以对是否保护人工智能生成物展开解释，或就权利归属等事项进行规定。但现实情况是大多数国家的立法进程较为缓慢，基本处于政策导向明确而立法态度模糊、立法停滞不前的尴尬局面。面对人工智能对知识产权制度的影响，我国在立法上也同样保持着一种较

〔1〕 参见邓社民、靳雨露：《以狭义著作权保护人工智能生成物之辩》，载《北华大学学报（社会科学版）》2019年第1期。

为谨慎的态度，主要归结于两大基本问题的考量：一是创作与权利主体问题；二是人工智能作品与人类作品的区分问题。这两者均触及著作权法的根本原则，欲使人工智能保护内容直接纳入著作权法框架还任重道远。实际上，法律本身具有滞后性，法律的稳定属性也决定了立法过程注定漫长。尽管2020年修改了《著作权法》，但并没有对人工智能生成物做出明确的规定，著作权保护路径仍是当下人工智能研究问题的重点。

（三）人工智能生成物著作权保护困境的应对

通过著作权制度对人工智能问题作出回应，有必要在追求适配性的基础上对制度本身进行一些变革。在客体方面，关注人工智能背景下“独创性”的新内涵，独创性要素包含“独立创作”和“最低限度创造性”两个方面。独立创作不排斥基于已有素材的整合，且以“人的行为”为研究基础，“最低限度创造性”即创造性高度标准应该与传统作品保持一致。判断人工智能生成物独创性，应采纳主观标准，不仅应考虑作为创作结果的表达是否具有独创性，也应考虑创作过程中有无体现人格因素，即通过构建人类干预之司法判断模型，筛选出人格因素达标的人工智能生成物予以著作权保护。在权益归属方面，否定人工智能的法律主体资格，赋予人工智能的“署名”资格，归属于人工智能所有者，其他基于人工智能生成物的财产性权益归属于“实质性干预者”，视具体情况既可以表现为人工智能的拥有者，也可能表现为投资者、开发者、设计者或者使用者。

第二节 人工智能生成物的独创性

近年来，学术界对人工智能生成物的著作权保护问题予以了高度关注，综观现有成果，对人工智能生成物是否具备独创性，肯定者有之，否定者也有之。争论原因正是学者对人工智能生成物独创性的判断方法或判断标准不一致。〔1〕这种不一致与独创性本身争议、人工智能主体资格分歧均有联系。“独创性标准”对判断作品资格极为重要，是人工智能生成物可版权性问题的破题核心，故有必要对人工智能生成物“独创性标准”争议予以再探讨，以利于理论界和实务界统一判断方法和适用标准。在当前的技术背景下，人工智能生成物区别于传统的作品，其所蕴含的人格因素〔2〕被大大冲淡，但著作权法的内核依然是鼓励和奖赏人类创作，独创性仍包含着对作品人格因素的期待，故有必要采用独创性主观标准，通过构建人类干预之司法判断模型，筛选出人格因素达标的人工智能生成物予以著作权保护。

一、人工智能生成物独创性标准之论争

（一）人工智能生成物独创性标准探讨的意义

当前，人工智能生成物是否应纳入著作权法保护得到了广泛讨论。支持者认为，可以防止机器人创作中的抄袭之风，〔3〕以产权化方式降低市场交易成本。〔4〕反对者认为，贸然纳入不符合要求的人工智能生成物会破坏著作权法的内在统一性和合理性，其利益可以通过其他法律规则予以保护；保护基于同一算法逻辑得到的不同生成物会滋生人类创造惰性而背离

〔1〕 参见孙正樑：《人工智能生成内容的著作权问题探析》，载《清华法学》2019年第6期。

〔2〕 在其他文章里，也被表述为“思想”、“人格”因素、人格要素、个性特征等，本书统一称为人格因素。

〔3〕 参见吴汉东：《人工智能时代的制度安排与法律规制》，载《法律科学（西北政法大学学报）》2017年第5期。

〔4〕 参见孙正樑：《人工智能生成内容的著作权问题探析》，载《清华法学》2019年第6期。

立法宗旨。〔1〕但无论是否要纳入著作权法保护，都要从法释义学上寻找一个合理的解释。受著作权法保护的“作品”要件，通常包括：①属于文学、艺术和科学领域内；②具有独创性；③能以一定形式表现；④是智力成果；⑤是思想的表达。〔2〕人工智能生成物显然满足第1项，第3项，但是否满足“独创性”“智力成果”属性，是否为“思想的表达”则存在争议。

在上述三个争议要素的判断当中，又属独创性判断最为重要。因为独创性是确定“作品”的必要条件，〔3〕且讨论独创性在一定程度上也有利于探讨“智力成果”属性和“思想的表达”要件。“智力成果”属性强调的是“作品”源于人类，不是纯粹的自然产物。〔4〕而独创性之“独”通常解释为“独立创作、源于本人”，也有作品源于人类之意。“思想的表达”要件，可以拆分为表达对象是思想，以及思想已表达出来。通常作品中体现了个性化的人格因素，方能称为“思想的表达”。

虽然独创性在判断作品资格时如此重要，但是，在国际社会并无统一的标准。通常认为大陆法系的作者权制度更注重人格因素的参与，而英美法系下的版权制度独创性要求相对要低。我国的著作权制度虽然深受大陆法系的影响，但是现行《著作权法》和《著作权法实施条例》也并未直接规定独创性的法律含义和认定标准。2002年出台的《最高人民法院关于审理著作权民事纠纷案件适用法律若干问题的解释》（已被修改）第15条〔5〕被认

---

〔1〕 参见何炼红、潘柏华：《人工智能自主生成成果“作品观”质疑与反思》，载《贵州省党校学报》2018年第5期。

〔2〕 参照《著作权法》第3条，《著作权法实施条例》第2条、第3条，以及《与贸易有关的知识产权协定》第9条。

〔3〕 例如，吴汉东教授主编、北京大学出版社出版的《知识产权法学》（第6版）将独创性、可复制性作为作品受著作权保护的两个实质条件。又如，王迁教授著、中国人民大学出版社出版的《知识产权法教程》（2019年版）认为应该从三个方面理解作品：（1）作品必须是人类的智力成果；（2）作品必须是能够被他人客观感知的外在表达；（3）只有具有独创性的外在表达才是作品。

〔4〕 参见王迁：《知识产权法教程》，中国人民大学出版社2019年版，第25～26页。

〔5〕 该条规定，由不同作者就同一题材创作的作品，作品的表达系独立完成并且有创作性的，应当认定作者各自享有独立著作权。

为可能和独创性的含义有关。实际上，这一条意在说明独立创作是侵权抗辩事由之一，并未试图展示独创性的含义和标准。即使认为“独立完成并且有创作性”是独创性的解释，也因“创作”概念〔1〕本身依赖于“作品”和“独创性”而陷入循环解释，〔2〕未给司法实践带来太多参考价值。

（二）人工智能生成物独创性标准论争的焦点

学术界有关人工智能生成物独创性标准论争的焦点，主要集中在以下几个方面：一是独创性包括何种要素；二是独创性之“独”应如何判断；三是独创性之“创”的程度要求应否提高；四是独创性应采纳客观标准还是主观标准。

1.关于独创性的构成要素

在独创性标准中，独创性所含要素是研究起点。主流观点认为，独创性构成要素包含“独”和“创”两方面，“独”指“独立创作、源于本人”，“创”指“最低限度创造性”。这种观点的支持理由似浑然天成：一来“独创性”这一词汇译自英语“originality”，其英文本意包含“独”和“创”两层意思；〔3〕二来这和独创性的中文造词法（含“独”“创”）相吻合。

但近年来也不乏学者对独创性质疑。一方面，有学者认为独创性仅包含“独立创作”。如吴汉东教授援引世界知识产权组织的解释，〔4〕指出人工智能生成物“只要由机器人独立完成”，就构成作品。〔5〕另一方面，有学者认为独创性仅包含“最低限度创造性”。“独立创作”是独创性内涵的伪

〔1〕 直接产生文学、艺术和科学作品的智力活动。

〔2〕 参见金渝林：《论作品的独创性》，载《法学研究》1995年第4期。

〔3〕 参见王迁：《知识产权法教程》，中国人民大学出版社2019年版，第27～28页。

〔4〕 作品须具独创性，即作品是作者自己的创作，完全不是或基本上不是从另一作品抄袭来的。

〔5〕 参见吴汉东：《人工智能时代的制度安排与法律规制》，载《法律科学（西北政法大学学报）》2017年第5期。

概念，应回归其原来功能。〔1〕

2.关于独创性之“独”的判断

假设同意“独”是独创性要素之一，就要考虑独创性之“独”如何判断。学界存在以下两点争议：一是“独”是否排斥基于已有素材的整合。有学者认为，人工智能生成物的“创造性”是在已有逻辑和数据模式下的排列组合，〔2〕所以从本质上就不算一种独立创作的作品。也有学者认为，独立创作不排斥摄入、整合已有作品创作，只需要新作、原作间存在可以被客观识别的差异。〔3〕二是如何认定独立“创作”行为的观察主体。有的学者主张使人工智能成为著作权法上的新主体，享有人工智能作品的著作权。〔4〕有学者在此基础上进一步论证，人工智能具有自主性、主动性，已非纯受支配之客体，在法律上应设定为“电子人”。〔5〕有的学者认为只有人才是创作主体，独创性来源是人的行为，必须从人的行为出发判断人工智能生成物独创性。〔6〕

3.关于独创性之“创”的高低

“创”指“最低限度创造性”。假设同意它为独创性要素之一，亦要考虑如何判断。最低限度创造性源于美国的Feist案。〔7〕该案中法院认定，Rural公司虽为电话目录付出了劳动，但其遵循户主姓名字母顺序的编排方式是一种古老、传统的习惯和做法，仅是机械性工作，无创造性可言，故以缺乏“最低限度创造性”为由否决了Rural公司的保护要求。在人工智

〔1〕 参见乔丽春：《“独立创作”作为“独创性”内涵的证伪》，载《知识产权》2011年第7期；刘影：《人工智能生成物的著作权法保护初探》，载《知识产权》2017年第9期。

〔2〕 参见王小夏、付强：《人工智能创作物著作权问题探析》，载《中国出版》2017年第17期。

〔3〕 参见黄玉烨、司马航：《孳息视角下人工智能生成作品的权利归属》，载《河南师范大学学报（哲学社会科学版）》2018年第4期。

〔4〕 参见袁曾：《人工智能有限法律人格审视》，载《东方法学》2017年第5期。

〔5〕 参见郭少飞：《“电子人”法律主体论》，载《东方法学》2018年第3期。

〔6〕 参见熊琦：《人工智能生成内容的著作权认定》，载《知识产权》2017年第3期。

〔7〕 See Feist Publications,Inc. v. Rural Telephone Company,Inc.， 111 S.Ct.1282.

能时代，有学者主张提高人工智能生成物的创造性高度标准。理由是，人工智能具有深度学习能力，已非人类活的动机械延伸，提高创造性高度标准利于与其较人类更高的创作能力和创作效率相适应等。〔1〕也有学者反对，认为提高创造性高度标准只会徒增交易、执行成本，没有良好的法律效果，仍应采用传统标准。〔2〕

4.关于独创性之客观标准与主观标准

关于独创性之客观标准与主观标准是近来围绕人工智能生成物独创性标准产生的最大争议，即除去考虑作为创作结果的表达本身是否具有独创性，是否也应考虑创作过程中有无体现人格因素。〔3〕支持只考虑创作结果是否具有独创性的学说，被称为客观标准说，支持者甚众。〔4〕认为独创性判断延及创作过程中是否体现人格因素的学说，被称为主观标准说。〔5〕也有学者将人格因素抽出，与独创性并列作为作品要件，〔6〕因为此种观点亦考虑了创作过程中的人格因素，本书也归类为主观标准说的一种。

〔1〕 参见易继明：《人工智能创作物是作品吗？》，载《法律科学（西北政法大学学报）》2017年第5期。

〔2〕 参见卢炳宏：《论人工智能创作物独创性判断标准之选择》，载《内蒙古社会科学》2020年第4期。

〔3〕 此种分类可参见下面两篇文章：孙正樑：《人工智能生成内容的著作权问题探析》，载《清华法学》2019年第6期；卢炳宏：《论人工智能创作物独创性判断标准之选择》，载《内蒙古社会科学》2020年第4期。

〔4〕 参见孙山：《人工智能生成内容著作权法保护的困境与出路》，载《知识产权》2018年第11期；熊琦：《人工智能生成内容的著作权认定》，载《知识产权》2017年第3期；易继明：《人工智能创作物是作品吗？》，载《法律科学(西北政法大学学报)》2017年第5期；孙正樑：《人工智能生成内容的著作权问题探析》，载《清华法学》2019年第6期；卢炳宏：《论人工智能创作物独创性判断标准之选择》，载《内蒙古社会科学》2020年第4期。

〔5〕 参见王迁：《论人工智能生成的内容在著作权法中的定性》，载《法律科学（西北政法大学学报）》2017年第5期。

〔6〕 参见刘影：《人工智能生成物的著作权法保护初探》，载《知识产权》2017年第9期；黄玉烨、司马航：《孳息视角下人工智能生成作品的权利归属》，载《河南师范大学学报（哲学社会科学版）》2018年第4期。

二、人工智能生成物独创性构成要素的重新阐释

（一）独创性构成要素：兼采“独”与“创”

本书认为，人工智能生成物独创性要素包含“独立创作”和“最低限度创造性”两个方面。

1.证伪“独立创作”之反驳

有学者提出，“独立创作”是独创性内涵的伪概念，将“独立创作”作为独创性的内涵有诸多不妥。具体来说，一是形式逻辑上，“独立创作”描述的是作品和作者的关系，不是作品与其他事物的关系，不适宜用来定义作品的法定属性；二是法律逻辑上，“独立创作”指向的是作品著作权的来源和归属，强调的是著作权人基于创作行为（或者受让）对作品享有著作权，但这一强调显得“特殊”“奇怪”，物权法就没有将所有者基于原始取得或继受取得定义为“物”的基本内涵；三是价值论上，“独立创作”承担了过多的法律功能负担；四是制度实践中，剔除“独立创作”有利于著作权法接受新客体。〔1〕

本书认为以上观点失之偏颇。其一，“独立创作”描述作品与作者关系的结果，就是描述了作品与其他事物的关系。正如德国学者雷炳德所言，“作品体现了作者的独特性格，这种独特性格是作品的标志，也就是独创性”。〔2〕因为作品源于作者本人，不同作者创作的作品才带有不同的个性特征，每件作品自身的个性特征构成与其他事物的区别。作品的法定属性包含“独立创作”，正是因为作品中蕴含的个性特征是大陆法系著作权法保护的核心内容，将其证伪、只留下“最低限度创造性”的观点，忽视了

〔1〕 参见乔丽春：《“独立创作”作为“独创性”内涵的证伪》，载《知识产权》2011年第7期。
〔2〕 参见［德］M．雷炳德：《著作权法》，张恩民译，法律出版社2005年版，第53页。

这一重要的立法意图。

其二，著作权法的法律逻辑不能直接和物权法类比。知识产权法调整的客体是无形的知识产品，相较有形物，更难划分其与公有领域的边界。将“独立创作”设定为作品独创性的内涵，有利于避免创作者侵占公有领域资源，对源于作者自身的智力创造成果进行精确保护。

其三，“独立创作”虽然承担了“确定作者的权利主体地位”等使命，但这并不是“过多的法律功能负担”。时至今日，我国著作权保护环境虽有改善，但侵权、盗版的现象尚未形成根本性扭转，此时仍需要“独立创作”要件引导著作权严格保护，激励创作者创作更多带有独特个性的作品，弘扬尊重知识产权的社会主义法治文化。

其四，不宜以有利于著作权法接受新客体为由剔除“独立创作”。一方面，人工智能生成物等新事物尚处于发展之中，著作权法如何予以回应尚未得到充分论证；另一方面，我国受大陆法系影响，不仅注重作者的主体地位，而且强调法律内部体系完整、严密，为了接受新客体而贸然修法，有可能造成法律体系的混乱。

2.“最低限度创造性”同样不可割舍

人工智能生成物独创性要素包含“最低限度创造性”，符合司法实践需求和著作权法立法宗旨。最高人民法院曾经明确指出，独立完成和付出劳动本身并不是某项客体获得著作权法保护的充分条件。[1]从法理上看，著作权法的立法宗旨是鼓励作品创作传播、促进文化繁荣。这背后是功利主义激励论的逻辑。而按功利主义的“成本—收益”计算方法，并不是所有作品都值得花大力气保护，只有那些具备最低限度创造性的作品被区分出来，才能提高激励效率。国际趋势也肯定“最低限度创造性”作为独创

〔1〕 景德镇法蓝瓷实业有限公司诉潮州市加兰德陶瓷有限公司侵害著作权纠纷案，最高人民法院(2012)民申字第1392号民事裁定书。

性要件之一。德国、法国等大陆法系国家自不必说，美国自Feist案后也增加了“最低限度创造性”的要求。

（二）独创性标准中“独”之释义

1.独立创作不排斥基于已有素材整合

该问题实质上是老问题，不应因披上人工智能外衣就成为争议。在我国，“独立创作”通常与“源于本人”连用，指劳动成果源于劳动者本人，也即作品是由作者独立完成的，并非抄袭结果。[1]日本法律中的解读也具有借鉴意义，在日本法中，一部作品必须是原创的（original），而不仅仅是模仿别人的作品。如果一部人工智能创作的作品不依赖于其他作者的作品，那么这个作品可以被认为是原创的。[2]本书将其概括为“非模仿、不依赖”标准。由此观之，“独立”主要从反面界定为非抄袭、非模仿、不依赖，比较对象是一作品与另一作品。某些人工智能生成物确实是数据库中已有数据通过算法进行重新排列组合的结果，例如，人工智能生成的新闻系套用系统设定模板、嵌入扒取后依规律排列的数据形成，但如果最终产物源于人类独立的劳动，并非抄袭或模仿他人作品形成，即可满足独立创作要件。

2.独立创作应当以“人的行为”为研究基础

一些研究在考察“独立创作”要件时经常出现一个问题——以人工智能的“行为”为基础来分析创作行为是否独立。该做法默认人工智能存在“行为”且该“行为”可能产生权利，将人工智能视作潜在的权利主体，致使人工智能生成物可版权性的研究基础陷入了迷障。

这一观点忽视了人工智能技术发展由从弱到强这一阶段性、递进性

---

〔1〕 参见王迁：《知识产权法教程》（第5版），中国人民大学出版社2016年版，第20页。

〔2〕 See Guillaume Henry, *Japan Report—Copyright in Artificially Generated Works*, AIPPI World Congress, 2019, p.4.

的客观情况。在不同的技术发展阶段，人工智能技术有着不同的功能定位，其政策和法律的供给需求也不一样。应该以正确的技术法学分析方法，客观评估技术变化对法律制度所产生的影响。[1]从产业发展的现状来说，人工智能领域取得的进步尚局限于弱人工智能阶段。人工智能作为一种辅助创作的工具，“看似具有仿人学习、推理和适应能力，但是缺乏常识、智慧以及进行自我维护和复制的广泛方法”。[2]目前尚无迫切必要去研究强人工智能时代如何赋予人工智能生成物著作权。因为若从“弱”转“强”，“人工智能系统会对人类的自主性、自由乃至生存造成更为直接的威胁”，[3]与之相比著作权制度受到的冲击可以忽略不计。[4]一旦权利客体变为权利主体，伦理学和民法学应先于知识产权法学作出回应。[5]

总之，应以人的行为为独立创作的研究基础，坚持弱人工智能阶段人工智能的工具地位，以人为主体视角观察人工智能生成物的创作过程。[6]人工智能生成物独创性源于人类，体现为人的意志渗透在人工智能生成物生成过程中的各个环节。比如算法开发、训练阶段，研发者的个性化安排以代码形式植入人工智能之中；人工智能“创作”阶段，数据库和模型本身无一不包含人类作者的创造劳动。[7]

---

〔1〕 参见何炼红、王志雄：《人工智能医疗影像诊断侵权损害赔偿法律问题》，载《政治与法律》2020年第3期。

〔2〕 中国信息通信研究院、Gartner Group：《2018世界人工智能产业发展蓝皮书》，世界人工智能大会会议论文，2018年9月于上海。

〔3〕 Stuart J. Russell, Peter Norvig：《人工智能：一种现代的方法》，殷建平、祝恩、刘越、陈跃新、王挺译，清华大学出版社2013年版，第878页。

〔4〕 参见王迁：《论人工智能生成的内容在著作权法中的定性》，载《法律科学（西北政法大学学报）》2017年第5期。

〔5〕 参见熊琦：《人工智能生成内容的著作权认定》，载《知识产权》2017年第3期。

〔6〕 参见熊琦：《人工智能生成内容的著作权认定》，载《知识产权》2017年第3期。

〔7〕 参见孙正樑：《人工智能生成内容的著作权问题探析》，载《清华法学》2019年第6期。

(三)独创性标准中“创”之高度

本书认为,人工智能生成物的创造性高度标准应该与传统作品保持一致,依然采用“最低限度创造性”。虽然人工智能提升了人类的创作能力和效率,提高创造性标准有利于实现更好的激励,但在操作层面并不现实。随着人工智能技术越来越成熟,区分人工智能生成物和传统作品的难度将越来越大。实践中人工智能生成物与传统作品在形式上几无差异,不告知来源的情况下难以辨别二者。而匿名情形下,人工智能生成物凭借其与传统作品类似的艺术性外观,已经足以得到司法上“孤儿作品”水平的保护。〔1〕且人工智能使用者可能为了避开较高创造性标准,隐瞒产出物为人工智能生成的事实。〔2〕虽然有学者提出给人工智能使用者施加标识义务,但因缺乏监督制度恐难实现,即使有监督制度监督难度亦极大。此外,创造性提高到何种程度同样没有统一标准,把自由裁量空间留给法院只会带来更大的不确定性,从而造成裁判尺度不一,损害司法公信力。

但是,本书虽然不建议从独创性之“创”上提高人工智能生成物的版权保护标准,但是主张从独创性之“独”入手,采用独创性主观标准,强调只有人类干预达到一定程度的人工智能生成物才能满足独创性主观标准,实际上赋予了人工智能生成物版权主张更高的证明义务,对人工智能生成物施以了更高的保护门槛。

三、人工智能生成物独创性主观标准之选择与理由

本书认为,判断人工智能生成物独创性,应采纳主观标准,即不仅考

〔1〕　参见黄玉烨、司马航:《孳息视角下人工智能生成作品的权利归属》,载《河南师范大学学报(哲学社会科学版)》2018年第4期。

〔2〕　参见卢炳宏:《论人工智能创作物独创性判断标准之选择》,载《内蒙古社会科学》2020年第4期。

虑作为创作结果的表达是否具有独创性，也应考虑创作过程中有无体现人格因素。

（一）独创性客观标准说的缺陷

独创性客观标准说主张对独创性标准进行改造，宣称其不考虑生成物生成过程中是否体现人格因素。然而，这一主张远没有考虑其可能带来的逻辑矛盾与正当性隐患。其一，即使按客观标准说的思路，只关注生成物本身是否具有独创性，这一判断也会不可避免地延及人格因素，因为人格因素就蕴含在独创性之“独”与“创”的要求之中。具言之，独创性之“独”意为“独立创作、源于本人”，“源于本人”指的就是作品与作者在人格因素上的联系；独创性之“创”即“最低限度创造性”，但此“创造”指的是智力创造，智力为人所有，智力创造中也有人格因素的体现。其二，为了使客观标准说不陷入考虑人格因素的自相矛盾之中，支持客观标准说的学者对独创性之“独”和“创”的内涵进行了改造，而改造并不成功。有学者将“独”解释为生成物在外观上不能是现有作品的复制，“创”解释为生成物比之现有作品有“明显可见”的变化，并排除显然、唯一的事实性表达。〔1〕但这样一来，人工智能生成物的独创性判断完全客观化，剥离了作品源于作者本人智慧这一重要前提，给予人工智能生成物著作权保护也就失去了源于劳动财产论、人格权论的正当性理论根基，势必招致外界对知识产权制度正当性更猛烈的批判。且轻视人类干预，还难免会带来技术伦理风险，长远看来可能有害于人工智能产业的健康发展。

从实践层面分析，独创性客观标准说在主流法域里并没有实施良好、可以仿效借鉴的先例。客观标准说往往会借英国1988年《版权、外观设

〔1〕 参见卢炳宏：《论人工智能创作物独创性判断标准之选择》，载《内蒙古社会科学》2020年第4期。

计和专利法案》的相关条款，为保护没有人类干预的作品提供示例。实际上，英国法的上述规定并没有带来应有的法律效果，英国内部也存在争议。其一，现实中是否存在无人类干预的人工智能生成物饱受质疑。其二，《版权、外观设计和专利法案》第178条b将计算机产生作品定义为“没有人类作者的参与而由计算机独立生产的作品”。无人类参与的作品，同样不符合英国原有独创性标准中作品是“劳动、技巧或判断”产物的要求。〔1〕其三，就人工智能生成物是否需要满足独创性，学者的观点存在明显分歧。有的学者认为只是在理解人工智能生成物如何符合独创性要求方面存在困难，也有学者根据立法过程中的一些意见建议人工智能生成物在独创性要求上可获豁免，还有学者认为人工智能生成物的独创性只要求一作品没有复制另一作品。〔2〕各家观点都有不妥之处，导致客观标准说内部并没有统一方案。

（二）独创性主观标准说的合理性

就理论层面而言，独创性主观标准说不仅与作者权体系下的人格权论一脉相承，而且与版权制度下的劳动财产论相衔接。黑格尔人格权论将智力成果蕴含的人格价值作为财产权取得依据。〔3〕比照黑格尔“人把他的意志体现于物内，这就是所有权的概念”，〔4〕人工智能研发者或使用者将自己的意志注入人工智能生成物的生成过程，这部分意志包含了他们独特的人格、个性因素，使最终产物也打上了人格烙印，人工智能研发者或使用者基于此对打上了人格烙印的人工智能生成物主张著作权。而洛克创

〔1〕 See Jonathan Griffiths, Lionel Bently & William R. Cornish, UK, *§2〔b〕〔i〕*, in Paul Edward Geller eds., International Copyright Law and Practice, Matthew Bender & Company, Inc., 2015.

〔2〕 See Guillaume Henry, *UK Report—Copyright in Artificially Generated Works*, AIPPI World Congress, 2019, p.286.

〔3〕 See Robert P. Merges, Peter S. Menell & Mark A. Lemley, *Intellectual Property in the New Technological Age*, 6th edition, Wolters Kluwer Law amp Business, 2012, p.6.

〔4〕 〔德〕黑格尔：《法哲学原理》，范扬、张企泰译，商务印书馆1961年版，第59页。

作《政府论》意在反驳当时为绝对君权辩护的理论，在论证私有财产正当性的劳动财产论中挑明劳动者、劳动和物之间的联系，即劳动者基于自我所有权，拥有劳动，掺杂劳动的共有物就脱离共有状态成为劳动者的财产，前提是满足充足限制和浪费限制。与之对应，人类作者基于自我所有权，拥有自己的劳动，混杂创作劳动的作品应成为作者的财产。虽然有观点认为劳动财产论缺乏人格因素，仅能解释知识产权中的财产权部分，但不可否认的是，劳动财产论亦以"人类作为智力成果创造主体和财产权利享有主体"为理论展开的前提，[1]认为人类和物之间的联系——私人劳动是私有财产正当性的源泉。也有学者直接指出，"人"通过劳动而拥有其劳动产品的所有权，是劳动者人格权的表现和扩张。[2]"人"的地位和价值、人和作品的联系，也是独创性主观标准说所关注和强调的。

从实践层面分析，采用独创性主观标准说符合当今主流法域的通行做法。在大陆法系国家，德国《著作权法》第2条第2款规定"作品"只有在满足是"作者自己的智力创作"（the author's own intellectual creation）的情况下才受到保护。只有源于人类头脑的作品才能被认为是"智力创作"，这显然考虑了作品生成过程中有无体现人格因素。"作品"这一概念内涵已经得到了欧盟法律的协调。根据欧盟法院在2018年Levola案中的说理，"作品"需要满足两个条件：其一，作品必须是独创的，即它是作者自己的智力创作。其二，它必须是作者自己智力创作的表达，无论它的表达方式或形式是什么。[3]欧盟法院在说理中将"作者自己的智力创作"和独创性等同起来，由此观之，德国法"作者自己的智力创作"概念指向的正是德国版的独创性的内涵，其又蕴含作品源于人类头脑之意，可见德国采用的就

〔1〕 See Robert P. Merges, Peter S. Menell, Mark A. Lemley, *Intellectual Property in the New Technological Age*, 6th edition, Wolters Kluwer Law amp Business, 2012, p.6.

〔2〕 参见彭立静:《伦理视野中的知识产权》(第1版)，知识产权出版社2010年版，第58页。

〔3〕 CJEU, dec. of 13-11-2018, docket-no. C-310/17, Levola Hengelo BV/Smilde Foods BV (at No. 36 et seq.)

是独创性主观标准。[1]日本《著作权法》中“作品”的定义[2]要求作品“表现思想或者感情”，证明日本采用的也是独创性主观标准。

即使在独创性要求较低的英美法系国家，同样认可独创性主观标准。根据美国法律，满足独创性需要作品为“独立创作”（independent authorship），“独立创作”意味着一方面不得复制先前存在的作品，另一方面“创作”必须包含来自自然人的投入。[3]在布莱斯坦（Bleistein）案中，[4]美国最高法院指出“一定程度的艺术总具有由人独立完成的不可约减的内容，其可以对这些内容享有版权”，在司法实践中体现了对自然人投入的严格要求。

值得关注的是，2019年9月，国际保护知识产权协会（AIPPI）就“人工智能生成物的著作权”问题通过了一项决议（以下简称AIPPI决议）。[5]AIPPI决议第3条意即，人类干预是人工智能生成物独创性的来源；第2条第1款意即，只有生成过程包含人类干预，且满足其他条件的人工智能生成物才能受著作权法保护。这两条强调了人类干预对独创性、对著作权法保护的必要性，显见AIPPI所持的也是独创性主观标准。查阅AIPPI就同一议题披露的调查报告，可知接受调查的协会成员里有85%都赞成人类干预应该成为一项人工智能生成物受到著作权保护的条件。[6]AIPPI决议的立场反映了最新的国际趋势，具有重要借鉴意义。

---

〔1〕 See Guillaume Henry, *Germany Report—Copyright in Artificially Generated Works*, AIPPI World Congress, 2019, p.5.

〔2〕 “作品”，是指用创作方法表现思想或者感情的属于文艺、学术、美术或者音乐范围的智力成果。

〔3〕 See Guillaume Henry, *USA Report—Copyright in Artificially Generated Works*, AIPPI World Congress, 2019.

〔4〕 Bleistein v. Donaldson Lithographing Co., 188 U.S.239.

〔5〕 See AIPPI, *Resolution—Copyright in Artificially Generated Works*, AIPPI World Congress, 2019.

〔6〕 See Jonathan P., OSHA Summary, *Report—Copyright in Artificially Generated Works*, AIPPI World Congress, 2019.

（三）独创性主观标准说的政策意义和可行性

1.政策意义：智能技术中的人类干预是引领科技向善的关键因素

近年来，告别技术中立主义、技术无罪论，加强人工智能伦理建设、促进科技向善的风潮席卷全球。例如，联合国举办了“人工智能向善国际峰会”，推动建立“人工智能伦理国际对话”；世界经济合作与发展组织和二十国集团一起推出了人工智能指导原则；[1]欧盟2019年提出了人工智能领域系统的伦理框架；美国2019年2月正式出台了人工智能战略，提出制定人工智能监管指南并设定人工智能治理标准，2020年1月又发布了《人工智能应用的监管指南》，提出管理人工智能应用的十大原则等；中国也先后推出关于人工智能发展、自律、治理的系列政策文件。[2]以上政策文件多次提到“以人为本”，这揭示了科技向善的根本追求。科技向善的含义可以从三个层面思考：一是哲学层面上，人应该是唯一的主体和目的；二是道德和伦理层面上，必须谨防新技术割裂人类社会，致使人类建立的基本价值观和伦理体系崩塌，技术必须有利于提升人类福祉；三是实践层面上，应当遵循两个认知，即“人类共同体”和“人是文明最高和唯一的尺度”。[3]换言之，我们需要的不是“中立的科技”，而是“向善的科技”，且“向善”应该表现为增进人类福祉。

而实现科技向善，显然不能期待技术未来“自发”产生保护人类的效

〔1〕 2019年5月，世界经济合作与发展组织成员国批准了全球首个由各国政府签署的AI原则——“负责任地管理可信AI的原则”，包括包容性增长、可持续发展和福祉原则，以人为本的价值观和公平原则，透明性和可解释性原则，稳健性和安全可靠原则，以及责任原则。这些原则已被二十国集团采纳，今后有望成为AI领域的国际准则。

〔2〕 我国的政策文件如《新一代人工智能发展规划》《新一代人工智能治理原则——发展负责任的人工智能》等。参见曹建峰：《2019年全球人工智能治理报告：从科技中心主义到科技人文协作》，载腾讯研究院2020年2月20日，https://www.tisi.org/13048。

〔3〕 参见马旗戟：《人类为什么思考技术善恶的问题&怎样做？》，载新浪财经，https://finance.sina.cn/2019-05-30/detail-ihvhiqay2534134.d.html。

果（例如，技术中立主义下算法放大了人类歧视，产生了更精准、隐蔽的算法歧视），而唯有靠人类在设计、使用时“自觉”限定技术目的、运行方式，将技术受保护的标尺定在促进人类福祉上——实质上是以人类干预引领和保障科技向善。“我们应当意识到，Artificial Intelligence一词，关键的不是Intelligence，而是Artificial，是人类的自我反省意识和对科技的主动干预。”〔1〕

智能技术中的人类干预是引领科技向善的关键因素。采用独创性主观标准有利于倒逼产业界重视、解释、合理化人工智能技术中的人类干预（生成物中有人格因素正是人类干预的结果），防范技术风险，引领科技向善。未来，“‘善意’应成为技术产品的商业竞争力”。〔2〕

2.可行性：算法“黑箱”不妨碍释明外观上的人类干预

有学者担心采用独创性主观标准会陷入人格因素解释不清的困境。事实上，这是被人工智能的“算法黑箱”误导了。“算法黑箱”指的是某些人工智能算法的技术原理存在“黑箱”。例如，典型的“黑箱算法”——神经网络算法的原理是“给定一个带有正确答案的训练数据集，它们可以通过调整每个连接的强度而逐渐优化它们的行为，直到它们的顶层输出是正确的”。〔3〕限于神经网络算法中数据排布和数学表达都十分复杂，人类在利用算法输出结果时难以理解算法内部结果是如何产生的。

然而，对内部技术原理的不解并不妨碍释明外观上的人类干预，外观上的人类干预是可以被观察、记录、讲述和监管的，也是独创性主观标准的关注对象。今日头条资深算法架构师曹欢欢博士曾在交流会上公开今

〔1〕 贾平凡：《用“科技向善”理念引领人工智能发展》，载《人民日报（海外版）》2019年5月6日，第10版。

〔2〕 参见CLY：《曼纽尔·卡斯特：“善意”应成为技术产品的商业竞争力》，载快科技2019年10月25日，https://news.mydrivers.com/1/653/653720.html。

〔3〕 Davide Castelvecchi，*Can We Open the Black Box of AI*?，Nature (Oct.5,2016)，https://www.nature.com/news/can-we-open-the-black-box-of-ai-1.20731.

日头条的算法原理，直言“算法分发并非把所有决策都交给机器，我们会不断纠偏，设计、监督并管理算法模型”。[1]在本书随后讨论的“菲林诉百度案”和“腾讯诉盈讯案”这两起案件中，技术上的“算法黑箱”并未影响法官从中提取法律裁判所需要的人类干预；判决书概括性地公开了人类干预，也不同于算法本身的透明化，没有导致源代码泄露等算法透明化的争议后果。这是对人工智能工作原理可行、必要和适当的公开。

人工智能生成过程中的人类干预并非不能被解释，更多情况下是因为缺乏监管文件，保护商业秘密等不被公开，或即使公开了，普通公众缺乏算法素养也难以读懂。但法庭上有限公开的问题会少得多。

随着机器伦理学的发展，产业界渐起算法公开呼声，未来以“可知”人工智能换取人类对人工智能的信任会慢慢成为潮流。我国2017年《新一代人工智能发展规划》明确提出要“实现对人工智能算法设计等程序的全流程监管”，在监管倒逼下，算法公开也会明朗化。独创性主观标准建立在此基础上，具备可行性。

四、主观标准下人类干预之司法判断模型的构建

相比于传统作品，人工智能生成物的人格因素被机器智能大大冲淡，即使法院认同主观标准而要求生成过程中体现人格因素，分辨人工智能生成物的生成过程体现了哪些人格因素（客观化问题）、认定人工智能生成物受著作权保护时人格因素应达到何种程度（门槛问题）亦成为困扰法院的难题。尽管我国两起涉人工智能生成物著作权保护的案例——“菲林诉百

〔1〕 参见曹欢欢：《今日头条推荐算法原理全文详解》，载36氪2018年1月16日，https://36kr.com/p/1722189037569。

度案”[1]和“腾讯诉盈讯案”[2]的判决书均长篇分析了涉案材料的独创性问题，然而，目前在司法实践中主观标准的适用仍较为模糊，容易导致类案异判。在产业界推进“算法黑箱”透明化的同时，法学学界有必要就主观标准的细化作出努力，促进司法统一化。本书就此提出人工智能生成物中人类干预之司法判断模型，从个案评价和类案保护门槛两方面切入，分别构建了针对客观化问题的人类干预评价模型和针对门槛问题的人类干预条件模型。

（一）客观化问题：构建人工智能生成物人类干预评价模型

“人类干预”指人类在人工智能研发、使用全过程中实质性参与、介入的行为的总称。实际上，生成物中有人格因素是人类干预的结果，而人类干预是具象的行为，将度量人格因素转化为分析人类干预所涉环节、情形，构建人类干预评价模型，即可化抽象为具象，解决人工智能生成物人格因素之客观化问题。通过该模型，实践中个案均能找到其人类干预在模型给定环节和情形上的定位，不同案件会有不同定位，即完成各个案件在同一标准下的客观化区别评价。因为该模型旨在解决个案人类干预的客观化评价，故名为人类干预评价模型。以下详细阐述该模型的构建过程。

参考AIPPI决议使用的人工智能工作步骤示例（以下简称决议示例），[3]人工智能生成物的生成过程可以简化为三个环节：其一，创建人工智能系统，该系统能接收、分析、学习自外界输入的内容，以及灵活采取相应行动，以便在一段时间内实现特定目标（以下简称系统创建，环节一）；

〔1〕 北京菲林律师事务所诉北京百度网讯科技有限公司著作权权属、侵权纠纷案，北京知识产权法院（2019）京73民终2030号民事判决书。

〔2〕 深圳市腾讯计算机系统有限公司诉上海盈讯科技有限公司著作权权属、侵权纠纷、商业贿赂、不正当竞争纠纷案，广东省深圳市南山区人民法院（2019）粤0305民初14010号民事判决书。

〔3〕 See AIPPI, *Resolution—Copyright in Artificially Generated Works*, AIPPI World Congress, 2019, p.2.

其二，选择输入人工智能系统的数据，该数据既可以是已有作品，也可以是基于特定筛选标准而获得的来自传感器、摄像机或其他渠道的内容（数据选择，以下简称环节二）；其三，将所选数据输入系统，系统通过生成区别于任何先前作品的“新生成物”以达成目标（制造生成物，以下简称环节三）。

人类干预渗透于以上环节之中。本书在参考决议示例〔1〕和AIPPI流程图〔2〕的基础上，尝试归纳出人工智能生成物的生成环节及人类干预情形流程图（见图1）。〔3〕

人工智能生成物生成环节中人类干预的情形阐释如下：

（1）系统创建环节，根据人类干预有无分为：情形1a（人工智能要实现的特定目标由人类选择）；情形1b（人工智能要实现的特定目标不由人类选择）。

（2）数据选择环节，根据人类干预有无分为：情形2a（数据或数据的筛选标准由人类确定）；情形2b（数据或数据的筛选标准不由人类确定）。

（3）制造生成物环节，有两种运行路径：其一，如果“环节三之一”没有人类干预，则进入“环节三之二”，根据人类干预的有无分为情形3a（人

〔1〕 AIPPI在决议示例中根据环节二、环节三人类干预的有无分别设定了情形2a（环节二中数据或数据的筛选标准由人类确定）、2b（环节二中数据或数据的筛选标准不由人类确定）和3a（环节三中人类基于质量或审美要求从若干“新生成物”中选出一件“最终生成物”）、3b（环节三从若干“新生成物”中选出“最终生成物”的过程不涉及人类干预）。See AIPPI, *Resolution—Copyright in Artificially Generated Works*, AIPPI World Congress, 2019, p.2.

〔2〕 AIPPI决议与AIPPI就同一决议的学习指南有些许差异。指南提供了一张总结人工智能生成过程中人类干预的流程图（以下简称AIPPI流程图），该图里，情形2a、2b、3a、3b都有对应的、相同或实质相同的情形，但AIPPI流程图较决议示例还多出一种特殊情形——决议示例的环节三被一分为二，当“制造生成物”步骤没有任何人类干预时，才进入“生成物选择/公布”步骤，出现情形3a和3b；当“制造生成物”步骤有人类干预时，直接生成最终生成物，本书将该种特殊情形命名为情形3c。See AIPPI, *Study Guidelines —Copyright in Artificially Generated Works*, AIPPI World Congress, 2019, p. 8–9.

〔3〕 本书除了创造性地综合了决议示例中的情形2a、2b、3a、3b和AIPPI流程图中的情形3c，为了研究的全面，还根据环节一人类干预的有无增加了情形1a（环节一里要实现的特定目标由人类选择）和1b（环节一里要实现的特定目标不由人类选择），并最终得到图1。

类选择和公布最终生成物）和情形3b（人工智能在没有任何人类干预的情况下选择并可能公布最终生成物），此后产出最终生成物，宣告全流程结束；其二，如果“环节三之一”有人类干预，指向情形3c（人类通过向人工智能发出指令以修改生成物方式或径直修改生成物方式直接参与生成物的创建），此后亦产出最终生成物，宣告全流程结束。

司法实践中，单个案例均可被抽象为上述情形的组合，由此完成人工智能生成物人格因素的客观化评价和统一度量。

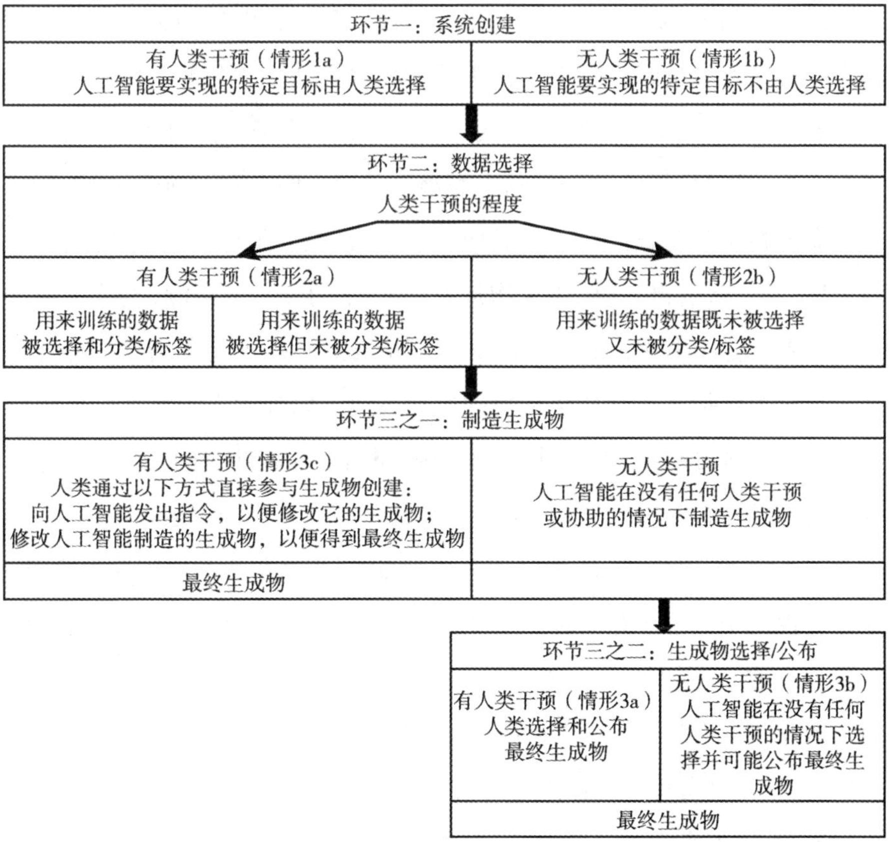

图1 人工智能生成物的生成环节及人类干预情形流程

（二）门槛问题：构建人工智能生成物人类干预条件模型

1.人工智能生成物“源于本人”的重新解读

“源于本人”指劳动成果源于劳动者本人、作品人格因素源于作者本人人格，它与“独立创作”共同构成独创性之“独”的内涵。人工智能生成物欲受著作权保护，同样应符合“源于本人”。重新审视“源于本人”的含义，有利于更好解决主观标准中人格因素的门槛问题。

其一，是否“源于人”是人工智能生成物受版权保护的边界。传统作品完全来自人类贡献，独创性之“独”的使命是认定作品源于作者本人而非其他人，“源于本人”的重点在于“本”字。在人工智能时代，作品产生还有人工智能的贡献，这些贡献人类难以预测、难以操纵，独创性之“独”的使命还在于认定作品源于人类而非人工智能，“源于本人”的重点转移到“人”字。从逻辑上说，生成物是否有不“源于人”的可能，构成了传统作品到人工智能生成物的本质跨越。是否“源于人”也是能否依据传统作品的逻辑去保护人工智能生成物的边界。边界以外的人工智能生成物与传统作品有本质差异，拒绝对其予以保护具有著作权法上的正当性。边界以内的人工智能生成物“源于人”是出于何种条件，则需要进一步判断。

其二，“源于本人”的程度即人工智能生成物人类干预程度的高低。在传统理论中，“独”是一种“有和无”的判断，“创”是一种“高和低”的判断。[1]在人工智能时代，这种认识应该被更新，“独”同样具有“高和低”的判断标准。人类干预程度越高的生成物，在独创性之“独”中“源于人”的程度越高，受著作权法保护的理由也就越坚实。人类干预的程度并不抽象，可以根据人类干预情形的组合情况进行度量。

---

〔1〕 参见王迁：《知识产权法教程》，中国人民大学出版社2019年版，第34页。

2.人类干预所涉环节、情形与著作权法保护可能的关联性分析

解决人格因素门槛问题，可以转化为分析人工智能生成物生成过程中人类干预应达到的程度。就此，有必要分析人类干预所涉环节、情形与著作权法保护可能之间的关系。针对上述关联性AIPPI已经达成了部分共识[1]，本书尝试在其基础上更进一步，构建完整的司法判断模型，以期为主观标准的适用提供司法裁判指引。因为本部分讨论旨在通过梳理人类干预所涉环节、情形与著作权法保护可能性之间的关系，筛选出人工智能生成物在满足独创性主观标准时人类干预应当达到的条件，故命名为人类干预条件模型。以下详细阐述模型构建过程。

（1）针对系统创建环节，情形1a应为人工智能生成物受著作权保护的必要条件之一。这是科技向善、加强人工智能风险管控的必然要求。智能技术中的人类干预是引领科技向善的关键因素，而科技向善的重要目标之一即限制人工智能运用目的、增强人类福祉导向。在机器人伦理学领域，广泛运用的"机器人三定律"[2]暗含人类福祉才是机器工作的最终目的之意。由人类确定人工智能系统的实现目标，与人类发明机器人的初衷相吻

〔1〕 参见AIPPI决议第2条："AI生成物只有在其生成过程有人类干预的情况下，且在该生成物符合受保护作品应满足的其他条件的情况下，才能获得版权保护。对于生成过程无人类干预的AI生成物，其无法获得版权保护。上述原则也适用于研究示例中各个步骤所描述的情形，具体结论如下：

· 针对步骤1，AI生成物不应仅仅因为其是人类创建的AI系统的输出内容而获得版权保护；

· 针对步骤2的情况2a，若用以输入AI的数据筛选标准系人类选择确定，则AI生成物可获得版权保护；

· 针对步骤2的情况2b，若用以输入AI的数据或该数据的筛选标准完全不由人类选择确定（或仅仅由非人类选择确定），则AI生成物不能获得版权保护；

· 针对步骤3的情况3a，AI生成物不能仅因为人类从'新生成物'中选出最终生成物而获得版权保护；

· 针对步骤3的情况3b，AI生成物不能仅因为从'新生成物'中选出最终生成物的过程不涉及人类干预而获得版权保护。"

〔2〕 由美国科幻小说家阿西莫夫于1950年在其科幻小说《我，机器人》中首倡，在科技哲学领域被普遍承认。包括："规律一：一个机器人不能伤害人类，也不能够在人类面临受伤害风险时袖手旁观；规律二：一个机器人必须服从人类的命令，除非这种服从会导致机器人违背定律一；规律三：一个机器人必须尽力自我保护，除非这种自我保护会导致它违背前两条定律。"

合，有利于将技术发展方向限制在增进人类福祉上。倘使一件生成物的目标脱离人类掌控，考虑到伦理风险，著作权法不宜予以保护。但必要条件不意味着唯一条件，好比AIPPI决议第2条第2款指出，人工智能生成物不应仅因为是人类创建的人工智能系统之输出内容而获得著作权保护。〔1〕

（2）针对数据选择环节，人工智能生成物若想获得著作权保护，情形应为2a，且此时人类干预应构成关键的数据处理，而非创作的准备活动（preparatory action）。

其一，人工智能生成物若想获得著作权保护，在环节二情形下应表现为2a。根据AIPPI决议第2条第2款，〔2〕环节二人类干预之存在与否和著作权保护之可能与否完全一致。AIPPI"人工智能生成物版权问题"德国工作组分析了德国在决议示例下的各种情况。〔3〕观察可知，德国工作组列举的第一种情形组合"1a+2a+3a"和第四种情形组合"1a+2a+3b"中人工智能生成物能获得著作权保护，而第二种情形组合"1a+2b+3b"和第三种情形组合"1a+2b+3a"中人工智能生成物不能获得著作权保护。能获得著作权保护的情形组合在环节二上均表现为2a，不能获得著作权保护的情形组合在环节二上均表现为2b，证明了情形2a对著作权保护有关键性影响。与此呼应，德国工作组解释到，"1a+2a+3b"情形组合下人工智能生成物可以

〔1〕 See AIPPI, *Resolution—Copyright in Artificially Generated Works*, AIPPI World Congress, 2019, p.3.

〔2〕 See AIPPI, *Resolution—Copyright in Artificially Generated Works*, AIPPI World Congress, 2019, p.3.

〔3〕 该段中文翻译如下：将德国著作权法下的独创性要求应用于工作实例：（1）累计包含步骤1、2a和3a的人工智能生成物可以被称为独创作品，因为人类对结果作品的指导和控制影响很高，并且在使用人工智能创作作品的所有决定性阶段都存在；（2）累计包含步骤1、2b和3b的人工智能生成物不符合独创作品的资格，因为该作品是算法的产物，并且人类作者对结果作品的指导性影响太低；（3）累计包含步骤1、2b和3a的人工智能生成物将不符合独创作品的资格，因为人类作者根据步骤3对作品的最终选择不能补偿人类作者在创建所选作品时缺乏指导性影响；（4）累计包含步骤1、2a和3b的人工智能生成物可以由于数据选择而符合独创作品的资格：人类作者通过选择输入数据对作品的指导性影响越大，结果被限定为独创作品的机会就越高。

由于（人类的）数据选择而符合独创作品资格，[1]证明该情形组合受保护的关键原因就是情形1a和2a中情形2a的存在。

其二，单独就情形2a而言，人类的数据选择行为还需要根据干预深度进一步细分。一种是人类干预仅构成创作的准备活动，对最终生成物没有显著贡献（significant contribution）；另一种是人类干预构成关键的数据处理，对最终生成物有显著贡献，以至于人工智能只能被当作工具看待。[2]恰如德国工作组对情形组合“1a+2a+3b”的解释，人类作者通过选择输入数据实现的指导影响越大，生成物获得作品资格的机会就越高。[3]之所以情形2a如此重要，是因为人类干预构成关键数据处理时，人类对生成物的指导影响足够高，能强力证明生成物“源于本人”。例如，研发者将毕加索在1915—1920年的画作作为人工智能系统的输入内容，指令人工智能生成类似风格的画作，该选择对最终生成物的风格影响巨大，就构成关键的数据处理，能支持生成画作源于研发者本人。

值得注意的是，情形组合“1a+2a+3b”受著作权保护，还证明了仅凭“1a+2a”即足以构成人工智能生成物通过独创性主观标准考验的充分条件，不需要情形3a来补强人类在结果作品上的指导影响。

（3）针对制造生成物环节，情形3a或3b不构成人工智能生成物受著作权保护的条件之一；但情形3c可以替代情形2a，使情形组合“1a+3c”也构成人工智能生成物通过独创性主观标准考验的充分条件。

其一，情形组合“1a+2b+3b”的人工智能生成物不符合独创作品的资格，因为该作品是算法的产物，并且人类作者对结果作品的指导性影响太

---

〔1〕 See Guillaume Henry, *Germany Report—Copyright in Artificially Generated Works*, AIPPI World Congress, 2019, p.6.

〔2〕 See Guillaume Henry, *Germany Report—Copyright in Artificially Generated Works*, AIPPI World Congress, 2019, p.4.

〔3〕 See Guillaume Henry, *Germany Report—Copyright in Artificially Generated Works*, AIPPI World Congress, 2019, p.6.

低。情形组合“1a+2b+3a”的人工智能生成物也不符合独创作品的资格，因为人类作者对作品的最终选择不能补偿人类作者在创建所选作品时所缺乏的指导性影响。[1]所谓人类作者对作品的最终“选择”不能补偿人类作者在“创建”所选作品时所缺乏的指导性影响，指的就是情形3a不能补偿情形2a的缺失。

其二，与情形3a、3b只涉及人类对生成物的“选择”或“公布”不同，情形3c下人类直接参与了生成物的“创建”。本书认为，情形3c于一定程度上近似2a，情形组合“1a+3c”亦可构成人工智能生成物通过独创性主观标准考验的充分条件。情形3c、2a和情形3a、3b的区别，在于人类干预是否导致最终生成物“本身”的变动。独创性的判断对象也应该是最终生成物本身，因为只有最终生成物本身的变化才能反映出人类的“直接”贡献。

综上所述，人工智能生成物通过独创性主观标准考验的充分条件包括以下两种情况：其一，符合情形组合“1a+2a”，即在系统创建环节由人类确定人工智能要实现的特定目标，以及在数据选择环节由人类确定数据或数据筛选标准，且此时人类干预应构成关键数据处理，而非创作的准备活动。其二，符合情形组合“1a+3c”，即在系统创建环节由人类确定人工智能要实现的特定目标，在制造生成物环节，人类通过向人工智能发出指令以修改生成物方式或径直修改生成物方式直接参与生成物的创建。

（三）人工智能生成物人类干预之司法判断模型的实例检验

目前，我国法院判决的“菲林诉百度案”[2]和“腾讯诉盈讯案”[3]，均涉及了人工智能生成物著作权保护问题的判断。本书尝试根据前述人类干

〔1〕 See Guillaume Henry, *Germany Report—Copyright in Artificially Generated Works*, AIPPI World Congress, 2019, p.6.

〔2〕 北京菲林律师事务所诉北京百度网讯科技有限公司著作权权属、侵权纠纷案，北京知识产权法院（2019）京73民终2030号民事判决书。

〔3〕 深圳市腾讯计算机系统有限公司诉上海盈讯科技有限公司著作权权属、侵权纠纷、商业贿赂、不正当竞争纠纷案，广东省深圳市南山区人民法院（2019）粤0305民初14010号民事判决书。

预评价模型和人类干预条件模型（合称人工智能生成物人类干预之司法判断模型）对涉案内容进行分析。

在“腾讯诉盈讯案”中，腾讯公司组织包含编辑团队、产品团队和技术开发团队在内的主创团队运行Dreamwriter软件生成包含涉案文章在内的财经新闻类文章。腾讯主创团队设定了Dreamwriter软件工作的特定目标——生成财经新闻类文章，符合情形1a；选择、安排了数据类型、数据格式、触发条件、文章框架模板、语料等，符合情形2a，且行为属于关键数据处理。由此，涉案文章属于情形组合“1a+2a”，且在情形2a上行为构成关键数据处理，符合模型条件，能达到独创性主观标准。实践中，法院亦认定文章的表现形式源于创作者个性化的选择与安排，具有独创性，属于著作权法保护的文字作品。

在“菲林诉百度案”中，菲林律所根据法律统计数据分析软件“威科先行法律信息库”（以下简称威科先行库）自动生成了《影视娱乐行业司法大数据分析报告——电影卷·北京篇》（以下简称分析报告）。从研发者角度分析，研发者设定了威科先行库的工作目标——生成法律数据分析报告，符合情形1a。但研发者没有参与确定分析报告的数据或数据筛选标准，也没有就分析报告进行任何修改，不符合情形2a或3c，研发者的干预不符合模型条件，人格因素没有达到独创性主观标准门槛，这与实践中法院认定分析报告“并未传递研发者思想、感情的独创性表达”一致。从使用者角度分析，其采用了研发者设定的威科先行库的工作目标——生成法律数据分析报告，符合情形1a。使用者提交了检索关键词，符合情形2a，然而，仅仅几个关键词的贡献不能构成关键数据处理，而仅属创作准备活动。[1]因为，使用者输入的关键词仅仅限定了案件范围，而案由分布、行业

〔1〕 法院勘验笔录显示，在输入关键词“电影”，限定审理法院为北京市法院，审判日期为1995年1月1日至2017年12月31日后，威科先行库生成的大数据报告内容包括了数据来源、检索结果可视化（整体情况分析、案由分布、行业分布、程序分类、裁判结果、标的额可视化、审理期限可视化、法院、法官、律师律所、高频法条）和附录。

分布、程序分类、裁判结果、标的额等分析报告的主要数据还需要威科先行库自行提取。使用者也没有证据证明自己修改了分析报告，故不符合情形3c。使用者的干预不符合模型条件，其人格因素没有达到独创性主观标准门槛，这与法院认定分析报告“并非传递软件用户思想、感情的独创性表达”一致。综上所述，分析报告既不源于研发者的干预，也不源于使用者的干预，也就如判决所言，不能构成著作权法上的作品。

对比两起案件，显然异曲同工，法院均采用了独创性主观标准。前者因人工智能生成物体现了主创团队个性化的安排与选择，人格因素达标，肯定了生成物的作品资格；后者因分析报告并未传递研发者或使用者思想、感情的独创性表达，人格因素不达标，否定了生成物的作品资格。可见，我国法院对独创性主观标准的应用并不存在本质上的分歧。

第三节　人工智能生成物的著作权归属

一、人工智能生成物著作权归属争议

人工智能生成内容过程中涉及诸多主体，除人工智能本身外，有设计人、所有人、投资人、使用人，如何确定生成内容的权利归属是一个至关重要的问题。从理论上进行划分，人工智能适用著作权权益归属存在以下争议。

（一）归属于人工智能

卡里宁·赫里斯托夫（Kalin Hristov）2017年提出人工智能本身可作为著作权人。[1]术语“作者”的定义应当包括人工智能，将著作权分配给

〔1〕 See Kalin Hristov, *Artificial Intelligence and the Copyright Dilemma*, 57(3) The Journal of the Franklin Pierce Center for Intellectual Property, 2017, p.431-441.

人工智能本身。但国内大多学者持否定观点，坚持“作品必须是由人类创作的智力成果”。知识产权的激励理论强调要对权利人进行物质奖励，这表现为在一定的时间内赋予权利人对知识产权独占享有的权利。这样既有利于保障权利人对知识产权经济价值的独占收益权，又能促使其他社会主体追求这一权利。然而，人工智能无法获取物质奖励继而无法感受被激励，只要执行预定的程序和算法，创作内容就能自动生成。因此，将权益归属于人工智能本身既没有必要性，也不符合著作权法制定的目的。

（二）归属于设计者

持人工智能生成物权益归属于设计者的观点认为，设计者对人工智能的程序进行预设，人工智能所进行的“创作”亦是在此基础上进行的，因此体现了设计人的意图。这一观点直接参考适用了电子游戏画面的著作权归属规则。还有学者提出，当由人工智能的实际控制人享有著作权。例如，在新闻领域，设计者发起人工智能生成内容，并主导人工智能传播利用的全环节，是最终负责人。投资者仅提供资助，人工智能公司仅提供技术设施支撑，新闻传播公司仅提供传媒渠道，均作为协助者配合设计者，设计者通过承诺回报率、优先使用权和出售使用权等方式作为请求协助的交换条件。[1]因而，设计者是实际控制人，其他自然人和法人都属于实际控制者即设计者的协助者。

关于人工智能生成物归属于设计者的观点存在片面性。其一，该观点在参考电子游戏画面著作权归属规则时，忽略了人工智能作品创作与计算机生成游戏画面的区别。游戏画面的设定大多是基于开发者的设定，玩家

〔1〕 参见郑远民、贺栩溪：《结果视角下人工智能生成物的保护路径检讨》，载《科技与法律》2020年第3期。

无论如何操作都离不开设计者预设的规则结果，产生的所有画面均是算法运行下的必然结果，因此，包括玩家在内的其他人的干预并不大。而依据“人类司法干预模型”生成有独创性的人工智能作品意味着人类作出了实质性干预，作品代表人类的思想表达。此外，正如罗马谚语所言，“我的奴隶的奴隶不是我的奴隶”，人工智能编程设计者对人工智能的著作权不应延及人工智能作品。[1]其二，人工智能设计者虽然通过计算机程序预设了算法、规则和模板，但是如果缺少了原材料与基础数据，创作是难以为继的。而且在“算法黑箱”情境下，生成内容若脱离开发者预想，也就难以代表设计者的创作意志。[2]

（三）归属于所有者

持人工智能生成物权益归属于人工智能所有者的观点认为应当遵循民法保护所有人的理念。从物质占有所有者来说，从创作意志的体现来看，所有者早期对输入数据的筛选，后期对实验结果的矫正，是融入其创作意志的表现。因此，人工智能创作物著作权归属于所有者。[3]但是，大多数情况下，所有者基于买卖合同获取人工智能，其对人工智能的过程干预往往基于欠缺专业操作知识而难以产生直接性的影响，对于数据、信息的输入、优化和维护等工作，实际上由操作者完成，创作过程体现的是操作使用者而非所有者的意志，[4]此时，归属于所有者忽视了著作权法上作品的著作权与所有权相分离的基本理论，真正体现创作意图的作者无法获得利益分配也有违公平。

---

〔1〕 参见邓社民、靳雨露：《以狭义著作权保护人工智能生成物之辩》，载《北华大学学报（社会科学版）》2019年第1期。

〔2〕 参见李扬、李晓宇：《康德哲学视点下人工智能生成物的著作权问题探讨》，载《法学杂志》2018年第9期。

〔3〕 参见熊琦：《人工智能生成内容的著作权认定》，载《知识产权》2017年第3期。

〔4〕 参见邓社民、靳雨露：《人工智能作品的著作权归属探析》，载《学术探索》2019年第2期。

（四）归属于投资者

投资者是给人工智能提供人力、物力、财力等物质条件的主体。该观点的支持者大致有三种思路：第一，人工智能生成物为法人作品，投资者为法人，按照著作权归属规则著作权归属于法人。第二，在没有约定或者约定不明的情况下，可以参考电影作品的权利归属安排，归属于人工智能的投资者，促进行业长远发展。[1]第三，主张以邻接权保护投资者的利益，以回报投资者的物质投入和其他付出。[2]一般来说，在主要利用投资者的物质技术条件且体现或执行投资者意志的情况下，人工智能生成物往往会因为构成职务作品或者法人作品而适用特殊的著作权归属规则。[3]按照法人作品的权益归属规则，著作权归属于拟制为作者的投资者；按照特殊职务作品的权益归属规则，著作权归属于投资者，自然人作者获得署名和报酬权。不过，该归属仅适用于存在投资者，且投资者提供主要物质技术条件并承担责任的情形下。现实情况是并非所有人工智能生成物均有满足条件的投资者的参与，此时，将人工智能生成物的著作权权益归属于人工智能投资者不具有普适性。另外，采取作品资格认定的客观性判断标准，人工智能创作物是具备独创性的表达，可以认定为作品并获得著作权保护，而不局限于对投资者邻接权的保护。

（五）归属于使用者

持使用者说的学者认为归属于使用者有利于贯彻利益衡量原则和公

〔1〕 参见孙玉荣、刘宝琪：《人工智能生成内容的著作权问题探究》，载《北京联合大学学报（人文社会科学版）》2020年第1期。

〔2〕 参见王果：《论计算机“创作作品”的著作权保护》，载《云南大学学报（法学版）》2016年第1期。

〔3〕 参见熊琦：《著作权法中投资者视为作者的制度安排》，载《法学》2010年第9期。

平原则，有利于激励人工智能产业更快发展。其一，从成本和效益角度分析，人工智能本身是受著作权法保护的计算机软件作品，除使用者之外的其他主体，能够通过对计算机软件著作权的行使和保护，在首次利益分配中获得经济回报，无须额外激励。例如，设计者可以从人工智能的著作权中获益，投资者的利益由著作权法中的法人作品、职务作品的著作权归属规则来保护。另外，人工智能使用者在以买卖、许可等方式取得人工智能的使用权或者基于所有权而获得使用权之时需要支付一定成本，相应地，人工智能的设计者或投资者因此而获利。若再将人工智能作品的著作权也归属于人工智能的设计者或投资者，将使其双重获利，而使用者的付出将得不到回报，导致利益分配不均衡。〔1〕因此，其他主体已经在其他不同环节获取成本回报，而仅有使用者有待通过获取权利收回交易成本，如此配置可以有效降低人工智能生成内容在市场流转过程中的附加成本，并最大限度发挥作品的价值。否则，在开发者或者设计者已经享有软件著作权、所有者或者投资者已经享有机器所有权的情况下，若再次赋予其人工智能生成内容的著作权，则面临“二次赋权”的困境，甚至有导致垄断的风险。〔2〕其二，使用者对于人工智能产品的资金投入占据重大比例，在人工智能生成内容的产业生态圈中，使用者位于消费端，前期的许可与后续的传播和利用作品均需要持续的成本输出，若不将人工智能生成内容的著作权赋予使用者，理性的消费者将来不会再购买和使用人工智能产品。由于消费市场疲软，成本与收益的不对称将使投资者难以为继，软件开发停滞，人工智能创作行业生态链断裂，阻碍新兴产业的健康持续发展。

〔1〕 参见邓社民、靳雨露：《人工智能作品的著作权归属探析》，载《学术探索》2019年第2期。
〔2〕 参见孙正樑：《人工智能生成内容的著作权问题探析》，载《清华法学》2019年第6期。

二、人工智能著作权主体之否定

(一)人工智能著作权主体的伦理之困

1.人工智能缺乏意识与情感

承认人工智能著作权主体资格要解决的一个难题在于,人工智能缺乏法律行为能力,而人类作者作为法律主体,将享有经济和精神方面的一系列权利。如果承认人工智能是法律上的权利人,将会存在一个理论假设和制度规则相冲突的问题。无论创作行为是属于事实行为还是法律行为,都必然会导致一定的法律关系的产生。如果人工智能被当作作者,那么它将基于特定的“身份”而享有署名权、获得报酬权等权利;如果人工智能进一步被授予著作权,它将基于独占性专有权利获得经济利益。但是,与人类智性相比,人类心智是理性、情感、欲望的复合体,它的运作有复杂的机制,〔1〕而模拟和扩展“人类智能”的机器人虽具有相当智性,但相比于具有“人类智慧”的自然人和自然人集合体,二者无法简单等同。〔2〕从创作情境来看,人工智能缺乏文学创作所必不可少的“人类情感”,存在创作主观意志缺陷,〔3〕也不能进行社会意义上的价值判断,其享有的所谓“权利”如何行使并获得救济将成为问题。从哲学上来论证,“后现代哲学确立的主体是欲望主体”,〔4〕权利的享有必定有欲望的需求,而人工智能本身没有思想情感,没有行使权利的动力,授予其创作者身份的现实意义难以得

〔1〕 参见龙文懋:《人工智能法律主体地位的法哲学思考》,载《法律科学(西北政法大学学报)》2018年第5期。

〔2〕 参见吴汉东:《人工智能时代的制度安排与法律规制》,载《法律科学(西北政法大学学报)》2017年第5期。

〔3〕 参见袁博:《论文学领域人工智能著作权之证伪》,载《电子知识产权》2018年第6期。

〔4〕 龙文懋:《人工智能法律主体地位的法哲学思考》,载《法律科学(西北政法大学学报)》2018年第5期。

到体现。由此，人工智能或者成为类人主体，或者成为拟制主体，而其不具有人的自主意识、自我意识以及人的目的性，也不具有成为法律拟制主体的必要性，因此不能作为主体而存在。[1]但值得一提的是，作出此判断的前提是基于目前仍处于一个“弱人工智能”时代，现在的人工智能或者人工智能机器人也许还不能成为人类的竞争者，无法挑战人类这唯一高智慧动物地位，[2]但未来的发展如何仍然值得期待。

2.人工智能缺乏责任能力

法律上的“人”必须具有享有权利和履行义务的法律资格（规范）和实际享有权利和履行义务的意志能力（事实）两个条件，动物以及机器因无法独立承担责任而无法满足。[3]这是因为，技术及技术载体与法律主体资格之间存在巨大的鸿沟，人工智能最终的落脚点是一门技术科学，这种技术科学的操作主体是人，它是人的智能的一种延伸、模拟和扩展。尽管人工智能是依附于某种有形载体的，能使其以实物形式展现，但技术并不能等同于机器人等的技术承载体，该载体不具备著作权主体资格，而且载体的随机性、可变更性以及人工智能本身的可复制性都导致人们对人工智能或人工智能责任承担能力存疑。这种权责无法一致的直接结果是其无法成为法律主体。[4]退一步讲，尽管生成结果满足了作品要求的全部标准，也仅能说是创作本身具有了作品性。无论人工智能生成物与人类作品相似度多高，由于其行为主体不具备责任能力，都不能独立承担伦理、道德义务，更不能承担民、刑事责任，所以为人工智能创作物主张版权权利不

〔1〕 参见李琛：《论人工智能的法学分析方法——以著作权为例》，载《知识产权》2019年第7期。

〔2〕 参见曹新明、杨绪东：《人工智能生成物著作权伦理探究》，载《知识产权》2019年第11期。

〔3〕 参见冯洁：《人工智能体法律主体地位的法理反思》，载《东方法学》2019年第4期。

〔4〕 参见郭欢欢：《AI生成物版权问题再思考》，载《出版广角》2020年第14期。

但有悖于知识产权，也违背了立法初衷。[1]

（二）人工智能著作权主体的法理之困

1.法律主客体制度混乱

人工智能属于人或机器，在法理上涉及主客体二分法问题。[2]基于私法的基本原理，权利主体与客体的严格划分和转换禁止，乃是绝对权支配性带来的必然结果，私法完全否定主体在任何情况下变成客体从而被作为可支配对象的可能，但这一限定同时也排除了客体支配客体或客体归属于客体的可能。[3]退一步讲，如果人工智能生成物能够受著作权法保护，在主客体二分视野下，由于著作权是民事主体对客体的专有权利，权利难以归于作为人工智能载体的机器人。[4]

尽管如此，人工智能技术飞速发展，为回应技术需求，已有国家展开赋予人工智能主体资格的初步探索。实践中，人工智能主体已有成例，或官方建议，主客体之间的鸿沟并非不可逾越。例如，2010年，日本宠物机器人帕罗获得户籍，户口簿上的父亲是发明人。2016年，美国国家公路交通安全管理局（NHTSA）在给谷歌公司的回函中表示，根据美国联邦法律，谷歌自动驾驶汽车中的自动驾驶系统可视为“驾驶员”。2016年，欧盟《关于建请欧盟委员会修改有关机器人的民法规则的报告草案》中提出为机器人设立法律上的电子人身份。[5]2017年，世界首例机器人索菲娅被赋

---

〔1〕 参见邵松、乔监松：《基于学术出版伦理的AI创作物可版权性探讨》，载《科技与出版》2019年第3期。

〔2〕 参见吴汉东：《知识产权的制度风险与法律控制》，载《法学研究》2012年第4期。

〔3〕 参见熊琦：《人工智能生成内容的著作权认定》，载《知识产权》2017年第3期。

〔4〕 参见王文亮、王连合：《将法律作为修辞视野下人工智能创作物的可版权性考察》，载《科技与法律》2017年第2期。

〔5〕 参见杨国栋：《应用机器人的伦理法律问题，欧盟如何规制？》，载《南方都市报》2017年1月20日。

予沙特阿拉伯公民身份。〔1〕但遗憾的是，目前日本、欧盟尚未出现电子人的相关立法，美国版权局在随后的《美国版权局实践纲要》第三版更新中也作出了人类主体资格的强调〔2〕。沙特阿拉伯既没有制定出关于授予机器人公民身份的具体法律规定，也没有解释其他机器人是否也可以成为沙特阿拉伯公民的问题，很难为后续提供参考。

2.违背私法精神

在传统主张“创作即所有”原则和以作者权为核心的著作权法理论体系中，作者身份被认为是只有自然人才能享有。〔3〕在人工智能生成作品的情况下，面临人工智能不被承认为著作权法上的创作者，同时人工智能的所有者或使用者因为没有投入智力劳动而同样不能成为原始作者的困境。考虑到著作权对于作者人格利益保护的重视程度，人工智能等替代性主体成为作者的制度障碍将更为显著。况且，有学者认为，只要人工智能并未完全脱离人类的指令，无法自行决定是否进行创作，那么其本质上仍是人类创造的技术方案。〔4〕在这一背景下，人工智能只能退居于人类的辅助创作工具，符合条件的生成内容作为作品归属于所有权人、实际操作者或者内容结构安排者。因为若将人工智能拟制为法律主体，生成内容则只能作为孳息归属于所有权人或用益物权人，〔5〕主体资格与权益归属的对应性缺失将违反私法的基本精神。

〔1〕 参见《世界首例! 沙特阿拉伯向机器人“索菲娅”授予国籍》，载央视网，http://m.news.cctv.com/2017/10/28/ARTIysNpOYmT3ssdGXky5zck171028.shtml。

〔2〕 《美国版权局实践纲要》第三版强调：“作品的作者必须为人类”，“版权局不会登记自然、动物或植物的作品”。

〔3〕 参见姚志伟、沈燚：《论人工智能创造物的著作权归属》，载《湘潭大学学报（哲学社会科学版）》2018年第3期。

〔4〕 参见张惠彬、刘诗蕾：《挑战与回应：人工智能创作成果的版权议题》，载《大连理工大学学报（社会科学版）》2020年第1期。

〔5〕 参见马忠法、任成：《论人工智能生成物著作权的国际可保护性——以文学艺术领域生成物为视角》，载《福建江夏学院学报》2019年第2期。

三、人工智能生成物归属于“人”之理论证成

（一）人工智能工具论的正当性

人工智能不是法律上的主体也没有必要拟制成主体，以人为本是人工智能时代的根本伦理和逻辑起点。人工智能的发展在理论上分为三个阶段：第一阶段为知识驱动阶段，即以以人类知识与经验为基础的符号推理模型为主导的人工智能；第二阶段为数据驱动阶段，即基于大数据机器学习模型为主导的人工智能；第三阶段即将知识驱动与数据驱动两种模型结合起来的人工智能。〔1〕这三个阶段在人工智能的智能层次上分别代表着计算、感知、认知。人工智能的发展经历了表示计算到感知智能两个阶段，下一个阶段的核心是认知，目前发展到第三代人工智能。〔2〕因此目前的人工智能已具备计算和感知能力，但仍不具备深层次的认知水平。计算和推理已经广泛运用于信息科学领域，本质属于数理逻辑，而感知属于外在的接触与习得，在生物界也普遍存在，只有认知是专属于人类的意识活动。人类在进化中拥有了五种心智能力，分别是神经认知、心理认知、语言认知、思维认知、文化认知，〔3〕目前的人工智能只有逻辑计算和感知学习的能力，显然不具有与人类相同的认知。因此，在当前的社会语境下，人工智能尚未达到和人类相提并论的水平，更不用说上升到法律主体的地位。人工智能目前实际上只是一种智能化的工具，而并非具有意识或认知的机器，借助这种工具人类可以突破生理创造的限制，极大地提高生产能力和生产效率，因此“在弱人工智能时代，非生物智能尚未取代或超越人类智

〔1〕参见张钹：《展望人工智能的未来》，载《科学世界》2020年第4期。

〔2〕参见清华大学人工智能研究院：《人工智能发展报告2011—2020》，载腾讯云，http://www.cioall.com/uploads/f20210201142211175046.pdf。

〔3〕参见蔡曙山：《从思维认知看人工智能》，载《求索》2021年第1期。

慧，因而不宜动摇民事主体制度的根基”。[1]

（二）未来人工智能的人格悖论

以未来的人工智能具有理智、意识、情感为起点进行主体资格探讨的学术研究不在少数，例如，有学者认为“智能机器人是由程序设计和编制而成且具有辨认控制能力和学习能力，同时能够自主思维、自发行动的非生命体”，[2]这显然属于对未来人工智能的遐想，但是认为其可以成为法律主体资格的解释仍然不具有说服力。

1.人工智能认知性的虚幻

其一，法学并非凌驾于现实的空中楼阁，它通常都是从既有问题出发追问制度的需求，当前的人工智能远没有达到部分学者所期待的水平，至于是否真正能够达到、什么时候能够达到仍未可知，因此有学者批判道，“对人工智能的法律规制提出过于琐细的规则设计，没有太大价值”，[3]还有学者进一步指责道，“对人工智能相关事务的法律规制尚需要我们积累更多的生活样本，创建一些只适用于遥远未来的理论、制定一些只沉睡在法典里的条文将比当前的‘象征性立法’更加浪费资源，因为这种‘立而不用’是名副其实的‘空谈’”。[4]对未来的人工智能进行现阶段的法律制度安排显然超越了社会的发展阶段。从技术角度、伦理角度、研发角度来看，人工智能在可预见的未来都不可能超越人类，[5]因此对这种缥缈虚无的事实进行论断，认为有必要赋予人工智能主体资格属于纯粹的臆想。

其二，法律制度并非一成不变，它随着经济基础变动而不断变革，因

〔1〕 吴汉东、张平、张晓津：《人工智能对知识产权法律保护的挑战》，载《中国法律评论》2018年第2期。

〔2〕 刘宪权、胡荷佳：《论人工智能时代智能机器人的刑事责任能力》，载《法学》2018年第1期。

〔3〕 李琛：《论人工智能的法学分析方法——以著作权为例》，载《知识产权》2019年第7期。

〔4〕 刘艳红：《人工智能法学研究的反智化批判》，载《东方法学》2019年第5期。

〔5〕 参见曹新明、杨绪东：《人工智能生成物著作权伦理探究》，载《知识产权》2019年第11期。

此当人工智能真正发展到如此阶段，它已经并非原样。例如，知识产权的体系就是一个不断扩张的过程，最早包括专利权、著作权、商标权，到后来随着信息技术的进步，又出现了计算机软件、集成电路布图设计、植物新品种等新型客体，如果将现在的知识产权法和一百年前的相比，恐怕大相径庭。因此，随着社会的发展，法律的理念、规则也在悄然发生变化，当我们以现在的眼光对未来进行审视时，数十年后，我们所处的时代也将成为历史。

2.忽略立法的时代性

即便承认在不远的将来人工智能就能具备和人相同的智能水平也不能促使其成为法律上的主体。

其一，人工智能主体在伦理上无法证成。康德认为宇宙的中心不应是“神”，而是“人”，“人”是中心，“自然”围绕“人”转，应当批判主体性而建构主客统一的认识论体系。〔1〕人工智能是人类创造的工具，其存在也应服从于人的需求，而不是动辄上升到主体的层次。进一步讲，社会秩序是在人与人的社会交往中逐渐建立起来的，法律调整的是人与人之间的社会关系，而不是人与物之间的关系。〔2〕法律主体是法律关系的核心，是权利义务的最终指向，人工智能不具备承担义务的能力，如果将其视为义务主体，将导致自然人利用人工智能逃避法律责任的风险，因此，不能颠覆其在法律关系中的客体地位，将其视为主体。

其二，工具性人格无法自圆其说。法律上的主体，除了最常见的自然人外，还有如法人的拟制主体，有学者认为民事主体制度并非以伦理性为必然要素，现代的民事主体制度已经逐渐向功利主义的价值观转变，由于智能机器人具备享有财产权的现实需求，考虑到自身具有意识，类比法人

〔1〕参见严福平、吴珍：《论康德哲学的批判主体性认识论》，载《学术交流》2012年第10期。

〔2〕参见李扬、李晓宇：《康德哲学视点下人工智能生成物的著作权问题探讨》，载《法学杂志》2018年第9期。

制度，应当赋予其工具性人格的地位。[1]虽然民事主体制度的确呈现出功利化的趋势，但是类比法人制度忽略了一个重要的前提，即法人运作毕竟依赖于背后的自然人，法人人格的确立并未割裂法人与其成员的联系，[2]因此依然是以自然人为基石的，而人工智能并非自然人的集合或团体，当发生侵权时，难以寻找具体的责任主体。此外，人工智能工具性人格缺乏必要性，认为人工智能有必要享有财产权并无根据，在本源上，人工智能由人创造，其生产、创作的财产权益理应归属于人，从理论上可以根据物的孳息来解释，在既有的法律框架下完全可以找到解决的方案，创制专门的人工智能人格实无必要。

（三）符合以人为本的伦理共识

近年来，人工智能伦理受到各国以及社会组织、国际组织的关注，其中“以人为本”成为共识。2017年美国的未来生命研究所就提出了“阿西洛马人工智能原则”（Asilomar AI Principles），首先申明的就是“人工智能研究的目标应该是创造有益于人类而不是不受人类控制的智能”，[3]提出了以人为目的的人工智能原则。我国2017年发布的《新一代人工智能发展规划》中，提出了要“开展与人工智能应用相关的民事与刑事责任确认、隐私和产权保护、信息安全利用等法律问题研究，建立追溯和问责制度，明确人工智能法律主体以及相关权利、义务和责任等”[4]。这里的“人工智能法律主体”指的是人工智能的开发者、设计者、利用者，因为当前人工智能并不存在承担责任的可能，从中可以看出我国的人工智能

---

〔1〕参见许中缘：《论智能机器人的工具性人格》，载《法学评论》2018年第5期。

〔2〕参见南振兴、郭登科：《论法人人格否认制度》，载《法学研究》1997年第2期。

〔3〕See *Asilomar AI Principles*, Future of Life (Aug.11,2017), https://futureoflife.org/ai-principles.

〔4〕《新一代人工智能发展规划》，载中国政府网，http://www.gov.cn/zhengce/content/2017-07/20/content_5211996.htm。

战略实际将人工智能视为一种能够带来深远、积极变化并具有风险的工具。日本2020年推出了《以人为中心的AI社会原则》(『人間中心の AI 社会原則』),它提出了七个人工智能的社会原则,第一点便是以人为中心(人間中心),认为“人工智能应该是为了扩展人们的能力及让不同的人追求各自的幸福而被开发,并在社会上推广和应用”〔1〕。除此之外,2019年5月,OECD发布了《负责任地管理可信赖的人工智能》(Responsible Stewardship of Trustworthy AI),提出了五项人工智能伦理准则,其中一条便是“以人为本的价值观和公平”(human-centred values and fairness)。〔2〕联合国2020年9月提出的《关于人工智能伦理的建议》(初稿)中,也指出人工智能应“尊重、保护和促进人的尊严、人权和基本自由”。〔3〕

以上实践表明,“以人为本”的准则几乎是一个共识,直接表明或隐含于各种政策性文本之中。“以人为本”即以人为出发原点进行人工智能制度的安排,人工智能须使人受益,遵循人类的价值,因此需要安全可控、可解释、可追责,由此可见,“以人为本”的原则实际上始终置人工智能于人类所控制的范围之内,将人工智能视为工具造福于社会,从这一点来看,人工智能也是不能成为主体的。

四、人工智能生成物著作权归属于“人”之制度实践

(一)域外立法对人工智能生成物著作权归属于“人”之肯定

从域外来看,国际公约与各国著作权法也均未认可人工智能主体资

---

〔1〕『人間中心の AI 社会原則』,内閣官房2021年9月14日,https://www.cas.go.jp/jp/seisaku/jinkouchinou/pdf/aigensoku.pdf。

〔2〕 See *Forty-two Countries Adopt New OECD Principles on Artificial Intelligence*, Oecd Org , http://www.oecdchina.org/topics/intnet/2019/20190522.html.

〔3〕 See *Outcome Document: First Draft of the Recommendation on the Ethics of Artificial Intelligence*, UNESDOC (Sep.7,2020), https://unesdoc.unesco.org/ark:/48223/pf0000373434?posInSet=1&queryId=0f30c362-0506-49f9-a6ee-7352ab781823.

格。《保护文学和艺术作品伯尔尼公约》(以下简称《伯尔尼公约》)未就“作者”明确下定义，只是规定如果注明了作者的姓名，在没有相反证据的情况下，他/她应被视为某一文学或艺术作品的作者。这一规则旨在为权利人提供一定的确定性和减轻举证责任，而不是界定作者。可以认为作者是自然人或法人，因为两者都可以在作品上展示自己的名字。《WIPO版权条约》和TRIPs都对“作者”的定义保持沉默，尽管这两项条约都要求遵守《伯尔尼公约》。[1]各国法律和相关规定也存在一些差异，如表2所示。

表2　各国关于人工智能著作权主体资格的认定

国家	具体规定	著作权主体
美国	1973年《美国版权局工作手册》明确了受著作权法保护的作品必须来源于人的创作	必须为人类
	1978 年成立新技术时代作品使用委员会，发布报告书，维持计算机创作工具属性说	
	1984年美国《版权实施第二次纲要》：“作者资格”必须能追溯至自然人才能获得版权保护	
	1986年，美国国会技术评价局发布报告——《电子与信息时代的知识产权》，称计算机的交互式计算已经使计算机程序具备了与著作权人成为共同作者的可能	
	2017年，美国版权局对《美国版权局实践纲要》第三版进行更新，强调：“作品的作者必须为人类”，“版权局不会登记自然、动物或植物的作品”	
	2023年，美国版权局发布《版权登记指南：包含人工智能生成材料的作品》，明确完全由AI生成的作品不受版权法保护	
德国	《著作权法》(2009)第2条：本法所称著作仅指个人的智力创作	仅指自然人，不承认法人
韩国	《著作权法》第2条：作品是指对人的思想或者情感的独创性表达，“作者”是指创作作品的人	创作作品的人

〔1〕 See Chakraborty, Avishek, *Nirma University Law Journal*, Vol. 8: 2, p.37-54(2019).

续表

国家	具体规定	著作权主体
英国	《版权、外观设计和专利法案》(1988)第9条第3款规定：如文学作品、戏剧作品、音乐作品或艺术作品是计算机产生的，作者应当是对作品创作之必要安排承担责任的人	对作品创作之必要安排承担责任的人
新西兰	《版权法》第5条第2款A项规定：对计算机生成的文学、戏剧、音乐或艺术作品，作者是对作品的创作作出必要安排的人	对作品创作作出必要安排的人
印度	《版权法》第2条第3款D项之六规定：对计算机生成的文学、戏剧、音乐或艺术作品，作者是导致上述作品被产生的人	产生作品的人
法国	《知识产权法典》第L.113条	仅限于人类+ 拟制为人类的法人
加拿大	《版权法》第13条	
西班牙	《著作权法》第5条	

美国是最早作出规定并对之更新频率最多、研究较为前沿的国家。美国立法态度的转变[1]最终表明其支持人工智能生成物的作者必须且只能为人类，版权局不会登记自然、动物或植物的作品。[2]“不为由机器生成的

〔1〕 美国《版权法》明文规定，版权保护仅存在于独创性活动产生的作品。美国版权局在其工作手册中也特别说明，版权局不会登记由机器独立完成，且缺乏任何人为创造性投入或参与的作品。在1973年第一版的《美国版权局工作手册》中，版权局确定了受著作权法保护的作品必须来源于人的创作。为了应对科学技术的发展，美国国会成立了“新技术时代作品使用委员会”，对计算机创作问题进行考察，并于1978年发布报告书，该报告书认为计算机虽然只是创作作品的工具，但其创作作品能否获得版权保护，还要看其创作性能否达到《版权法》所要求的标准。美国1984年《版权实施第二次纲要》也指出，“作者资格”必须能追溯至自然人才能获得版权保护。依法享有法律权利并承担法律义务的人才具有法律人格，满足版权的必要充分条件：一是作品的作者必须是人，二是作品有学术创新性，这样才符合法律条文和伦理精神，二者缺一不可。美国国会技术评价局也于 1986年发布报告——《电子与信息时代的知识产权》，称计算机的交互式计算已经使计算机程序具备了与著作权人成为共同作者的可能。.2011年，印度尼西亚原始森林一只名为Naruto的黑冠猕猴使用了英国摄影师David Slate的摄影机自拍成照，总部位于美国的善待动物组织（PETA）代表Naruto将Slate起诉至法院，请求Naruto取得该照片的版权，但法官最终认为版权保护不适用于动物，从而判决该照片的最终著作权人为Slate 。为此美国版权局对《美国版权局实践纲要》进行更新，进一步强调创作作品的作者只能为人。2023年，美国版权局发布《版权登记指南：包含人工智能生成材料的作品》，明确完全由AI生成的作品不受版权法保护。

〔2〕 U.S. Copyright Office, Compendium of U.S. Copyright Office Practices, 3rd ed.,2017, § 313.2.

作品登记，也不为仅由机器随机生成或自动生成而无任何创造性或无人类作者介入的作品登记”。[1]其他国家也相应在著作权法体系中作出明确规定。对著作人身权保护极高的德国，不承认法人的作者地位，因为其不可能直接实施创作行为。如果需要作者取得某些权利，必须按照法律的规定通过合同的途径得到授权。韩国《著作权法》第 2 条表明“作者”是指创作作品的人。英国《版权、外观设计和专利法案》(1988)第9条第3款表明，对由计算机(人工智能)创作的作品，著作权法可以予以保护，但排除了人工智能本身作为作者的可能性，作者仍然为“人”。新西兰《版权法》第5条第2款A项和印度《版权法》第2条第3款D项之六同样指出作品作者为“人”。法国、加拿大、西班牙法律规定作者仅限于人类以及拟制为人类的法人。[2]此外，澳大利亚最高法院在2009年的“艾斯电视有限公司诉澳大利亚九网络有限公司案”和随后的“阿克斯有限公司诉雅高有限公司案”中，也均表明涉案“作品”必须来自“具体的人”才能受著作权法保护。综上，从域外来看，大多数国家将著作权相关主体限制为人类。

(二)我国著作权立法对作者的规定

就国内现有法律规定及未来发展趋势来看，赋予人工智能主体资格并不具备可行性。首先，就现有法律规定来说，我国《著作权法》(2020修正)第11条第2款规定:“创作作品的自然人是作者。”在《著作权法实施条例》第2条中，作品被表述为“智力成果”，“智力”一词本质上就与人类的思想相联系。《著作权法实施条例》第3条第1款将“创作”界定为“直接产生文学、艺术和科学作品的智力活动”。也就是说，我国著作权法意义上的作者仅为具有上述条件的自然人。另外，《著作权法》第11条将法人或其他

〔1〕 *U.S. Copyright Office,* Compendium of U.S. Copyright Office Practices, 3rd ed., 2017, § 313.2.

〔2〕 参见法国《知识产权法典》第L.113条、加拿大《版权法》第13条、西班牙《著作权法》第5条。

组织通过拟制的方式纳入作者范畴，其基础在于法人作品代表了法人或其他组织的意志，表达了其思想，因此，可以实现思想与表达的一致性。因而，在我国现行著作权法律制度体系中，除法人作品外，著作权法仅承认自然人的创作主体和作者身份。其次，从未来可以对人工智能回应的法律修订范畴来看，《民法典》第123条规定，只有民事主体才享有作品专有的权利，并未将人工智能纳入民事主体范围。因此，对《著作权法》的相关修正既要考虑适应时代发展的需求，又要考虑与其他法律的接轨，尤其是《民法典》。从这一点上分析，《著作权法》对人工智能生成物的回应中，赋予人工智能主体资格并不具有可行性。

（三）人工智能生成物著作权归属于"人"

综上所述，人工智能本身属于物的范畴，不能成为著作权法上适格主体，其产生物即生成内容性质是一种"物生物"，而传统著作权法上作者与作品的关系是一种"人生物"的关系。〔1〕"知识财产孳息"，是人工智能生成作品的民法学解释，即机器创作物是独立于原物（人工智能）所生之新物（知识财产孳息）。〔2〕因而，人工智能生成物应当归属于"人"这一范畴，而非人工智能本身这一"物"的范畴。

五、人工智能生成物应归属于"实质性干预者"

（一）"实质性干预者"的界定

本书认为，"实质性干预者"与作者为等同关系。世界上对计算机生

〔1〕 参见黄玉烨、司马航：《孳息视角下人工智能生成作品的权利归属》，载《河南师范大学学报（哲学社会科学版）》2018年第4期。

〔2〕 参见林秀芹、游凯杰：《版权制度应对人工智能创作物的路径选择——以民法孳息理论为视角》，载《电子知识产权》2018年第6期。

成作品有明确法律规定的英美法系国家和地区有对“实质性干预者”进行解释的痕迹。英国1988年《版权、外观设计和专利法案》第9条第3款、[1]新西兰1994年《版权法》第5条第2款、[2]南非1978年《版权法》第1条（h）项[3]等，均将计算机生成作品的著作权归属于对作品的创作进行了必要安排之人。所谓必要安排，英国立法中未明确规定，英国法院在司法裁判中指出，从实质性贡献的角度出发，应将计算机生成作品的版权归属于对计算机生成作品的创作贡献最大之人。[4]所谓实质性贡献，是指对作品生成既有智力劳动注入，又有一定的“质”与“量”的投入之人。而在我国，依据本书前述“人类干预司法判定模型”，对有人类实质性投入“质”或“量”的生成物，我们判定其具备独创性，应纳入著作权法保护的作品范畴，由此，该生成物相关权利应当归属于该著作权主体——“实质性干预者”，也就是作者。作者享有对作品的人身权益及财产权益，人身权益不可分离，始终归属于作者本身，而财产权益可通过许可、转让等手段进行转移，实现从“作者”到其他后续“所有者”的转移，“所有者”即可表现为对生成物占有的所有者，或对其物质投入的投资者，或者利用其操作实施的实施者，即财产权益在不同的“实质性干预者”之间进行分配或转移。

（二）人工智能生成物权益归属

1.人身权益归属于作者

根据AIPPI会议文件，人工智能生成内容之人身权益归属于人工智能

[1] Britain, Copyright, Designs and Patents Act 1988, 9(3)：“对计算机生成的文学、戏剧、音乐或艺术作品，由对该作品的创作进行了必要安排（arrangement）之人享有版权。”

[2] New Zealand, Copyright Act 1994, 5(2).

[3] South Africa, Copyright Act 1978, 1(h).

[4] See Kohn, Paige E., *How Artificial Intelligence Is Revolutionizing the Legal Practice*, Witness Litigation, 2016, p.4.

作者。[1]根据前述“人类干预司法判定模型”，人工智能生成物相关权利归属于实质性干预者。在此基础上，结合人身权益不可分离和转移的属性，应当认为，人工智能生成物人身权利应归属于原始作者，即对思想表达进行实质性干预的人类。

2.财产权益归属遵循“约定优先”的原则

关于财产权益的归属，本书认为应当依照意思自治的原则，有约定的从约定。一方面，在人工智能产生内容的过程中，开发者、使用者和投资者均发挥了一定的作用，或智力投入或资金投入，贡献不一。因此，三者获取权利均有合理诉求。同时，提出诉求的参与者基数较大时，著作权也面临被过度分割。[2]另一方面，从产业的长远持续发展的角度分析，采取约定优先的原则，有助于产生最佳分配和收益效果。原因在于人工智能行业目前处于探索起步阶段，如果强制规定某类主体为权利拥有者，都将打击其他主体的积极性，引发不公平论争。此外，由于人工智能创作成果与其“作者”之间并无不可切断的、自然存在的精神联系，著作权法对人工智能创作成果的制度安排仅是纯粹的经济利益的分配。因此，著作权法应着重考虑市场经济下自由约定、意思自治所发挥的最大经济价值。[3]为此，应当就契约主义优先达成初步共识，尊重投资者、设计者与使用者之间的约定。在没有约定情况下针对目前的分歧进一步作出规定。

3.约定不明时，财产权益归属于“实质性干预者”

不同于人身权益，财产权益可通过许可、转让等手段进行转移，实现从“作者”到其他后续“所有者”的转移。就设计者来说，人工智能所进行的“创作”是在设计人的初衷意图的基础上进行的，可以在一定程度上体

---

〔1〕 See AIPPI, *Resolution-Copyright in Artificially Generated Works*, AIPPI World Congress, 2019: 3.

〔2〕 参见崔国斌：《著作权法：原理与案例》，北京大学出版社2014年版，第332页。

〔3〕 参见张惠彬、刘诗蕾：《挑战与回应：人工智能创作成果的版权议题》，载《大连理工大学学报（社会科学版）》2020年第1期。

现设计者的思想干预。就生成物所有者来说，从创作意志的体现来看，所有者早期对输入数据的筛选，后期对实验结果的矫正，是融入其创作意志的表现。不过，大多数情况下，所有者基于买卖合同获取人工智能，其对人工智能的过程干预往往基于欠缺专业操作知识而难以产生直接性的影响。就使用者或操作者来说，其启动人工智能，使其开始运作是人工智能创作作品的前提；操作者最后根据其自身意志发出的特定指令，完成的相对于所有者更加专业化的数据、信息的输入、优化和维护是人工智能作品内容与形式的决定性因素。[1]另外，就投资者来说，其表明创作态度和方向，提供较大比例的物质技术条件并承担最终责任，这种情况下，投资者可成为法人作品的作者，因此，按照著作权归属规则将人工智能作品的著作权财产权益归属于进行实质性资金干预的投资者具备合理基础。综合来看，约定不明时，依据人工智能生成物的不同环节、不同情境，人工智能生成物财产权益归属于不同的"实质性干预者"。

第四节　人工智能与著作权权利限制制度

人工智能正在扮演一个另类的"读者"形象，快速地浏览、消耗一切可以获得的数据信息，从中肆意挖掘利益。然而，这些"信息矿藏"中作为知识的信息、具有创造性产物的信息可能与知识产权的客体有关，[2]人工智能创作对数据信息毫无顾忌地使用可能入侵著作权专有领域。人工智能在分析数据的过程中可能面临著作权侵权的困境。一般而言，对作品分析

〔1〕 参见邓社民、靳雨露：《以狭义著作权保护人工智能生成物之辩》，载《北华大学学报（社会科学版）》2019年第1期。

〔2〕 参见吴汉东：《知识产权总论》（第4版），中国人民大学出版社2020年版，第15页。

的过程就是理解作品思想的过程，是进而实现思想知识更新的必要环节。而分析作品则必然意味着接触作品，涉及作品表达的使用，因此，尽管依据思想表达二分法，作品分析是自由的，但通过对作品表达的使用可能产生著作权争议。[1]具体而言，人工智能在机器学习中所利用的素材不乏他人的作品，因此人工智能机器在数据输入、深度学习和内容创作过程中便存在侵犯他人著作权的风险。

按照一般标准，构成直接侵权应满足两个要件：一是行为人未经权利人许可而实施了受专有权控制的行为，二是缺乏“合理使用”“法定许可”[2]等抗辩事由。虽存在侵权风险，但并未坐实其侵权性质，只是初步判定上述行为受到权利人控制，是否需要承担侵权责任还要继续认定是否符合著作权的限制与例外，即“合理使用”[3]和“法定许可”。当前，针对人工智能创作行为的合理使用问题是讨论的热点。在美国，法院赋予了合理使用原则巨大的生命。法官在研究了软件反向工程、抄袭检测软件、图书搜索、文本元分析等例子后发现，尽管这些过程消耗了大量受版权保护的作品作为输入，但它们在另一端输出的东西要么是完全不可版权的，要么即使是可版权的，也只是一个很小的附加用途，就像谷歌搜索结果中的片段，在转换性使用原则下很容易被证明是合理的。最重要的是，在这些例子中，没有替代原始作品的表达，这就是这些用途被一次又一次地认为是合理使用的原因，[4]在专注于表达的人工智能创作中也会面临类似的情形。

---

〔1〕 参见徐小奔、杨依楠：《论人工智能深度学习中著作权的合理使用》，载《交大法学》2019年第3期。

〔2〕 参见王迁：《知识产权法教程》（第6版），中国人民大学出版社2019年版，第240页。

〔3〕 严格来讲，我国《著作权法》第24条的规定并不同于美国《版权法》第107条的“合理使用”，只是在法律比较时形成了这样一种惯常说法，准确地应称为“权利限制”，而非“合理使用”。

〔4〕 See Sag M., *Copyright Law's Impact on Machine Intelligence in the United States and The European Union*, 14 FIU Law Rev. 2 (2020).

一、著作权合理使用制度的适用问题

我国2020年修正《著作权法》对合理使用相关条款作出了修改，直接将《著作权法实施条例》第21条纳入《著作权法》文本当中，对部分合理使用行为作出调整，还增加一项兜底条款，即“法律、行政法规规定的其他情形”。从立法文本上看，我国对于合理使用的规定具有封闭性，虽然新法增加了一项兜底条款，增加了灵活性，但是实际上通过其他法律法规增加新的合理使用类型的可能微乎其微，[1]要提出合理使用的抗辩一般只能从具体列举的条款中寻找依据。此外，在2020年《著作权法》修改前存在《著作权法实施条例》第21条是构成合理使用一般条款还是对《著作权法》所列举的12类行为的再次限制的争议，2020年修改实际上也消除了此类争议，明确要求应当对列举的12类行为进行进一步限制。

（一）合理使用制度的适用困境

1.无法参考合理使用法定列举

基于人工智能创作与对现有作品进行分析的这一使用方式，《著作权法》文本中列举的12类合理使用方式只有两种尚且具备讨论余地[2]：“个人使用”和“在课堂教学和科学研究中使用”。

第一，在个人使用这一类中关键在于界定主体范围。法律文本将主体限定为“个人”，单独看确实不太明确，存在“个人”是否仅指“自然人”还是可以包含“法人”“非法人组织”的疑问。但是结合其用途是“学习、研究或者欣赏”来分析，这些行为应当仅指“自然人”，毕竟此三种行为，

〔1〕 参见王迁：《著作权法权利限制模式阐释》，载《中国版权》2020年第6期。

〔2〕 通过初步分析，其他例外行为基本可以判定无法为人工智能创作提供合理使用、利用，鉴于文章篇幅，无法也无必要一一分析。

特别是“欣赏”通常指的是自然人的行为。此外，结合欧盟法和日本法中类似条款的用语，也可以得出“个人”仅指“自然人”的结论。例如，日本《著作权法》第30条所称“个人或家庭内或准此的范围内使用”中所并列之“家庭”，欧盟《信息社会版权指令》直接将此类限制条款下的相关主体明确为“自然人”。虽然人工智能创作可以从学习研究和生产应用两个方面来理解，但是作为一种前沿技术，实际现状是该技术基本由资本所把持。人工智能的开发在工业界、学术界和军方是最先进的，尤其是工业界，在人工智能方面处于领先地位，技术公司从大学聘用顶尖科学家，并利用无与伦比的机会获得巨大的计算能力和大量、及时的数据，〔1〕实际上个人无法承担此类研究费用，无法单独进行此类科学研究，公司法人或其他组织才是开展人工智能创作研究和应用的主体，表现为一种团体行为，无法被囊括进“个人使用”的行为范畴当中，无法构成合理使用抗辩。

第二，“在课堂教学和科学研究中使用”这一抗辩也无法完全发挥作用。人工智能创作如果用于课堂教学，一般只是示例性展示，倘若作为系统教学课程研究这一技术，必将大量使用现有作品，无法满足“少量复制”这一数量要求。于科学研究而言，一方面可能无法满足“少量复制”之一要求，另一方面大量致力于此技术的私人营利性机构也无法满足研究机构所要求的公共属性要求。对于教学科研的扶持，应由政府负担还是采取限制著作权人私权的方式，各国考量不同，甚至在一些发达国家，如北欧诸国实际上把教学科研行为排除在“合理使用”之外。〔2〕因此，此条中的教学科研机构及人员就应当限定在国家设立的公共事业单位之内〔3〕，是基于公共利益而对私权进行限制的应有之义。因此，对于谷歌、Facebook、

〔1〕 See Calo Ryan, *Artificial Intelligence Policy: a Primer and Roadmap*, 5 1U. C. Davis Law Review 399 (2020).

〔2〕 参见刘春田主编:《知识产权法》(第5版)，高等教育出版社2015年版，第124页。

〔3〕 参见李明德、管育鹰、唐广良:《〈著作权法〉专家建议稿说明》，法律出版社2012年版，第251～252页。

IBM、亚马逊、微软、苹果和中国的百度等似乎拥有远远超过所有其他机构人工智能能力的私营资本团体来讲，无法援引这一例外。可见，人工智能创作在现行明确列举中无法找到适用基础。

2.合理使用司法扩张态度摇摆

在实践中，随着网络著作权合理使用纠纷数量加速增长，我国司法机关在诸多案例中也在突破著作权法的规定。此前，最高人民法院的司法意见也鼓励法院在促进技术创新和商业发展确有必要的特殊情形下（四要素和三步检验法），可以认定为合理使用，[1]实际上也是要求法院进行能动司法，在必要情况下可以对合理使用的法定类型进行扩大解释，突破现有法律文本的限制。虽然有此实践，但现在似乎还是存在问题，因为上述实践都发生在2020年《著作权法》修改之前，修改后直接加入“三步检验法”的合理使用条款是否依然可以进行突破适用确实存在问题。试想，如果立法机关认可司法实践的做法，那为什么不在此次修法时直接引入四要素检验法或是设置合理使用的一般条款呢？可见，立法机关对于合理使用例外持谨慎的态度，意在提示司法机关要谨慎适用，不宜轻易突破法律规定，即使需要扩大合理使用范围，也须由法律、法规作出例外规定而不是由司法机关自我创设，这应当是成文法国家司法适用最基本的要求。在此情形下，法院若欲在个案中支持人工智能未经许可使用作品的行为具有合法性则会缺少足够的底气。基于保守心理，各级法院在司法实践中就不会轻易给予人工智能合理使用的例外。

（二）合理使用适用的可行路径

即使有上述情形，依照前期的司法实践，法官的司法能动也依然有可

〔1〕 参见《最高人民法院关于充分发挥知识产权审判职能作用　推动社会主义文化大发展大繁荣和促进经济自主协调发展若干问题的意见》（法发〔2011〕18号）第8条。

能为这一行为提供合理使用抗辩。面对智能创作，司法实践该如何合理创设这一新的合理使用类型呢？司法扩张应坚持“三步检验法”的基本标准。

由于我国立法上并未设置合理使用一般条款，面对各类新问题，司法机关所作的各类扩张解释也并无统一标准，往往是基于比较法研究而杂糅使用“三步检验法”“四要素检验法”“转换性使用法”等方法作为考量的依据。例如，“丛文辉诉搜狗案”中，体现了法院依据“三步检验法”中的第二步、第三步来创设未明确列举的合理使用类型，认为网页快照可以构成合理使用。〔1〕又如，在“王莘诉谷歌案”中，一审法院依据“三步检验法”作为判定标准，而二审法院则认为可以参考美国合理使用四要素标准。再如，“上海美术电影厂诉浙江新影年代文化传播公司案”中，上海知识产权法院基本照搬了美国坎佩尔（Campell）案中的转换性使用标准。〔2〕标准适用如此飘忽不定，虽说有益于多角度解决问题，但如此混合各类标准会使得个案审查结果难以预测，〔3〕行为人无法据此预测行为后果。

尽管司法实践标准适用如此混乱，但从立法层面来看，具有偏向“三步检验法”的倾向。例如，《著作权法实施条例》第21条基本借鉴了“三步检验法”后两步的规定；又如，上文提到的最高人民法院法发〔2011〕18号意见，从该意见中的第8条可以看出，应当将“三步检验法”作为最终的判断依据；再如，2020年修正的《最高人民法院关于审理侵害信息网络传播权民事纠纷案件适用法律若干问题的规定》中认为，可以利用“三步检验法”来认定提供网页快照、缩略图的行为是否侵害信息网络传播权。此

〔1〕 从某辉著作权权属、侵权纠纷申诉、申请民事裁定案，北京市高级人民法院（2014）高民申字第1783号民事裁定书。

〔2〕 上海美术电影制片厂与浙江新影年代文化传播有限公司、华谊兄弟上海影院管理有限公司著作权权属、侵权纠纷二审案，上海知识产权法院（2015）沪知民终字第730号民事判决书。

〔3〕 参见李琛：《论我国著作权法修订中“合理使用”的立法技术》，载《知识产权》2013年第1期。

外，从“三步检验法”和“四要素检验法”的历史发展看，“三步检验法”源于国际条约，最早于1971年被规定于《伯尔尼公约》，后被TRIPs、《世界知识产权组织版权条约》、《视听表演北京条约》等国际条约所引入。“四要素检验法”主要起源于美国的司法实践，从判例走向成文法，并又通过判例发展出转换性使用理论。可见，诞生于国际条约的“三步检验法”是国际普遍遵循的标准，“四要素检验法”可以说是“三步检验法”国际标准在美国国内的具体适用，具有其特殊性。我国《著作权法》采用列举式方法具体落实“三步检验法”这一判断标准，且更有说服力的是2020年修正的《著作权法》第24条明确引入“三步检验法”，对所具体列举的12类行为再次限制的规则设计。

因此，结合本土的立法实践，“三步检验法”应当成为合理使用判定的基本标准。对于“四要素检验法”，也正如其名之“要素”，可以作为“三步检验法”框架中着重考虑的因素。对此，最高人民法院在法发〔2011〕18号意见中即有此用意，虽然该意见第8条看似杂合了“四要素检验法”和“三步检验法”，但从用语也可以看出主次。如该条所强调在促进技术创新和商业发展确有必要的特殊情形下，考虑……因素（四要素），如果……（三步检验中第二步、第三步），可以认定为合理使用”，“如果”后所列的条件才真正需要考虑是否满足，前述“考虑”皆是供以论证是否达到条件的理由，也即要得出是否与“正常使用相冲突”、是否“不合理的损害”的结论，可以利用四要素等因素进行说理，将四要素按照情况置于第二步、第三步检测中，使之更具可操作性。

“三步检验法”中的第一步“某些特定情况”一般是立法明确列举，第二步中的“正常使用”依据《伯尔尼公约》的立法记录文献可解释为所有具备经济利益或者其他潜在获取经济利益的使用方式。世界贸易组织争议仲裁委员会进一步将“正常”限定为某使用行为不与权利人的著作权市场形成竞争关系，并且不因之使权利人遭受重大经济损失。可见，第二步检测主要依据经济利益进行认定。第三步中“不合理地损害合法利益”可以分两点解释：一是“合法利益”除了合法经济利益外还应当包括合法的人格利益，二是应将重点放在“不合理”的认定上，使其成为第二步判断后的程度考量，以免与第二步“同质化”。[1]基于此，下文将对人工智能创作行为进行后两步检测分析，也许可以找出合理使用制度给予其未经授权利用现有作品行为的合法性。

（三）三步检验法适用于人工智能创作的具体展开

1.人工智能创作与原作品正常使用的冲突性分析

为了说明这一点，可以着重考虑：人工智能创作行为的目的和性质、对版权作品的潜在市场或价值的影响。

第一点因素中，使用的目的和性质起初只是从使用是否具有商业性或是否为教育目的的非营利性使用方面考虑，但在坎佩尔案[2]之后，由皮埃尔法官首次提出的“转换性使用”[3]正式被美国联邦最高法院采用并确立了内容转换性标准，即在原作品的基础上增加了新的内容，实现了批判或是评论或是产生了新的表达的目的。在之后的案件如凯利（Kelly）v. Arriba Soft Corp.案[4]、Authors Guild,Inc. v. Google Inc.案[5]、Perfect 10,Inc. v. Google案[6]不断地发展确立了目的转换性合理使用，即虽没有改变原作的表达，却实现了新的目的，产生了不同的功能，例如为了实现搜索功能而对作品进行全文复制或是制作网页快照、缩略图。使用目的和性质这一要素在随后的司法实践中发展出以内容转换性和目的转换性为

---

〔1〕 参见熊琦：《著作权合理使用司法认定标准释疑》，载《法学》2018年第1期。

〔2〕 Campbell v. Acuff-Rose Music, Inc.,510 U.S.569 (1994).

〔3〕 Pierre N. Leval, *Toward a Fair Use Standard*, 103 Harvard Law Review 1105 (1990).

〔4〕 Kelly v. Arriba Soft Corp., 336 F. 3rd 811 (9th Cir. 2003).

〔5〕 Authors Guild, Inc. v. Google Inc.,804 F. 3rd 223 (2nd Cir. 2015).

〔6〕 Perfect 10, Inc. v. Google, 508 F. 3rd 1146 (9th Cir. 2007).

内容的转换性使用要素，并逐步发挥新技术迅猛发展背景下维护著作权利益动态平衡的平衡器作用，缓和不同利益主体间的紧张关系，[1]因而该分析已经是第一要素“使用的目的和性质”中的主要分析点。一般认为，转换性使用的认定极其有利于合理使用，而商业性质的使用则不利于合理使用。但是，作品的转换性使用越强，法院对于商业性使用的分析就越来越不重要。[2]

首先，人工智能创作可以满足内容上的转换性使用。由于转换性使用一般是在最终结果阶段进行考察，所以在数据输入阶段和人工智能学习阶段缺乏讨论的前提。而内容的转换一般是为了评论、讽刺等目的，例如我国目前的司法实践中就主要在“为介绍、评论某一作品或者说明某一问题”这类合理使用情形中适用，并以此替换“说明问题”。[3]而要达到这样的目的，一般需要在新作品中看到原作品的影子，使受众联想到原作品，从而产生比较，实现评论或讽刺的目的。而就其输出的结果而言，并非对原作品的简单改动或者组合，一般是通过算法模型获取数据特征之后所为的自主创作。此外，由于所涉的原始学习作品数据规模庞大，一般也难以认定是对何部作品的改动，也即产生了内容上的转换。

其次，人工智能创作可以满足目的转换性使用。目的转换性使用一般与原作品相比有不同的目的，而原作的目的一般是为表达一定思想情感或某一领域的研究成果，使他人能够客观地“阅读、欣赏和感知”。[4]此外，目的转换性使用一般可以繁荣公众文化，如各类检索服务。更重要的，此类使用大多是非表达性使用，或者说不注重原作的表达。例如，利用缩略

---

〔1〕 参见袁锋：《论新技术环境下“转换性使用”理论的发展》，载《知识产权》2017年第8期。

〔2〕 See Gillotte, Jessica L., *Copyright Infringement in AI-Generated Artworks*, 53 U. C. Davis Law Review 2655-2692 (2020).

〔3〕 上海美术电影制片厂与浙江新影年代文化传播有限公司、华谊兄弟上海影院管理有限公司著作权权属、侵权纠纷案，上海知识产权法院（2015）沪知民终字第730号民事判决书。

〔4〕 参见王迁：《知识产权法教程》（第6版），中国人民大学出版社2019年版，第25页。

图、网页快照开展的内容服务。[1]就人工智能创作行为而言，输入阶段数据搜集的收集和输入，以及后续对数据的分析与自然人对于前人作品材料的收集与学习的目的并无实质性区别，都是从现有材料中积累“知识”、启发“灵感”。主要的不同点在于学习的方法不同，自然人是通过生物大脑进行感知，进而提升审美，促进输出；而人工智能则是通过算法模型，在特征统计分析的基础上把握作品的特征元素，据此模拟输出、预测输出。因此，输出阶段的输出结果也并不是原作品，甚至不能认为是原作品的片段组合，也就不存在原作品表达的直接利用，也就不存在利用原作品表达方式的目的。人工智能深度学习在不进行内容创造的前提下，通过数据叠加、分组、重新整合等技术手段开发了原有数据的全新价值，实现了数据使用的目的转变。因此，人工智能创作中对原作品的利用可以构成目的转换性使用。

第二点因素“对版权作品的潜在市场或价值的影响”中所谓之“潜在”即“有可能”而不是已经发生。该因素侧重使用的经济影响，着眼于此类使用是否在市场上为原始产品或其衍生产品带来竞争性替代品，从而剥夺版权所有者的大量收入可能，[2]即合理使用不应当作为原始作品的可替代物而“过度损害其市场”。[3]美国判例认为两个作品通常服务于不同的市场功能时，他们“很有可能不是替代品”。[4]也即如果对版权作品的使用被认定为转换性使用，则任何由转换用途造成的经济上的“损害”均不算在内，因为根据定义，此类用途不能替代原始作品，变革性使用不是“竞争性使用”。[5]

---

〔1〕 张旭蕊：《论“转换性使用”和我国著作权合理使用制度的完善》，华东政法大学2019年硕士学位论文，第31页。

〔2〕 See Authors Guild v. Google Inc.,804 F. 3rd 223(2nd Cir. 2015).

〔3〕 Authors Guild,Inc. v. HathiTrust, 755 F.3rd 95(2nd Cir. 2014).

〔4〕 Campbell v. Acuff-Rose Music, Inc.,510 U. S. 570 (1994).

〔5〕 Authors Guild,Inc. v. HathiTrust, 755 F.3rd 87(2nd Cir. 2014).

版权作品的许可市场通常被认为是潜在的重要市场。[1]只有对传统的、合理的或可能是发达的市场的潜在许可收入的影响才应该是法律上可审理的，[2]否则，即使所涉被使用的版权作品数量足够且极具创造性，如果版权所有者没有合理的经济理由来开发一种许可方案使这种使用市场化，那么对“潜在市场或价值的影响”这一因素将不会对使用者产生不利后果。例如在Williams & Wilkins Co.案中，由于并不存在一个单篇文章影印许可市场，法院认定这一要素的考虑反而有利于使用者，[3]而在American Geophysical Union v. Texaco Inc案中，第二巡回法院认为Texaco公司的科学家为了方便研究查阅而在科学杂志上影印文章不能构成合理使用。第二巡回法院认定Texaco公司对该市场产生了不利影响，因为出版商已经建立了清算中心，“有兴趣的人可以通过该中心获得复印件的许可证”。[4]在人工智能创作的情形下，如果存在一个类似的许可市场，那么便不利于使用者在“潜在市场或价值影响”方面的辩护。实际上，现今并不存在一个成熟的数据训练许可市场。因为数据（版权数据）训练的市场早已建立在这样一种免费的平台商业模式中：技术平台获取用户数据，用户以此换取技术平台的免费服务。例如，谷歌的邮件服务功能是免费使用，但其要求用户允许谷歌公司分析他们的大量邮件数据来训练其“智能回复”功能。又如，《微博服务使用协议》中规定：微博运营方对微博内容“享有使用权”。[5]微信服务协议中同样有着对使用者发布的特定公开非保密内容（如“视频动态”“自拍表情”“视频号内容”等）在法律允许的范

〔1〕 See Carroll, Michael W., *Copyright and the Progress of Science: Why Text and Data Mining is Lawful*, 53 U. C. Davis Law Rev. 1(2019).

〔2〕 See Am. Geophysical Union v. Texaco, Inc., 60 F. 3rd 913(2nd Cir. 1994).

〔3〕 See Williams & Wilkins Co.v. United States, 487 F. 2rd 1345(2nd Cir.1994).

〔4〕 See American Geophysical Union v.Texaco, Inc., 60 F. 3rd 913(2nd Cir.1994).

〔5〕《微博服务使用协议》，载微博，https://www. weibo. com/signup/v5/protocol，最后访问日期：2021年4月10日。

围内进行使用，包括但不限于予以存储、向有关用户播放、供有关用户获取及再次使用等[1]的规定。不可否认，这些数据中许多可能是受版权保护的内容，例如用户发布的文章、上传的视频内容、电子邮件等。使用条款中常见的广泛的知识产权许可表明，用户生成内容的著作权方面 虽有一个明确的交换市场，但许可人并没有获得明显的经济收益。此类交换已经成为一种行业习惯，未来也无法演变为一类成熟的具有重要经济收益的市场。

再者，人工智能创作的输出物对原始作品市场的干扰性可能很小，特别是艺术领域。理由是：一方面，在有原始作品艺术家，尤其是其知名的情况下，希望获得特定艺术家原始艺术作品的消费者一般不会接受那些看起来与艺术家原始作品相似的其他创作者的替代品；另一方面，即使一些价格敏感的消费者对比原件价格较低的替代品感到满意，但此类消费者更有可能将人工智能生成艺术品视为全新的艺术品类别，因为对人工智能创作行为有如此能力感到新奇才激发了其购买欲。因而，人工智能生成艺术品的市场可能不会与原始艺术品的市场重叠。[2]

2. 人工智能创作对原权利人合法利益损害限度分析

这一部分可以结合版权作品的性质以及创作行为中所涉版权作品的规模和质量这两个因素综合考察。

关于版权作品的性质这一点，主要考虑两个问题。其一，考虑作品是事实性还是虚构性，如果是事实性作品，如历史事件、人物传记等，著作权人通常对此类作品的二次使用需要承受更大的容忍度，即使是大量使用这些作品，都有较大的可能被判定为合理使用；如果是虚构性作品，法律

〔1〕《腾讯微信软件许可及服务协议》，载微信，https://weixin.qq.com/agreement?lang=zh_CN，最后访问日期：2021年4月10日。

〔2〕 See Gillotte, Jessica L., *Copyright Infringement in AI-Generated Artworks*, 53 U. C. Davis Law Review 2655 (2020).

通常对其给予较事实性作品更严格的保护，意在鼓励创造性劳动，[1]也即这一要素主要考虑受版权保护的作品是否属于“版权法重视并力求促进的创造性或指导性类型”，更具创造性、虚构性或幻想性（相对于事实）受版权保护的作品，法院裁定合理使用的“可能性就较小”。[2]其二，考虑作品是否发表。这一问题在美国早期案例中发挥了关键性作用，例如在哈珀（Harper）[3]案中，美国最高法院就因前总统罗斯福的回忆录尚未发表从而得出有关使用不构成合理使用的结论。后来这一点广受批评，以致1992美国修订版权法时认为“作品尚未发表，本身并不妨碍合理使用的认定”。在人工智能创作中，实际上绝大多数作品数据都是经由网络爬取或是非电子作品数字化而得来，一般都是已经发表的作品，是否发表本就对判断是否合理使用影响不大。可见，版权作品的性质与“不合理损害”程度的认定具有较大关联，原作品创造性程度越高，“不合理损害”程度也可能越高。因此，在人工智能创作规模化过程中，合理控制两类作品的数量，完全有可能符合合理使用的限度要求。

使用的数量和质量分析是对原作品而言。从数量上看，虽说使用得越多就越有可能不构成合理使用，但并没有一个绝对的数量标准区分合理与否，分析的重点在于所使用作品的数量相对于使用的目的而言是否合理。当然，对于合理使用的判断不仅要考虑使用的数量，还要考虑所使用作品的质量，质量甚至更为关键。在哈珀案和坎佩尔案中美国最高法院认可即使是使用原作品中的一小部分，但却是原作品的核心内容、最有价值的内容时，也应当认定为侵权。[4]在人工智能创作的情况下，所涉训练数据中作品的数量规模通常是海量的，这是机器学习为避免算法偏见，获取最优

〔1〕 参见李明德：《美国知识产权法》（第2版），法律出版社2014年版，第381页。

〔2〕 Gillotte, Jessica L., *Copyright Infringement in AI-Generated Artworks*, 53 U. C. Davis Law Review 2655(2020).

〔3〕 Harper & Publishers, Inc. v. National Enterprises,471 U.S. 539 (supreme court 1994).

〔4〕 参见李明德：《美国知识产权法》（第2版），法律出版社2014年版，第385～387页。

算法模型的必然要求，只有最大限度地扩大数据库的总体规模和内容多样性，才能尽可能减少特征偏差。此外，基于数据训练的人工智能创作主要通过特征提取来进行预测输出，而这些特征往往就是一部作品中的精髓和核心，也即一般化表达模式。即使这个过程中使用了大量高质量作品，但基于上文转换性使用的分析，这些高质量作品其实难以具体反映在某一输出成果当中。因此，无论从数量还是质量方面，人工智能创作利用版权作品的行为都可以符合合理使用的判定，不会在"不合理损害"判断中产生不利影响。

通过上文的分析可知，人工智能创作过程中未经许可使用现有作品的行为，难以在合理使用的具体列举情形中找到明确依据，但依托立法所确立的三步检验法标准，利用"四要素"等因素进行说理，将"四要素"按照情况置于第二步、第三步检测中，在这个更具可操作性的检验法中人工智能创作也可以得到合理使用的庇护。

二、著作权法定许可制度的适用问题

人工智能创作未经许可利用版权作品，在现行制度下可以有三条规范路径：其一，创设合理使用例外；其二，依照常规侵权处理；其三，归于法定许可制度。人工智能时代著作权制度的任何更新，依然取决于著作权的立法取向：知识产权历来主张工具论而反对独占论，这种工具论必须服务于道德价值，应具有人本主义倾向，一切的分析都要归结于对人类体验的理解和改善。正因如此，才能推动知识财产理论从狭隘的技术性向广泛的评估性发展。[1]从这个意义上讲，将法定许可制度应用于人工智能创作行

〔1〕 参见［澳］彼得·德霍斯：《知识财产法哲学》，周林译，商务印书馆2008年版，第222～223页。

为同样可行。

(一)法定许可制度的可行性分析

促进人工智能产业发展是一项全球性竞争政策，智能创作同样是一项具有广泛应用前景的技术，我国对此非常重视。针对人工智能创作的侵权例外情形，不少学者呼吁既然合理使用本就是著作权的例外，那么为人工智能创作行为再创设一类例外问题即可解决。[1]事实上，例外制度的创设特别是合理使用制度的创设并不是任意而为，也必须符合著作权法的基本原理。著作权法是一个利益平衡法，权衡创作者、使用者之间的利益，进而鼓励“作品的创作和传播，促进社会主义文化和科学事业的发展与繁荣”。[2]

面对人工智能创作技术的日趋发展，按照一般的版权作品使用路径，主要有两种情形：

(1)人工智能创作方为了避免侵权诉讼会尽可能与数据所有人之间达成某种交易，先行取得使用许可。但是这种行为至少会产生两个问题：一是极大地加重了这些研发机构的创新成本。因为进行人工智能创作往往需要海量数据，面对庞大且不断增长的数据规模，对任何公司而言都是一笔沉重的花费。这样便会使人工智能创作在长期内是一项垄断行为，个人和小企业几乎没有足够的财力参与这场科技角逐，最终导致行业参与者单一，缺乏必要的竞争以促进创新。二是市场失灵，减缓甚至阻碍科技进步。所谓市场失灵，即自然市场无法有效率地配置资源，从而出现“市场力量无法实现社会期望用途的情况”。[3]在数字时代，资源配置的效率具有双

---

〔1〕 参见张金平：《人工智能作品合理使用困境及其解决》，载《环球法律评论》2019年第3期。

〔2〕 《著作权法》(2020修正)第1条。

〔3〕 Gordon, Wendy J., *Fair Use as Market Failure: A Structural and Economic Analysis of the Betamax Case and Its Predecessors*, 30 Journal of the Copyright Society of the U.S. A. 253(1983).

重性。数字技术使得著作权人与最终使用者的对立更加明显。技术促进了作品的广泛复制和传播，同时也为著作权人提供了更为精细化的控制手段，并不断激发权利人获得更大的权利来控制他们作品的使用，以期维持经济利益最大化。因而，权利人在应对人工智能研发者寻求著作权许可交易时往往多番博弈，期望寻求最大市场利益，在这个过程中就会出现交易成本畸高、协商无效等情况。当这种情况大范围出现时，整个研发或应用过程便无法正常进行，不仅导致科学技术停滞，“文化繁荣的公共利益也无法实现”。〔1〕

（2）人工智能创作方和数据所有人事先不进行任何许可交易，人工智能创作方未经许可擅自使用版权作品，那么就可能面临大量的侵权诉讼，将会耗费大量时间、金钱成本，进而产生寒蝉效应，阻碍技术进步和社会发展。此外，任何一部作品总会有意想不到的新用途，如果将作品的所有价值都置于著作权人的垄断权利下，既不利于作品价值的充分挖掘，也不利于新文化市场的繁荣发展。

由此，解决问题的出路自然会转向“法定许可”，且将人工智能创作使用行为界定为法定许可符合法定许可制度的立法宗旨。法定许可制度的初衷在于，缓冲新媒体传播带来的冲击，降低交易成本；立法定位在于，调和新旧产业之间的利益冲突，防止市场垄断的出现。〔2〕人工智能创作使用行为的定性问题正是伴随人工智能这一新技术、新产业的出现而产生的，而法定许可正是为了缓和新兴技术与传统制度的矛盾而产生的制度，通过法定许可规范人工智能创作行为具备合理性。

在这种制度下，人工智能创作研发人或应用人无须寻求训练数据著作权人之许可，可以直接对版权数据进行使用，但是应当向著作权人支付合

〔1〕 See Wendy J., Gordon & Daniel, Bahls, *The Public's Right to Fair Use: Amending Section 107 to Avoid the Fared Use Fallacy*, 3 Utah Law Review 619 (2007).

〔2〕 参见熊琦：《著作权法定许可制度溯源与移植反思》，载《法学》2015年第5期。

理报酬。毕竟，著作权法定许可制度最初的目的就是为协调不同产业主体间的利益矛盾，“公平合理地在传统产业与新兴产业间进行利益分配”，[1]因而更有利于兼顾各方利益。[2]将人工智能创作中对版权作品的利用行为纳入法定许可，一方面可以使这一行为合法化，排除由其侵权引发的一系列困境；另一方面法定许可制度可以给予原始权利人合理的经济补偿，在限权的基础上维护了权利人的创作积极性。具体而言，法定许可制度应用于人工智能创作有以下两点优势：

其一，利于实现社会公正。当行使财产权严重损害他人时，无论洛克的附带条件还是康德的普遍权利原则，都对他们作出限制——这是走向分配正义的关键性一步。"[3]附带条件原则要求“留下足够好的东西给其他人”，并且“谁能在一件东西败坏之前尽量用它来供生活所需，谁就可以在那个限度内以他的劳动在这件东西上确定他的财产权”。[4]普遍权利原则认为“每一个人的选择自由可以与任何的自由共存，那么，他就是正确的”。[5]法定许可则恰好是这样一种制度，它对权利人与使用者两方都给予了一定的限制。它将原始作品的精华给予使用者，让使用者借此创造更大的价值，而不是让这些智慧结晶湮没在历史的尘埃中；同时，一定的经济补偿也反馈给了原始权利人，经济的赞美对于高尚的作者而言也很必要。这样，权利人和使用人之间的自由选择恰如其分地融合了，虽说矛盾无法完全消除，至少可以在短期内并存。这种交易性分配对于社会公正至

---

〔1〕 熊琦：《著作权法定许可制度溯源与移植反思》，载《法学》2015年第5期。

〔2〕 参见刘友华、魏远山：《机器学习的著作权侵权问题及其解决》，载《华东政法大学学报》2019年第2期。

〔3〕［美］罗伯特·P. 莫杰思：《知识产权正当性解释》，金海军、史兆欢、寇海侠译，商务印书馆2019年版，第205页。

〔4〕［美］罗伯特·P. 莫杰思：《知识产权正当性解释》，金海军、史兆欢、寇海侠译，商务印书馆2019年版，第94～95页。

〔5〕［美］罗伯特·P. 莫杰思：《知识产权正当性解释》，金海军、史兆欢、寇海侠译，商务印书馆2019年版，第178页。

关重要，照顾了各方感受和体验，在矛盾中找到了共存之地。

其二，有利于提升社会效率。上文提到，“市场失灵”总会经常性出现在版权作品的自然许可市场中。当合法的权利放置在被利用的环境时，往往会大大超越权利被赋予时所设想的力量，著作权人对作品的控制力更是如此，由于双方的谈判、僵持等会无限延长交易时间，甚至中断交易。法定许可制度会在一定程度上解决这个问题，因为它既保障权利，以显示其合法性地位，又尽可能消除权利被无限制利用的风险，从而使权利的力量不至于大到不合理地损害与之相关的权利。也就是说，法定许可拟制出一个处于政府管控下的市场取代经常性无效的自然市场。这个拟制市场省略了单独协商环节，建立相对统一的付费标准，可以为双方节省大量时间、人力、资金等交易成本，消除权利流转障碍，促进权利流动，反映在作品上即加速知识增值，进而提升社会增值效率。

由此可见，无论是从正义还是效率角度考虑，法定许可制度适用于人工智能创作行为都具有可行性。尽管可能存在其他更好的方法来解决这个新技术带来的挑战，但法定许可制度本就常常被当作一种临时性制度工具，[1]法定许可一般存在于无法通过市场自行解决的特殊情境之中。目前也确实只有法定许可制度更能快速解决问题，选择法定许可制度应用于人工智能创作有利于推陈出新，[2]促进原始材料的衍生发展。

（二）适用法定许可的实践难点

与合理使用相比，法定许可需要作品使用者向权利人付费。尽管该制度可以解决机器学习向权利人付费的问题，但其无法随时退出的限制条件可能会存在违背作者意愿的情况。此外，其中的付酬机制也存在不足，如

〔1〕 参见熊琦：《著作权法定许可制度溯源与移植反思》，载《法学》2015年第5期。

〔2〕 参见张曼：《论著作权法定许可的正当性基础》，载《知识产权》2013年第1期。

付酬支付标准不高。我国制定的《教科书法定许可使用作品支付报酬办法》(以下简称《支付办法》)第4条[1]就付酬标准的规定显著低于市场价格，而实践中若人工智能通过机器学习衍生作品，市场价值攀升，显然不利于著作权人。换言之，付酬标准过低会造成显失公平，付酬标准过高将增加人工智能企业成本。因而，如何恰当地明确付酬标准，成为影响人工智能行为的关键要素。[2]

由于现行法定许可的设计与实践存在诸多问题，且我国2020年修正的《著作权法》并没有关于人工智能创作相关的法定许可，增设新的条款也往往面临大量立法成本。因此，应当全面考虑，保证制度设计之后能够有效运行。这一部分主要结合人工智能创作的特殊性来进行相应的制度考虑，对于法定许可制度的共性问题不在此赘述，参照衔接相关制度即可。

（三）法定许可制度的完善

1.完善法定许可制度的基本要素

法定许可制度的基本要素包括适用主体、适用客体、适用行为、付酬方法等方面。首先，现行著作权法中既有的法定许可类型都有特定的适用主体，例如编写和出版教科书的法定许可使用主体特定为“义务教育和国家教育规划”教科书的编写者，其他教育类型则不适用，报刊转载法定许可的适用主体就只适用于报刊之间。但是人工智能创作活动并不像上述类型一样涉及某个领域的特殊利益，因而申请适用这一法定许可的主体不需要特定化，只要某一主体具备进行智能创作研发和应用的能力，便可以依照程序申请。也就是说，适用主体为一般自然人、法人和非法人组织。

〔1〕《教科书法定许可使用作品支付报酬办法》第4条中就付酬标准进行规定，对文字作品以每千字300元记、对音乐作品以每首300元记、对美术作品以每幅200元记。

〔2〕参见张润、李劲松：《利益平衡视角下人工智能编创使用行为的法律定性与保护路径研究》，载《出版发行研究》2020年第11期。

如前文所述，法定许可一旦产生，不允许随时退出。可借鉴“选择退出”(opt-out)模式，予以修正。“选择退出”模式是指在法律规定的特定情形下，未经事前授权的版权材料使用者只要支付了合理报酬，其行为并不违法；但如果权利人将不愿授权的意愿告知使用者，使用者即不能再予以利用。〔1〕“选择退出”可以有效解决有可能存在的违背作者意愿这一不足。

其次，在适用客体方面，由于人工智能创作内容多样，可以生成文字、视频、音乐、画作等形式的作品，因而法定许可制度也不应限制训练数据的作品范围，但前提是这些作品已经发表。一般而言，没有发表的作品外界难以接触，也就没有可利用的机会。此外，如果将没有发表的作品也纳入其中，不但与合理使用制度和其他类型的法定许可前提相违背，甚至可能催生违法犯罪行为，即非法获取他人的隐私信息。更进一步，法定许可制度必然要求所涉作品来源合法，排除来源于侵权数据库如“Sci-Hub”之类的侵权来源。因为此类侵权来源会使法定许可制度的目的落空，再次使得双方利益失衡。对此，日本、英国和欧盟在其应对计算机信息分析技术的例外规定中要求“数据来源的合法性”。〔2〕总之，此类法定许可的客体应界定为一切来源合法的已发表作品。

再次，就适用行为而言，人工智能创作中主要面临的是侵犯作品复制权、演绎权，但考虑到技术发展可能产生其他利用方式，适用行为不必严格限定在复制和演绎行为上，应加上“依技术运作需要的其他必要行为”作为弹性条款，以充分促进技术发展。

最后，在付酬方面，作品的法定许可费通常有三种支付标准：第一，按照一定使用数量乘以某一确定的额度；第二，特定产品依照营收的一定比

〔1〕 参见梁志文：《版权法上的“选择退出”制度及其合法性问题》，载《法学》2010年第6期。
〔2〕 董凡、关永红：《论文本与数字挖掘技术应用的版权例外规则构建》，载《河北法学》2019年第9期。

例收取许可费；第三，定额支付。[1]这些标准对于人工智能创作法定许可的参考意义有限。智能创作中的训练数据涉及的版权作品数量庞大、来源主体分散，且作品形式多样，上述方法均不具有可操作性。本书认为，针对所涉及版权数据的特点，应当采取按比例收取输出物市场收益额的方法，直接从终端按照年度计算费用，即“先用后付，以收定付”。其一，这样可以免去前期对大量版权数据进行一一计算，进一步节省相应运行成本，快速进入研发阶段。其实面对海量数据，在现有技术条件下也无法一一计算。其二，依据市场收益额的一定比例收取许可费意味着没有收益额便不用缴纳许可费。一方面意味着以科学研究、促进公益等为目的的非营利性主体所为的人工智能创作研发应用根本就不用承担许可费，合理照顾了社会公共利益；另一方面意味着为非营利性公益研究和商业性研发应用提供相同的竞争前提，同等竞争，更有利于激发各方创新活力。

2.完善法定许可的制度保障

在上述基本要素的前提下，依然有许多棘手的问题难以细化，例如所涉训练数据的权利人如何确定、何者负责许可费落实等。鉴于此，可将法定许可制度与著作权集体管理制度相衔接，通过集体管理组织进行落实。

目前，我国相继建立了五家著作权集体管理组织，相应地在音乐作品、音像作品、文字作品、摄影作品、电影作品等领域开展活动。实际上，目前的人工智能技术还处在专门应用阶段，一般集中在某一作品形式领域进行创作，如文字作品、音乐作品、美术作品等，相应的训练数据类别往往也是单一化的。这样来看，单独由上述各类集体组织分别管理也未尝不可，但是随着技术发展，多类型作品融合训练日趋普遍也是情理之中，并且利用美术作品进行数据训练已经出现，却没有对应的集体管理组织。因此，仅

〔1〕 参见初萌：《人工智能对版权侵权责任制度的挑战及应对》，载《北方法学》2021年第1期。

依托现有机构难以全面处理人工智能创作所涉训练数据的著作权问题，应当考虑建立统一的“数字著作权集体管理组织”，集中处理数字化版权作品的许可使用问题。在建制上可与现有的五大组织并立，并分别为不同类型的作品设立专门委员会，一方面与五大组织衔接开展联合运行，另一方面填补其他作品类型管理机构的缺失。针对人工智能创作的行为特点，该集体管理组织应在以下几个方面重点应对：

第一，建立统一数字版权数据库。首先，应鼓励数字作品著作权登记。虽然著作权登记不是获得著作权的必要条件，但是对于著作权确权、流转、保护工作的开展具有重要意义。2020年修正的《著作权法》在第12条第2款增加一项指引性规范“作者等著作权人可以向国家著作权主管部门认定的登记机构办理作品登记”，[1]意在鼓励相关权利人积极进行著作权登记。其次，登记应当建立统一的数字作品版权信息区块链存证标准，严格记录权利人、发布时间、特殊声明等必要信息，这是最为关键的一步，否则后续的追踪记录便无法进行。最后，登记不仅可以是权利人现行预防性登记，也可以是使用人为了获取许可使用而主动进行许可登记，例如使用者将某类尚未进行数字版权登记或是尚未数字化的作品数字化后在该组织内进行登记，但应当限于该集体管理组织会员所享有的版权作品，以免除不确定的诉讼风险。

第二，授权许可与费用收付机制。在许可方面，依照上文“先用后付，以收定付”原则，任何意欲从事人工智能研发与应用的主体，不区分其是否为商业性质，数字著作权集体管理组织均应进行授权许可，但应从实际使用领域和财务报告两个方面进行重点管理。其中实际使用领域的管理是为了保证被许可的版权数据仅仅被被许可主体应用于人工智能创作的研发，杜绝被许可主体擅自二次许可或转换应用领域。财务报告管理的主

[1] 《著作权法》(2020修正)第12条第2款。

要目的是确定被许可主体利用人工智能创作而产生的营收额。例如，欧洲议会机器人民法规则委员会收到的一份报告草案中强调，“可能需要引入公司报告要求，说明机器人和人工智能对公司经济成果的贡献程度和比例，以便征税和缴纳社会保障费”。[1]因为只有通过财务报告才能弄清人工智能创作的营收贡献，才能合理确定额度基数。当然，这种贡献比例大多数情况下无法查清，双方的自由协商可以在此时发挥作用。此处的“双方”尤指集体管理组织和使用者之间的协商。若是由数据权利人和使用者之间进行协商，那么法定许可的效率取向依然难以实现；若是直接由相关政府部门统一核定比例，则通常难以体现作品的真实价值；由集体管理组织进行协商能最大限度地使定价比率具有灵活性和代表性。因此，在许可费收取方面主要是通过财务报告以及集体管理组织与使用者之间的协商来确定额度基数和收取比例。在许可费分配方面，由于被许可的作品数据来源广、数量多，虽然这些作品数据间必然存在独创性高低之差异，但在数据训练过程中无法准确测算哪一部分数据的价值更大、对算法的贡献更为突出，既然同是受著作权法保护的客体，因此在训练过程中将其视为同质化的训练材料也具有合理性。进而，在向数据权利人分配许可费时，应当以权利人被许可使用的作品数量为依据进行分配。至于无主作品，可以采取先留置并及时通告，若在5年内无权利主体申领，可将部分作品所获得的许可费用来抵扣集体管理组织的运行成本。

第三，统一维权机制。侵权行为因法定许可合法化，理当成为技术开发者和应用者的理性选择，然而故意规避这个机制的行为必定也会出现。因此，当人工智能创作研发者和应用者私自使用版权数据进行训练或是将许可用于训练的版权数据用于其他领域或是故意隐藏相关财务报告，该组

〔1〕 Sobel, Benjamin L. W., *Artificial Intelligence's Fair Use Crisis*, 41 Columbia Journal of Law & the Arts 45(2017).

织即可以自己的名义对这些行为提起诉讼或采取其他维权机制。尤其应当赋予该类集体管理组织一定的延伸性管理权限，即允许该组织对于非会员的数据作品被非法用于训练的情况提起诉讼或仲裁，发挥专业组织的优势。为了激励该集体管理组织，应当允许集体管理组织分配得一定比例的侵权赔偿金。当然，应当允许非会员选择由自己处理该项事宜，排除集体管理组织的诉讼管理权。也即此类集体管理组织的权限只能延伸到非会员的维权管理上，而不能延伸至许可使用权限。

3.强化法定许可的技术支持

用技术应对技术是科技发展的必然选择。首先，在数字化时代，作品正在以各种方式向各个群体传播，个体都变成了作品的创造者和传播者，当作品融入数字化的海洋，往往难以确定每一部作品的权利状态和归属，因为一部作品有可能在毫无标注的情况下被无数传播者在不同媒介中迅速传播，查清究竟谁是原始的创造者或发布者往往需要花费巨大的时间成本，有时甚至无法查清，然而在现行法中这些无法查明权属的“孤儿作品”如何处理极不明确。其次，数字化作品是否被使用往往难以直接观察，人工智能算法对于训练数据的实际使用往往十分短暂。因此，版权数据是否被使用，哪些数据被使用，使用是否仅仅应用于人工智能创作等情况往往难以查清，即使有使用记录，使用者也可以依据一定的技术手段彻底删除记录，便可能导致法定许可制度沦为摆设。最后，训练数据的安全性也尤为重要，训练数据库体量大，一般为了多次使用和结果验证通常会被储存以备用，一旦数据库被黑客攻击盗取，就可能对原始权利人的经济利益造成巨大损失。可见，新技术对版权数据权利确认、数据使用记录、数据安全三个方面都带来了棘手的挑战。

为应对上述挑战，区块链技术是一个重要的技术方向，将其应用于版权登记可以有效降低登记成本，区块链的不可篡改性也能够提升登记证明力。依靠每一份登记作品上独一无二的哈希值和时间戳还能够全程追踪登记作品的使用情况。[1]例如，美国的Blockai[2]公司已经利用区块链技术保护版权作品，中国的小犀版权链已经面向工业版权提供服务，[3]北京互联网法院采纳“天平链”电子证据，[4]审判中也认可区块链取证的证据效力。虽然区块链能够为每一部作品标记独特的“身份证”，但是无法保证这些标记不会重复，有些材料可能就是将其他作品稍微修改后形成的，可能根本不构成新的作品，就有可能产生重复登记问题。其实这种问题也有相应的技术办法，比如版权所有者使用软件在网上爬行，搜索他们作品的副本，并生成删除通知，从而作出隐含的侵权判定。又如，许多自媒体平台如百度旗下的“百家号”就会有一个发布前的审查机制，如果在你的文章的审核过程中发现有其他相同或类似文章已经发布，那么你的发布申请将会被拒绝。再如，为学者所熟知的知网查重服务等。既然人工智能可以用来创作，自然也可以用来判定侵权或是合理使用，[5]这样就可以识别出原始文章和那些稍作伪装的文章。此外，除了依靠区块链的不可篡改性和可追溯性保障数据安全，采取其他必要的例如常见的版权保护技术措施和保护接触技术措施来维护数据安全也是必要的[6]。当然，技术方面如何细化本书不再赘述。

人工智能的发展确实给人类带来了机会，这样一个全新的事物同样也带来许多挑战，趋向守旧的法律如何能够更快地与技术接轨，全面审视必不可少。人工智能创作给著作权法律特别是权利的例外制度带来了危机，

---

〔1〕 参见黄保勇、施一正：《区块链技术在版权登记中的创新应用》，载《重庆大学学报（社会科学版）》2020年第6期。

〔2〕 参见Olusegun Ogundeji：《Blockai使用比特币区块链保护知识产权，版权注册永久免费》，载巴比特2016年7月29日，https://www.8btc.com/article/98402。

〔3〕 参见《小犀版权链官网》，载犀睿网2021年4月12日，https://www.xiright.com/xiright/market/index.html。

〔4〕 蓝牛仔影像（北京）有限公司诉华创汇才投资管理（北京）有限公司著作权权属、侵权纠纷案，北京互联网法院（2019）京0491民初第724号民事判决书。

〔5〕 See Yu, Peter K., *Can Algorithms Promote Fair Use*?, 14 FIU Law Review 329(2020).

〔6〕 参见刘颖：《版权法上技术措施的范围》，载《法学评论》2017年第3期。

对此有必要保持足够的慎重，否则颠覆的不仅是作品及其市场，更有可能是人与机器的关系。

第五节 人工智能著作权侵权问题

一、人工智能创作著作权侵权涉及的阶段

人工智能的产生和发展是为了推动机器的智能化，其中以机器学习作为人工智能的关键核心部分，[1]机器学习的过程可分为输入阶段、学习阶段和输出阶段，相应地，人工智能数据可以分为“输入数据”和“输出数据”。从输入数据到输出数据的阶段，需要经过数据的处理和分析，也就是文本分析和数据挖掘。因此，人工智能数据的输入至输出流程本身就是机器学习的过程，也就是人工智能运行的流程，对于人工智能著作权的侵权问题可以分阶段进行分析。

（一）输入阶段存在的侵权风险

输入阶段的主要工作是收集训练数据，人工智能技术创新公司获取受著作权法保护的作品主要通过以下四种途径[2]：一是通过“爬虫协议”爬取网站数据。“爬虫协议”的核心在于人工智能研发公司的网络爬虫（web crawler），抑或称为“机器人”（robot）。人工智能研发公司与各网络搜索

〔1〕 See Nils J. Nilsson, *The Quest for Artificial Intelligence—A History of Ideas and Achievements*. Also see online Cambridge Univ. Press (Sep.13,2009), https://ai.stanford.edu/~nilsson/QAI/qai.pdf .

〔2〕 参见刘友华、魏远山：《机器学习的著作权侵权问题及其解决》，载《华东政法大学学报》2019年第2期。

引擎公司达成“爬虫协议”，该协议规定了“网络爬虫排除标准”（robots exclusion protocol），以区分可供抓取的网页数据和不可供抓取的网页数据。〔1〕爬虫技术是为了获取人工智能的“输入数据”，在未进入文本分析和数据挖掘的学习阶段，就可能因为“爬虫协议”的“越界”产生侵权问题。

二是未经许可抓取数据库的数据。我国《著作权法》第15条规定：“汇编若干作品、作品的片段或者不构成作品的数据或者其他材料，对其内容的选择或者编排体现独创性的作品，为汇编作品，其著作权由汇编人享有，但行使著作权时，不得侵犯原作品的著作权。”由此可见，数据库可以作为汇编作品受著作权法保护。数据库的内容包括作品、作品的片段或者不构成作品的数据或者其他材料。人工智能未经许可抓取数据库中的作品、作品片段的数据，则可能构成侵权。

三是未经权利人的许可，以商业目的数字化非电子数据（digitizing physical media），进而为机器学习提供训练数据。一种情况是通过合法途径购买图书等纸质文件，并将其中包含的信息转化成电子形式的数据，购买图书的行为是合法的，但是其后的数字化过程根据我国《著作权法》第53条第1款的规定，则涉及作品的复制权侵权问题。另一种情况是通过非法途径获取该信息，再将其进行数字化的过程。其获取非电子形式的信息记录行为本身就是违法行为。

四是人工智能研发公司通过服务协议强制获得许可。比如根据《百度用户协议》第5.2条的规定：“对于用户通过百度服务（包括但不限于贴吧、知道、MP3、影视等）上传到百度网站上可公开获取区域的任何内容，用户同意百度在全世界范围内具有免费的、永久性的、不可撤销的、非独家的和完全再许可的权利和许可，以使用、复制、修改、改编、出版、翻译、

〔1〕 参见许娟：《利用爬虫技术侵犯企业数据知识产权法益的司法解释》，载《苏州大学学报（哲学社会科学版）》2020年第1期。

据以创作衍生作品、传播、表演和展示此等内容(整体或部分),和/或将此等内容编入当前已知的或以后开发的其他任何形式的作品、媒体或技术中”。[1]该服务协议的内容虽然可以意思自治,但不能与著作权法“促进科技、文化事业发展与保护创造者利益并重”的立法目的相违背。[2]互联网公司通过“服务协议”与用户签订“免费、永久、不可撤销”的著作权使用许可,打破了知识产权创作者、传播者和使用者之间的利益平衡,并且不符合精神财富“合理”共享这一原则。[3]

以上四种主要的数据获取途径存在未经授权或者破译使用受技术措施保护的版权作品的情形,有较大的可能构成侵权。[4]

(二)学习过程存在的侵权风险

在算法培训阶段,版权数据可能会被多次复制、修改和反复运行,涉及对训练数据的复制、翻译、改编、汇编等行为,以复制为例,虽然有些复制版本存在的时间很短暂,但是确实创建了侵犯版权的副本,并有可能从输入数据中衍生出具有相同或类似风格的演绎作品,从而有可能构成对原作品复制权和改编权的侵权。

人工智能在学习阶段,对数据进行分析处理的过程中,难免涉及对数据的复制。以人工智能翻译技术为例,当使用者输入需要翻译的文本,此时人工智能翻译技术需要对该文本进行分析,就需要在处理过程中对文本的数据进行复制,然后大量数据同步分析,最后生成使用者所需要的翻译数据,此时的数据复制属于临时复制。即网络浏览行为往往伴随着数据的

---

〔1〕《百度用户协议》第5.2条,载百度百科,https://baike.baidu.com/item/百度用户协议/2602112,最后访问日期:2023年10月2日。

〔2〕参见吴汉东:《知识产权的私权与人权属性——以〈知识产权协议〉与〈世界人权公约〉为对象》,载《法学研究》2003年第3期。

〔3〕See L. Ray Patterson & Stanley W. Lindberg, *The Nature of Copyright: A Law of Users' Right*, The University of Georgia Press, 1991, p.1624.

〔4〕参见卢炳宏:《表达型人工智能版权合理使用制度研究》,载《现代出版》2019年第4期。

复制，其并未产生实质上的复制件，而是数据被复制下载至计算机缓冲区。

著作权意义上的复制，并非根据符合“复制”表征的行为方式来确定，而是根据其行为结果是否产生一件或多件复制件来判断，若并没有产生一件或多件复制件，只是如同网络浏览行为那般将数据复制下载至计算机缓冲区的模式，则属于临时复制，其不受复制权的控制。〔1〕人工智能翻译技术在对输入数据进行分析处理时，会在系统内部对数据进行复制，但是其复制数据的本质并非为了产生复制件，同时结果上也并未产生与输入数据一致的复制件，而是为了对数据进行后续的翻译处理并形成另一种语言形式的输出数据，且该输出数据的产生也是使用该人工智能翻译技术的使用者所期待默许的结果。因此，人工智能数据的临时复制行为并不侵犯著作权。当然，如果进行人工智能翻译技术处理的输入数据本身的获取方式是违法的，则无须再对人工智能数据复制行为是否属于临时复制的情况进行分析。

（三）输出阶段存在的侵权风险

在数据输出阶段，人工智能生成物可能与训练数据实质性相似。若实质性相似，则该生成物构成对原作品著作权的侵害。〔2〕但是，在以实质性相似为标准判断人工智能输出数据是否存在著作权侵权情形时，是将人工智能的输入数据与疑似被侵权作品进行一一对比分析，若是输入数据当中不存在与疑似被侵权作品实质性相似的作品数据时，能否因此而排除侵权可能？在现实情况中，会出现人工智能输入数据中不含有某个具有著作权的作品数据，然而通过人工智能运作中“人类的干预”使最终产生的输出

〔1〕 参见冯晓青：《网络环境下私人复制著作权问题研究》，载《法律科学（西北政法大学学报）》2012年第3期。

〔2〕 参见刘友华、魏远山：《机器学习的著作权侵权问题及其解决》，载《华东政法大学学报》2019年第2期。

数据与该具有著作权的作品数据吻合的情形，其本质是通过人的意志与选择来干预人工智能输出数据的结果，但是因为输入数据中并不包含该作品数据，因而无法通过实质性相似原则追究其侵权责任。因此，仅仅遵循"实质性相似"标准来判断是否构成作品著作权侵权的方式不够完善，应遵循"接触+实质性相似"原则来判定具有作品属性的人工智能输出数据是否存在侵权。

"接触+实质性相似"指的是对于疑似被侵权作品，作出"实质干预"的人能否通过合理的途径获取，若是该作出干预的人有证据表明其已经通过合理途径获得了疑似被侵权作品或者能够推定其通过合理的途径获得了该疑似被侵权作品，并且该疑似被侵权作品与相应的输出数据具有实质性相似，即使人工智能输入数据中并不包含该疑似被侵权作品的数据，仍然可以通过可接触的推定来认定其构成对该疑似被侵权作品的侵权。

二、人工智能著作权侵权责任主体的判定

（一）人工智能侵权可能涉及的责任主体

人工智能著作权侵权属于典型的多数人侵权。人工智能著作权侵权产生的原因复杂，人工智能软件设计者、所有者、使用者，甚至其他民事主体都有可能成为责任主体，其涉及的责任主体具有多样性。

1.人工智能的设计者

人工智能的设计者，是人工智能相关算法、深度学习等技术的研究和开发人员。人工智能生成作品的能力往往取决于人工智能的算法及其机器学习与数据喂养。因此，设计者对于人工智能的设计缺陷造成的损失应当承担相应的责任。在涉及人工智能侵权案件中，设计者在原因调查、技术控制等方面具备优势，并可通过责任限制、税收、基金和保险等手段缓

和责任。另外，由于人工智能的特殊性，设计者需负担举证、培训、警示、维护和披露等义务。[1]

人工智能的自主决策、设计缺陷难以证成，程序系统设置具有独立性等特点，可以考虑改造产品责任制度以规制人工智能侵权，在产品质量标准中加入伦理道德规范，对人工智能产品设计缺陷实行举证责任倒置，将设计者作为独立的产品责任主体。同时，为避免对产品责任的严格规制压制人工智能新技术研发的积极性，可尝试建立强制性的人工智能产品责任险，让设计者以较小的成本获得共担风险的机会。[2]

2.人工智能的使用者

人工智能的使用者是指使用人工智能作为工具完成作品创作活动的人。人工智能本身并不会创作，是人工智能程序使用者选择版权作品提供给人工智能程序进行深度学习，并选择特定抽样方式和计算机算法使人工智能生成与训练集作品极度相似的内容，而且将生成内容进行商业化使用，由此损害了训练集作品版权人的利益。客观上，人工智能使用者未经许可利用人工智能程序重现了训练集作品的内容，是侵权行为的实施者。[3]

3.人工智能的所有者

人工智能的所有者，是对人工智能软件享有著作权的主体，其原始主体可以是研发设计人员，也包括为人工智能研发设计提供必要物质技术条件的单位或个人。其继受主体可以通过合同、赠与等途径获得人工智能软件的著作权。因此，人工智能的设计者、使用者和所有者可以基于同一客体形成主体重合的情形，也可以基于同一人工智能客体形成设计者、使用

〔1〕 参见钱思雯：《弱人工智能时代的法律回应——构建以产品责任为核心的责任分配体系》，载《中国科技论坛》2019年第9期。

〔2〕 参见张安毅：《人工智能侵权：产品责任制度介入的权宜性及立法改造》，载《深圳大学学报（人文社会科学版）》2020年第4期。

〔3〕 参见曾田：《人工智能创作的版权侵权问题研究》，载《河北法学》2019年第10期。

者和所有者等主体分离的现象。作为所有者，往往需要承担人工智能应用的培训、警示、维护和披露等管理义务。

4.人工智能

随着技术的发展，未来社会人工智能很有可能具有完全自主意识，在未来赋予人工智能以独立法律人格地位未尝不可。当然，按照现行民法体系，人工智能不具有民事主体资格，无法独立承担民事责任。如赋予人工智能一定的法律人格，需要建立一套有别于自然人、法人的人工智能行为规范，以使其独立承担法律责任。〔1〕

（二）人工智能著作权侵权判定的构成要件与认知顺序

针对多数人侵权，《民法典》第1168条至第1172条分别规定共同侵权行为、教唆帮助行为、共同危险行为、分别侵权承担连带责任、分别侵权承担按份责任的多数人侵权行为。可见，以是否有意思联络为区分标准，多数人侵权行为的下位概念又演绎出共同侵权行为与分别侵权行为。损害承担的一般原则是“法益所有者损害自负”，在正常情况下，损害由法益所有者自己承担，基于普遍性与特殊性的内在逻辑，损害承担的特殊规则是由他人来承担自己的损害责任，即将所受损害转嫁给他人承担，此种情况必须具备法律意义上的责任理据，这种理据称为归责或可归责性。〔2〕侵权责任要件构成是责任承担的关键性基础理论问题，也是可操作性极强的司法裁判实践问题，人工智能著作权侵权责任要件构成是判定多数侵权人应否担责及责任份额的逻辑基石。〔3〕

〔1〕 参见何施博：《论人工智能侵权行为的归责机制——以自动驾驶为例》，“共建未来法治 共享智能福祉”2019年世界人工智能大会法治论坛会议论文，2019年8月于上海。

〔2〕 参见［德］埃尔温·多伊奇、［德］汉斯-于尔根·阿伦斯：《德国侵权法——侵权行为、损害赔偿及痛苦抚慰金》（第5版），叶名怡、温大军译，中国人民大学出版社2016年版，第3页。

〔3〕 参见何炼红、王志雄：《人工智能医疗影像诊断侵权损害赔偿法律问题》，载《政治与法律》2020年第3期。

人工智能著作权侵权责任构成要件通常由损害结果、侵权行为、因果关系和过错四要件构成。首先，人工智能著作权侵权造成的损害是多数主体侵权造成的损害，我们应当确定哪些损害是法定的可归责性损害，是否存在侵权抗辩的情形。其次，判断多数人著作权侵权行为是有意思联络的共同侵权行为，还是无意思联络的分别侵权行为。如果是共同侵权行为，其包括一般共同侵权行为和特殊共同侵权行为（教唆帮助行为与共同危险行为），其基本特征是具有共同主观要件及主体的复合性、行为共同性、结果单一性、责任连带性。〔1〕如果是分别侵权行为，又要区分“直接结合”和“间接结合”情形。如属于“直接结合”行为，造成同一损害，每个人的侵权行为都足以造成全部损害，每个人都应当对自己的行为造成的损害承担连带责任，这是对自己责任原则的基本遵循。如果属于分别侵权行为中的“间接结合”行为，则意味着每一个责任主体的侵权行为不足以造成全部损害，因此，对于造成的同一损害，各行为人应当按照过失大小和原因力比例分别承担赔偿责任。〔2〕再次，我们要分析多数人的侵权行为与损害结果是否存在因果关系。因果关系是连接损害结果与侵权行为之间的桥梁与纽带，它是侵权责任构成之中心要件，也是最难言说、最难证明的要件，〔3〕必须证明侵权行为与损害结果存在事实因果关系与法律因果关系，事实因果关系是对客观事实的判断，主要证明侵权行为与损害之间是否具有原因力；法律因果关系是在事实因果关系成立的基础上，探求侵权行为是否应对损害结果分担责任，它是基于法律政策或其他因素而考虑对责任的限制。最后，我们还应对过错情况进行判定。过错是界定侵权行为损害赔偿责任成立与否的核心要件，当代各国法律对过错侵权与无过错侵权实

〔1〕 参见王利明等主编：《侵权责任法条文释义》，人民法院出版社2010年版，第65页。

〔2〕 参见何炼红、王志雄：《人工智能医疗影像诊断侵权损害赔偿法律问题》，载《政治与法律》2020年第3期。

〔3〕 参见叶名怡：《医疗侵权责任中因果关系的认定》，载《中外法学》2012年第1期。

行不同的赔偿原则，过错侵权责任实行全额赔偿，无过错侵权责任实行限额赔偿。

人工智能著作权侵权责任构成要件之间合理的认知顺序是损害结果、侵权行为、因果关系与过错。其中，损害结果是逻辑起点，由损害结果寻觅侵权行为，再考究侵权行为与损害结果是否存在因果关系，在事实因果关系成立的基础上再考察侵权行为是否存在法定过错，即法律因果关系是否成立，如存在法定免责事由则不承担侵权责任。〔1〕司法实务中之所以会产生争议，根本原因是裁判者对它们的逻辑关系与认知顺序处理不当，才造成法律关系认定的偏差。〔2〕

（三）人工智能著作权侵权责任主体的具体认定

就目前人工智能的发展程度，无论从法律伦理、法理逻辑，还是技术发展、社会稳定，抑或侵权争议解决的司法实践的角度看，人工智能作为人工智能侵权责任的主体都不具有正当性和可行性，只有将人工智能相关行为的实际控制者或者人工智能侵权行为的实际决定者作为人工智能侵权责任主体，才是当前构建人工智能侵权责任制度体系的选择。根据不同的侵权情况，可以将责任分给不同的担责主体：

1.研发设计者

主要涉及算法设计引发的人工智能侵权问题。在现阶段，人工智能侵权不是人工智能自主的行为，而是作为人类创作的工具在人类具体使用中出现的侵权行为。人工智能虽然能够通过模拟人类智能进行相关行为，但归根结底只是通过相关算法实现研发设计者或者设计控制者自身的意思表示，仍然是人类创作成果的一种高科技表现形式，属于现代信息技术下

〔1〕 参见何炼红、王志雄：《人工智能医疗影像诊断侵权损害赔偿法律问题》，载《政治与法律》2020年第3期。

〔2〕 参见张剑文：《侵权案件审查重点及方法》，载《中国检察官》2017年第11期。

科技高度发达的人类智慧的结晶，本质上属于一种高科技产品。〔1〕因此，人工智能侵权事实上是《侵权责任法》（已废止）及相关法律中规定的“产品侵权”，应当将人工智能侵权责任纳入产品侵权责任体系。

2.使用者和所有者

使用不当或者管理不当引发的人工智能侵权应当实行过错责任。人工智能的实际使用人或者所有者因为自身过错而导致人工智能侵权的，则应当由实际使用人或所有者根据过错大小承担过错责任。〔2〕当涉及侵权第三人时，鉴于被侵权人处于弱势地位，为了保障被侵权人的权益，应将研发设计者、使用者与所有者作为共同侵权人对外承担连带责任。若是使用者主观过错导致侵权，则由使用者承担责任。连带责任中，内部责任的分担也应当予以明确：（1）研发设计者存在过错或程序自身存在瑕疵，且交付时研发者已经予以情况说明的，可以适当减轻研发者的责任；（2）研发设计者存在过错或程序自身存在瑕疵，且研发设计者未对实际情况予以说明导致侵权的，使用者承担责任后可向研发者追偿。〔3〕

总之，在人工智能侵权责任主体识别机制的构建上，应确立由人工智能侵权行为实际控制者承担责任的主体制度。实际控制者包括人工智能的研发设计者、使用者、所有者以及实际导致人工智能侵权行为的其他人。通过规定人工智能侵权行为实际控制者承担责任的主体制度，从法律上确立一个是造成人工智能侵权行为的人而不是人工智能本身作为责任主体的制度，为人工智能侵权行为责任主体识别机制的建立确立以人为本的根本原则。〔4〕

---

〔1〕 参见钱思雯：《弱人工智能时代的法律回应——构建以产品责任为核心的责任分配体系》，载《中国科技论坛》2019年第9期。

〔2〕 参见崔汪卫：《人工智能出版图书的法律障碍与立法规制》，载《图书馆》2018年第12期。

〔3〕 参见郭欢欢：《人工智能创作物之版权问题思考》，载《出版广角》2020年第11期。

〔4〕 参见陈和芳：《论人工智能侵权责任主体的识别机制》，载《学术交流》2020年第7期。

第五章　人工智能生成发明专利权保护问题

第一节　人工智能生成发明的可专利性

一、人工智能生成发明的可专利性争议

（一）人工智能生成发明专利保护争议

人工智能产业中保护其技术创新和竞争优势，主要是通过申请专利来对发明结果加以保护。把人工智能领域的相关技术方法视为“可专利主题”已经成为当今世界上的大部分发达国家，特别是发达国家政府为促进自身创新能力发展的主要专利政策立场。关于可专利的范围，世界各国的规定不尽相同，概括来说主要是两个方向。一是从立法和司法的过程中明确规定专利客体范畴，即明确“可专利主题”；二是明确“专利排除领域”，即从反面来具体地规范不可专利的主题。〔1〕

在人工智能生成发明以专利权保障这一问题上，现在学术界主流的顾虑主要是：一是专利制度成本上升。人工智能技术的自动生成功能，使大量廉价而低质量的技术方案产生，申请主体利用人工智能技术的便利获得了海量的技术方案，这也很大程度上加大了专利审查工作人员的工作量。在国家的专利战略中，高质量专利才是发展的目标，低质多量的申请只会

---

〔1〕 参见吴汉东：《人工智能生成发明的专利法之问》，载《当代法学》2019年第4期。

导致总体授权质量低。二是激烈的市场竞争使得市场秩序运行艰难。利用人工智能强大的分析处理技术，人类实验探究和发现未知的能力也大大提高，因此一旦开始了人工智能技术发明的专利申请，将会导致信息技术领域的“圈地运动”，而那些有激励发明功能的发明专利也将会成为最简单的竞争工具。新兴科技领域的高速发展所带来专利扎堆的“圈地运动”不仅是遵循客观经济的发展规律，也是在一定程度上反映了人类对于新技术的探究精神，且研究热情与关注程度只增不减。〔1〕因此，人们必须做到的是找出各种因素与因素之间的相互关系，并采用合理的机制设计以尽可能地减轻甚至避免影响，而不是以此为理由否决专利保护在这一领域内的可行性，不然专利制度就极易损害其激励创造的根本功效，从而背离了建立专利制度的本意。人工智能生成发明发展至今，早已与传统的发明创造相差甚远，对其发明结果的授权决定不是“全有或是全无”的态度可以简单决定的，而须回到最开始的定位标准，即以《专利法》及《专利审查指南》为基础，就人工智能生成发明是否符合专利必备的“三性”进行审查，〔2〕以便更有效地防止负面影响的产生。

（二）人工智能生成发明可专利性考量

人工智能生成发明的专利申请首先要解决的就是此类发明是否属于可授予专利的客体。我国《专利法》第2条〔3〕明确规定了专利的客体范围，第5条、第25条则作出了可专利主题的排除限定。此外，在《专利审查指

〔1〕 参见张洋：《论人工智能发明可专利性的法律标准》，载《法商研究》2020年第6期。

〔2〕 参见张洋：《论人工智能发明可专利性的法律标准》，载《法商研究》2020年第6期。

〔3〕《专利法》第2条规定：“本法所称的发明创造是指发明、实用新型和外观设计。发明，是指对产品、方法或者其改进所提出的新的技术方案。实用新型，是指对产品的形状、构造或者其结合所提出的适于实用的新的技术方案。外观设计，是指对产品的整体或者局部的形状、图案或者其结合以及色彩与形状、图案的结合所作出的富有美感并适于工业应用的新设计。”

南》中，对不能被授予专利的客体进行了详细的界定。[1]

1.“智力活动”的相关考量

我国专利法中明确规定了发明专利的可授权客体为利用自然规定、采用技术手段的技术方案。可是《专利法》第25条第1款第2项明确将“智力活动的规则和方法”排除在可专利主题之外。与计算机程序相关的发明专利申请在《专利审查指南》中亦有明确规定，计算机领域的发明关于硬件部分的性能变化相对软件部分的改进而言是较少的，且软件功能的发展多为人类能动性的创新，所以在专利审查的实践中会违反相关规定。由于人工智能的核心是算法程序，所以人工智能生成发明不免也要考虑如何应对该条款的规定。

2017年修正后的《专利审查指南》将“商业方法”明确纳入了可专利主题，这就表明了“智力活动的规则和方法”在符合条件的基础上亦可被授予专利，该条件“须包含技术特征”。在人工智能技术发展中，科学技术是核心内容，其对技术应用层的产品智能程度起到决定性影响。在商业方法明确可专利主题后，在“算法+技术”的规定指导下，人工智能算法纳入可专利主题相信也指日可待。另外，因为适应主要贡献在于计算方式上改良的新一代人工智能科技，所以即便关于有形产品开发需要通过其物理构造或其他识别物理性质来说明，但关于人工智能技术开发则通过“与各种功能和构造相互之间已有或公开的关联性结合时的功能特性（含算法的逻辑结构）”来说明。由此就能够防止由于没有物理边界而对人工智能技术开发是否得到有效保护产生影响。

---

〔1〕《专利审查指南》（2017年）第二部分第一章规定：智力活动的规则和方法是指导人们进行思维、表述、判断和记忆的规则和方法。由于其没有采用技术手段或者利用自然规律，也未解决技术问题和产生技术效果，因而不构成技术方案。因此，它既不符合《专利法》第2条第2款的规定，又属于《专利法》第25条第1款第2项规定的情形。

2.道德伦理问题的相关考量

基于人工智能技术本身的复杂性、难以解释性，以及智能结果输出的难以预测性，人工智能生成发明或多或少会遭受来自社会公众在道德伦理方面的质疑。因此对人工智能生成发明进行道德伦理审查是十分有必要的。我国《新一代人工智能发展规划》同样也指出了这个问题。[1]举例来说，在人工智能最受关注的机器人领域，其投入社会使用中也许会造成暴力事件、侵犯个人隐私事件等问题。在欧洲议会法律事务委员会向欧盟委员会提出的法律建议中值得我们关注的是其中关于机器人领域相关技术的草案，欧洲议会法律事务委员会要求医院等卫生保健机构建立机器人领域的伦理组织并出台关于机器人的法律规章，以此来应对在卫生保健案件中病人极为烦琐的道德问题。在人工智能伦理道德问题的立场上，国内外不出所料地坚定一个立场，即无论什么领域的发展都不可脱离人类社会稳定与幸福这一大主旨，人工智能的发展亦是如此。[2]

二、人工智能生成发明的“三性”审查

算法是人工智能运行的底层逻辑，对运用于实际技术领域的人工智能算法实施“三性”审查，是对算法创新本身是否具有“可专利性”的考察。对人工智能的生成发明进行专利“三性”审查，是对人工智能生成发明自身是否属于“可专利主题”的探究。二者的审查客体及属性都不相同，因此对“新颖性”“创造性”“实用性”的审查准则亦有不同。

---

〔1〕《新一代人工智能发展规划》指出，“人工智能是影响面广的颠覆性技术，可能带来改变就业结构、冲击法律与社会伦理、侵犯个人隐私、挑战国际关系准则等问题”。

〔2〕 参见曹建峰：《10大建议！看欧盟如何预测AI立法新趋势》，载《机器人产业》2017年第2期。

(一)人工智能生成发明的“新颖性”审查

发明的新颖性,是指该发明既不在“现有技术”的范围内,也不存在“抵触申请”。新颖性的审查关键在于对“现有技术”的判断。“新颖性”在世界上大多数国家和地区的专利权管理制度中所采取的方式基本相同,且大多为消极的法律规范。概括来说,《专利法》规定的“新颖性”就是“两个不”:不属于现有技术和不存在抵触申请。

1.“现有技术”的定性分析

《国际专利分类表》的初衷是方便专利类文献的统计分析、信息管理与专利检索,并根据技术主题将整个技术领域区分为8个部,而每个部下面再细分为大类、小类、大组、小组。分类表是将传统的技术范畴加以划分,这样方便于把传统的技术发明加以分类。由于人工智能技术本身具备跨界性、复杂性的特点,从而会出现不同的人工智能生成发明中存在不同的技术领域交叉的情况。所以,其新颖性的确定是“在不同中找相同”,即从许多的发明结果中找出他们的具有普遍性的共同点。随后又在普遍性的基础上进行分类、排序、组合,作出对“现有技术”更为精准的判断。人工智能生成发明在强大的数据分析后再经过算法模型的运用,其判断过程需要再细分为三个基本要素:数据、算法、输出。这三个要素的差异顺序排列会形成不同的结论,因此需要对各种情况都进行分析处理。倘若用“全有或全无”的方法武断性地确定由人工智能产出的技术方案是否属于“现有技术”,其评估结果也难免带有片面色彩。

总的来说,对于技术方案新颖性的判断关键是算法的新旧程度,而不是数据。算法是既存的,则必然属于现有技术;算法是新的,输出是新的,则不属于现有技术;算法是新的,输出是旧的,则可以提出方法发明的专利申请。此种推理倒推同样成立,即只要最终状态不属于现有技术,则算法必然是新的。[1]如一些学者所言，“具有人工智能技术的生成发明专利新颖性取决于逻辑构造和计算，一旦人工智能算法使得输出缺少复杂性那么就有可能使新颖性无法获得实现”。[2]此外，所有的生成发明都构建在既存的研究基石上面，人工智能生成发明当然也是如此，其产生过程中难免会使用既存的数据库系统，而大数据时代的到来则让利用数据分析的搜索提取变得更为简单，更何况互联网中许多数据分析原来就是开放的状态。所以，对现有技术的判断起决定性作用的是算法而不是数据。

2.“现有技术”的定量分析

理论界的研究者对给予人工智能生成发明以专利保护的顾虑之一是专利制度成本的上升与“现有技术”的检索困难有关。人工智能自动生成功能导致了技术方案的获得过程更加简单，由此也使专利申请投机可能性增大。在面对专利申请数量急剧上升或者搜索范围迅速扩大的情况时，专利审查员克服这些情况最直接可行的方法，就是对人工智能领域的申请、授权进行数据结构分析并对其检索范围给以范围圈定。

人工智能专利申请规模并未给审查增加巨大成本。我国2017年的人工智能领域专利主要统计数据报告表明，人工智能领域的专利在2014年之后就进入了高速发展的时代，而后三年的专利授权量也呈跨越式增长。[3]在2015年、2016年两年的《国家知识产权局统计年报》中，中国的国内外三种专利的申请授权量达到了1，718，192件和1，753，763件之高。[4]在2014年至2016年的三年时间里，不难看出我国人工智能领域的专利授权量

〔1〕 参见张洋：《论人工智能发明可专利性的法律标准》，载《法商研究》2020年第6期。

〔2〕 Ben Hattenbach, Joshua Glucoft, *Patentsinan Eraofinfinite Monkeysand Artificial Intelligence*, 19 Stanford Technology Law Review 32 (2015).

〔3〕 参见《2017年我国人工智能领域专利主要统计数据报告》，载国家知识产权局网2018年11月14日，https://www.cnipa.gov.cn/module/download/down.jsp?i_ID=40217&colID=88。

〔4〕 参见《国家知识产权局统计年报》，载国家知识产权局网2016年5月12日，https://www.cnipa/.gov.cn/col/col94/index.html。

增长速度之快。可是将此数据与我国专利的申请授权总体量相比，还是可以发现其所占比例较低。在《世界五大知识产权局年度统计报告》中，我们明显可以从2011年至2016年的报告结果中得出以下结论：人工智能生成发明专利申请量虽然逐年增长，且增长速度极快，可是由于其发展期短暂、本身体量不大，所以对于专利申请总体数量与质量来说并未产生现象级别的变化。〔1〕

新颖性中检索资料并非毫无限制地扩宽范围。人工智能技术的发展特点就是其具备自动生成的特征，可人工智能的核心是算法模型，即人工智能的自动生成是根据同一算法模型进行的自动生成。再多的自动生成的新技术方案也不过是同一计算模式下出来的产物，其检索范围即可锁定为相同范围的算法即可。技术方案的新颖性体现在不同的算法模型，算法越精进则技术方案越具有新颖性。此外，人工智能相关技术方案的检索范畴还可以借助于《专利审查指南》的帮助，以其框定审查相关的技术因素。简言之，新颖性审查并非无限制地扩张检索范围，而是在一定方法的加持下步步精确检索范围。

（二）人工智能生成发明的"创造性"审查

发明的创造性，是在和现有技术相比之下，该生成发明有更明显的实质性变化和明显的技术进步。"创造性"的判断兼具主观性与不确定性两大特点，与"新颖性"判断相比，创造性的审查因其自身的独特性而增加了审查难度。创造性审查一直在我国知识产权实践中具有决定性地位，是三性之中的"主导者"。而在创造性审查中，审查重点是提出申请的专利必须相较检索库中的专利有明显的进步、审查员可以看出其具有突出的

---

〔1〕 参见《世界五大知识产权局年度统计报告》，载国家知识产权局网，http://www.cnipa.gov.cn/col/col90/index. html，最后访问日期：2023年11月6日。

价值。所以，“创造性”的审查难题需要从“人”和“技术”两方面分别来攻破。

1.所属领域的技术人员

所属技术领域的技术人员，在世界上很多国家、地区的法律文本记载为“本领域技术人员”。各国各地区对专利审查的具体条件要求及其评审流程不尽相同，但默契的是将技术人员的判断作为之后审查流程的基础。

专利审查中最重要的便是创造性的审查，而创造性审查中首要条件是确定发明结果所在的技术领域，只有技术领域明确定位才可以进入下一步关于现有技术的判定。所属技术领域的界定不仅是创造性审查的首要条件，也是审查中的最大难题。《专利审查指南》中对于所有科学技术范畴的专业技术都作出了规范设定，并表示划分的主要目的就是尽可能地减少主观因素对于技术创新客观上的影响。而“所属技术领域的技术人员”是一种难以实现的客观标准，其仅仅存在于虚拟的主观思考之中。而本领域技术人员同时掌握该专利技术领域及人工智能领域的所有知识、所有技术经验及标准则更加难以实现。举例来说，如果专利申请为电学与人工智能交叉利用的一项技术，那么专利审查员则需要同时具有电学应用领域与人工智能应用方向的双重专业知识储备。面对人工智能技术的不断发展与完善，有学者提出——若不是简单可知的客观判定主体，那么就理应在现有的技术范畴内拟制普通技术人员，而不是在专门的技术范畴内拟制。〔1〕

由于人工智能无法割据且极具特色的特征，在创造性专利审查之中，技术方案也附带了人工智能跨领域的特征，从而导致技术领域的研究范畴更加广阔，对创造性的评判准则要求也更高，对创造性评判的工作过程也更加烦琐。在当前专利审查的实践中，对于专利审查人才的需求标准仅为要求其储备某一专门技术领域的专业知识，这一情况使发展中的审查需求

〔1〕 参见吴汉东：《人工智能生成发明的专利法之问》，载《当代法学》2019年第4期。

和审查能力之间产生了冲突。

在所属技术领域技术人员的难点问题上，我们可以看到关于欧洲技术盲点问题[1]的应对方法。这一问题的解决方案给实践中创造性地审查开阔了路径。既然欧洲技术盲点问题的解决方式对我国实践中的创造性审查难题具有参考价值，那么我们可以参考《欧洲专利公约》第21条对于处理这一难点的方法。[2]在"所属技术领域的技术人员"的问题解决中，我们可以借鉴性地采用"双审查员制度"，此制度的优点就在于评判解决方案是否具有独创性步骤时需要基于专家的认识和能力。在有些时候，一个团队的思考比一个个体的思考更有价值。"双审查员制度"可以应用在一些尖端技术和高度专业化的编程中。具体来说，两个审查员一起对生成发明的创造性部分进行审查，其中一位审核者来自专利申请中填写的所属技术领域，另一位审核人员则专门负责审查人工智能部分。大多时候，一个审查员可以独立完成对于人工智能生成发明创造性的判定，按照常规方式实施即可；只有当审查员的专业知识与能力无法完成评估工作时，则引入"双审查员制度"。

2.现有技术

人工智能生成发明关于创造性审查中"现有技术"侧重点与新颖性审查的侧重点有很大不同，创造性的重点是关注点式对应，在尽量保障贴近前提条件下，就用对比信息技术加以锁定。人工智能生成发明的创造性评估过程也同时采用这一重点，以最贴近的现有科学技术为逻辑起点，从而更为客观真实地复原发明创造的整个过程。所以，首要的是怎样选择、确

---

〔1〕 技术盲点问题是指在具体案件中，创造性判断者由于不具备所属技术领域的知识和能力而使得技术方案是否具备创造性存在的争议焦点。

〔2〕《欧洲专利公约》第21条规定：如果对审查部对有关授予欧洲专利权的裁决申诉，其申诉委员会应当由两名技术人员和一名法律从业者共同构成。欧洲申诉委员会审理案件的人员结构模式，能够很好地填补创造性审查人员没有掌握某一技术应用领域专业知识与能力的"短板"问题，并妥善处理技术盲点这一关键问题。

认与生成发明的专利申报“最接近的现有科学技术”上，此为“三步法”的主要过程，亦为评估创新的基本过程，合理、精确且最贴近的已有技术才能保障相关研究领域技术人才处于一种恰当合理的起点，才得以尽量保障“三步法”后续过程的实现和创造性评估的基本逻辑说理过程更富有合理化。

《专利审查指引》中罗列出了“最接近的现有科学技术”的获取方式，不局限于与《专利法》规定保护的发明专利所属的技术范畴相同，但是也必须首先考虑与其技术领域一致或是接近的。要特别强调的是，此处所说的技术领域是极其具体实际、细分的技术领域，在实际使用中需要明确相对于专利申请说明书中所确定的技术领域。

（三）人工智能生成发明的“实用性”审查

在实际运用过程中，专利申请中实用性的审查，普遍使用的是能用、有用和可再现三个要件来判定。在实际运用实用性审查标准时，审查人员最大的困扰是，技术创新方法也许因为没有详尽的技术说明或是详细的背景信息，而使得所属领域的技术人员无法重复地执行专利申请公开内容中所描述的技术创新方法，从而无法形成相同的技术创新效应。“实用性”审查标准长期以来在“三性”审查中都是被忽视的一个重要标准，尤其是在新兴技术发展运用的领域，与创造性审查标准和新颖性审查标准相比，实用性的审查极容易通过，可谓是“三性”审查中默认为“一定会通过的审查”。我国在专利审查过程中将实用性放置于“三性”审核的首要顺位，实用性的评价结果是相关技术方案进入后续创造性、新颖性评价程序的基础。对于实用性审查应当坚持“能用”和“有用”这两个基本要件。

1.“能够制造或使用”的审查标准

“能够制造或使用”强调“能用”的可能性，不要求实际生产出来或是被真实地应用。由于发明专利审批不需要申请者对其科技方案设计作出实地作业或演示，所以发明专利审批的流程实质上是技术人员依据申请者提出的技术方案设计做出关系推理与理论逻辑证成的“从技术理论到技术理论”的闭环流程。简单的理论推导无法应对日益发展的科技与层出不穷的实际问题，有些问题虽在理论上可以建立但在实践中根本无法运用，这一点在人工智能领域体现得十分明显。属于前沿科学范畴的人工智能技术，更容易在人类未知的领域和人们暂未得出确切结论的情况下产出新技术方法，一些未知技术领域学术探究的发明结果在理论方向的展示可谓是完美的存在，不存在可以指责的问题，这也使“能用”这一要件很难判断与识别，所以在专利审查的实践中造成了较大困难。

基于以上分析，加强人工智能生成发明“能够制造或使用”的审查基础，关键的切入点就是对技术方案的充分开放。人工智能应用领域的相关专利技术说明书一般情况下都需要披露数据输入与输出之间的相关关系，只有在数据相关性存在可预测可能性的时候才不需要。建立算法模型是人工智能发明过程中最为关键的阶段。在对各种信息数据的加工、处理之后予以标注，随后的步骤是将处理过的数据分析到计算模块之中，在算法模型不断地练习进化后得到最终的优质结果，最后一步便是建立专利发明人主观能动所想到的算法模型。把人工智能技术运用到不同科技领域的生成发明中，构成这些训练数据的各种类型的信息数据间是否具有必然的关联，是判断说明书的内容是否符合可执行条件的重点。

日本专利局依据对人工智能技术相关专利申请的审查规范，采取了罗列申请案例的方法，并进一步更新了专利申请中与可实现条件相关的审核要求。[1]其中对于说明书算法模型中的相关数据之间是否具有必要的相关性，列出了四种证明方法可能成为判断人工智能技术研究“能够制

〔1〕 参见张鑫:《日本专利审查制度下人工智能相关专利申请的撰写留意点》，载中文网2019年12月24日，http://www.iprdaily.cn/article?wid=21442。

造或者使用”的关键依据。其包括：(1)直观表明相关数据之间的相关性；(2)经过定义或统计数据分析，直接证实相关数据的相关性；(3)依据对已实现的算法模型特性评估的结论，间接地证实相关数据之间的相关性；(4)所属技术领域的技术人员可以基于申请时科学技术知识合理推断出相关性所在。〔1〕从说明书中进行阐明到由技术人员进行合理推断，以上四种求证方法形成了有层次的递进关系。

2.“能够产生积极效果”的审查标准

欧盟的实用性审查标准相对来说较为广泛，由于它只把眼光放到是否可以被制造或使用，对于形成什么样的效益则不予考虑。美国的实用性审查更趋向于对社会发展有利的方向，对破坏伦理道德或社会秩序的发明并不给予专利保护。我国吸纳了两者的经验，在欧洲实用性审查标准的基础上，进一步结合了美国的实用性审查标准，〔2〕即不仅可以被生产和应用，还需要强调人工智能开发具有更加现实的作用。人工智能生成发明的“有用性”不仅体现为有积极价值，更应强调技术方案“能够预见”。这一要求对于人工智能生成发明而言十分必要，可以防止人工智能自身复杂性所带来的未知风险，将风险框定于人类的掌控范围之内，并防范技术方案可能产生的潜在危险。

法律所产生的效果最应当体现于危险性预防中的“防患于未然”上。人工智能的风险主要表现在下列三个方面：(1)算法自身的复杂性导致输出结果的不可预测性；(2)技术的无管制使用、管理漏洞引发的安全威胁；(3)智能自身的不可控性在人类社会应用中带来的不可预测的负面影响。〔3〕人工智能应用过程中存在的危险性有两个：一是由于人工智能与生

〔1〕 参见张鑫：《日本专利审查制度下人工智能相关专利申请的撰写留意点》，载中文网2019年12月24日，http://www.iprdaily.cn/article?wid=21442。

〔2〕 参见张洋：《论人工智能发明可专利性的法律标准》，载《法商研究》2020年第6期。

〔3〕 参见袁立科：《人工智能安全风险挑战与法律应对》，载《中国科技论坛》2019年第2期。

俱来的复杂特性而可能引发的危险。二是由于人工智能进入人类社会而可能造成的危险，主要是因为人类行为的不当，此种风险的审查标准是能够被预见，其存在的价值是为了避免危险的发生，降低危险发生的可能性。所以实用性审查中排除原因之一就是没有能够被预见的可能性。由于人类在社会实际的应用中的不当行为而引发的危险可能性，并不是人工智能所特有的而是所有专利申请中普遍存在的可能性。避免这一风险在于对人类使用情况的规制与管理。

人工智能在推动人类进步进程、提高人类幸福感的同时，也会带来各式各样的风险，如人工智能技术与互联网发展的广泛运用、机器人伤人的伦理事件、互联网个人隐私的泄露。相较于寄希望于立法理论的前沿问题研究、注重于技术开发的责任主体、对研发行为的法律属性、对法律责任的明确定义，以新兴规范立法方式应对人工智能风险，在现存的法律制度规范结构内充分利用法律解释方法规制风险，细化对可预料风险的解释，在实用性审查阶段加强审查的严谨性，可以将技术风险扼杀于摇篮中。

专利制度从发展到现在，越来越重视推进科技创新与社会同步发展。在蒸汽时代、电力时代的发明专利，不论所产生的科技效应有利抑或不利，基本上都是能够被预见的，所以对专利申请的实用性审查重心应当在技术效果是不是积极有利的效果。

在人工智能时代，依靠强大的计算能力与大量的数据基础支撑，人工智能技术水平大幅度提高、社会成本与自然资源得以巨大节省的同时，也增加了各式各样的风险。科技发展中面临的最大威胁之一便是人类无法掌控科学技术，甚至是被科技而“掌控”，人工智能技术领域也是如此。所以，比起积极而有价值的审查而言，关于人工智能生成发明“能够预见”的审查更为关键。当两者出现矛盾时，应当将“能够预见”作为底线式标准。展开而言，尽管人工智能生成发明能够产出正面且有价值的效果，但如果其中仍存在无法预见的内容，那么无论它可以产生何等重大的效果，都不可借此来对抗其存在"无法预见"可能性的事实，并通过实用性审查。

第二节　人工智能生成发明的权利归属

人工智能生成发明专利的"发明人"与"专利权人"是两个完全不同的概念。"发明人"是真正参与发明创造并对专利发明的技术效果作出了实质性技术贡献的人，其是一种身份的象征；而"专利权人"则是经过专利授权程序获得该发明专利的市场主体，其所代表的是一个法定身份。明确人工智能生成发明的专利权人及发明人，是探讨人工智能生成发明的权利归属的基础，本节将从人工智能专利主体地位出发进行探讨，明确人工智能的发明人身份及人工智能生成发明的权利归属。

一、人工智能生成发明的专利权主体探析

（一）人工智能作为专利权人之争议

当前，人工智能技术相较于普通的计算机程序而言具有更高的优势，已经成为人类创造发明的辅助工具。但就当前的人工智能的技术而言，没有人为的干预，目前的人工智能既不能发明也不能创作。在这些方面，使用人工智能作为辅助工具完成的发明或许跟使用计算机实施的发明之间并不存在显著差异。

但随着人工智能技术的进步，人工智能在发明过程中的作用也不断提升，并且欧洲专利局与美国专利商标局所受理的专利申请中，已经出现了

专利申请人将人工智能应用列为发明人的案例。[1]可以预料的是，由于强人工智能和通用人工智能（AGI）的发展，未来的人工智能很有可能超越了人们的实际智慧，而超出人们所控，以至于能够在某个抽象目标的指导下自主形成技术方法。比如，已开始存在的人类基因组编程人工智能通过独立设置候选方法产生的特定基因组样本，以及新药研究人工智能通过在某些化合物库中测试出某种抗癌物质等。[2]这种拥有大量自主生成技术方案的人工智能系统所显示出的科研实力，给当前的专利制度产生了强烈的冲击，迫切需要回应的问题就是人工智能是否能够成为专利权主体。

当前，国内外对于人工智能技术发展前景的认识并没有达成统一。有的学者认为强人工智能时代必然会到来，另有一些学者认为人工智能只能部分脱离人们对其的控制，还有一些学者则认为不管人工智能技术如何发展，其仍然无法摆脱对人类的依赖。基于这些不同的认识，就人工智能是否具备专利法上的主体资格的观点大体可以分为两类：肯定说、否定说。

1.肯定说

持肯定说的学者对于人工智能的专利权主体资格采取了积极的肯定态度，他们认为随着科技的不断突破，人工智能一直在为人类的发明提供创造性的投入，可以通过法律拟制的方式，赋予人工智能发明权或所有权。[3]肯定说认为，否定人工智能的权利主体地位，或者将相关成果的权利授予人工智能使用者都不是较好的模式，尤其是在人工智能日益具备越来越强大的独立创造能力的背景下。如果人类仅在某一发明创造过程中

---

〔1〕 参见欧洲专利局2020年1月27日关于EP18275163和 EP18275174的决定，EPO, https://www.epo.org/news-issues/news/2020/20200128.html/。

〔2〕 参见贾引狮：《人工智能技术发展对“发明人”角色的挑战与应对》，载《科技进步与对策》2019年第3期。

〔3〕 See Ryan B Abbott, *Patenting the Output of Autonomously Inventive*, 10 Landslide 16-22 (2017); Modkova Antonia & Hemma Vara, *The Robot Revolution-reinventing Inventorship*, Intellectual Property Forum: Journal of the Intellectual and Industrial Property Society of Australia and New Zealand, No.111, 2018, p.11-18.

投入了极少的创造性劳动，而人工智能则包办了技术特征的研发与专利文件写作的大部分工作，此时人类并未对发明的创造作出较大贡献，但是获得了权利，这在法理上是有失公平的。

同时，也因为人工智能的高度开放性，最先掌握技术内容和主张相应权利的人可能是不确定的，甚至有可能发生数人共同使用相关系统并创作出同一个新发明的情形。就专利法的价值导向而言，鼓励技术创新是最为关键的。〔1〕对于当前关于人工智能能否构成法律主体的争论，有观点认为，法律主体的类型会随着经济社会的发展而改变并被赋予新的价值内涵。〔2〕所以，在未来随着人工智能的发展，人工智能也可以被赋予法律主体的地位。〔3〕

2.否定说

持否定说的学者认为，人工智能并不能成为其生成发明创造的专利权主体。人工智能实质上就是一个计算机系统，完全不能等同于人类，所以即使人工智能技术在发明创造生产的过程中也作出了实质性贡献，但也不能享有其生成物的知识产权归属。从自然人的视角来看，人工智能系统模仿并掌握了人类大脑所具备的获取分析外界信息的能力，但其本身并没有感知，亦不包含任何情绪与个人意志，人工智能系统从根本上就不能等于自然人。从法人的视角来看，由于人工智能系统只是一个单独的体系，而非自然人的集合体，亦不具有法人组织所必需的财产等，所以从这一视角，人工智能体系也无法融入法人的认定范围。

此外还有学者指出，若将人工智能拟制为新的法律主体，融入现有的知识产权法律体系，将会颠覆现有的社会制度，造成法律秩序的混乱。当

---

〔1〕 参见刘鑫：《人工智能生成技术方案的专利法规制——理论争议、实践难题与法律对策》，载《法律科学（西北政法大学学报）》2019年第5期。

〔2〕 参见梁志文：《论人工智能创造物的法律保护》，载《法律科学》2017年第5期。

〔3〕 See Rafael Dean Brown, *Property Ownership and the Legal Personhood of Artificial Intelligence*, 30 Information & Communications Technology Law 208 (2020).

前，世界的伦理秩序都是以自然人为原点构建的，只有自然人才能作为“主宰者”作为主体存在，其他动物、植物或人造物（如人工智能）都只能作为客体存在。正由于人们在各方面都存在一定的能力不足，才开始开展各领域的科研活动和技术开发，通过生产出各式各样的辅助工具，以帮助人们更好地了解大自然、改变自然和征服大自然。所以，人类创造人工智能的初衷也绝不是希望其成为人类的管控者。认可人工智能作为一个法律主体，更类似于将人工智能塑造成一个可以和自然人竞争的法律主体，〔1〕这严重违背了自然人的根本利益，与人类追求自由与发展的目标不符。〔2〕

（二）人工智能专利权主体资格之否定

人工智能若想冲破专利主体制度中的既有规则，成为专利法上的主体，就需要遵循专利主体制度的评判准则，其只有拥有自主意志和自主财产，才能以自身的行动介入专利法律关系中，并对自身活动所产生的法律后果承担责任。在弱人工智能时期，由于人工智能既不具备作为专利主体的法理基础，也不具备作为专利主体的现实环境，所以在现行立法机制中仍可以对人工智能权利作出调整的情况下，就不宜赋予人工智能专利法上的主体资格。

1.人工智能无法独立行使权利

“在专利权市场主体乃至民事责任主体的判断准则中，独立性是最重要的标准，而具有独立的意思表示在理论上和我国立法实务中都是独立性最为重要的内核要件和具有终局意义的准则。”〔3〕首先，现阶段的人工智能尚没有产生自我意识，也就意味着它不会因为私欲而产生内在的欲求，

〔1〕 参见刘影：《人工智能生成物的著作权法保护初探》，载《知识产权》2017年第9期。

〔2〕 参见曹新明、咸晨旭：《人工智能作为知识产权主体的伦理探讨》，载《西北大学学报（哲学社会科学版）》2020年第1期。

〔3〕 房绍坤、张旭昕：《我国民法典编纂中的主体类型》，载《法学杂志》2016年第12期。

那么自然而然也就不会产生想要从事某种法律行为的动机。其次，现阶段的人工智能所作出的意思表示实际上都是在执行其控制者的指令，这种意思表示行为的发生不是依据人工智能内心的需求，更不存在人工智能内心的动机，而只是依据特定的指令运行特定程序的表现。也就是说，人工智能在特定情况下作出的意思表示，实际上是人工智能背后的使用者或者控制者等权益主体的意思表示。那么，人工智能就只能是人类借以用来从事民事活动的一种特殊工具。

2.人工智能无法独立承担义务

具备独立的财产是民事责任承担的物质基础。虽然人工智能也可通过一些活动获取一部分财产，但如前文所述，由于其进行的一切行为活动其实都是其背后的权利主体的意思表示，因此其所涉及的法律关系的主体就必须是人工智能背后的权利主体，其所取得的财产也就应然属于该权利主体。所以人工智能自身也并不可能拥有自己的独立财产。正因如此，当人工智能因所涉及的某种特殊的法律关系需要其履行特定民事责任时，人工智能也会由于独立责任或独立财产的缺失而无法履行义务。如果一方面承认人工智能具有独立的专利权主体资格，另一方面又要求人工智能背后的权益主体替人工智能进行责任承担，就违反了现行私法体系中所确立的“自己负责”的原则和精神，而前面这种自相矛盾的安排恰恰表明了人工智能只可能成为人工智能背后的权益主体的权利客体。

还有学者提出可以通过给人工智能建立类比法人制度的规则来保证其财产的独立与自由〔1〕，或通过保险制度分摊其责任风险〔2〕，但这只能使问题变得更为复杂而不能对现实问题的解决提供任何帮助。例如当一

〔1〕 See Rafael Dean Brown, *Property Ownership and the Legal Personhood of Artificial Intelligence*, 30 Information & Communications Technology Law 208 (2020).

〔2〕 See S. Chopra & L. White, *Artificial Agents: Personhood in Law and Philosophy*, Brooklyn College (Aug.22,2004), http://www.sci.brooklyn.cuny.edu/~schopra/agentlawsub.pdf.

个人工智能操纵了数字货币市场或首次代币发售（Initial Coin Offering，ICO），造成了数十亿元的损失，那么保险制度根本无法应对这些风险，也不能涵盖所有类型的人工智能责任。保险公司很可能会将保险范围限制在他们所预见的风险上，从而使问题重新回归到机器自主性的问题上。因此，人工智能没有独立的财产，也无法进行相应的责任承担，其所涉及的法律后果只能由其背后的控制者或使用者等权益主体来负担。

3.人工智能不具备激励理论下主体的要求

“机器获得的知识产权毫无意义，因此机器也不需要通过获得排他性权利以激励其生产知识产权所构建的整体目标，是为了通过授予创作者排他性权利从而鼓励其创新，如果无须激励就可以产生创新，则该权利将毫无保留之必要。”〔1〕我国《专利法》第1条指出，专利法的主要目的是鼓励创新，提高创新能力。人工智能即使成为知识产权主体，也并不能在对知识产权的权利归属中获得激励。由于人工智能缺乏自我意识，其生成物的创造过程只是对其权益主体指令的执行，因而就人工智能而言，其创造活动的进行需要的不是激励而是其权益主体对其发出的指令。一旦赋予了人工智能以专利法上的主体地位，那么由人工智能所获得的排他权保护机制将成为一纸空文，人类将很难成为受益主体。且人工智能生产发明创造等生成物的速度、效率、能力是远远超出自然人，从而抢夺和蚕食人类各产业的公共技术领域，最终将减损专利体系对于自然人的鼓励功能，削弱自然人进行创新创造的积极性。〔2〕因而现行法律制度对于人工智能生成物仍然具有调整能力，不需要把人工智能新设为专利法上的主体。

---

〔1〕 Pamela Samuelson, *Allocating Ownership Rights in Computer-Generated Works*, 47 Pittsburgh Law Review 1185(1986).

〔2〕 参见曹新明、咸晨旭：《人工智能作为知识产权主体的伦理探讨》，载《西北大学学报（哲学社会科学版）》2020年第1期。

4.人工智能作为专利权人有违现行法律与国际实践

完成一项专利的研发工作是复杂烦琐的，当利用人工智能技术完成发明的过程中，人类的干预因素越高，则人工智能在该发明创造形成过程中的工具性就越强。具体来说，自然人通过使用人工智能技术生成的专利，谁是该专利的发明人?谁又是该专利的专利权人?在这个专利权归属的划分过程中，牵扯的权利主体可能涉及人工智能的使用者、人工智能算法的设计者，以及其他有“创造性贡献”的人。从国际实践来看，否认人工智能的专利权人地位是当前世界各国通行的做法，欧洲专利局〔1〕、英国知识产权局〔2〕和美国专利商标局〔3〕甚至直接拒绝将人工智能命名为发明者的专利申请，即申请中指定的发明人必须是人类，而不能是机器，连发明人的身份都难以被认可，则其作为专利权人的可能性更加微乎其微。

综上所述，人工智能不具有成为专利权人的必要性。法律调节的重点是人与人之间的关系而不是人和机器之间的关系，任何与人工智能相关的利益问题最终都可以回归到该人工智能背后的人与人之间的关系，也即现行法律的调整对象并没有发生根本的变化。人工智能本身属于人类智力劳动成果，人们研发创造人工智能的目的也只有为服务于人类繁衍、生存及发展。所以，不管人工智能发展到了哪一个高级阶段，或者产生了什么杰出的发明作品，人工智能作为人类工具的基本属性都没有或无法改变，其将依旧归属于一般民法语境下“物”的范畴，而不属于“人”的范围，也不再具有作为专利权主体的适格性。

---

〔1〕 European Patent Office,*EPA veröffentlicht Begründung der Zurückweisung von zwei Patentanmeldungen,in denen eine Maschine als Erfinder genannt ist*,EPO(Jan.28,2020),https://www.epo.org/de/news-events/news/epa-veroeffentlicht-begruendung-der-zurueckweisung-von-zwei-patentanmeldungen.

〔2〕 Intellectual Property Office,*Patent decision(BL number O/741/19)*,IPO(Dec.4,2019),https://www.ipo.gov.uk/p-challenge-decision-results/o74119.pdf.

〔3〕 United States Patent and Trademark Office,*Decision on Petition(Appliaction NO.:16/524,350)*,USPTO(Jul.29,2019),https://www.uspto.gov/sites/default/files/documents/16524350_22apr2020.pdf

（三）人工智能生成发明专利权人认定之争议

依据上文分析，人工智能不具备专利权的主体资格，因此其不可以成为其生成发明的专利权人，人工智能生成发明的专利权人应为具有独立法律主体地位的自然人、法人或者其他组织。在人工智能生成发明创造的过程中，由于牵扯的主体较多，目前涉及人工智能生成发明创造的专利权归属的主体，主要可以分为人工智能的设计者、人工智能的所有者以及人工智能的使用者三类。

1.人工智能的设计者

人工智能的设计者，往往是算法所涉代码的著作权人。从传统的创新贡献原则出发，设计师为人工智能发明创造奠定了技术基础。算法是人工智能技术的核心，人工智能独立进行发明创造的能力往往取决于人工智能的算法、机器学习与数据喂养。从激励理论的角度来看，人工智能技术的设计者可以通过被授予专利权而获得激励。若非如此，人工智能的设计者或将通过商业秘密的方式维护自身利益，又或以自己的名义申报专利权，以获得人工智能生物的专利权。

设计者作为人工智能生成物的专利权人并不存在合理性。仅完成了算法设计的设计者，其对人工智能生成发明创造的"实质性贡献"不一定能达到专利权人的高度。人工智能设计者的创造性贡献，并非体现在人工智能生成物本身，而是针对人工智能产品本身。尽管机器设计者对人工智能的运行过程起着关键性的影响，但它对人工智能生成发明与创造过程的"实质性贡献"常常是微不足道。所以，若设计者只对人工智能系统进行了设计却未介入后续人工智能生成发明流程，则往往难以成为人工智能生成物的专利权人。

2.人工智能的所有者

对人工智能技术本身享有财产所有权的人，是人工智能的所有者。在人工智能技术并未进行所有权转让以前，原始持有者往往是人工智能技术提供资本、材料等资源的单位或个人。从实现社会效益最大化的视角出发，人工智能的所有者为人工智能技术的开发提供了大量的支持，倾注了巨大的成本，若将人工智能生成物的专利权赋予人工智能所有者，能在一定程度上促进人工智能领域的技术研发与投资。〔1〕但所有者独享人工智能生成物的专利权缺乏正当性。按照知识产权法中推动文化传承、保护文化多样性、推动经济社会发展的目的，如果按照“一刀切”原则把人工智能生成物的知识产权都归属所有者，将会导致所有者全面垄断人工智能技术领域的局面，这与鼓励创新、保护文化技术多样性的知识产权制度目标不相符。

3.人工智能的使用者

人工智能的使用者是指通过使用人工智能完成发明活动的人。使用者在使用人工智能的发明过程中，主要担负着选择目标、修改参数、输入命令等性质的职责。人工智能发明可以被看作实现使用者想法的创造性活动。在绝大多数情况下，人工智能发明创造的结果离不开使用者对人工智能的机器训练与数据喂养等的智慧投入。除此之外，还有学者运用科斯定理对人工智能专利权分配结合社会效率进行综合考量，分析得出人工智能生成物的专利权分配给人工智能用户，可以最大限度地提高社会经济效益。〔2〕

〔1〕 See Mengyu Wan, *The Challenge and Research of Artificial Intelligence to the Legal Problems of Intellectual Property*, 329 Advances in Social Science, Education and Humanities Research 1484–1488(2019).

〔2〕 See W. Michael Schuster, *Artificial Intelligence and Patent Ownership*, 75 Wash. & Lee L. Rev. 1945(2018).

(四)人工智能生成发明专利权人的判定

在人工智能生成物的权利归属认定中,人工智能的所有者、使用者都是常见的人工智能发明创造的相关主体,但究竟哪一主体享有人工智能生成物的专利权,可通过下列方法来判断。

1.遵循约定优先的原则

由于软件是当前传播与应用人工智能的主要方式,因此会出现大量的用户,即人工智能的使用者,此时,人工智能的所有者与用户之间是不同的权利主体,在这种情形下,若"一刀切"地规定将人工智能生成物的专利权归属于用户或所有者都是不合理且不科学的。若人工智能的使用者与所有者双方能就人工智能生成物的权利归属通过协议的方式达成共识,这是最好的解决办法。双方有约定从约定,遵循约定优先的原则来划分人工智能生成物的专利权。当前根据用户是否需要支付人工智能使用费,可以分为用户付费使用/免费使用人工智能产品两种情况。

第一,用户付费使用该人工智能产品。在此情况下,在使用者与人工智能产品发布者(所有者)之间,已经自动生成了一个购买或租用人工智能产品的关系。当用户购买或者付费使用了某种人工智能产品时,如果人工智能产品的提供者与用户之间就生成物的权利归属达成了协议,则应以协议为准。如果双方之间没有就人工智能产品生成物的专利权归属问题签订合作协议,那么就应当视为用户已支付购买了该人工智能产品的所有权,双方使用该人工智能产品所生成的专利及其专利权应一同归属用户。

第二,用户免费使用该人工智能产品。在用户免费使用人工智能产品的情形下,如果人工智能产品的供应商与用户之间没有约定,则应视为用户借用人工智能产品,人工智能生成的发明、实用新型和外观设计专利权应该归人工智能产品的提供者所有。假设人工智能产品提供者与用户之间有约定，则依据约定优先原则，依据约定确认人工智能生成物的专利权归属。

若合同约定不明或无效时，则需要以创造性贡献准则来划分人工智能生成物的专利权归属。

2."实质性贡献者"为专利权人

人工智能的所有者在设备、资金、人力等方面为人工智能发明创造投入了大量成本，对人工智能生成发明创造作出了重要贡献，在一定程度上是人工智能生成发明创造的"实质性贡献"者。在没有合同约定的情形下，将人工智能生成物的专利权赋予人工智能所有者，可以激励人工智能的发展与创新，如无特殊情形，人工智能的所有者可以是人工智能生成物的专利权人。主要有以下两种情况。

第一，在人工智能自身无法复制的情形下，人工智能生成物的专利权归人工智能的所有权人所有，所有权人以人工智能在产生发明或创造产品时人工智能本身的归属为准。若人工智能本身的所有权发生变更，那其变更后再产生的发明、实用新型和外观设计的权利归属也相应变更。

第二，在人工智能本身可复制的情形下，通过合法渠道取得人工智能的权利主体，享有该人工智能生成物的专利权。譬如，某成衣设计企业购买了由google和Zalando联合打造的人工智能时装设计软件Project Muze，则某成衣设计企业使用Project Muze所产生的外观设计专利权属于企业自身。

为促进人工智能生成发明创造的不断创新，保持人工智能技术的持久发展，需要避免人工智能生成物的专利权被单一主体持续垄断。在未来，随着人工智能技术的革新，人工智能所有者对人工智能生成发明产生的"实质性贡献"将逐渐减弱。能对人工智能生成发明产生"实质性贡献"的主体将越来越多，除人工智能的所有者外，人工智能的设计者或使用者等其他主体能够证明其实质性参与了人工智能生成发明的创造流程并具有实质性贡献，亦可成为专利权人。比如，人工智能的使用者若能举证说明，人工智能生成的特定发明是基于其输入的特定数据产生的，则使用者亦可成为该生成物的专利权人；人工智能的设计者若能举证说明其设计的特定程序，使人工智能基于该程序实现特定范围内的指定发明，则该设计者亦可成为专利权人。

二、人工智能生成物发明人地位之探讨

（一）人工智能生成物发明人认定之前提

专利法中的发明人，是指实质付出智力劳动并进行发明创造的人，发明人的认定通常被认为是对智力成果赋予专利权的前提。但人工智能生成物的发明人和专利权人并不存在同一性。一般情况下，发明人与专利权人同为一人，即都为实际实施发明创造的个体或团队。但在特定情形下，发明人和专利权人可能并非同一个主体，也就是说，尚未参加发明创造活动的第三人也可能成为专利权人，比如职务发明等。[1]但无论怎样，发明人的身份是确定的，即只能是实质参与发明创造活动本身的个体或团队。

当下各国普遍认为发明人应当是自然人。《欧洲专利公约》第60条第1款指出，“发明人或其所有权继承人有权获得欧洲专利”。[2]虽然EPC没有将“发明人”一词限定为自然人或将发明权解释为仅限于自然人。但欧洲专利局和英国知识产权局都拒绝了将名叫“DABUS”的人工智能认定为发明者的申请：“申请不符合《欧洲专利公约》的要求，即申请中指定

〔1〕 参见王迁：《知识产权法教程》（第5版），中国人民大学出版社2016年版，第296～300页。

〔2〕 Convention on the Grant of European Patents (European Patent Convention) Art. 60(1), Oct. 5, 1973, 1065 U.N.T.S. 199.

的发明人必须是人，而不是机器”，[1]并且英国知识产权局虽表示其认可“DABUS”是发明的创造者，但作为一台机器，它不能在法律上被视为发明人。此外，该机器不能在本发明中拥有权利，因此不可能将这些权利转让给指定所有者。[2]而美国的专利法中使用了“person”和“individuals”两个词以明确了发明人必须是自然人。我国专利制度中也有类似的规定，即便专利权人可以是法人，但其实真正完成发明创造的主体仍然还是进行实际操作的自然人。[3]

人工智能与人类相比，其最大的优势就在于其具有高速的数据分析与处理能力。就计算量极其复杂的生物技术领域和纳米技术领域来说，人工智能完全可以通过其自身优异的计算能力对各种可能出现的解决方案进行演算和检验，从而通过结果筛选出最优解。这巨大的计算量，对身处在正常的物理条件和限定时间范围内的人们来说完全无法想象，也是不可能实现的。

因此，随着科学技术的发展，能实现发明创造的主体已经不再仅限于法律意义上的自然人，人工智能亦具备了独立完成发明专利的能力。[4]这就需要重新明确人工智能生成物的发明人资格。根据人工智能在发明创造过程中所作出的贡献，目前可划分为辅助生成发明、人机合作生成发明和独立生成发明三种情形，其发明人资格需要分别进行判定。

（二）人工智能辅助生成发明的情形

在最低端的辅助生成发明模式中，人工智能作为人类的辅助工具，以

[1] *EPO Refuses DABUS Patent Applications Designating a Machine Inventor*, European Patent Office, https://www.epo.org/news-issues/news/2019/20191220.html.

[2] See Whitlow L., *When the Invented Becomes the Inventor: Can, and Should AI Systems be Granted Inventorship Status for Patent Applications*?, 2 Legal Issues in the Digital Age 3–23(2020).

[3] 参见《专利法实施细则》第12条。

[4] 参见曹建峰、祝林华：《人工智能对专利制度的影响初探》，载《中国发明与专利》2018年第6期。

人为设定的参数为基础，再通过人们的指令为其提供辅助性帮助，人工智能仅作为人类发明人的辅助工具来参与发明创造活动，因此，人工智能辅助生成发明的“发明人”依旧是“自然人”。我国《专利审查指南》也指出“发明人应当是个人”，由此可见，当前的保护规则并未考虑到有人工智能独立完成发明创造的情况。

不过，由于人工智能本身的复杂性，人工智能生成发明专利的过程可能有不同主体的参与，包括但不限于人工智能的算法设计者、数据喂养者、程序测试者或使用者等。确定哪一类自然人才是真正意义上的人工智能生成发明的“发明人”，主要考虑下列原因。

1.发明人需要有创造性技术贡献

存在发明人选择争议时，建议首先确定每个人对发明创造的贡献类型。在这个过程中，我们必须首先识别本发明的创造性方面，然后识别已经提供了创造性输入的人。如果有人的贡献只是机械的，而非创造性的，则其可能不会被视为发明者。例如，由两个人员A和B合作开发了一个人工智能模型，其中人员A开发了人工智能程序，并要求人员B提供培训人工智能程序的特定数据。在这种情况下，人员A的贡献（人工智能程序的开发）可能被视为智力输入，而人员B的贡献（提供培训数据）可能不被视为智力输入。

2.发明人对发明的实质性内容有创造性影响

同样重要的是，要确定“个人的贡献对发明的实质性内容有多大的影响”。如果个人的贡献对发明的主题有创造性的影响，则可以将其视为发明人。[1]例如，在A和B两个人的合作下开发了一个人工智能模型，其中A设计了人工智能程序，并指示B测试人工智能程序的效率。在这种情况下，B对测试人工智能程序效率的贡献对发明的主题没有任何创造性的影

〔1〕 See 35 U.S.C.S § 100(f) (2018); 35 U.S.C.S § 100(g) (2018).

响，因此，B可能不被认为是发明人。

3.发明人对申请专利范围有贡献

在协作发明中，个人对申请专利范围中的至少一项权利要求存在创造性贡献，则可以将其视为发明人。此外，权利要求书提出的贡献不应在现有技术中提供，也应是以发明形式解决问题的解决方案的一部分。例如，A和B两个人一起工作并开发了一项发明（一种用于诊断结肠癌的人工智能系统和方法）。A开发了新的人工智能系统，B提出了一种方法（现有技术）使用人工智能系统诊断结肠癌。在这种情况下，B不能被视为专利申请中的发明人，因为他的贡献明显被排除在专利申请之外。

综上所述，在辅助生成发明阶段，由于人工智能在人类实施发明创造中所体现的辅助工具属性尚未改变，因此自然人依旧是人工智能生成发明专利的发明人。对具体发明人的认定，应以自然人在人工智能生成发明专利中的"人类干预因素"为评估标准，对申请专利范围的实质性内容有创造性技术贡献的自然人，才是人工智能生成物的发明人。

（三）人机合作生成发明和人工智能独立生成发明的情形

随着人工智能科技的蓬勃发展，人类干预因素逐渐由强到弱，发明活动智能化程度也逐步增强。在人机合作生成发明和人工智能独立生成物的背景下，人工智能可能会以发明人资格出现。在人机合作生成发明的过程中，存在人类与人工智能合作的因素，单独由人类或人工智能均无法完成完整的发明创造。在人工智能独立地完成发明创造的情形，人工智能以自身深度学习能力为基础，利用大规模的数据积累和信息分析，可以不受人为活动和人类思维的影响完成发明创造。以上两种情形，均涉及人工智能发明人资格的认定问题。

本书认为，如果人工智能在发明创造过程中作出了技术贡献，可以认定为"发明人"。其一，发明人资格不会影响专利权的归属。人工智能生成物的发明人是谁无关紧要，重要的是该生成物的权利归属所引发的利益衡量。专利权作为最纯粹的财产权不与任何人的人身权益相关，因而只需要从发明创造的法定构成要件入手就可以对人工智能生成物的可专利性进行判断。同时，只要人工智能生成物的权利归属可以被明确，那么其是否需要注明发明人，以及发明人是谁就变得不再重要，且该生成物的权利归属还可能以约定的方式予以确认。其二，承认人工智能的发明人资格，有利于区别专利来源，并鼓励创新。人工智能生成的发明，因不存在符合专利法意义上的“发明人”而无法得到承认，那么人工智能生成物的所有者必将选择隐藏该人工智能的生成身份，或者直接通过商业秘密的方式寻求技术保护，这将混淆创新的来源，并减缓技术公开的进程和科技创新发展的步伐。因此，赋予人工智能以发明人资格具备可行性。不过，当前学界就人工智能生成物的发明人认定主要有共同发明人与职务发明人两种观点，尚存在明显缺陷。

1.共同发明论的不足

在人机合作生成发明的情形，人工智能生成物是人工智能和人类共同合作的结果。共同发明论认为，人工智能和人工智能的算法设计者、数据提供者以及对生成的技术成果进行筛选和调试的检测者共同促成了人工智能生成物的产生，因而该技术成果应当被认定为共同发明，由参与其创造过程的各方主体共同享有专利权。

毫无疑问，共同发明人都必须追求同一个结果，且为了这一结果的实现作出了各自实质性贡献。人工智能生成发明创造的过程确实依赖于人工智能和人类的共同付出，但无论是对算法、数据、检测的筛选、调试等参与行为，真正作出了实质性技术贡献的还是人类本身。人工智能对于生成的技术成果涉及更多的是技术性影响而并非创造性影响。如果采用共同发明理论，将各方参与者都认定为共同发明人，则不符合专利法对共同发明人都应当有实质性技术贡献的规定。

2.职务发明论的缺陷

有学者认为，人工智能独立生成物的发明人认定必须适用“职务发明”，亦即人工智能的权利主体为雇主，赋予人工智能本身雇员的地位同时又为生成物的最初发明人，而人工智能背后的权利主体则通过以其雇员地位，按照职业发明专利的有关条款获得了科技成果的知识产权。尽管雇主在科技成果的制作过程中，仅仅对人工智能发布了实施某项发明任务的命令，不但未能介入实际的开发过程中，也无法把握人工智能生成物的最终形态及其可专利性。但从总体利益出发，不被人类所掌控的科技成果仍然是对人工智能背后的权利主体的意愿的直接表达，相当于人工智能正在实施雇主的任务。并且人工智能在自主完成发明工作的过程中，可能会大量使用雇主的生产设备、原材料和资金等物资，这也符合职务发明中关于研发创造“主要是利用雇主的物质技术条件完成”的标准。所以，对人工智能生成物而言，虽然人工智能自身的权益主体并未对其生成物作出直接的贡献，但抛开了人类对人工智能的直接投入，人工智能生成物也就变成了无源之水。

职务发明论实际上是将专利权从实际参与发明活动的“发明人”（人工智能）转移到经营管理专利技术的专利权人身上，[1]但该制度并未直面回应发明人是否可以不是自然人这一问题，在人工智能不具备法律主体资格的背景下，类比适用职务发明存在障碍。此外，职务发明论的另一适用困境在于雇主身份的认定。由于人工智能生成发明创造涉及的主体众多，包括人工智能所有者、开发者、使用者等，在此情况下也难以确定谁才是职务发明模式下的“雇主”。

〔1〕 参见刁舜：《人工智能自主发明物专利保护模式论考》，载《科技进步与对策》2018年第21期。

3.应当赋予人工智能发明人"署名资格"

依据前文分析，共同发明模式不能满足专利法对共同发明人实质性创造的规定，而职务发明模式并未脱离默认人工智能作为独立法律主体的属性。那么在人机合作生成发明和人工智能独立生成物的情形下，作出技术贡献的人工智能该以何种方式享有"发明人"资格，是尚需解决的问题。

本书认为，人工智能作为人机合作生成发明和独立生成发明的贡献者，应当享有发明人的署名资格。与自然人享有的"署名权"相比，人工智能作为发明人的"署名资格"与之有一定的相似之处，但有本质上的区别。表面上二者均能够在专利申请文本中注明自身的名字；但实质上，自然人享有署名权是以自然人的民事主体地位为前提条件，且享有发明人获得奖励和报酬的权利。而人工智能的署名资格只要求人工智能有对其生成物的发明创造过程有技术性贡献，其不需要具有法律主体地位，当然也不具有获得奖励和报酬的权利。赋予人工智能发明人的"署名资格"，具有以下两个方面意义。

其一，"署名资格"以区别专利来源为目的，具有标识意义。在目前的专利法制度中，署名权是专利发明人的专属权利，专利的发明人有权在专利申请书中发明人一栏署上自己的姓名，并享有获得奖励和报酬的权利。将发明人的"署名资格"赋予人工智能，其主要目的是区分发明专利的来源，对人工智能生成物进行标注，并不代表承认人工智能具有相应的法律主体地位。据北京互联网法院在"人工智能生成物知识产权保护第一案"中的论述："无论人工智能所有者或使用者，非创造者均不得在人工智能生成物上署名，并必须说明该生成物是由人工智能自动产生，其目的就是保障社会公众的知情权，也是诚实信用原则的保障。"[1]可见，标注人工智

〔1〕 北京菲林律师事务所诉北京百度网讯科技有限公司侵害作品著作权案，北京互联网法院（2018）京0419民初239号民事判决书。

能生成物的来源，披露人工智能的创造者身份，承认人工智能具有发明人资格，具有十分重要的现实意义。在“署名资格”模式下，人工智能虽然可以成为发明人但其并不享有实质性权利。简言之，即便最新一代的人工智能能成为其独立生成的发明专利的发明人，但因为人工智能自身无法参与专利后期的研发与经营管理，因此就算承认其发明人身份，也并没有影响人类作为专利权主体的地位。[1]在法律实践层面，南非与澳大利亚两个国家，目前已经有法院确认了人工智能的发明人身份的案件，其目的也是希望通过承认人工智能作为“发明人”的身份，以实现区分专利来源的目的。如果自然人窃取人工智能的发明成果，这种不正当的竞争行为将影响知识产权市场秩序，甚至有扼杀科技发展的可能。

其二，专利权人承担人工智能“署名资格”的披露义务。与自然人的发明创造相比，人工智能生成的发明创造的外在表现形式与之相差无几，因此倘若专利权人不主动公开所申请专利的发明人，专利审查机构也难以识别该专利申请的发明人到底是自然人还是人工智能。依据国内外相关的立法，尚未有法律明确规定人工智能的创造发明可以被授予专利，因此，为了使人工智能生成物落入专利保护的范畴，专利权人或许将选择隐瞒人工智能的发明人身份。而随着人工智能科学技术的进一步发展，由人工智能生成发明的数量或将暴增。在这种情形下，若想稳定专利市场秩序，则必须在专利授权上区分人工智能生成的发明与自然人创造的发明。仅通过立法确认人工智能具有发明人资格还远远不够，还需要通过立法明确专利权人应当自觉履行披露人工智能发明人身份的义务。另外，还可以通过为人工智能发明专利申请提供快速审批途径、减免专利申请费等相关鼓励政策，激励专利权人主动公开人工智能的发明人身份。[2]

〔1〕 参见刘瑛、何丹曦:《论人工智能生成物的可专利性》，载《科技与法律》2019年第4期。

〔2〕 See WIPO Conversation on Intellectual Property (IP) and Artificial Intelligence (AI): Third Session, WIPO (Nov.4,2020), https://www.wipo.int/meetings/en/details.jsp?meeting_id=59168.

第三节　人工智能生成发明专利侵权问题

一、人工智能生成发明专利侵权的产生及特点

（一）人工智能生成发明专利侵权的产生过程

1.数据输入和算法学习阶段

这一阶段主要面临的风险是对方法专利的侵权，因为产品专利有专利权用尽的情形，但只要实施方法专利权中的所有步骤，就会侵犯方法专利权。当人工智能科技在产生发明创造或实现发明的过程中，如未授权利用了受保护的方法专利时，将有可能受到侵害发明专利的指控。

2.生成发明阶段

在新技术标准产生和开发阶段，人工智能使用文本信息处理、简单的同义替代等方式有效地规避了现有技术标准，因此形成了大规模的创新方法，但这些技术创新方法和现有技术标准并无根本性不同，产生了侵犯专利权的可能性。一方面，人工智能可通过对数据库系统中已获得发明专利权的权利请求加以分类，从而得到专利审查机关最感兴趣的专利申请文书格式和信息内容；另一方面，人工智能拥有超强的收集和分类已有技术专利数据的能力，尤其善于结构化和规则化的信息处理，能够把已有技术中的内容，采用相同词、反义词、上位词和下位词等方式加以重复组成或替代，从而产生了成千上万的和已有内容完全不同的新权利请求。虽然采用这些方式在已有的技术专利文章中“发掘”，经过“文本游戏”最后产生的结论或许与已有科技获得的科技特征无根本性差别，或者大部分可能都是无价值的，但它们依然形成“基本技术专利”以外的“下游技术专

利”，也因此增加了现有技术论文的数量。[1]由于人工智能拥有对数据进行处理、分析和重新编码的能力，所以人工智能完全可以通过语句变换、词语替代等方法与现有的技术方案作出区别，但没有实际产生新的技术成果，使得从人工智能得到的大量的科技解决方案都具有潜在的专利侵权风险。

（二）人工智能生成发明的侵权特点

1.不可预测性

人工智能自我学习和进化的特性，使人工智能创造者、所有者和使用者都难以预料人工智能会产生什么样的成果，而这些成果也包括了对已有专利权侵犯的情形。无论是应用操作者，还是人工智能，抑或是新一代人工智能拥有者，对已经出现的或者无法预见的专利权侵犯后果，并不具有主观意图。但是由于人工智能算法所具有的不可预测性特点，使侵害能够在极其短暂的时限内迅速产生、消失甚至回归到未侵害状态。因此，专利权拥有者有时会无法及时对侵害事实的证据加以固定，又或者无法及时发现已经产生的侵害事实，导致权利人会面临无法证明侵权事实的难题。同时，因为更新一代的人工智能机械或装置在开发时必须高度依靠对海量数据的机器学习，在侵害案例中权利人无法完全自主掌握具体侵权人的机械或装置时所依靠的数据集合，而权利人或许必须通过使用具体侵权人机械设备或发明时所依靠的数据集合，才能更进一步判定具体侵权人是否对其技术方案造成了权利侵犯。

2.多主体性

技术方案包含的所有技术特征的实现过程很可能会由众多权利主体

---

〔1〕 参见周鑫：《人工智能自主发明对我国专利制度的冲击与应对》，载《贵州省党校学报》2019年第4期。

所共同完成，而不仅仅限于一个人工智能技术体系及其权利人。[1]因此，整个人工智能技术开发流程中通常包括各个领域的权利人，测试者、训练者、具体操作者，以及不同的大数据提供商等，通过这些人的通力合作可以实现一个功能完全的人工智能技术体系，但在其中的任意一个环节均有可能会出现侵权行为。而由于中国目前专利法并不接受个人计算机能够作为侵犯权利主体的资格，所以一般都是指人工智能技术的所有者，但从以上情况可知，很多情况下人工智能所有者或许并不了解其侵犯专利权的具体情况，也无法实施合理的限制，对具体实际侵犯专利权人也无法确认。在侵犯专利权的主观意图上，因为人工智能系统具备不可预测性，所以有时甚至于连参加具体实施工作环节的人都不了解人工智能技术是怎么创造出具体实施对象的。特别是当人工智能技术运用网络技术实现了自主学习之后，对其修改的计算恐怕连最初设计算法的人也无从找到它们的漏洞。因此，利用这种人工智能系统极大地提高了侵权概率，并且侵权人难以判断，给专利侵权诉讼官司带来困难。[2]

二、人工智能发明专利侵权的认定困境

人工智能开发与创造中，人机协同形成的开发与创造又可以分类为辅助形成发明创造、协同形成发明创造和自主形成的开发与创造。[3]在最末端的辅助生成方法或创新模型中，人工智能只用来当作发明者的辅佐用具来完成发明创造活动，而无疑地要由利用该人工智能完成开发或形成发明创造的主体负担侵权民事责任。但在人机合作产生发明创造的整个流程

〔1〕 参见吴汉东、张平、张晓津：《人工智能对知识产权法律保护的挑战》，载《中国法律评论》2018年第2期。

〔2〕 参见林立洲、王景：《人工智能对专利制度的影响研究》，载《科技和产业》2020年第2期。

〔3〕 参见吴汉东：《人工智能生成发明的专利法之问》，载《当代法学》2019年第4期。

中，人类发明者和人工智能发明者都对发明创造的产生起着至关重要的作用，就如同两个人类发明者共同完成一项发明创造，这时如果把专利侵权主体单一地划归到人类发明者身上显然是不合适的，而必须根据各个技术阶段考虑各个主体所采取的行动对侵害结果形成的影响，而这些情形又不同于传统侵犯专利的情况，因此在侵犯专利权判断和民事责任承担过程中也存在现实困难。

（一）分离式侵权

侵权行为判定的困难在人机协同制造开发中，必须由人工智能和人类共同参与的发明创造过程，分别由人类或人工智能均没法实现共同完成的发明创造流程。这显示出了分离式侵犯的特征，并伴随多方主体参与多过程的直接侵犯专利权形态。〔1〕但是在商业实践中，通常人工智能整体技术的实施往往要求多种权利主体联合活动，即除人工智能完成的部分发明专利过程以外，还会有人工智能所有者或研究操作者或许会单独进行剩下的发明专利过程。按照我国目前关于发明专利侵权确认的基本规则，在这些情况下，同一方法的专利权各个过程并非完全由同一个主体所进行，也就不能满足全部覆盖原则的条件，也就无法通过对发明专利直接侵权进行确认，而又由于进行专利权过程的不同主体间没有故意侵犯的相互意思联络，就无法看作“发明专利共同侵权”。从现在的法律体系来看，运用人工智能进行发明创造时，各个主体分别执行一部分专利的行为，不能将其判断成专利引诱侵权。而且，在人工智能发明中涉及主体的权利行为也无法界定为了实现专利权或直接侵权行为的目的，一方主体必须为另一方主体进行协助和引导的活动，从而也无法形成专利帮助侵权的判断结果。由

〔1〕 参见吴汉东、张平、张晓津：《人工智能对知识产权法律保护的挑战》，载《中国法律评论》2018年第2期。

此可见，人工智能多市场主体、多过程专利权侵害形态的发展已经超越了传统专利法中所设定的“单一实体执行整个专利权过程”的确定模型，有可能是由两个以上彼此独立的市场主体联合介入其中，因此无法符合全面覆盖原则，也无法按照现有的国家立法标准确认为对专利权的直接侵犯或间接侵犯。这种侵权形式也使全面覆盖原则无法对专利权人进行更周全的保障，也使实现了发明专利侵权的市场主体能够完全避免专利权侵害责任，从而也不利于人工智能技术的未来发展。所以，虽然按照目前的专利法难以对以上讨论的情形进行规制，但这种行为显而易见地侵害了专利权人的实质权益，故不能对其放任不管。〔1〕

（二）人机合作实施侵权

分离式侵犯的特点之一就是由多主体介入、多过程进行，所以对于侵犯专利权的认定常常面临从实施侵权行为的各方主体中认定专利权侵犯责任主体的问题。民事责任形成条件中，主体条件对侵权民事责任制度具有实质性影响，即唯有把专利侵害民事责任制度落在具体的承担主体上，方可保护专利权人的合法利益。唯有适格的民事诉讼主体，才有资质对自身所进行的侵害承受民事违法赔偿责任。按照民事权利一致性准则，人工智能产生的发明创造所有权人理应承受在人工智能发明创造中出现的专利侵权责任，但由于目前人类对于如何给予人工智能法律人格的问题一直没有确切的结论。〔2〕所以按照以上的讨论，人工智能没有确切的法律主体地位，故也无法对其造成专利侵权损害作为主体直接承担后果。

---

〔1〕 参见孜里米拉·艾尼瓦尔：《人工智能发明创造中的专利侵权困境及其应对》，载《中国科技论坛》2021年第4期。

〔2〕 参见孜里米拉·艾尼瓦尔、姚叶：《人工智能技术对专利制度的挑战与应对》，载《电子知识产权》2020年第4期。

三、人工智能发明专利侵权困境的解决路径

（一）专利侵权认定规则的补充

人工智能发明中侵犯专利权诉讼通常牵涉诸多主体，但如果坚持传统专利法对侵犯判定“全面覆盖原则”中“单一主体”的规定，则必将造成侵犯专利权判定障碍，从而使被控侵权人更容易避免法律责任。所以，在对人工智能专利侵权的确认困境之解决过程中，必须克服传统专利法对直接侵权责任确认上的“单一主体”规定，在不损害现行专利法系统框架的基础上，进一步探索并确立了多主体、多流程的对分离式侵权行为直接侵权责任的新规范。

当专利侵权认定“全面覆盖原则”无法对一些专利侵权行为进行规制时，可以运用“控制与指挥”规则进行补充。“控制与指挥”规则要求，被控侵权人对受其直接控制或管辖的其他当事人所采取的专利实施行为负有替代责任，并规定对其专利实施行为负有直接侵权责任。具体而言，“控制与指挥”规则有如下的实现过程。其一，必须以全面覆盖原则为基准，法官首先须运用全面覆盖原则，判断各自实施侵权的市场主体是否实际完成了涉嫌专利权的全部技术方案，以判断是否构成直接侵权。其二，法官将“控制与指挥”规则视为对全面覆盖原则的补足，即确定被控侵权人和第三方主体之间，是否具有相互合作或代理等特定社会关系，以及是不是能够将对第三方实施专利直接侵害的全部责任，归结为实际操控权力的市场主体并实际领导了整个侵权流程的一方，由此判定实际操控权力的市场主体是否实施了专利的直接侵害行为，并以此承担直接侵害专利权的民事责任。〔1〕

〔1〕 参见孜里米拉·艾尼瓦尔：《人工智能发明创造中的专利侵权困境及其应对》，载《中国科技论坛》2021年第4期。

（二）人工智能发明专利侵权责任承担主体

人工智能发明专利侵权从法律性质上分析属于典型的多数人侵权，责任主体具有多样性。现阶段，人工智能发明与创造活动中所牵涉的社会利益一般涉及计算程序的写作者、数据提供商、数据测试者、大数据分析训练者、人工智能拥有者和新一代人工智能技术应用操作者。〔1〕其中，人工智能本体、所有者、算法的设计者以及应用操作者通常会和专利侵权的结果有重要联系。放眼现行法律法规，人工智能发明专利侵权责任承担的第一责任者应当是人工智能的所有者。人工智能专利的侵害后果，不仅是因人工智能自身在完成发明创造的流程中所主观判定的后果，也可以是因人工智能算法设计者在实施过程中的技术问题而造成的后果，或者也可以是因人工智能应用操作者的使用行为所造成的结果。显然算法的设计者即使设计了算法，但其很显然并不一定参与了专利开发的活动，甚至对其具体的应用毫不知情。当人工智能的所有者和使用者作为不同的主体时，则需要利用“控制与指挥”的规则确定二者之间的联系。当出现专利侵权的情况时，人工智能的所有者可以比单单使用人工智能的主体掌握更多的技术资料，从而更好地得到侵权原因的分析结果。〔2〕而且，当人工智能技术系统的所有者也对人工智能系统整体的更新换代、技术缺陷修补负有义务，应该基于系统编写过滤算法来规避可能的侵权后果。〔3〕

---

〔1〕 参见朱雪忠、张广伟：《人工智能产生的技术成果可专利性及其权利归属研究》，载《情报杂志》2018年第2期。

〔2〕 参见钱思雯：《弱人工智能时代的法律回应——构建以产品责任为核心的责任分配体系》，载《中国科技论坛》2019 年第9期。

〔3〕 参见孜里米拉·艾尼瓦尔：《人工智能发明创造中的专利侵权困境及其应对》，载《中国科技论坛》2021年第4期。

第六章　人工智能知识产权法律应用问题

第一节　人工智能在著作权侵权领域的应用问题

一、问题的提出

随着大数据技术的快速发展，我们正在进入"算法时代"。算法在网络化的管理框架中扮演着越来越重要的角色，在我们可以想象得到的任何领域，由数据驱动的算法认知和代理正在描述和深刻改变着社会的各个方面。[1]算法正在以各种各样的方式影响着企业创新、产业变革、经济发展。在网络著作权领域，算法决策和执行所带来的各种转变也在深刻影响着侵权责任的判定和承担。

1998年，为了迎接互联网技术带来的挑战，美国在《数字千年版权法》第2章第512条设立了"通知—删除"(Notice and Takedown)规则，[2]通过创建一个"安全港"机制，在著作权人可采取的救济方式、网络服务提供者所承担的适当义务以及确保互联网用户的正当权益之间达成新的平衡。一方面，它希望向网络服务提供者提供强有力的激励措施，促使其与著作

〔1〕 See Lee Rainie & Janna Anderson, *Code-Dependent: Pros and Cons of the Algorithm Age*, Analysis & Policy Observatory (Feb.8,2017), https://apo. org au/node/74277.

〔2〕 The Digital Millennium Copyright Act, Pub. L. No. 105-304, 112 Stat. 2860 (Oct. 28, 1998).

权人在发现和删除侵权材料方面进行合作，以解决日益增加的在线著作权执法困难；[1]另一方面，它力求使网络服务提供者能够降低风险并提高法律确定性，使信息的自由流动不受过分过滤和干扰。[2]“通知—删除”规则本质上是一种非诉讼纠纷解决机制，是权利人、网络服务提供者和用户之间在线处理著作权争议的一种途径。作为互联网发展早期的制度产物，“通知—删除”规则的运行是以人工操作为基础的，进入由算法主导的智能时代后，“通知—删除”规则的具体操作方式已经发生了巨大变化。传统人工方式的通知和审查工作逐渐交由算法完成，在提升互联网侵权执法效率的同时，也引发新的困境：当大规模发送的自动化通知成为“通知—删除”程序运行的起点，其通知要素是否能被有效执行？错误通知是否能得到有效规制？这些问题都直接影响网络在线纠纷处理的公平和高效。本书将以美国的通知删除实证研究项目（The Takedown Project）[3]所提供的系列资料为数据来源，评价网络著作权侵权中的通知规则在实践中的运作效果，并就其所遭遇的现实挑战予以反思和探讨，以期助益我国著作权法律制度的发展和完善。

---

〔1〕 See Senate Committee on the Judiciary Report, *The Digital Millennium Copyright Act of 1998(S. REP. No. 105-190)*, Congress. Gov (May.11,1998), https://www.congress.gov/congressional-report/105th-congress/senate-report/190/1?overview=closed. See House of Representatives Report, *Digital Millennium Copyright Act of 1998 (H. R. Rep. No.105-551,pt.2)*,Congress.Gov(Jul.22,1998), https://www.congress.gov/congressional-report/105th-congress/house-report/551/2?overview=closed.

〔2〕 See Nicholas W. Bramble, *Safe Harbors and the National Information Infrastructure*, 64 Hastings Law Journal 355–359 (2013).

〔3〕 该项目由美国加利福尼亚州大学伯克利分校的“Samuelson Law, Technology, and Public Policy Clinic”和位于哥伦比亚大学的公共政策智囊团“The American Assembly”联合主导，旨在动员学界探索“通知—删除”程序在美国、欧洲和其他国家的运作方式，跟踪调查并评估实践中的最新演变，寻求平衡互联网用户、著作权人和在线服务提供商之间权利冲突和责任分配的解决方案，以及在更宽泛的意义上形成与言论自由、在线表达监管等领域的研究交集。具体参见 Takedown Project, *Management:Project coordination and Reporting,*TAKEDOWN, https://www.takedownproject.eu/project-structure（Last Visited Oct. 12，2022）。

二、著作权法上自动化通知面临的挑战

“通知—删除”规则设立以来，通常认为，其最大优点是在程序上可以实现以下功能：其一，为权利人创建了一个成本低且相对快捷的救济渠道，使其通过发送简短有效的“通知”即可达到制止在线侵权的目的；其二，为网络服务提供者建立了一个“避风港”，使其可以通过采取“删除”措施避免因用户或第三方侵权而遭受损害；其三，针对用户设置的“反通知”，可以为用户的言论自由和合理使用提供保障。显然，发送有效的侵权通知是“通知—删除”规则启动的基本前提，也是在线侵权纠纷得以有效化解的关键因素。侵权通知的功能在于使网络服务提供者在准确识别被控侵权的信息后，能够迅速响应并采取相关措施以获得责任豁免。近年来，随着大数据和人工智能技术的提升，著作权人开始采用自动化系统来检测互联网上的侵权内容，并自动生成通知发送给网络服务提供者。伴随大规模自动化通知的出现和应用，产生了种种不可回避的现实问题。

（一）自动化系统的应用导致通知数量急剧增加

丹尼尔·森（Daniel Seng）的研究统计，[1]美国《数字千年版权法》“通知—删除”规则颁布后的前十年，网络服务提供者收到的通知数量基本维持在每年数十到数百件之间不等，在2009年以后则开始增长到每年数万乃至数十万件。2009年谷歌收到的通知数量首次突破千件，达到4275件；此后每年其收到的通知数量呈几何倍数增长，2010年为16，827件，2011年为67，571件，而到2012年，这一数字增长到441，370件。截至

〔1〕 See Daniel Seng, *The State of the Discordant Union: An Empirical Analysis of DMCA Takedown Notices*, 18 Virginia Journal of Law Technology 389 (2014).丹尼尔·森的实证分析数据来自“寒蝉效应”项目数据库（现在的流明数据库）中存储的删除通知样本。

目前，从流明（Lumen）数据库查询到的数据显示，谷歌2019年收到的通知数量已达到170多万件。[1]而对于一些社交媒体和内容分享平台，通知数量的增长也很惊人。例如，推特（Twitter）在2010年收到的侵权通知仅为307件，2011年为4138件，2012年为6646件，2013年为12，433件，2014年为25,847件，2015年为33,733件，2016年为59,371件，2017年增长到87,828件，2018年则达到了111,149件，而2019年仅1—6月就达到了106,951件。[2]侵权通知的总数在增加的同时，每份通知中的侵权主张数量与每份通知中的删除请求的总数也在呈指数增加。从2010年每份通知最多一件侵权主张，增加到2011年每份通知最多997件侵权主张，2012年每份通知最多1484件侵权主张。同样地，从2011年每份通知最多的9515个删除请求，增加到2012年每份通知最多有25,050个删除请求。[3]不过由于技术和成本的限制，在美国，这种方式目前主要被持有大量著作权的出版商集团和主流音乐影像公司所采用，大多数中小型的著作权人仍然遵循传统单个通知的手动发送模式，但在体量上，自动化通知显然已经占据互联网侵权通知的主流。

侵权通知数量的增长，助长了高度专业化的著作权实施机构的兴起，

---

〔1〕 截至2020年1月29日，笔者从流明数据库查询到的数据显示，谷歌从2019年1月28日以来，其接收的通知数量为1,738,962件。由于技术限制，笔者无法准确查到2019年1月1日至12月31日这一年间的完整数据。但因为时间相隔不久，姑且用2019年1月28日至2020年1月28日的数据来说明这一情况。这一数据仍在实时更新中。详情请参见Lumen，https://www.lumendatabase.org (last visited Jun. 7, 2021)。流明数据库是哈佛大学伯克曼互联网与社会中心主导下的一个独立第三方项目，专门收集并分析互联网上发送给在线出版商和服务提供商的各种移除请求（包括但不限于著作权），其目标在于教育公众，促进对不同类型的投诉和移除请求的研究，并为全球的互联网内容移除提供相关信息。谷歌除了在专门网站设置“因著作权问题提出的内容删除要求”专项板块，用以公布其接收的来自著作权人和代表著作权人的组织所提出的删除通知，以及谷歌所采取的处理结果之外，还会在收到删除通知的同时自动将其转发给流明数据库以供备份存档和查询研究。参见Lumen, https://www.lumendatabase.org(last visited Jun. 7, 2021)。

〔2〕 *Copyright Notices: DMCA Takedown Notices*, Twitter (Jan.27,2020), https://transparency.twitter.com/en/copy-right-notice.html.

〔3〕See Daniel Seng, *The State of the Discordant Union: An Empirical Analysis of DMCA Takedown Notices*, 18 Virginia Journal of Law Technology 408 (2014).

也进一步推动了著作权人的自动化通知实践。著作权实施机构是著作权人授权的第三方服务公司，负责调查侵权行为并发送侵权通知，这种新型的商业代理机构正替代传统的权利人成为在线侵权通知发送中的主力军。詹妮弗·厄本（Jennifer M. Urban）和劳拉·奎尔特（Laura Quilter）2006年的研究数据显示，在2002年3月至2005年8月发送给谷歌网页搜索的通知中，有98.5%是由著作权人自己发送的。[1]然而，当他们调查在2004年年底至2007年年中发送给得克萨斯州的网络主机和连接服务商的通知时，发现第三方著作权实施机构和一些行业协会已经开始使用自动化方式发送通知。而在2016年的研究中则发现，91.9%的通知是由代理机构发出的，包括专门的著作权实施机构（49.3%）、行业协会（38%）、律师事务所（0.3%）以及其他（4.3%）等，只有7.5%的通知直接来自权利人。[2]丹尼尔·森也发现，在1998年至2004年，通过著作权实施机构提交通知的情况非常有限。在2008年至2012年，著作权实施机构提交的通知数量已经从占谷歌每年发布的所有通知总量的36.8%提升至59.6%。[3]尽管主流著作权集体管理组织仍会自行生成通知，但不可否认，使用专门的著作权实施机构来检测侵权和代表权利人及其被许可人提交侵权通知已成为趋势。著作权实施机构在“通知—删除”过程中的广泛参与，使其成为影响著作权政策和法律制定的重要团体，也使大规模自动化通知的出现和应用更加普遍。

（二）自动化通知存在错误和滥用之隐忧

算法环境下，通知的自动化浪潮势不可当，虽然极大地便利了著作权

〔1〕 See Jennifer M. Urban & Laura Quilter, *Efficient Process or “Chilling Effects”? Takedown Notices Under Section 512 of the Digital Millennium Copyright Act*, 22 Santa Clara Computer and High Technology Law Journal 621(2006).

〔2〕 See Jennifer M. Urban, Joe Karaganis & Brianna L. Schofield, *Notice and Takedown in Everyday Practice*, SSRN (Mar.30,2016), https://papers.ssrn.com/sol3/papers.cfm?abstract_id=2755628.

〔3〕 See Daniel Seng , *The State of the Discordant Union: An Empirical Analysis of DMCA Takedown Notices*, 18 Virginia Journal of Law Technology 369 (2014).

人发现和制止侵权行为，却也对通知的“准确性”提出了更高的要求。这种依靠程序代码来进行侵权检测和内容识别的纯算法操作，不仅使网络服务提供者收到的通知数量剧增，而且很容易产生错误通知。

根据美国《数字千年版权法》第512条（c）（3）（A）之规定，通知的法定条件可以分为功能性要件和非功能性要件：功能性要件是网络服务提供者联系投诉人并识别侵权信息的客观必要条件，包括主张侵权的作品描述、请求删除的侵权位置信息、投诉人的联系信息；非功能性要件包括投诉人签名以及“善意相信声明”“准确性和授权声明”两项主观要件，这些要件虽然不直接影响相关侵权信息的识别，但与通知产生的法律后果有关。一份有效的“删除—通知”必须实质上满足全部法定条件，“实质性”标准意味着应充分遵守法律并实现其预定的目标。正确的通知应当“严格和字面遵守”著作权法上关于通知构成要件的规定，与之有偏差则存在错误。为了便于分析，本书将通知错误的样态分为两大类：

第一类是“内在可检测”和“内在可补救”的技术性错误，主要涉及与投诉人联系信息相关的错误。比如，拼错名字但不影响识别，有准确的地址但电话号码不在区号范围，有当前代理人的有效联系地址但基于疏忽提供在先代理人的姓名等。这些技术错误是“内在可检测的”，如果根据通知中已有的信息可以自动纠正，则是“内在可补救的”。由于这些技术错误实质上不影响预期目标的实现，是可容忍的。

第二类是实质性错误，并直接影响对侵权行为的处理。这类错误在通知中表现为：（1）错误识别作品的权利人或独家被许可人。（2）侵权主张指向的作品内容不准确，例如侵权主张的内容涉及合理使用等情形。（3）删除请求没有提供有效的网络位置信息，例如，提供缩写、删减、拼错等算法无法识别的网络地址信息，或已注销的网络地址等。这类实质性错误，将导致不当删除他人合法信息，或者无法实际有效地采取侵权处理措施，直接导致通知无效。

针对自动化通知中可能出现的错误，丹尼尔·森的研究发现，通知中非功能性要件的技术错误率非常低。[1]虽然以表格为基础提交给谷歌的通知数量呈指数增加，2009年的2457个通知中，只有0.6%的缺少签名；2010年的7279个通知中，只有0.22%的通知没有签名。截至2012年，在435,869个谷歌通知中，只有0.035%没有签名。主观声明类要件的错误率显示了类似的减少情形。在2009年，所有通知中有0.02%缺少善意相信声明、准确性和授权声明，到2012年这一数据下降到了0.016%。在涉及功能性要件的技术错误中，没有投诉人联系信息的通知几乎不存在。不符合侵权主张要件的错误通知比率由2009年的0.2%下降至2012年的0.004%。但是，通知中分别有一个或多个投诉请求没有任何有效网络链接信息的，2011年占2.6%，2012年占8.3%。上述分析表明，功能性要件与非功能性要件之间存在明显的法律和经验差异，功能性要件方面的错误率与非功能性要件的错误率相比高出了近400倍。这是因为非功能性要件在谷歌的表单提交页面为投诉人设置了必须勾选的项目，而功能性要件中删除请求需要提交有效的网络链接地址，涉及的技术错误率难免会要更高。值得关注的是，自动化通知中依然存在大量有实质性错误。截至2012年，投诉人提交给谷歌的56,991,045个删除请求中，有38万余次错误识别作品或权利人，有41.5万余次没有提供有效网络地址。虽然这些错误只占全部删除请求的1.3%左右，但加在一起超过了79.5万个错误删除请求，无疑给网络秩序造成了极大的破坏。

在另一项研究中，詹妮弗·厄本（Jennifer Urban）抽查了2013年6个月内发送给谷歌网页搜索的约1.08亿个删除请求中，发现有4.2%（450多万个）的删除请求存在根本缺陷，因为这些通知所指向的侵权材料与被侵权

〔1〕 See Daniel Seng, "*Who Watches the Watchmen*?" *An Empirical Analysis of Errors in DMCA Takedown Notices*, SSRN (Mar.3,2020), https://papers.ssrn.com/sol3/papers.cfm?abstract_id=2563202.

的内容完全不相符。此外，28.4%的删除请求在有效性方面存在明显问题；31%的删除请求存在潜在性问题，包括删除请求不符合法定基本要素、存在合理使用抗辩的可能性，以及不为著作权法所涵盖（如涉及商标或诽谤投诉）等。[1]即便诸如谷歌之类的网络服务提供者致力于识别出有问题的通知请求，以避免删除用户的合法内容，但鉴于通知数量庞大，错误的删除仍然不可避免。对于那些符合有效格式要件但是经由恶意投诉者发出的通知，则很难识别出问题，从而进一步增加了"通知—删除"规则被滥用的可能性。这些现象表明，自动化通知缺乏必要的质量控制，自动化通知产生的错误和滥用，需要进行有效遏制与法律规制。

三、算法背景下通知构成要件的重新审视

在自动化"通知—删除"系统中，投诉人通过在线提交合格的表单通知，网络服务提供者可以根据表单中指引的删除请求信息位置迅速采取措施以回应自动化通知，从而大大提高了通知处理的速度和效率。如果说在2009年以前，美国的网络服务提供者还是主要通过电子邮件接收侵权通知，那么在2009年以后，以谷歌为代表的一些大型网络服务提供者开始开发在线表单以标准化和规范化"通知—删除"流程，并加快其处理速度。"通知—删除"规则已从基于人为决策、处理通知数量有限的手动化程序，演变为以算法决策为主、能够处理大量通知的自动化程序。此外，通知的发送方和接收方可能都会加入一些人工审查的元素，以筛选和剔除明显的错误和有缺陷的通知，但网络服务提供者这种自动化的通知管理实践，在本质上并没有偏离著作权法上的"通知—删除"框架。采用自动化表单系

[1] See Jennifer M. Urban, Joe Karaganis & Brianna L. Schofield, *Notice and Takedown in Everyday Practice*, SSRN (Mar.30,2016), https://papers.ssrn.com/sol3/papers.cfm?abstract_id=2755628.

统是“通知—删除”自动化过程尽可能简单、高效和低成本的一种方式。

（一）自动化通知构成要件的有效基础

目前，中国的自动化通知实践尚未得以普及。有的大型网络服务提供者虽然设置了线上投诉中心，但是不同的线上投诉系统缺乏统一性和便捷性。国内的网络服务提供者对于侵权通知主要还是采用电子邮件接收+人工审查的方式。毫无疑问，通过自动化“通知—删除”系统如何更有效地解决网络著作权纠纷必将成为一个重要的议题。

在整个网络侵权责任规则中，“通知”是一项关键因素，故有必要对“通知”的形式和内容，以及需要满足特定的法律要求进行探讨。〔1〕通知的构成要件是否完整、准确，直接影响自动化通知的功能是否得以有效执行，也影响整个“通知—删除”程序能否顺利运行。《信息网络传播权保护条例》第14条规定，通知书应当包含下列内容：（1）权利人的姓名（名称）、联系方式和地址；（2）要求删除或者断开链接的侵权作品、表演、录音录像制品的名称和网络地址；（3）构成侵权的初步证明材料。根据该条规定，权利人还应当对通知的真实性负责。显然，上述规定仅对通知的形式要件进行了简单列举，尚无法给投诉人清晰的指引。在实践中，由于缺乏统一标准，投诉人在侵权通知中往往通过主观描述来告知网络服务提供者相关作品信息，且描述的内容不准确、不清楚，甚至没有提供明确的侵权地址，给通知的接收者造成极大困扰。此外，《最高人民法院关于审理利用信息网络侵害人身权益民事纠纷案件适用法律若干问题的规定》（2014年）第5条进一步规定了被侵权人以书面形式或者网络服务提供者公示的方式向网络服务提供者发出的通知，包含下列内容的，人民法院应当认定有效：（1）通知人的姓名（名称）和联系方式；（2）要求采取必要措施的网络地址

〔1〕 参见王利明：《论网络侵权中的通知规则》，载《北方法学》2014年第2期。

或者足以准确定位侵权内容的相关信息;(3)通知人要求删除相关信息的理由。然而,通知的有效性判断依然具有不确定性。近年来涉及著作权法“有效”通知的纠纷不断增多,司法实践中对于因通知形式要件缺陷所产生的法律后果也有不同的认识。

一种观点是主张严格形式要件,通知中只有列明了侵权作品名称和网络地址等信息,方能认定有效。例如,在“泛亚诉百度案”中,〔1〕原告向被告发出了两种内容不同的通知。第一种通知除了列明歌曲名、词曲内容、作者名称外,还列出了原告找到的具体链接地址。第二种通知则没有列出具体链接地址。原告主张被告应按照第一种通知中提示的查找侵权歌曲网址的办法确定第二种通知中涉及的侵权歌曲的网址,被告负有查找侵权作品的义务。法院认为,该种通知不符合《信息网络传播权保护条例》第14条关于通知要件的要求,原告的相关主张于法无据,不予支持。又如,在“北京乐动卓越科技有限公司诉阿里云计算有限公司案”中,〔2〕法院认为,如果通知没有体现任何准确定位侵权作品的信息,则不构成有效通知。严格形式要件强调通知中主张侵权的作品和请求删除的地址只有准确的信息,方能认定有效。此种情形下不对通知中的信息做扩大解释,不会增加网络服务提供者的负担。不过,与此同时也赋予通知人更多的注意义务,否则可能因为通知书存在的形式缺陷,导致其权利主张得不到支持。

另一种观点则是支持扩张解释,当网络服务提供者基于通知所提供的信息可以知道或应当知道还有其他侵权信息存在时,赋予网络服务提供者更高的注意义务,应一并删除所有侵权信息。例如,在“环球国际唱片案”

〔1〕 浙江泛亚电子商务有限公司诉北京百度网讯科技有限公司等侵犯著作权纠纷案,北京市高级人民法院(2007)高民初字第1201号民事判决书。

〔2〕 北京乐动卓越科技有限公司诉阿里云计算有限公司案,北京知识产权法院(2017)京73民终1194号民事判决书。

中，[1]原告向被告发送的通知中提供了有关权利人录音制品信息的网址、含有涉案9首歌曲的音乐专辑及演唱者的名称，同时提供了*Beautiful Day*等7首涉案歌曲的具体统一资源定位符（universal resource locator，URL）地址各一个作为示例，要求被告删除与涉案专辑有关的所有侵权链接。被告收到通知后，仅删除了原告提供了具体URL地址的7个侵权搜索链接。法院认为，其怠于行使删除与涉案歌曲有关的其他侵权搜索链接的义务，放任涉案侵权结果的发生，其主观上具有过错，应当承担相应的侵权责任。支持扩张解释主义的优点是，可以有效防止网络服务提供者意识到了“能够从中明显推出侵权行为的事实或情况”，而没有“迅速移除材料或屏蔽对它的访问”，从而充分保护权利人的利益。缺点则是，会导致删除通知具有模糊性、不确定性。赋予网络服务提供者过高的注意义务，可能阻碍网络服务和信息产业的创新和发展。可见，由于著作权法上关于通知构成要件的规定比较笼统，目前在司法实践中关于其有效性的认定并不统一。

本书认为，算法时代的自动化通知必须遵循严格的形式要件，不宜做扩大解释。基于算法自动发送的通知中，所提供的侵权主张和删除请求信息由于必须满足自动化体系算法精准定位、自动执行的功能需求，因此，对自动化通知提出了比传统人工发送条件下更高的“准确性”标准。如果说，在传统人工发送环境下，网络地址等要件的欠缺仍可能被法院认定为有效的通知，带来的后果还只是法律适用的不确定性和不公平性。在自动化背景下，通知中作品信息、网络地址等功能性要件存在的错误属于实质性缺陷，必然导致算法不能识别、不可执行，应当定性为无效通知。这些无效通知的大量发送无疑给准确识别被控侵权的信息带来诸多困惑和额外的负担。因此，基于权利义务对等的理念，不应当要求网络服务提供者

---

〔1〕 环球国际唱片股份有限公司诉北京阿里巴巴信息技术有限公司侵犯著作邻接权纠纷案，北京市第二中级人民法院（2007）二中民初字第02626号民事判决书。

对不合格通知承担完善的义务，而是应当赋予自动化通知的投诉人更高的注意义务，理由是：其一，就操作成本上而言，投诉人在通知发送中相对于网络服务提供者占据更为主动和优势的地位，对侵权行为更为在意，对自身权利状况也更为了解，因而对侵权内容识别和对侵权行为的锁定也应更加准确。这能够促使其从源头上提交符合质量要求的通知，有利于节约后续平台和司法系统的整体运行成本。其二，由于法律赋予投诉人低门槛可以无限使用“通知”的权利，其应当善意且诚信地去行使。通过进一步提高通知中相关要件的准确性，可以明确通知人在识别侵权作品和侵权行为方面应尽的合理注意义务。这不仅与网络服务提供者担任的中间人角色相吻合，也契合“通知—删除”程序作为在线纠纷解决机制应实现的高效、便捷的目标。

（二）自动化通知“准确性”标准的考量

为了提高自动化通知构成要件的准确性，应当鼓励网络平台设置标准、流畅的投诉流程，引导和提示投诉人采取网络表单的方式，提交符合法律要求和标准格式的通知信息。由此，既可以提高通知提交的质量，也简化了错误通知的筛选过程，甚至在某些情况下减少了侵权投诉的数量。对于一些缺乏专业知识的通知发送者，则可以借助网络表单了解法律所要求的正确有效的通知构成要件，对不合格通知可能导致的失败和法律风险有所预期。自动化通知构成要件要达到“准确性”标准，具体可以从以下几个方面进行考量。

1.侵权主张指向的作品信息更加明确

通知的一个法定要件是每一侵权主张能准确指向侵权作品，通常要求提供作品的名称、作者、所有者、表演者或出版者的信息，以及对作品和作品的性质或类型进行的简要描述。一份侵权删除通知中可能有许多个侵权主张并指向多部侵权作品，如果不能准确提供作品的信息，将会产生实质性错误。

一些自动化通知发送系统，往往采取哈希匹配技术将用户上传的资料与权利人提供的资料样本进行比较，当用户资料与参考资料相匹配时，系统就会自动发送侵权通知。然而，著作权法中许多重要的问题都涉及灵活的法律标准和自由裁量权，包括认定作品所需的“独创性”，判断侵权所需的“实质性相似”以及构成合理使用所需的“四要素分析”等，这些问题很大程度上需要对作品本质进行剖析，并且经历一个艰难的利益平衡过程。内容自动识别系统很可能会将合理使用也标记为侵权，很可能将公共领域的作品识别为删除目标、侵害用户的表达自由。因此，自动化通知中侵权主张所指向的作品，不仅需要在网络表格通知中针对同一网站的多个此类作品予以清晰地列举，还需要审核目标作品是否属于不受保护的主题。包括考虑投诉侵权的对象是否属于合理使用的情形、已经进入公共领域的作品使用或其他不受保护的事由。随着语音识别、图像识别，以及机器学习等诸多人工智能技术的发展，在自动化通知中通过算法设计准确识别侵权作品并考虑合理使用因素，具备技术上的可能性。

由此，在发送通知时为了尽量避免出现错误，投诉人有必要采用算法和人工交叉检查的方式，行使合理使用的注意义务：一方面，投诉人要积极开发搜索技术，客观层面尽可能精准标记“可疑”的身份、合理使用等信息；另一方面，投诉人在发送通知之前，应对机器随机生成的侵权结果样本进行人工审查，并基于抽样的结果不断改进算法“标记”、抽样方式等方面的搜索技术，以不断优化自动化通知的程序设计。〔1〕

此外，自动化“通知—删除”系统建立权利人作品事先备案机制，对于避免错误通知也具有现实意义。使用自动化“通知—删除”系统的权利人

〔1〕 See Jennifer M. Urban, Joe Karaganis & Brianna L. Schofield, *Notice and Takedown in Everyday Practice*, SSRN (Mar.30,2016), https://papers.ssrn.com/sol3/papers.cfm?abstract_id=2755628.

应当和平台签订正版作品备案协议，事先提交受保护的作品信息，并提供作品权属证明。只有经过备案验证的投诉请求才可以获得网络平台的自动删除响应。这一方案的意义在于引导权利人与网络平台方进行友好合作，既可以强化权利人在提交侵权通知时的审核责任，以尽量避免自动化系统被滥用，也可以加快网络平台的通知处理流程，有利于实现自动化删除表单措施的规范化和标准化，且不会对现行的安全港机制有实质影响，不会给网络服务提供者带来额外的负担。

2.删除请求指向的位置信息更加精准

自动化通知指向的每一部侵权作品可以有许多删除请求，具体指向不同的侵权位置信息。对于删除请求而言，侵权资料的位置信息是必要的信息单元，接收通知的自动化系统据此采取删除措施。美国“安全港”规则中，对于通知中的删除请求仅要求权利人提供足够合理使服务商确定侵权材料地址的信息，因此，位置信息是统一资源定位符还是统一资源指示符（universal resource identifier，URI）并没有具体要求。其实，URI通常是网络地址具体位置信息的表达形式，而URI则是以一种更为抽象的概念来定义统一资源标识。一个宽泛的URI要求，可能并不足以准确定位具体的侵权信息。例如，在美国的“完美十案”中，[1]原告基于关键词搜索的结果而发出删除通知，美国联邦第九巡回上诉法院认为，搜索结果是以页面形式呈现的一个资源列表，而该列表中的子项不一定是侵权资料，只有URL地址才可以解析为有效的定位信息，原告提供的信息不足以使被告确定侵权作品的位置。国内也有类似的案例，例如，在“泛亚诉百度案”中，[2]法院认为，被告接到用户以键入关键词的形式发出的指令后，所搜索、链接

〔1〕 See Perfect 10, Inc.v. Giganews,Inc. and Livewire Services, Inc., Court of Appeals Case No. 15-55500 (9th Cir. 2015).

〔2〕 浙江泛亚电子商务有限公司诉北京百度网讯科技有限公司等侵犯著作权纠纷案，北京市高级人民法院（2007）高民初字第1201号民事判决书。

的内容既可以是侵权的，也可以是公有领域的信息，或者是经权利人许可传播的不涉侵权的内容。即使被告施予与其能力所及的注意，也难以知道其所提供服务涉及的信息是否侵权。因此，以键入关键词形式发出的指令并不能精准定位侵权信息。

通知中提交的删除请求地址还有可能指向早已失效的网站。例如，2012年1月19日，美国政府打击盗版关闭了“百万上传”（Megaupload.com）及其附属网站90天后，被关闭的网站仍收到了不少于39个投诉人的414,139个删除请求。这是一个完全可以避免的实质性错误，毕竟在2012年排名前30位的投诉人中，就有8位履行了审查义务而没有向关闭的网站发出任何错误的删除请求。这难免要对错误通知的投诉方所采用的标准及其发送删除请求时是否履行了合理注意义务质疑。[1]

为了尽量避免位置信息出现实质性错误，在自动化通知提交程序中设计事先测试环节是一种可行的选择。通过要求自动通知程序在提交通知前尝试访问与删除请求相关的网络地址，以事先测试侵权资料识别地址是否真实有效。一旦程序反馈了定位错误的信息，再配合必要的人工审查，可以解决算法执行的准确性和时效性要求，且不会给投诉人带来额外的负担。经过事先测试的删除请求，指向的是已经核实的网络定位地址及日期，可使网络服务提供者足以准确定位具体的侵权信息并及时采取必要措施。

3.其他构成要件的优化

合格通知的构成要素，除了侵权主张要件和删除请求要满足自动化通知的“准确性”要求之外，我国《著作权法》还应作以下优化：其一，进一步明确投诉人联系信息。目前《信息网络传播权保护条例》仅规定了权利人的联系方式，没有考虑权利人委托代理机构投诉的情况。此外，投诉人

〔1〕 See Daniel Seng, “*Who Watches the Watchmen?*” *An Empirical Analysis of Errors in DMCA Takedown Notices*, SSRN (Feb.17,2015), https://papers.ssrn.com/sol3/papers.cfm?abstract_id=2563202.

有多个联系地址或电话的情况下，自动系统将难以识别准确的信息。因此，投诉人联系信息应当明确为“能够足以使网络服务提供者联系上权利人或其代理人的有效信息”。其二，增加权利人或授权的代理人签名。这有利于规制假冒权利人或代理人名义虚假投诉的情形。其三，增加“善意相信声明”“准确性和授权声明”主观要件。“善意相信声明”要求投诉人对通知书所涉及的侵权信息进行了必要核查，有理由善意相信网络用户的使用方式未经授权也非法律所允许。“准确性和授权声明”则强调投诉人要对投诉信息的准确性以及是否获得有效授权承担责任。在大规模自动化通知背景下，这两项主观要件的规定，有利于督促通知人从源头把控通知质量，引导通知人履行诚信义务，并警示其可能要承担的法律风险，同时也可以促使著作权人与网络用户之间进行有效沟通并解决侵权纠纷。

四、错误通知法律规制路径的完善

对于著作权法律和政策的制定者而言，从制度层面规范通知的形式要件，可以有效引导和激励高质量的自动化通知实践。然而，算法时代通知的滥用现象和不良影响也已显现并初具规模，通知中存在的大量实质性错误显然与人为过错有关。一些投诉人在发送通知时没有采取必要措施检查和验证相关信息，或者通过提供通知发送服务牟取不当利益，甚至通过恶意投诉打击竞争对手，这些错误乃至滥用的通知行为，需要进行有效的法律规制。

（一）错误通知的法律规制现状

为了规制错误通知行为，美国《数字千年版权法》第512条（f）对“虚假陈述”进行了规定。如果在发出通知或反通知时存在“故意的实质虚假陈述”，则要对包括诉讼费、律师费在内的损失承担赔偿责任。2004年，在“在线政策组织诉迪堡公司案”中，[1]美国加利福尼亚州北部地区法院解释了第512条（f）“故意虚假陈述”的意义，“故意”意味着一方当事人实际上知道或应该知道作出了重大虚假陈述的情况下应承担损害赔偿责任。在罗西诉美国电影协会案中，[2]美国联邦第九巡回上诉法院在判决中针对第512条（c）（3）（A）下的“善意相信”声明要件确立了主观判断标准，认为著作权人不能仅仅因为一个未知的错误就承担责任。在2008年伦茨诉环球音乐公司案中，[3]美国加利福尼亚州北部地区法院指出著作权法要求权利人在形成善意信念时要考虑合理使用原则。该案经过长达八年的诉讼，2015年，美国联邦第九巡回上诉法院在判决中进一步明确，[4]根据《数字千年版权法》第512条（f）的规定，权利人在发出删除通知前需考虑涉案资料是否构成合理使用，否则可能构成虚假陈述而承担法律责任。为了适应算法执法的大趋势，法院还建议权利人在发出自动通知时，通过算法设计纳入作品合理使用的考虑因素，以判断是否尽到“善意”注意义务。可见，根据美国的立法和司法实践，“故意”发送虚假陈述错误通知的行为应当承担损害赔偿责任，与此同时，如果主观符合善意标准则不承担法律责任，且没有规定对“恶意通知”的额外惩戒。

从我国的立法实践来看，2009年通过的《侵权责任法》（已废止）并未对网络侵权的错误通知进行规制。2020年5月28日颁布的《民法典》侵权责任编弥补了这一立法空白，其第1195条第3款规定，权利人因错误通知造成网络用户或者网络服务提供者损害的，应当承担侵权责任。与此同时，该款还有“法律另有规定的，依照其规定”这一表述，由此可以与《电子商务法》以及《著作权法》等特别法中的具体规定形成有机衔接。例如，

〔1〕 Online Policy Group v. Diebold, Inc. 337 F. Supp. 2nd 1195 (N.D. Cal. 2004).

〔2〕 Rossi v. Motion Picture Ass'n of Am., Inc., 391 F.3rd 1000, 1003–4 (9th Cir. 2004).

〔3〕 Lenz v. Universal Music Corp., 572 F. Supp. 2nd 1150 (N.D. Cal. 2008).

〔4〕 Lenz v. Universal Music Corp., 801 F.3rd 1126 (9th Cir. 2015).

《电子商务法》第42条第3款明确规定:“因通知错误造成平台内经营者损害的,依法承担民事责任。恶意发出错误通知,造成平台内经营者损失的,加倍承担赔偿责任。”此处的“加倍赔偿”体现了立法者对“恶意通知”的惩罚态度,不得不说是“通知—删除”制度立法上的一大进步。

值得关注的是,在2020年1月15日中美达成的第一阶段经贸协议中,强调了双方应加强合作打击电子商务市场中的侵权和假冒行为。此份文件中,第1.13条第1款中规定,“中国应提供执法程序,使得权利人能够针对网络环境下的侵权行为采取有效、迅速的行动,包括有效的通知及下架制度,以应对侵权”。在第2款中进一步明确,中国应“免除善意提交的错误删除通知的责任”“通过要求通知和反通知的相关信息以及对恶意提交的通知和反通知进行处罚,确保删除通知和反通知的有效性”。[1]可见,中美经贸协议不仅明确了权利人针对错误通知应承担过错责任,还对“善意通知”和“恶意通知”的处理问题提出了具体的要求。

作为对协议的回应,在2020年8月24日最高人民法院通过的《关于涉网络知识产权侵权纠纷几个法律适用问题的批复》中,第4条规定了平台内经营者恶意提交反通知声明的情形下,权利人依照有关法律规定请求相应的惩罚性赔偿。第5条则强调,知识产权权利人能够举证证明其错误通知系善意提交,则可以请求免责。在2020年9月10日最高人民法院发布的《关于审理涉电子商务平台知识产权民事案件的指导意见》中,第6条对认定通知人是否具有《电子商务法》第42条第3款所称的“恶意”可以考量的因素进行了列举。可见,在电子商务领域已经明确了善意通知可以免责、恶意通知可以适用惩罚性赔偿的分类规制途径。这是网络治理包容审慎理念在电子商务领域的具体践行,既包容了善意通知人的轻微过错,也从

---

〔1〕《中华人民共和国政府和美利坚合众国政府经济贸易协议》(财政部、发展改革委、农业农村部、商务部、人民银行,2020年1月16日发布)。

重打击了恶意通知牟取不当利益的情形，具有重要的现实意义。不过《电子商务法》的适用范围仅限于互联网上销售商品或者提供服务的经营活动，大量遭受投诉人错误通知的“非平台内经营者”，并不能通过《电子商务法》寻求救济。

目前，《信息网络传播权保护条例》第24条仅规定了“因权利人的通知……给服务对象造成损失的，权利人应当承担赔偿责任”的概括责任条款，并未对错误通知的民事责任作出具体的规范。就侵权责任的法律规范而言，《著作权法》是特别法，《民法典》是一般法，适用《民法典》第1195条第3款对著作权法领域的错误通知行为进行规制是可行的。进一步而言，根据《民法典》第1165条第1款“行为人因过错侵害他人民事权益造成损害的，应当承担侵权责任”之规定，错误通知满足“过错+侵害行为+损害结果”三个构成要件，行为人应承担填平意义上的损害赔偿责任是应有之义。然而，上述一般性规定，尚无法回答“善意通知”是否应区别对待、“恶意通知”是否应额外惩罚的问题。著作权法中如何进一步完善错误通知产生的侵权责任，仍需要引起足够的关注和重视。

（二）我国《著作权法》关于错误通知分类规制的思考

在错误通知损害赔偿的构成要件中，过错是必备的主观要件。“善意”与“恶意”虽然是主观意图，但并不是侵权责任的构成要件，与“过错”既有区别，又有联系。如果过错是以行为人造成损害后果的主观心理状态为判断标准，那么“善意”与“恶意”强调的是行为时的主观动机，通常作为影响过错程度的因素。

侵权法上的“过错”通常为故意和过失两种情形。其中故意是指行为人实施加害行为时希望损害结果发生或者明知损害结果确定会发生而放任其发生的心理状态。过失根据注意的程度，又可以分为重大过失、一般过失和轻微过失。如果说轻微过失与重大过失代表了过失的两个相反走向，那么善意与恶意则意味着两个相反走向的延伸端。轻微过失采用客观标准来衡量，是指在某种具体条件下，从事一定业务的特定人没有遵守对他所提出的较高的要求，[1]以致一般人在通常情况下都可能会犯此过失。仅因轻微过失就认定非善意，是法律对行为人的一种苛求。因此，只要行为人采取了必要预防措施尽了合理注意义务（虽有轻微过失）就可成立善意。恶意是与善意相对立的概念。侵权法依据故意的“恶性程度”区分一般故意和恶意，如果说一般故意（包含重大过失[2]）的恶性主要体现为一种不当动机，那么恶意则意味着存在恶劣的、不道德的邪恶动机，且行为的情节恶劣，后果严重。[3]这种区分的意义在于可以按照责罚相当的原则，对行为人是承担一般的补偿性赔偿，还是额外的惩罚性赔偿做出判断和界分。

在自动化通知领域，错误通知具有多样性和复杂性，其法律规制路径也应当体现差异性。计算机的自动搜索和识别技术虽然本身不能进行著作权法上的价值判断，无法区分侵权内容与合法用途，但是算法执行背后体现的是人类的主观信念。每一个无效侵权通知的发送往往存在投诉人的主观故意乃至恶意。本书认为，在行为人基于过错原则承担一般损害赔偿责任的基础上，应当进一步区分善意通知和恶意通知情形，实现对错误通知的分类规制。其中，投诉人发送通知时履行了合理注意义务，可以基于善意标准免于承担责任；投诉人发送错误通知有谋取不法利益或者损害他人利益的主观意图并导致严重不利后果的行为，法律应给予额外惩罚。这种分类规制，不仅具有经济功能，而且具有道德意义。善意通知因减少

[1] 参见王利明：《侵权行为法归责原则研究》，中国政法大学出版社2004年版，第257页。

[2] 过失是行为人认识到损害可能发生，但欠缺一般人具有的起码注意，导致了损害结果的发生。因此，重大过失在认识因素上与故意等同。参见叶名怡：《侵权法上故意与过失的区分及其意义》，载《法律科学（西北政法大学学报）》2010年第4期。

[3] 参见叶名怡：《侵权法上故意与过失的区分及其意义》，载《法律科学（西北政法大学学报）》2010年第4期。

了信息搜寻成本和尽了诚信义务而得到肯定，一般的错误通知则因加大了信息搜寻成本并具有道德意义上的可谴责性而得到否定，恶意通知则因主观的加害意图和造成的严重损害后果需要接受惩罚性赔偿。善意和恶意的区分，使著作权法上通知删除制度的设计（行为效力和责任承担）更加符合公众的道德情感。

1.明确善意通知免于承担责任的情形

善意通知是指投诉人进行了必要核查，有理由相信网络用户存在著作权侵权行为时所发送的错误删除通知。善意标准的确立可以引导投诉人基于必要谨慎采取合理措施对指控侵权的内容进行初步审查，以避免错误的发生。由于行为人不知道或不应知道其行为缺乏法律上的根据（在道德伦理上已经无可指责），作为“最低限度的道德”的法律，当然没有理由也没有必要苛责善意行为人，因此，善意情形下发送的错误通知不承担侵权损害赔偿责任。

在网络著作权时代，立法者从未放弃“技术中立”立场，允许网络技术的实质性非侵权使用。[1] 在自动化通知情形下，投诉人需要进行充分举证，从客观角度说明其初步审查行为所采取的合理步骤，使法院相信其“善意”成立。例如，请求删除的侵权资料在确定位置信息时，通过自动化系统事先进行了检测，对主张侵权的作品的判断在算法识别标准中考虑了合理使用和不受保护的情形等，并通过识别可疑的信息进行了人工校验，等等。投诉人在满足通知实质要件和准确性方面所采取的这些技术举措，可以作为“善意”的客观参考标准，以判断投诉人是否尽了合理注意义务，从而免于承担法律责任。

2.建立恶意通知惩罚性赔偿制度

恶意通知是指投诉人明知自己无权通知或通知依据不足，为了自身不

〔1〕 参见吴汉东：《论网络服务提供者的著作权侵权责任》，载《中国法学》2011年第2期。

法利益或者损害他人利益的目的而发出的错误删除通知。事实上，在大规模的自动化通知中，往往出现通过发送大量的“垃圾”删除请求牟取不法利益，甚至通过恶意发送删除请求形成黑灰产业链的情形，即使许多符合形式要求的通知也出现欺诈、滥用或其他无效的情形。〔1〕恶意通知严重损害了通知对象并破坏了公平竞争秩序，需要进行额外的惩戒。目前，我国在侵权责任领域已逐步建立了规范化的惩罚性赔偿法律体系，尤其是《民法典》第1185条首次对侵害知识产权的惩罚性赔偿作了专款规定，这为著作权法上建立恶意通知的惩罚性赔偿机制提供了制度基础。

（1）惩罚性赔偿的构成要件分析

关于知识产权惩罚性赔偿的一般适用条件，《民法典》第1185条规定了侵害他人知识产权的主观“故意”和“情节严重的”客观后果要件。《民法典》侵权责任编中侵害知识产权的惩罚性赔偿规则，属于上位法规则和一般法规则。《民法典》确定的惩罚性赔偿为相关知识产权特别法提供了上位法依据，知识产权法的规定应当以该规定为基础，可以进行细化，但不能与该规定相冲突。〔2〕如前文所述，从法理解释的角度而言，“故意”和“恶意”是两种不同的主观样态；其实，在立法层面，“故意”和“恶意”也有明确的区分。例如，《民法典》中有29处使用了“故意”，但是也有6处使用了“恶意”，体现在第154条、第164条、第459条、第461条、第500条和第538条之中，涉及恶意串通、恶意占有、恶意磋商等情形。显然，“恶意”是“故意”之中最为严重的状态。

作为一般性规定，《民法典》针对知识产权惩罚性赔偿设定的“故意”要件，从广义上可以理解为含有一般故意和恶意的情形。基于特别法优

---

〔1〕 See Paul Sieminski, Gen. Counsel, Automattic Inc., *Reply Comments Submitted in Response to Section 512 Study: Notice and Request for Public Comment*, Regulations. gov (Apr.7,2016), https://www.regulations.gov/document?D =COLC-2015-0013-87349.

〔2〕 参见王利明：《论我国民法典中侵害知识产权惩罚性赔偿的规则》，载《政治与法律》2019年第8期。

于一般法的原则，在专门的知识产权法领域，可以根据实际情况就惩罚性赔偿的主观要件采取不同的法律表述形式。例如，在《电子商务法》、《商标法》和《反不正当竞争法》中表述的是“恶意”，2020年修正的《著作权法》和《专利法》中则使用了“故意”的表达方式。作为对中美第一阶段经贸协议中通知—删除机制完善要求的回应，同时类比《电子商务法》中恶意通知惩罚性赔偿之规定，本书认为，著作权法上错误通知适用惩罚性赔偿之主观要件明确为“恶意”，更具现实意义。“善意”、“故意”和“恶意”术语的规范使用，可以尽量避免因主观标准表述不同而带来的法律适用困惑，并防止惩罚性赔偿的泛化冲击侵权法上的填平责任主流价值。

在实践中，错误通知是否适用惩罚性赔偿，应当将“恶意”主观要件和“情节严重”客观要件结合起来综合分析。“恶意”通常表现为投诉人在发送错误时存在非法牟利或加害于被通知对象的故意，“情节严重”通常考虑侵权行为的性质、侵权规模、持续时间、侵权后果等因素。例如，以敲诈勒索或打击竞争对手为目的，伪造、变造权属证明或维权授权书发送通知；投诉人故意歪曲或捏造虚假侵权事实发送删除通知进行商业诋毁，损害竞争对手的商誉；反复发送错误通知；等等。上述行为给网络用户或网络服务提供者带来巨大经济损失或者其他严重后果，极大地破坏了诚实守信的竞争秩序，应通过适用惩罚性赔偿，适度强化民事损害赔偿制度的惩罚、威慑和预防侵权的功能，对于遏制权利滥用，培育良好的网络著作权生态具有现实意义。

（2）惩罚性赔偿金基数的计算方式探讨

惩罚性赔偿具有依附性，必须以补偿性赔偿为前提。惩罚性赔偿金的数额，是按照补偿性赔偿金的一定倍数来计算，且与“恶意”的程度相当，才能起到惩戒的作用。因此，如何计算错误通知导致的损害赔偿基数是关键。在审判实践中，电子商务领域错误通知损害赔偿的计算，往往参照知识产权侵权损害赔偿的计算方法，即按照“被通知人的实际损失—通知人的侵权获利—酌定赔偿”的顺序予以认定。[1]本书认为，在网络著作权领域计算自动化通知所导致的损害赔偿金额时，在参照著作权侵权损害赔偿的计算方法的基础上，还充分考虑“公平、合理和与损害相称”的原则，有效平衡通知发送方、网络服务提供者和网络用户之间的利益。

其一，谨慎采用以单件侵权作品为基数的方式来计算损害赔偿数额。目前，著作权司法实践中，通常采用“指控侵权作品数量乘以每件复制品利润之积”的方式计算损害数额。此种方法在自动化通知背景下宜谨慎适用。当用户在大型在线平台上放置大量的作品，投诉人发出的侵权通知、侵权主张和删除请求可能是呈指数增长，随之而来的便是天价损害赔偿数额。法院应充分行使自由裁量权，基于“公平、合理和与损害相称”原则来确定损害数额的计算方式。在通知人一般过失的情况下，不宜采用“单件侵权作品”为基数的计算方法，为网络服务业的发展和创新提供更友好的环境。[2]当然，在故意侵权和恶意侵权的情况下，法院仍可根据实际情况采用“单件侵权作品”为基数的方式来计算损害赔偿数额，以体现对严重侵权行为的制裁和惩罚。

其二，考虑流量经济背景下实际损失的判定情况。被通知者因为错误通知导致其相关链接被采取删除、屏蔽、断开等措施，带来的流量流失以及媒体受众黏性减弱等不利影响所需支出的通常费用，属于损害赔偿的范围。

其三，注重商誉损害赔偿和精神损害赔偿。虚假投诉中，针对用户合理使用或正当使用的情形提出错误侵权主张，不仅会给被通知者带来商誉

---

〔1〕 参见浙江省高级人民法院联合课题组：《关于电商领域知识产权法律责任的调研报告》，载《人民司法》2020年第7期。

〔2〕 See Jennifer M. Urban, Joe Karaganis & Brianna L. Schofield, *Notice and Takedown in Everyday Practice*, SSRN (Mar.30,2016), https://papers.ssrn.com/sol3/papers.cfm?abstract_id=2755628.

毁损和利益损失，还有可能给个人用户的信誉、社会评价带来负面影响，由此产生的精神损害也应属于损害赔偿的计算范围。

(3)举证责任转移的适用

惩罚性赔偿的适用仍然有赖于当事人充分举证，只有在能够证明损害赔偿“基数”和违法行为恶性程度的情况下，考虑合理倍数的惩罚性赔偿才有意义。在错误通知侵权诉讼中，原告有时只能提供侵权的初步证据，尤其是要举证被告存在主观故意或恶意，显然面临举证难的诉讼障碍。例如，在“迪士尼公司等诉Hotfile案”中，[1]华纳兄弟娱乐公司（以下简称华纳公司）采用的是自动通知—删除程序，对于一些特定的网站，华纳公司会采取关键词搜索机制。一旦发现目标内容，系统就会编写一条删除通知然后将其发送给该盗版内容的托管网站。Hotfile针对华纳公司提交的890个错误删除请求提起了虚假陈述侵权之诉。然而，Hotfile要求华纳公司承担法律责任就必须证明华纳公司发送错误通知存在主观故意，这显然是有难度的。但是要求华纳公司证明其工作人员在利用算法程序识别侵权文件时是否尽到注意义务，是否采取了措施审查被标记为质疑的文件，显然具有可行性。因此，通过举证责任转移，将部分证明责任从原告转移至被告，对当事人的举证责任进行合理分配，可以走出原告举证难的法律困境。

在裁判规则上，此类案件仍遵循的是“谁主张，谁举证”原则。在具体案件的审理中，举证责任在当事人之间的转移取决于人民法院对负有证明责任的一方当事人所提供证据的证明力的综合评价结果。如果在对一方当事人所提供证据进行审查判断后，认为其证明力具有明显优势并初步达到了相应的证明标准，此时可以不再要求该方当事人继续提供证据，而

〔1〕 参见Disney Enters., Inc. v. Hotfile Corp., No. 11-20427-CIV, 2013 WL 6336286。本案被告Hotfile是提供在线文件存储服务的技术公司，原告是拥有各种艺术作品版权的五大娱乐公司:迪斯尼公司、二十世纪福克斯电影公司、环球城市电影制作公司、哥伦比亚电影公司和华纳公司。案件审理过程中，Hotfile针对华纳公司提交的删除通知以虚假陈述为由提起了反诉。

转由另一方当事人提供相反证据。因此，具体案件中举证责任转移的前提条件是负有证明责任一方当事人提供的现有证据已经初步达到相应的证明标准。[1]在错误通知惩罚性赔偿的司法适用过程中，原告穷尽所掌握的证明材料，能初步证明损害赔偿数额、被告存在恶意通知行为并且情节严重时，法院可将举证责任移转给被告，要求被告对此作出合理解释并提供相反证据。若被告无法给出合法合理投诉的依据，亦无法给出其他合理解释，法院可综合案件情况，判定由被告承担惩罚性赔偿的不利后果。

五、自动化删除措施的反思与规范

（一）不同自动化删除模式下网络服务提供者的角色定位

面对大规模发送的自动化通知，为了节约人工成本、提高审查效率以及在同行中获得更大的市场竞争优势，一些网络服务提供者开始采用自动化的通知删除处理流程。目前自动化删除领域主要有自动化删除表单系统和算法过滤系统两种模式，在不同的技术措施背景下，网络服务提供者的角色和地位也不一样。

1.自动化删除表单系统下的中立调停人

在自动化删除表单系统中，投诉人通过在线提交合格的表单通知，网络服务提供者可以根据表单中指引的删除请求信息位置迅速采取措施以回应自动化通知的提交，从而大大提高了通知处理的速度和效率。如果说在2009年以前，网络服务提供者还是主要通过电子邮件接收侵权通知，那么在2009年以后，以谷歌为代表的一些大型网络服务提供者开始开发在线表单以标准化和规范化通知—删除流程，并加快其处理速度。通知—删除

---

〔1〕 华为技术有限公司诉中兴通讯股份有限公司侵害发明专利权纠纷案，最高人民法院（2014）民申字第148号民事裁定书。

规则已从基于人为决策、处理通知数量有限的手动化程序，演变为以算法决策为主、能够处理大量通知的自动化程序。此外，通知的发送方和接收方可能都会加入一些人工审查的元素，以筛选和剔除明显的错误和有缺陷的通知，但网络服务提供者这种自动化的通知管理实践，在本质上并没有偏离著作权法上的通知—删除框架。在自动化表单系统下，符合安全港规则技术条件〔1〕和实质条件〔2〕的网络内容服务提供者，在处理网络著作权侵权纠纷中处于中立调停的地位，不需要去扮演守门人和先发制人的著作权执行者角色，识别和审核侵权作品的责任由权利人承担。网络服务提供者获得安全港责任豁免，本质上也是基于网络服务提供者以及其行为的性质都是中立的这一前提假设。因此，采用自动化删除表单的方式对网络服务提供者不会产生很大的成本，而且实现起来并不是很困难。

2.算法过滤系统下的私人执法主体

近十年来，网络内容产业进一步蓬勃发展的同时，网络侵权的分散性和规模性也在进一步扩大。对于主营业务涉及音乐、视频、云存储和网页搜索等著作权冲突较为集中领域，迫于权利人的压力，一些大型的网络内容存储服务提供者开始引入过滤技术，并基于和权利人之间的私人协议对通知采取自动化处理措施。平台运用算法过滤系统可以事前过滤用户上传的内容，或在事后发现侵权内容时一并予以清除，还可以“货币化”被控侵权的内容使索赔人从中获益。这一领域最典型的例子是优兔（YouTube）

〔1〕 根据美国《数字千年版权法》第512条(i)的规定，符合资格的服务提供者必须实施“标准技术措施”。该术语仅适用于“在开放、公平、自愿、多行业标准的过程中，根据版权所有者和服务提供商的广泛共识制定的”措施；它们必须“以合理和非歧视的条件提供给任何人”；它们必须“不给服务提供商带来巨大的成本，也不给它们的系统或网络带来巨大的负担”。

〔2〕 根据美国《数字千年版权法》第512条(a)、(b)、(c)及(d)的规定，分别为自动传输、缓存、存储和信息定位服务提供者规定了四个不同的安全港。而第512条(c)对于内容存储服务提供者的安全港是在线版权保护的关键条款。获得安全港需要满足三个实质条件：(1)网络服务提供者不能实际知道其系统上有侵权内容，也不能“明显知道存在侵权活动的事实或情况”。(2)他们不应从其具有控制能力的任何侵权活动中获得直接的经济利益。(3)网络服务提供者必须在收到侵权主张通知后，做出迅速回应删除或禁用涉嫌侵权的资料。参见美国《数字千年版权法》第512条(c)的规定。

的内容识别系统(Content ID)。[1]在算法过滤系统下,运用到自动化匹配技术[2]识别侵权内容的每一个步骤,从参考文件的提交、匹配参数的应用到匹配结果的处理,不只是技术层面的操作,而且是程序编码后面的一系列策略选择,这些策略选择决定了用户参与在线平台的条件和结果。算法过滤系统与自动化删除表单系统之间的根本区别是二者算法执行所遵循的规则在法律性质和法律效果上有本质的差异。在自动化删除表单情形,按照著作权法上的规则和程序来处理算法匹配的结果,由权利人提供识别侵权内容的参考文件、匹配参数并承担审核责任,网络服务提供者收到通知后迅速采取删除措施便可以获得安全港保护。在算法过滤机制下,匹配技术的设计和校准,是否遵循法定程序,都是权利人和网络服务提供者之间的谈判事项。[3]作为一种正在不断发展的新现象,这种私人规则为算法执行提供了灵活的选择空间,其法律效果也取决于系统本身的设计和选择。

---

〔1〕 谷歌从2007年开始就投入优兔的著作权及内容管理技术开发,并研发出一套全自动内容识别系统。该系统通过提供封锁、追踪和获利三种方式,让权利人自行处理所拥有的著作权内容。在这三种处理方式中,"封锁"方式类似于传统的通知删除手段,发现侵权材料后及时进行移除。但权利人若是出于著作权营销等目的,一味地删除侵权材料就并非理智之举。"追踪"方式可以帮助其了解被侵权内容的观看群体和播放区域等统计资料,从而获得最好的作品宣传和分析素材。除了封锁和追踪外,内容识别系统还提供另一个使著作权人、侵权者和谷歌三方获利的方案。著作权人可以在包含被侵权内容的视频中插入广告,观众点击这些广告的利润则由谷歌和著作权人按约定分配,另外优兔还会在提供被侵权内容的亚马逊(Amazon)或iTunes 购买链接,让观看者可以选购该视频的正版音乐或影片。这种新型的获利方式可以适应不同著作权人的商业策略并提高其著作权收入,同时也是侵权者变相获得授权的一种有效途径,体现了权利人与网络服务提供者双方就制止网络侵权达成的某些共识。

〔2〕 在计算机科学中,哈希函数用于将大小不确定的信息映射成一长串大小固定的字母和数字。"完美"哈希函数将为每个唯一的输入生成唯一的哈希。一旦文本被编码为哈希值,比较不同文本是否相匹配就变得相对简单。著作权自动过滤系统首先要获取权利人提交的参考文件,并将这些文件转换成哈希文件或数字指纹,用户的内容在上传到站点时将自动与参考文件进行比较。

〔3〕 See Matthew Sag Loyola, *Internet Safe Harbors and the Transformation of Copyright Law*, 93 Notre Dame L. Rev. 543 (2018).

不过，从目前来看，这种超越著作权法的算法执行措施还面临诸多争议。当网络服务提供者基于过滤技术自动标记侵权内容并对其进行监视、过滤、阻止和删除活动时，实际上，这种私力救济措施的性质发生了根本的改变。〔1〕这一机制内含的权力结构和实施效果已经与行政法意义上的“执法”类似，只是这种“执法”不是由代表公共利益的政府机构主导，而是由私主体（权利人）发起，并和私主体（网络服务提供者）联合开展。网络服务提供者的中立身份发生了转变，技术控制力的进一步加强，意味着服务提供者可以对用户的活动产生实质性影响，如果不施加其审查义务，将破坏安全港的可用性。应用算法过滤系统在进一步强化著作权保护的同时，也让网络服务提供者成为私人执法主体，而且是通过算法和软件把这个角色编码，很可能创建一个新的数字鸿沟。〔2〕

（二）自动化删除技术措施产生的法律问题剖析

网络服务提供商所采用的技术措施既可以成为其竞争的策略和优势，也可以成为用户合法权益的技术保障或者技术壁垒。美国《数字千年版权法》虽然为网络服务提供者安全港责任豁免规定了技术条件，即网络服务提供者必须提供著作权人用以识别或保护作品的“标准技术措施”，但是在实践中并没有形成“标准技术措施”的必要共识，也未对网络服务提供者产生任何具体义务。在互联网新技术和商业模式快速发展的背景下，自动化系统在网络著作权保护中扮演着重要的角色，成为权利人与网络服务提供者开展合作的新方向。越来越多的权利人开始主张对“通知—删除”规

〔1〕 See Matthew Sag Loyola, *Internet Safe Harbors and the Transformation of Copyright Law*, 93 Notre Dame L. Rev. 499 (2018).

〔2〕 See Matthew Sag Loyola, *Internet Safe Harbors and the Transformation of Copyright Law*, 93 Notre Dame L. Rev. 538 (2018).

则进行重构，[1]要求“标准技术措施”应该包括算法过滤机制，在处理侵权方面采取更加积极的举措。相较于人工审查时代，自动化删除程序确实对网络服务提供者提出了新的挑战，然而，其可能产生的法律问题也值得深思。

其一，强制采纳过滤技术将不当提高行业准入门槛。著作权法上安全港资格所要求的标准技术措施，必须以合理和非歧视的条件提供给任何人。人工智能技术的应用已经事实上造成了采用自动化表单审查系统的网络服务提供者与采用传统人工审查方式的网络服务提供者之间的分化，采用算法过滤机制无疑是这种分化的继续升级。大型网络服务提供者会主动应用内容过滤技术进一步巩固其领先优势地位，且它们拥有足够的资本和能力开发过滤技术，并且将这些技术融入自己的商业模式之中。此外，以目前的技术条件，尚没有任何一种内容过滤装置可以准确检测出所有的著作权侵权内容，即使如全自动内容识别系统这些代表行业最先进、最成熟的过滤技术，也存在大量有据可查的错误过滤实例。[2]因此，实施著作权过滤机制，可能并不只是为网络服务提供者提供“保护伞”，还会增加其所担负的责任。即便大型的网络服务提供者对行业垄断情形乐见其成，实施内容过滤措施也难以助其摆脱侵权责任的风险。

对于更多资源有限的中小型网络服务提供者来说，可能并未遇到大规模的侵权问题，过高的技术措施要求不仅使其无法负担复杂且较高的技

〔1〕 目前，全球主要版权所有者都在努力推动对DMCA的修改。2015年近200名艺术家发起了一项名为“Take Down，Stay Down”的运动，敦促美国国会重新审视版权法中的通知和删除政策。在版权所有者的压力之下，根据美国版权登记处Maria A. Pallante的建议，并在2015年4月众议院司法委员会听证会上由众议院院长John Conyers提出要求，美国版权局正在审查这些提案，以评估DMCA第512条的影响和有效性，并于2015年12月31日发布征求公众意见的通知。See *Section 512 Study: Notice and Request for Public Comment, A Notice by the Copyright Office,* FEDERAL REGISTER, https://www.federalregister.gov/documents/2015/12/31/2015-32973/section-512-study-notice-and-request-for-public-comment#footnote-9-p81862.

〔2〕 See *When Filters Fail: These Cases Show We can't Trust Algorithms to Clean up the Internet*, Felix Reda (Sep.28,2017), https://juliareda.eu/2017/09/when-filters-fail.

术和管理成本，而且有可能失去传统避风港下的责任豁免，从而被迫退出竞争市场。从这个角度来看，内容识别系统和其他过滤系统的实施不仅是著作权人和互联网平台之间的战争，也是互联网平台企业之间的竞争和淘汰。如果强制性推行过滤技术，其实质是在研发资源的竞争中"选出赢家"，而不是让技术和市场以真正动态的方式进行互动。〔1〕著作权法上设置安全港的一个重要目标是防止著作权侵权责任成为在线服务发展的一个重要障碍。正是由于美国等诸多国家法律所采用的通知—删除机制为网络服务提供者提供了强有力的激励措施，才使21世纪初的互联网从侵权的泥淖中挣脱出来，迎来了新一轮的发展。强制施加"内容过滤"义务则易矫枉过正，无疑会将网络服务提供者从"安全港"再度推向"风暴角"，从根本上阻碍互联网的创新活力和竞争效应。

其二，错误删除损害了用户合理使用正当权益。在算法过滤系统下，著作权执法的效果往往取决于平台和权利人的选择，其中最大的问题是这些协议是私下谈判达成的，没有公众或公共利益集团的参与，缺乏与公共立法相关的审议透明度。〔2〕因此，相比于过滤技术对网络服务提供者之间竞争产生的冲击，网络用户受到的影响更加深远，可能会使其合理使用或其他正当权利在网上变得有名无实。〔3〕算法识别会存在错误，很难区分互联网中不受著作权保护的材料、公有领域的信息、经授权的使用、正当模仿、合理使用和著作权侵权等之间的模糊界限，这些判断即使在司法实践中也是极具争议的。这就导致"内容过滤"成了一种变相的许可，用户只

〔1〕 See Sonia Katyal & Jason Schultz, *The Unending Search for the Optimal Infringement Filter*, 12 Columbia Law Review Sidebar, p.83(2012).

〔2〕 Annemarie Bridy, *Copyright's Digital Deputies: DMCA-Plus Enforcement by Internet Intermediaries*, in John A. Rothchild ed., Research Handbook on Electronic Commerce Law, Edward Elgar, 2016, p.185.

〔3〕 See Matthew Sag, *Internet Safe Harbors and the Transformation of Copyright Law*, 93 Notre Dame L. Rev. 499 (2018).

有主动向平台申诉后才有可能被允许合理使用，而不是基于法律规定享有事前的豁免。“内容过滤”很容易成为一种不受政府控制的新形式的私人审查和“监督”工具，被广泛地用于移除网络上的作品信息，或者网络服务提供者认为不必要存在或不能接受的内容，使互联网平台的开放性以及宪法赋予公民的言论自由和表达自由等基本权利受到根本挑战。学者对此也表示担忧，“盗版监督手段可以在更大的范围内对普通市民的表达行为进行干预和控制，它深深影响了控制和表达之间的平衡，必然导致自我监控与警戒主义逻辑”。〔1〕

网络用户已经意识到在过滤机制下其作品的创作和传播缺乏法律的可预见性和稳定性，他们所发布的内容经常在毫不知情的情况下被随意屏蔽和删除。例如，优兔明确表示，在“合作伙伴”公司的视频被删除后，它将不会重新发布涉嫌侵权的视频，即便用户提交了一份反通知，提出合理使用抗辩，优兔考虑到与相关著作权人的合同义务和内部业务关系，而忽视用户的反通知。〔2〕更有甚者，一些网络服务提供者还为通知发送者提供后台访问权限和直接删除权限，而无须经过正式的通知、反通知和审核过程。这种直接的后台访问和删除协议在数字音乐文件托管服务平台相对普遍。〔3〕这些加强私人执行的举措通常假定用户对侵权负有责任，且无论是通知删除的处理方法，还是作出决策的判断依据，都缺乏必要的信息披露。

---

〔1〕 Sonia Katyal, *The New Surveillance*, 54 Case Western Reserve Law Review 297 (2003).

〔2〕 See Mike Masnick ,*YouTube Won't Put Your Video Back Up, Even If It's Fair Use, If It Contains Content From Universal Music*, Techdirt, https://www.techdirt.com/articles/ 20130405/ 01191322589/youtube-wont-put-your-video-back-up-even-if-its-fair-use-if-it-contains-content-universal-music.shtml.

〔3〕 比如流行音乐共享平台Sound Cloud授权Universal Music删除他们认为的平台内任何侵权内容的权利。See Ernesto, *Universal Music Can Delete Any Sound Cloud Track Without Oversight*, Torrent Freak (July. 3, 2014), http://torrentfreak.com/record-labels-can-remove-soundcoud-tracks-without-oversight-140703.

（三）我国网络服务提供者自动化删除措施规范之设想

1.建立网络服务提供者自动化删除措施的自愿选择机制

目前自动化删除措施主要有自动化表单系统和算法过滤系统两种模式，如前文所述，二者的运行成本不同，遵循的删除规则不同，对网络服务提供者产生的注意义务和审查职责也不同，网络服务提供者有权根据实际情况自愿进行选择。目前，跟美国等发达国家相比，中国的互联网发展仍有差距，自动化通知删除实践尚未得以普及。国内的网络服务提供者对于侵权通知主要还是采用电子邮件接收+人工审查的方式。有的大型网络服务提供者虽然设置了线上投诉中心，但是不同的线上投诉系统缺乏统一性和便捷性。不过，随着互联网产业的发展，一些大型的内容存储服务平台已经开始采用数字著作权管理软件为侵权信息的识别和删除提供更有效的方法。例如，作为国内最大的文档分享平台，2011年百度文库便开发运用了“反盗版DNA系统”，据悉，到2020年2月，百度文库日均拦截新上传和甄别删除的侵权文档已高达25万篇。〔1〕毫无疑问，网络服务提供者正在引领一个在线自由表达的新时代，通过自动化删除系统如何更有效地解决网络著作权纠纷必将成为一个重要的议题。目前中国的大中型互联网企业是多种业务复合发展，且相互之间竞争激烈，著作权资源和技术措施无疑是竞争利器。作为一种正在发展中的新技术，目前尚不能充分地证明著作权过滤技术已经成熟，况且这一技术的强制推广会极大加重一般网络服务提供者的审查义务，增加其运行成本，阻碍其创新发展。因此，基于公平竞争理念，应当赋予网络服务提供者自愿选择自动化删除措施的机会。

〔1〕 目前“反盗版DNA系统”可以综合采用“dsim链查重”“MD5可信度溯源”“标题相似度判重”“HASH算法甄别”以及文本和图片识别处理等技术，更加精准有效地锁定和清除涉嫌侵权的文档。参见《vivo刘洪善：没有绝对的安全，但有绝对的安全努力》，载搜狐网2022年11月15日，https://www.sohu.com/a/606227925_620823。

对于搜索引擎服务提供者[1]以及一些平台资源不是很充分的内容存储服务提供者来说，采用自动化删除表单系统是其自动化过程尽可能简单、高效和低成本的一种方式。对于一些大型的网络文学、视频或音乐作品存储和发布服务的网络服务提供者而言，使用过滤系统来识别和删除大量的内容可能是有效的选择。总之，不管技术如何发展和变化，都应考虑用户、中小型权利人和中小型网络服务提供者的利益。任何改变都不应破坏“通知—删除”规则的核心价值理念，而应保持其促进竞争的效果。

“通知—删除”规则的适用“既要加强网络环境下著作权保护，又要注意促进信息网络技术创新和商业模式发展，确保社会公众利益”。《最高人民法院关于充分发挥知识产权审判职能作用推动社会主义文化大发展大繁荣和促进经济自主协调发展若干问题的意见》[2]中，对于“通知—删除”规则所要维护的上述基本价值作了明确的阐述。在目前的司法实践中，“通知—删除”规则仍然是处理平台侵权问题的重要规范。在爱奇艺诉多玩的侵权纠纷案件中，广东法院[3]和北京法院[4]的判决也都重申了网络平台著作权治理中“通知—删除”规则的价值。不过，“通知—删除”规则的价值基础虽然并未过时，但是自动化删除措施的新发展确实已经冲击到既有的安全港基础和责任分担机制，应当在应用和法律层面予以进一步规范。

---

〔1〕 对于搜索引擎服务提供者而言，尽管在技术上可以通过爬虫机器人访问互联网上的网页，但在识别和控制内容方面远不如内容服务提供者直接。如果要求采取内容过滤措施可能会遇到技术和商业成本的障碍，但是采用自动化删除表单的方式，在现有的技术条件下则具备合理性和可操作性。

〔2〕《最高人民法院关于充分发挥知识产权审判职能作用推动社会主义文化大发展大繁荣和促进经济自主协调发展若干问题的意见》(法发〔2011〕18号)。

〔3〕 北京爱奇艺科技有限公司诉广州华多网络科技有限公司侵害作品信息网络传播权及不正当竞争行为纠纷案：广东省广州市南沙区人民法院（2016）粤0115民初2993号民事判决书；广州知识产权法院（2017）粤73民终2133号民事判决书；广东省高级人民法院（2018）粤民申2558号民事判决书。

〔4〕 北京爱奇艺科技有限公司诉珠海多玩信息技术有限公司侵害作品信息网络传播权纠纷案：北京市海淀区人民法院（2016）京0108民初6679号民事判决书；北京知识产权法院（2017）京73民终2037号民事判决书；北京市高级人民法院（2019）京民申2693号民事判决书。

2.自动化删除表单系统下建立权利人作品事先备案机制

自动化删除表单系统遵循著作权法的"通知—删除"规则进行操作，其通知处理过程与传统的人工审查方式的唯一区别在于系统对删除请求的响应是自动的，而识别与审核侵权作品的责任仍由投诉方承担。不过，自动化删除表单系统下也存在错误通知对用户内容的误判问题，为了进一步规范自动化删除措施的使用，应当建立权利人作品事先备案机制。使用自动化删除系统的权利人必须和平台签订正版作品备案协议，事先提交受保护的作品信息以及准确的网络位置，并提供作品权属证明。只有经过验证的投诉请求可以获得自动化删除响应。通过在通知提交时形成监督机制，强化投诉人的审核责任，以尽量避免自动化系统被滥用，并且加快通知的处理流程。这一方案的意义在于引导权利人与平台方进行友好合作，且不会对现行的安全港机制有实质影响，不会给网络服务提供者带来额外的负担，有利于实现自动化删除表单措施的标准化。

3.算法过滤系统下确立网络服务提供者合理使用审查义务

与自动化删除表单系统不同，算法过滤系统为网络著作权保护提供了一种全新的模式，但是，这种技术的使用也给网络用户强加了额外的成本，算法的错误识别和私人的规则滥用会损害用户的合理使用权益。在算法过滤机制下，网络服务提供者作为私主体，既担任规则的制定者，又担任裁判者和执行者，在进行著作权算法执法的同时事实上履行了公共职能。因此，网络服务提供者在通过技术对平台内容实施更大程度的控制权和管理权的同时，也需基于公共利益考虑承担合理使用审查义务。合理使用审查义务是一种特殊性审查义务，即法律施加给网络服务提供者在特定情形下对网络用户上传的信息进行审查，确定是否合法的义务。[1]其与2014年

〔1〕 参见谢光旗：《普遍与特殊：网络服务提供者的著作权审查义务》，载《西部法学评论》2013年第3期。

《著作权法(修订草案送审稿)》第73条[1]规定的网络服务提供者不承担的审查义务有根本的区别。后者是安全港规则下私法意义上的一般性的、普遍性的审查义务，即网络服务提供者没有义务审查网络用户上传的信息是否侵犯著作权。网络服务提供者的合理使用审查义务本质上与公法上的审查义务类似，是站在用户的立场对作品的合法使用作出判断，以确保知识和信息的自由流动以及推动更加民主开放和具有参与性的公共话语表达，这一取向与通知—删除规则基本理念以及和著作权法的价值目标是一致的。

因此，立法层面在明确网络内容存储服务提供者合理使用审查义务的同时，也应当对其安全港的资格条件作出相应的修改，不能因为其实质性地接触到第三方提供的内容，而失去安全港规则的保护，这样将给网络服务提供者增加极不合理的负担和风险。[2]《著作权法》应对网络服务提供者承担的合理使用审查义务和免责情形作出原则性规定。采用过滤技术的网络服务提供者对过滤内容采取合理使用审查措施并披露审查结果，不影响避风港责任豁免。反之，网络服务提供者如果不履行上述义务导致用户合法权益受到损害，则应承担帮助侵权或共同侵权责任。考虑到由于著作权法中的合理使用原则通常涉及灵活的法律标准和自由裁量权，是否履行审查义务将交由法院在个案中进行具体判断。具体而言，判断网络服务提供者是否采取了必要的合理使用审查措施，可以从以下两个方面来考察。

(1)合理使用审查标准的设置。网络服务提供者应站在“理性人”[3]

---

〔1〕 国务院法制办公室(已撤销)公布的《著作权法(修订草案送审稿)》第73条规定，网络服务提供者为网络用户提供存储、搜索或者链接等单纯网络技术服务时，不承担与著作权或者相关权有关的审查义务。

〔2〕 参见姚志伟:《公法阴影下的避风港——以网络服务提供者的审查义务为中心》，载《环球法律评论》2018 年第1期。

〔3〕 网络环境下作为“理性人”的网络服务提供者应当对网络技术和网络运营的整体环境有作为业内人士一般的了解，并能获知该领域内所有的现有技术。参见宋哲:《网络服务商注意义务研究》，北京大学出版社2014年版，第107页。

的角度从客观和主观两个方面对技术过滤设置合理使用审查标准。客观层面应规定合理的定量阈值（使用多少百分比的作品将导致内容删除或禁止）将合理使用的判断标准客观化。在匹配没有达到阈值或者用户反通知质疑的情况下，则需要进一步采取人工审查措施，结合著作权法的合理使用条款，对作品的使用目和性质、被使用作品的创造性高低和使用效果等因素予以综合考量。

为了防止网络服务提供者设置不合理的阈值标准以损害用户的利益，在理想的情形下，法律应当授权著作权行政主管部门制定比较明确的指导性技术过滤标准，并根据实际需要不断修订，避免过度依赖法院的自由裁量。〔1〕在此之前，为了促进算法执行合理使用审查标准的不断规范化和标准化，应提倡在行业领域内基于网络服务提供者的经验进行动态协作，制定行业准则并不断更新算法过滤中的合理使用政策及其所设定的阈值标准。例如，电子前沿基金会（EFF）在促进量化的合理使用原则时建议，网络服务提供者在采用过滤装置时必须包含对合理使用的保护：只有当视频轨道和音频轨道与受保护的作品相匹配，且上传内容的90%或以上来自同一作品时，内容才会自动被屏蔽，否则应要求内容所有者进行进一步的人工审查。〔2〕在网络环境下，进行评论、批评、报道、模仿、讽刺或学术研究，或作为其他类型的创造性和转换性作品的原材料，往往都会涉及合理使用。权利人、网络服务提供者和用户都将受益于一个更容易理解和执行的合理使用标准，政府应指导并鼓励行业之间形成准则，就合理使用规范达成普遍共识，通过自下而上的努力不断优化合理使用审查制度。

---

〔1〕 参见崔国斌：《论网络服务商版权内容过滤义务》，载《中国法学》2017年第2期。

〔2〕 See *Fair Use Principles for User Generated Video Content*, Electronic Frontier Foundation (Oct.30,2007), https://www.eff.org/pages/fair-use-principles-user-generated-video-content.

（2）合理使用审查标准和审查结果的披露。为了让网络服务提供者对算法执行合理使用审查行为负责，要求其对合理使用审查标准和审查结果进行披露以接受检查和监督是合理的。网络服务提供者具体披露的事项应包括权利人的通知情况、用户的反通知情况、算法“匹配”阈值及过滤的结果。且无论“匹配”是否导致内容被屏蔽，都应向用户提供通知。例如，用户即使属于合理使用范围的模仿或评论可能也并不希望在平台上被传播，应当尊重用户的这种表达自由。值得注意的是，披露的信息是阈值标准和过滤结果而不是算法的源代码，这样既可以加强算法执法的问责性，也可以实现对商业保密的合法保护。

此外，还应当支持和鼓励网络服务提供者与第三方平台合作进行信息披露与共享，这样不仅可以促进算法问责，还可以为研究人员和政策制定者提供有效数据，以不断完善合理使用标准和制度规范。目前，谷歌就是通过与流明数据库合作进行信息披露。流明本身不是其数据库中通知的发件人或原始收件人，也不负责对任何形式的在线内容或链接进行删除或恢复，而仅仅为有意了解互联网上删除信息的人员提供一个可访问的渠道。我国应考虑创建与流明类似的数据库，作为通知删除信息的“存储库”和“档案馆”，用于收集、汇总和分析各种删除请求以及处理结果。为了保障数据库便于使用，投诉人发送的通知、用户提交的反通知以及网络服务提供者采取的处理结果等信息，均自动地提交到这一集中的数据库。为了防止产生额外的商业秘密和隐私问题，数据库仅提供必要的信息供公众访问，有关提交者的具体身份和联系方式等私密信息将存储于后台不对外开放，但对于研究人员可以扩大访问的权限，从而在信息公开和隐私保护中实现平衡。数据库可交由中立的第三方机构进行管理和运营，鉴于数据库前期建设的成本巨大，以及当前我国缺乏可匹配的中立组织，建议由我国著作权行政主管部门牵头率先开展这一工作。

六、反通知程序和司法救济机制的完善

（一）用户反通知程序启动与司法救济现状之反思

为了防止滥用删除通知程序导致的错误通知和错误删除，根据美国《数字千年版权法》第512条（f）〔1〕的规定，用户可以主张投诉人承担虚假陈述侵权责任。此外，用户可以根据第512条（g）（3）〔2〕之规定可以提起反通知。一旦用户发出反通知，著作权人可以选择是允许恢复被控侵权材料，还是对用户提起著作权侵权诉讼。在实践中，与权利人或代理人大规模发出的删除请求相比，用户提交的反通知数量很少。不仅如此，用户提起的虚假陈述诉讼比例也一直相当低。已有实证研究表明，〔3〕美国这一领域从2003年到2014年共发生了24个案例，根据不同的诉讼场景分为三类：第一类有4例，涉及著作权侵权诉讼［用户发出反通知后，著作权人根据第512条（g）提起著作权侵权诉讼］。第二类有16例，涉及虚假陈述侵权诉讼

〔1〕 美国《数字千年版权法》第512条（f）虚假陈述。本节规定的任何人故意实质性虚假陈述：（1）资料或活动是侵权，或（2）错误或错误认定下删除或禁用相关资料或活动，应当承担任何赔偿责任，包括成本和律师费用，起诉侵权人、任何著作权人或著作权人许可授权的费用，或服务提供者因为该虚假陈述造成的伤害，包括服务提供者基于该虚假陈述而删除或禁用主张侵权的材料或活动访问，或恢复被删除的资料或停止禁用访问资料。

〔2〕 美国《数字千年版权法》第512条（g）（3）反通知必须是书面形式提供给服务提供商的指定代理，实质上包括以下内容：（a）用户的物理或电子签名。（b）查明已删除或已禁止访问的资料，以及在删除资料或禁止访问资料之前资料出现的地点。（c）善意声明，表明用户有诚意相信由于拟删除或禁用的资料是错误的，否则将承担伪证罪。（d）用户的姓名、地址和电话号码和同意由其所在地的联邦地区法院管辖的声明。如果被控侵权人在国外，则必须包括同意由任何可以找到ISP的联邦地区法院管辖的声明。（4）用户的名称、地址、电话以及ISP收到反通知后，也必须迅速将其复本转达著作权人或其代理人，并告知其在10个工作日内就会恢复之前被移除的材料。著作权人则必须在这10天之内向法院起诉，以获取涉嫌侵权材料不得恢复的临时禁令，并告知ISP继续保持移除状态。否则，ISP必须在10个至14个工作日之内恢复被控侵权材料。

〔3〕 See Zoe Carpou, *Robots, Pirates, and the Rise of the Automated Takedown Regime: Using the DMCA to Fight Piracy and Protect End-Users*, 39 COLUM. J.L. & ARTS, 2016, p.573-583.

[用户发出了反通知，权利人没有主张著作权侵权诉讼；用户根据第512条(f)款进一步主张虚假陈述侵权诉讼]。第三类有4例，同时涉及著作权侵权诉讼和虚假陈述侵权诉讼。此外，在2011年用户发出的59件反通知中，只有1件虚假陈述侵权诉讼；在2012年用户发出的82件反通知中，有1件虚假陈述侵权诉讼，2件同时涉及著作权侵权诉讼和虚假陈述侵权诉讼。从表象上来看，这似乎表明“通知—删除”系统在正常运行，因为真正侵权的用户不会提交反通知，也不会对权利人提起诉讼。但海量自动化通知背景下过于偏低的反通知和诉讼比率，恰恰说明这其中很可能是更多的合法用户根本没有获得充分的救济途径，其中原因值得反思。

1.制度设计存在缺陷，用户的反通知权利缺乏应有保障

首先，根据现行的安全港规则，网络服务商有迅速采取删除措施的义务，但是并没有明确其转通知的责任。这种不平衡的责任分担机制，促使网络服务提供者要为其是否迅速采取删除措施担责，但无须为是否转通知用户承担风险，致使有效信息难以传递到位。事实上，被要求删除的材料往往在用户有机会作出反应之前被迅速删除；或者网络服务提供者删除信息后虽然转通知用户，却没有告知侵权认定的重要信息。用户缺乏质疑错误的有效删除信息，自然难以启动反通知程序。其次，转通知主体范围狭窄。按照美国《数字千年版权法》的规定，转交侵权通知的义务只适用于内容托管服务提供者，而不适用于搜索与链接服务提供商，[1]这导致大量的通知发送给这些网络服务提供者后，相关的搜索链接就直接被删除了，而用户可能对此并不知情。最后，反通知的恢复期设置不合理。美国《数字千年版权法》规定网络服务提供者需要在接到反通知后10个至14个工作日内恢复被通知的内容和链接。但对于瞬息万变的互联网，这10个工作日的恢复期间足以让信息更新换代无数轮回，从而导致用户事实上的表达

[1] 17 U.S.C. § 512(g).

利益丧失。

2.诉讼途径利用不充分，用户的司法救济权利没有充分实现

用户提起的诉讼比率低，很多情况下是因为用户对著作权法不了解，对提交反通知所引起的著作权诉讼风险和虚假陈述责任缺乏判断能力，在收到网络服务提供者转送通知后也就基本选择放弃申辩。实际上，佐伊研究的数据显示，如果用户发起反通知，权利人向用户提起著作权侵权诉讼的概率低得令人难以置信，用户却还会继续主张虚假陈述侵权之诉，这类案件占到了分析案件样本的2/3。这恰恰表明，权利人最初发出的侵权通知本身存在实质性错误，例如存在虚假投诉或者用户属于合理使用等情形。因此，用户针对错误侵权指控积极地主张诉权有利于维护自身的合法权利。不过，在16件虚假陈述侵权案例中有6件以原告败诉告终，这说明要对投诉人的虚假陈述存在主观故意进行举证，对于原告而言无疑是一个难题。〔1〕

此外，许多用户主张虚假陈述侵权诉讼的目的，其实不是为了获得损害赔偿，而是为了防止权利人或其代理人重复发送数量惊人的错误删除请求。〔2〕这也说明用户利用反通知程序不足以阻止投诉人重复提交未经核实的删除请求，否则不会通过虚假陈述之诉来寻求禁令。我们应该意识到，在用户自动生成内容的背景下，网络用户的角色已经发生了变化，用户既是作品的使用者，同时也是作品的创作者和传播者，正在形成新的网络利益格局。如果说当年《数字千年版权法》是为著作权人收到反通知后为其提供一层额外的保护，使其通过提起著作权侵权之诉以禁止用户重复上传侵权作品。进入算法时代，恰恰是自动化通知背景下的用户在反通知之

〔1〕 See Zoe Carpou, *Robots, Pirates, and the Rise of the Automated Takedown Regime: Using the DMCA to Fight Piracy and Protect End-Users*, 39 COLUM. J.L. & ARTS, 2016, p.579.

〔2〕 See Zoe Carpou, *Robots, Pirates, and the Rise of the Automated Takedown Regime: Using the DMCA to Fight Piracy and Protect End-Users*, 39 COLUM. J.L. & ARTS, 2016, p.577.

外，需要通过主张虚假陈述侵权之诉获得最后的司法救济，以禁止权利人反复提交错误删除请求。尽管目前错误通知引起的诉讼发生率还比较低，但是在自动化措施的普及和算法执法的大背景下，这种情形会越来越多地出现，司法途径才是算法问责的最终保障。

（二）重构“通知—删除”的程序机制，激发反通知程序活力

在我国的“通知—删除”实践中，一些主要的内容存储服务提供者也基本上没有履行对用户的通知职责，缺乏对用户合法权益的保护。例如，《哔哩哔哩弹幕网用户使用协议》《爱奇艺服务协议》等协议中，[1]均明确规定网络服务提供者有权在不通知上传用户的情况下可以直接删除、屏蔽相关争议内容。为了矫正实践中“通知—删除”规则向权利人过度倾斜的失衡局面，需要重构“通知—删除”的程序机制，有效激发反通知程序的活力。

1.重构“先转通知后删除”程序，确立“转通知”独立的法律地位

网络服务提供者接到通知后应当先将该通知转送相关网络用户，再及时采取删除、禁止访问等必要措施，由此改变了目前网络服务提供者“先删除后转通知”的传统范式。这种理念已经在我国《民法典侵权责任编（草案）》第二次审议稿中有所体现，[2]并在之后的第三次、第四次审议稿中得以继续坚持，并最终在2020年5月28日第十三届全国人民代表大会第三次会议通过的《民法典》第1195条中得以明确。重构“先转通知后删

〔1〕 参见《哔哩哔哩弹幕网用户使用协议》第4条，《爱奇艺服务协议》第4条，《腾讯视频上传服务规则》第7条，《酷狗用户服务协议》第10条，《百度文库会员服务协议》第5条。

〔2〕 《民法典侵权责任编（草案）》（第二次审议稿）第970条第3款规定：网络服务提供者接到通知后，应当及时将该通知转送相关网络用户，并采取必要措施；未及时采取必要措施的，对损害的扩大部分与该网络用户承担连带责任。值得说明的是，我国侵权责任编草案从第一次审议稿就规定了完整的网络服务提供者通知删除规则，第一次审议稿规定网络服务提供者“先采取必要措施后转通知”，第二次审议稿修改为“先转通知后采取必要措施”，第三次审议稿和第四次审议稿继续坚持了这种修改方式，且最终在民法典中得以明确规定。

除”程序的一个核心是要确立“转通知”独立的法律地位，具有重要的现实意义。

“转通知”是法律对删除、断开链接措施的一种平衡，本身具有独立的地位和价值。在“先转通知后删除”机制下，网络服务提供者应及时将权利人删除通知转告用户，不仅是对用户知情权的尊重，也是用户启动反通知正当程序的前提和基础。不过，在当前的著作权法中，“转通知”还只是删除措施所附带的一个环节，通常是网络服务提供者先删除、断开链接，然后转送通知给用户。在此种情形下，网络服务提供者并不需要为转通知承担任何责任。有效的投诉通知材料若不能转通知被投诉人，权利人投诉行为将失去意义。网络服务平台提供者应该保证有效投诉信息传递的顺畅，而不应成为投诉信息的黑洞。〔1〕因此，“转通知”有必要明确为网络服务提供者的一项法定义务。根据我国《信息网络传播权保护条例》第14条和第15条之规定，“提供信息存储空间的网络服务者”和“提供搜索、链接服务的网络服务提供者”都是通知删除的责任主体，因此，也应当是“转通知”的责任主体。尤其是算法时代的通知滥用目标大多指向搜索与链接服务提供商的服务对象，对于这部分用户群体法律不应区别对待，应当提供同等的救济渠道。而事实上，目前的技术水平也能够为在线搜索与链接服务提供商提供转通知操作。例如，谷歌就设置了反通知提交页面，通过谷歌网管工具（search console），可以对其中注册的网站所有者转送通知。

2.不设置被删除材料的恢复期限

为了鼓励用户更加积极地使用反通知程序，法律应该允许网络服务提供者根据有效的反通知，立即恢复被删除的内容或链接。我国《电子商务

〔1〕 最高人民法院指导案例83号：威海嘉易烤生活家电有限公司诉永康市金仕德工贸有限公司、浙江天猫网络有限公司侵害发明专利权纠纷案（最高人民法院审判委员会讨论通过2017年3月6日发布）。

法》第43条第2款规定了“15日”的恢复期，似乎有意借鉴美国《数字千年版权法》之做法，但稍显仓促和草率。[1]因为《数字千年版权法》规定的不少于10个工作日和不长于14个工作日的等待期规定，在实践中饱受批评，等待期尤其对于时效有特别要求的即时性表达挫伤明显。为了回应实践中提出的问题，《民法典侵权责任编（草案）》（第四次审议稿）第1196条第2款将反通知“15日”的恢复期修改为了“合理期限”，以便根据具体案件情况确定期限，这一规定在最终通过的《民法典》第1196条第2款中得以继续坚持。[2]值得肯定的是，结合网络著作权纠纷的特点，我国《信息网络传播权保护条例》第17条[3]对于“被删除”的作品、表演、录音录像制品采取的是“立即恢复”手段。不过，目前对于“被断开”的作品、表演、录音录像制品的链接规定的是“可以恢复”措施，建议也要一视同仁，应该允许网络服务提供者根据有效的反通知予以立即恢复。

（三）完善司法救济机制，实现权利保护与产业发展动态平衡

权利救济最终需要通过司法途径来实现。目前错误通知删除侵权有两种情形：一种情形是投诉人发送错误通知，另一种情形是被投诉对象发送错误反通知。根据《最高人民法院关于审理涉及计算机网络著作权纠

---

〔1〕 根据我国《电子商务法》相关条文的规定，只要权利人提起了行政投诉或者诉讼，网络平台经营者就不能解除已采取的删除、屏蔽、断开链接等措施。在实践中，基于投诉所作出的行政处理结果并非终局，最终仍需以法院的生效判决为依据来判定是否侵权，因此，只要权利人一方坚持，在短时间内将难以解除“必要措施”，不构成侵权的合法用户将被迫接受不公平的后果。

〔2〕 《民法典》第1196条第2款规定：网络服务提供者接到声明后，应当将该声明转送发出通知的权利人，并告知其可以向有关部门投诉或者向人民法院提起诉讼。网络服务提供者在转送声明到达权利人后的合理期限内，未收到权利人已经投诉或者提起诉讼通知的，应当及时终止所采取的措施。

〔3〕 《信息网络传播权保护条例》第17条规定，网络服务提供者接到服务对象的书面说明后，应当立即恢复被删除的作品、表演、录音录像制品，或者可以恢复与被断开的作品、表演、录音录像制品的链接，同时将服务对象的书面说明转送权利人。权利人不得再通知网络服务提供者删除该作品、表演、录音录像制品，或者断开与该作品、表演、录音录像制品的链接。

纷案件适用法律若干问题的解释》(法释〔2006〕11号，已废止)第8条第2款的规定，著作权人指控侵权不实，被控侵权人因网络服务提供者采取措施遭受损失而请求赔偿的，人民法院应当判令由提出警告的人承担赔偿责任。对于滥用“通知—删除”的行为追究侵权法律责任，该规定仅规定了“著作权人指控侵权不实”的责任承担问题，没有考虑到通知和反通知的不同情形，也没有考虑到算法时代权利人、网络服务提供者和用户的权责变化新问题。

此外，在2020年1月15日中美达成的第一阶段经贸协议中，〔1〕不仅明确了权利人针对错误通知应承担的侵权责任，在文件第1.13条第2款中同样强调了“通过要求通知和反通知提交相关信息，以及对恶意提交通知和反通知进行处罚，以确保下架通知和反通知的有效性”。鉴于前文已经对错误通知侵权责任的分类规制进行了具体探讨，在此，本书进一步对于反通知和网络服务提供者的责任提出以下完善之设想：

(1)增加善意反通知免于担责和恶意反通知惩罚性赔偿的情形。被投诉对象发送错误反通知，基于过错原则应承担相应的侵权责任。为了激励无辜被控侵权的用户充分把握机会提交反通知，著作权法上应增加善意反通知免责的规定，即被投诉用户能举证有理由相信其行为并非侵权使用的情形下提出反通知，可免于承担责任。另外，对于用户恶意反通知，且造成了严重的后果，同样可以适用于惩罚性赔偿。

(2)调整网络服务提供者安全港免责事由。安全港规则仍是一般网络服务提供者的免责条款。不过，在技术发展背景下，安全港的应用基础发生了变化，网络服务提供者在强化其技术控制地位的同时，也增加了其注意义务和审查职责，安全港的资格条件应当进行相应的调整：其一，增加

〔1〕 参见《中华人民共和国政府和美利坚合众国政府经济贸易协议》(财政部、发展改革委、农业农村部、商务部、人民银行，2020年1月16日发布)。

转通知条件，确保投诉信息有效传递。网络服务提供者收到合格通知后及时转通知网络用户并采取了必要措施的，免于承担侵权责任。其二，使用算法过滤技术时增加合理使用审查条件。网络服务提供者在过滤技术中设置了合理使用标准，并对阈值标准和过滤结果进行了披露的，免于承担法律责任。当然，技术的发展日新月异，如何运用安全港规则在权利人、网络服务提供者和用户之间实现动态平衡，还需法官在司法个案中进行具体分析和裁量。

从著作权人通知发送的自动化到网络服务提供者通知审查的自动化，再到当前热门的作品生成自动化和司法裁决自动化，都是高度依赖算法进行资源分配和规则治理，反映了当今社会对效率的执着信念及普遍追求。客观而言，在算法引发的自动化通知实践中，算法提供了比人类认知本身更高的标准，可以帮助人类更理性地作出决策，算法的嵌入和应用本质上有助于更高效地解决网络著作权侵权纠纷，也将在网络治理中产生新的市场机会和竞争效应。但是，算法带来的通知规模大幅增长和通知错误侵权隐患，也对著作权法上的“通知—删除”规则提出了新的挑战。权利人的通知作为“通知—删除”程序的起点和权利滥用治理的源头，需要在构成要件及规制路径方面不断完善法律保障体系，提升司法保障水平。需要进一步思考的是，随着自动化技术措施的不断发展，如何将合理使用的原理标准和判断因素更有效地融入通知的算法设计之中？网络用户的反通知机制如何更好地得以实现其救济功能？“通知—删除”规则如何在解决著作权、隐私和表达自由的冲突方面发挥更大的作用？如何在制度上进一步落实对算法的透明度和问责要求？等等，这些都是算法时代提出的新问题，尚需要进一步深入研究。学术界和产业界尤其需要针对著作权法领域的算法执法效果展开系统化的检视和定量研究，以充分实现算法在法治建设中的独特价值和作用。

第二节　人工智能在专利法领域的应用问题

一、人工智能在专利审查领域的应用

世界知识产权组织2020年发布的《世界知识产权指标》报告显示，世界各地的创新者2019年全球专利申请量超过322万件，其中中国国家知识产权局受理的专利申请数量达到140万件，排名全球第一。[1]专利申请量剧增的同时，我国专利审查业务面临着专利审查人员短缺、专利审查周期长、专利申请积压等问题。在现有的专利审查实践中，专利审查员需要根据专利法的要求，运用技术知识和检索工具对技术方案进行新颖性和创造性的判断。近年来，专利大数据的普及和机器算法的结合，提高了专利检索的速度和准确率，正在逐步将专利审查员从繁重的检索工作中解放出来，投身于可专利性判断等决策环节，缓解专利审查负累。例如，2016年联合国开发的一种基于人工智能的翻译机Wipo，借助神经网络算法丰富的双语语料库，专利翻译的效率和水平得到大幅度提高。因此，为了保持专利审查质量，提高审查效率，相较于投入更多的资源或雇佣既熟悉技术知识，又熟悉计算机生成文本的专利审查员，人工智能更具有成本和效益优势。

面对技术优势的日益凸显，2017年4月，日本特许厅在第十届知识产权小组委员会上讨论了人工智能技术在专利行政管理工作中使用的可能性。[2]《日本特许厅充分利用人工智能技术（2016财年的努力和未来的行

〔1〕 参见2020年世界知识产权组织《世界知识产权指标》。

〔2〕 参见周俊、马克、陈燕：《日本特许厅引入人工智能优化专利审查和管理》，载《中国发明与专利》2018年第1期。

动计划)》根据业务负担、服务频次和工作人员的精神负担三项指标，将能够优先利用人工智能技术的国家专利行政管理业务工作分为三个阶段：一是比较容易实现的小流程工作，包括将纸质公文电子化和公章、收据确认等简单业务；二是技术手段还没有完善，但已有先例的现有技术检索和发明分析等服务；三是已经具有能够独立进行审查评估内容的需要更高级的大数据分析技术和决策能力的新业务领域，但目前缺乏研究先例。在上述三类业务中，人工智能技术的发展步伐已经在迈向第二类，并有望在相关领域作出突出贡献。通常想要获得全面的匹配结果，检索并非一蹴而就的过程，需要对检索条件进行不断完善和修改后，才能得到满意的检索结果。

随着智能化时代的到来，专利审查将朝着以数据收集、处理、分析为基础的自动化方向转变。在专利大数据的背景下，人工智能技术能够迅速有效地处理大量数据，识别发展模式并快速分析最佳解决方案，不仅有助于增强专利审查人员的能力，甚至独立完成检索任务，还有望从效果层面提高专利审查与授权的质量，大大降低了专利审查员的工作难度和准入门槛，能够有效缓解专业人才短缺的问题。不过，在人工智能参与专利审查的过程中，仍需要审查员结合技术、行业和法律等因素进行人工综合考虑和分析决策。

二、人工智能在专利侵权诉讼中的应用

人工智能也会对专利侵权的其他诉讼活动产生影响。其一，当事人需要针对人工智能的特殊性，适应证据公示流程的新需求。实践中，原告可能需要使用大量来自被告的信息和数据，以补充其对涉嫌造假设备的技术研究。所以，从诉讼一开始，专利人就必须采取比传统保护措施更为激进的方法，比如要求被告获取、保存并产生其无法从常规流程中加以保存的数据。其二，专利人必须审慎填写有关证据交换以及证明开示的申请书，

以获取有关被控人工智能系统过去的和潜在的行为数据信息。实践中，考虑到所需数据的存储量和可获取性，此类请求将增加被告负担。因此，被告也需要对于请求相关的特定财产和行为负担进行评估、计算和阐明，例如用于收集相关数据而开发的专用数据采集系统的成本。其三，由于人工智能程序依赖于持续的培训和更新，过去的性能报告和与其功能有关的信息掌握在第三方手中，包括人工智能算法的开发人员，过去的用户和人工智能培训师等。因此，陷入人工智能专利诉讼的第三方，需要更重视保护性命令的撰写和执行，以保护其知识产权和商业秘密。其四，技术专家是专利诉讼的重要组成部分，但是人工智能领域的相关专家目前很稀缺。当专家被人工智能开发公司所雇用，出于利益冲突无法作证时，原告、被告都需要积极寻找能够替代的专家。因此，人工智能案件中需要注重专家的早期选择和保留。〔1〕

三、人工智能在专利开放许可中的应用

（一）专利开放许可的制度功能

专利开放许可制度是指专利权人以书面方式向国务院专利行政部门声明愿意许可任何单位或者个人实施其专利，并明确许可使用费支付方式、标准的制度。专利开放许可的特点如下：其一，专利开放许可为自愿许可。其具有自愿性，表现形式为普通许可而非独占许可、排他性许可。其二，专利开放许可须以明示方式作出。专利权人应当以书面形式向专利行政部门声明许可他人实施其专利，并明确许可费用，专利权人在撤回开放许可时，亦须以书面方式作出。其三，专利开放许可需进行专利权稳定

〔1〕 参见曹建峰、祝林华：《人工智能对专利制度的影响初探》，载《中国发明与专利》2018年第6期。

性审查。由于发明专利的授权已经经过实质审查，故专利权稳定性较高；而实用新型、外观设计专利仅经过形式审查，专利权稳定性较弱，故在作出开放许可声明时，应当提供专利权评价报告。专利开放许可制度具有自愿性、开放性、公平性之特点，其使《专利法》传统的“确权”“保护”的二元结构转化为“确权”“保护”“运用”的三元结构。[1]目前我国建立了多家专利技术展示交易中心，但由于其采用线下运营模式，交易信息闭塞，运营状况不良；我国目前也设立了国家知识产权数据库，但作用仅限于文献信息检索，对实体交易收效甚微。与上述模式不同，专利开放许可制度以完备的专利技术信息、风险评估信息为基础，通过构建统一的许可平台便利交易双方合同的订立，降低交易成本，从而实现专利技术的转化实施。在市场经济逐渐发展的现实情况下，以开放、共享理念为核心的专利开放许可制度更加适用于灵活、产品更新换代速度快的市场节奏，具有更广泛的市场空间和可利用价值。

1.专利开放许可制度有利于推动专利技术实施运用

《2022年中国专利调查报告》显示，我国高校发明专利实施率为16.9%，其中产业化率仅为3.9%。企业发明专利产业化率为48.1%，其中大、中型企业的发明专利产业化率均超过50%。[2]高校有大量没有得到实施的专利，与企业的需求没有形成匹配；企业对新的产业技术需求旺盛，但是获取渠道有限。据统计，3D打印技术、机器人技术、纳米技术的专利多集中于高校、科研单位，但由于“重研究轻实施”，专利商业化程度不高，加之缺乏全国性的专利交易平台以及专利信息公示平台，高校、科研单位与市场的衔接不够，应当改变“为专利而科研”的导向模式；加强高校、科研

〔1〕 参见易继明：《专利法的转型：从二元结构到三元结构——评〈专利法修订草案（送审稿）〉第8章及修改条文建议》，载《法学杂志》2017年第7期。

〔2〕 参见《2022年中国专利调查报告》，载国家知识产权局网，https://www.cnipa.gov.cn/art/2022/12/28/art_88_181043.html。

单位与市场和企业需求的密切联系，改革现行科研管理体制，从根本上调动高校、科研单位专利转化的积极性，提高专利运用综合效益。此外，专利供需信息不对称亦是导致我国专利成果转化率低的原因。由于我国尚未建立针对专利许可转让的供需双方对接平台，而传统专利许可模式又需经过许可合同谈判、协商、签订等程序，不仅时间周期长，而且供需双方有时不能实现有效对接，高昂的交易成本与授权费用阻塞交易协商渠道，导致专利成果转化率较低。〔1〕建立专利开放许可制度，设立专利公共数据库，通过合理披露专利许可转让供求信息，可以有效提高专利转让、运用效率。

2.专利开放许可制度有利于促进交易信息公开

专利开放许可是敞开式交易，通过诱发交易动机，加速了专利转化流通，通过预先设立许可费，从而简化了交易过程，降低流通成本，增强商业竞争能力。从法经济学角度出发，以效率和成本—收益最大化为分析工具，可以发现相较于传统专利许可模式，借助于网络开放平台的专利开放许可模式不仅可以拓宽供需对接渠道，而且可以大大提高专利技术的实施率与产业化率。开放许可平台的建立使得需求方通过技术的检索与定位更容易找到相对应的专利技术，通过签订开放平台提供的标准协议促成专利技术转让和实施，降低了交易成本。作为一种新型专利运营模式，专利开放许可通过利用市场竞争机制，将专利人才、资本、服务等各项要素加以整合，有利于破除专利权“错轨”“孤岛”现象，促成专利权与产业链的充分对接，使专利价值通过实施运用加以实现。

（二）高校建立专利开放许可制度的必要性

高校是国家重要的科技创新主体、专利权拥有主体，具有科技成果多、专利数量大等特点。但高校科技成果的转化运用情况并不乐观，近年来出

〔1〕 参见刘娟、路宏波：《我国引入专利开放许可制度的合理性研究——以完善科技成果转化信息汇交机制为核心》，载《中国发明与专利》2018年第10期。

现高校专利转化率始终偏低，很多专利处于不知道要转化、不知道怎么转化、不知道找谁转化的情况。我国高校的专利呈现专利转化率低、维持年限短等特点。一些高质量专利无法转化为经济动力，又因年费缺缴而失效。专利开放许可制度对于解决高校专利技术与市场之间的信息不对称问题有重要作用。在高校建立专利开放许可制度促进供需双方对接，可以帮助高校高质量专利转化运用，也可通过减免年费的规定，给更多濒临失效的专利以新的生机。

1.高校专利具有特殊性

其一，权利主体特殊。与一般的企业、个人的单一主体相比，国内高校的大部分专利虽然名义主体是高校，但在专利的日常维护、实施转化过程中主要是发明人负责，因此在具体开放许可的实施中，定价决策机制、权利义务分配、维权救济等在高校内部需要兼顾学校、科研团队等各方诉求，尤其是当学校与发明人共有专利权时，如何协调学校与科研人员需要进一步考虑。

其二，高校专利技术来源特殊。高校的专利技术大多来源于政府财政经费资助的科研项目，专利技术具有较强的公益性，尤其是在农业、医疗卫生、生态建设、公共安全等社会公益领域更为明显，对财政资助项目产生的专利开放许可需要更多考虑社会公共属性，一定情形是否可以强制开放许可，以及许可定价的标准和方式在高校、科研人员、中小企业、社会公共利益之间如何协调等需要探讨。

其三，高校专利技术所处阶段特殊。高校专利技术与已在企业应用的专利技术不同，很多专利属于偏早期的科研成果，其应用还需进一步二次开发加工。因此，高校实施开放许可的专利，对其后续的进一步研发，以及二次开发后新产生专利的许可将会涉及一系列的法律问题，需要结合实际进行厘清。

其四，高校专利技术领域特殊。与企业往往只聚焦某一行业的专利技术不同，高校一般学科门类较多，对应的行业、技术也较为广泛，而不同行业、领域专利开放许可的对象、方式等都会有所不同。

2.高校专利开放许可具有实践价值

其一，加速高校专利技术的流通和扩散。目前，专利交易存在市场不成熟、市场信用体系不完善、供需信息不对称等问题。专利开放许可制度的引入，促进有资金和能力去实施专利的企业与高校等单位进行合作对接，为两者提供了一个平台，加速了专利信息的传播和专利技术向现实生产力的转化。

其二，促进中小企业吸纳外部创新成果。中小企业由于自身各方面的缺陷，在进行技术创新活动时很多资源得不到供给，缺乏主动收集信息的意识和能力，普遍面临信息不充分、企业间技术人员交流合作少、与外界缺乏联系等问题，对市场变化的预见能力弱，因而错过许多引进和利用技术成果的机会，信息的分布不对称已经严重制约了产学研合作的发展。专利开放许可为中小企业提供了机会，可以通过与外界合作来获得技术创新所需的各类资源。

其三，降低专利许可交易成本。一般情形下，专利权交易都必须耗费巨大精力去收集和甄别专利信息，各方当事人就许可的价值、范围等要求展开漫长的磋商。专利开放许可制度有助于降低专利交易的成本：一是经过官方甄别后的专利开放许可信息将更具有公信力，也因此降低了各方当事人的信息查询成本；二是专利权许可费用设置得相对较低，有利于促成交易；三是通常由官方编写详细专业的公开授权声明、专利授权协议等法律文书模板，能有效防范法律风险。

（三）人工智能应用于高校专利开放许可的路径

1.进行专利价值评估

专利运用中的一个关键问题和难点是专利价值评估。专利价值评估需要搜集和分析与该专利有关的技术、研发、产业、市场、财务、法律等各种因素和信息。传统意义上，专利价值评估是一项极为耗时、耗力的工作，且评估成本很高。同时，由于评估主体收集信息的渠道有限，评估方法各异，不同评估主体的评估结果通常差异很大，因此，评估结果对专利运用各方当事人的参考作用有限。而人工智能和大数据技术可以通过分析大量的数据并寻找规律，编制一套信息识别规则让计算机学习，使计算机能够自动识别和抓取与评估有关的数据和信息，并可根据不断自我优化调整的估值模型获得价值评估结果。这种基于人工智能的专利价值评估系统，一方面可以极大降低价值评估成本，进而有效降低专利运用当事人的交易成本；另一方面可以有效避免自然人评估的主观性，使价值评估结果具有更好的客观性，更容易获得专利运用各方当事人的共同认可。〔1〕

高校科研覆盖面广，专利也几乎涵盖了社会生产的各个领域，存量专利数量庞大。但并非所有的专利都适合开放许可。组织实施开放许可，需要政府在公共资源方面进行一定的投入，不经甄别的专利进行开放许可，不仅会浪费公共资源，还会在后期运用中带来法律纠纷。为避免公共资源的浪费，做到资源有效投入，需要建立专利价值评估机制，选择适宜的专利进行开放许可。同时，利用人工智能技术对专利进行价值评估，有助于许可人确定合适的许可费，助益专利开放许可数据库的建立并精准对接需求方。

高校专利开放许可平台可通过智能算法实现对高校专利的有效过滤。人工智能技术以产业政策、专利数据、需求数据和交易数据等为支撑，按照转化优先的原则选择指标参数，搭建起评价维度广、权重分配合理的分析模型，为评价筛选机制的建立提供良好的理论和数据基础。同时利用能够自动对科技成果进行评分的算法和软件，让机器按照既定的分析模型给

---

〔1〕 参见尹锋林、肖尤丹：《以人工智能为基础的新科技革命对知识产权制度的挑战与机遇》，载《科学与社会》2018年第4期。

出评分。

各高校在使用人工智能技术进行价值评估时，要注重和其他高校的合作。若各高校间没有相近甚至统一的价值评估标准，缺乏协调联系，信息交流不畅通，无法实现资源的共享，则市场主体在寻找合适的专利时也无从下手。因此，需要建立高校间合作的专利开放许可平台和统一的价值评估标准，以规范开放许可制度的运行，提升专利转化运用的效率。

2.提升交易平台专利检索能力

提升高校专利开放许可平台的专利检索能力是使高校专利走向市场的重要环节。一方面要提高专利检索的精准度和速度，确保市场主体能够快速准确地找到希望被许可的专利，从而提升专利开放许可的成交量。另一方面通过参考其他专利的类型、价值、许可费、开放许可案例等可以更好地帮助许可人确定许可费，实施开放许可。

高校专利开放许可平台可以结合企业和高校对于检索的不同需求，开发专利开放许可的专利检索功能。例如，对企业来说，不仅需要输入较全的专利名称或根据类别一项项查找，而且需要输入技术类型、目标许可费、公司业务等信息完成检索。人工智能利用深度学习，可以从以下途径提高专利信息的检索质量和效率：其一，自动从专利文件原文中识别和提取关键词之同义词，自动制定高质量的检索条件，拓宽搜索方向并提高关键词搜索质量；其二，使用专有的拓扑聚类进行相似文件检索，提高文件检索精确度；其三，自动对专利申请文本和权利要求书等文档进行联合专利分类体系等分类。〔1〕

3.建立专利开放许可数据库

建立专利开放许可数据库可以更好地对高校专利进行分类管理，对高

〔1〕 参见曹建峰、祝林华：《人工智能对专利制度的影响初探》，载《中国发明与专利》2018年第6期。

校科技创新情况、专利转化运用情况以及专利开放许可制度实施情况进行评估。通过人工智能技术强大的分析能力，对学校科技创新和知识产权策略提出建议。专利开放许可数据库也是进行专利信息检索的基础数据来源，通过进一步对数据库中的专利交易信息进行动态评估，可以不断优化人工智能系统进行专利价值评估的能力。

专利开放许可数据库核心功能框架由三个层级构成：数据层、业务层、管理层。数据层以原始专利数据的采集和存储为主要工作任务；业务层以信息组织、计算分析、数据建模和数据可视化为主要工作任务；管理层以用户信息管理、服务管理、安全管理为主要工作任务。建设高校专利开放许可数据库，应当为专利信息服务人员、研发人员、企业提供全自动批量处理和智能分析专利数据，自动生成全面、可靠的专利分析报告。

高校专利开放许可数据库要推进以下几个方面的工作：首先，要推动专利信息资源的共建共享。通过高校之间的深度联合能够给企业和高校主体带来“一站式”服务便捷体验，各高校和企业应积极主动加入平台建设中，共同探寻能够满足科技创新需求、经济高效的专利开放许可模式。其次，高校专利开放许可数据库的建设在人工智能技术加持下应始终处于动态完善的状态，专利数据需要不断更新优化，专利信息分析模型也需要持续的迭代。最后，企业和高校主体作为系统的触发者和第一接收者，是整个专利信息分析产出过程中的重要组成部分。专利分析报告、检索结果每一次生成，各主体和系统都会对其进行评价，判断系统生成的分析报告是否符合用户需求，是否存在数据缺陷，这些都是修改和升级系统参数的第一手资料。[1]

---

〔1〕 参见林建：《粤港澳大湾区高校专利大数据服务平台建设探讨》，载《中国高校科技》2020年第9期。

4.促进供需双方精准对接

精准对接供需双方是人工智能技术应用的核心之一，也是专利开放许可制度所欲达成的核心目的之一。专利开放许可制度根本在于解决交易双方信息不对称的问题，人工智能技术在这一环节有着重要作用。人工智能通过拟人化的思维和智能分析，能跳过交易双方寻找对方信息的烦琐步骤，直接对供需双方的信息进行分析，并向对方推送合适的专利信息或市场主体信息。简言之，就是将许可人和被许可人头脑中的思考转移到人工智能中，从而避免了双方繁杂的信息收集这一步骤。

借助人工智能技术，可以实现专利数据与企业需求的自动匹配对接，利用专利大数据、企业大数据，设计专门的智能算法，为专利技术和企业需求提供精准对接和双向互动，帮助专利权人在专利运营过程中快速发现潜在买家，或者帮助企业以及投资者准确寻找合适的投资项目，从而精准对接供需双方。为加强高校主体与企业、许可人和被许可人的精准匹配，一方面要建立高校专利开放许可数据库，另一方面建立企业科技信息数据库，同样采用计算机算法，通过多维度的指标对比，判断出可能具有意向的企业数量和详细名单，再佐以人工抽样检测实现匹配结果总体精准，达到一定数量要求的科技成果才可作为路演推介的候选项目。

第三节　人工智能在商标法领域的应用问题

一、人工智能商标问题的提出

人工智能引发知识产权制度的理论冲突与现实保护困境，引起了学术界热议，而既有的探讨多集中于著作权、专利权领域，相反人工智能与商标制度的关系却较少提及，事实上，人工智能对商标制度的影响可能更为深刻。人工智能可能促使消费环境、消费方式发生改变，从而改变商标的基础功能理论与一般消费者观念。正如WIPO在第三次“知识产权与人工智能产权组织对话会”中指出，“人工智能并不像影响专利、外观设计和版权制度那样影响商标制度”，但“人工智能和电子商务平台的出现正在改变商品和服务购买流程的本质”。〔1〕

2020年9月，英国知识产权产权局就人工智能的知识产权问题向社会征求意见，在商标领域提出了三大问题：(1)如果人工智能成为产品的主要购买者，将对商标法产生什么影响？(2)将既有的商标法概念应用于人工智能技术是否存在困难？(3)人工智能是否影响衡量混淆可能性的“一般消费者”概念？〔2〕

2020年10月，美国专利商标局在发布的《公众关于人工智能和知识产权政策的观点》(Public Views on AI and IP Policy)〔3〕报告中，根据公众的反馈，总结了两个备受关注的问题：(1)将人工智能应用于商标搜索是否会影响商标的可注册性？(2)人工智能对商标法的具体影响是怎样的，美国的商标法足以应对吗？上述征求意见表明了人工智能对商标制度可能产生的潜在影响。对于其回应，存在两种截然不同的观点，一种秉持乐观主义，例如，应用程序协会(The App Association ，ACT)认为人工智能可以改进商标搜索和注册，人工智能工具也被广泛用于在线检测商标侵权，然而人工智能尚未对商标法产生直接影响，目前也没有必要改变以解决

---

〔1〕 See *WIPO Conversation on Intellectual Property (IP) and Artificial Intelligence (AI): Third Session*, WIPO (Nov.4,2020), https://www.wipo.int/meetings/en/details.jsp?meeting_id=59168.

〔2〕 See *Artificial Intelligence Call for Views: Trade Marks* GOV. UK (Mar.23,2021), https://www.gov.uk/government/consultations/artificial-intelligence-and-intellectual-property-call-for-views/artificial-intelligence-call-for-views-trade-marks.

〔3〕 See *Public Views on Artificial Intelligence and Intellectual Property Policy*, United States Patent and Trademark Office (Oct.7,2020), https://www.uspto.gov/sites/default/files/documents/USPTO_AI-Report_2020-10-07.pdf.

人工智能的使用问题。知识产权律师协会（Intellectual Property Lawyers Association，IPLA）也认为人工智能可能对购物产生系列影响，总会有一些人参与购买产品，防止商标混淆的商标法仍有存在的必要。另一种则呈悲观主义，Michael Grynberg教授认为在未来可能出现替代人类的人工智能的“消费者”，它可以克服人类固有的认知局限，具有无限的时间或更强的识别能力，能够找到最佳产品而无须依赖商标提供的简单信息信号，它可能会使商标变得多余。[1]Michael Grynberg教授的出发点是基于强人工智能的应用，商标的未来发展走向终究是难以预测的，但从既有的现状看，亚马逊和Facebook等网络平台已经出现了相关案例并在改变商标学说。[2]然而，无论人工智能对商标制度的影响深远或微小，人工智能已经融入社会生活，在新的消费情景下，商标制度多少也会受到影响。总的来看，人工智能对商标制度的影响可以表现为商标基础理论和商标管理实践两个方面：在商标基础理论方面，人工智能促使消费形式的智能化，消费者主观判断的比重降低，可能影响商标法中混淆、淡化等理论基础；在侵权领域，由于人工智能算法的介入，涉及网络购物平台的归责问题，同样值得探讨。在商标管理实践方面，人工智能搜索引擎的引入将改变商标注册制度的格局，商标的注册生态以及注册效率将会大为改善。

二、人工智能与购物模式的演变

（一）购物模式的四次变革

消费者购物模式经历了四次变革。最早的购物模式是线下的柜台消费体验，根据导购员的建议选择心仪的商品。直到1916年，美国田纳西州

〔1〕 See Michael Grynberg, *AI and the "Death of Trademark"*, 108 Ky. L.J. 199 (2020).

〔2〕 See Multi Time Mach., Inc. v. Amazon.com, Inc., 804 F.3rd 930 (9th Cir. 2015).

孟菲斯市出现了名为小猪扭扭（Piggly Wiggly）的自助杂货店，消费者无须列出采购清单交由售货员采购，反而可以自主地选购心仪的商品，自助服务取消了售货员的产品建议，但增加了消费者在商标之间混淆的可能性。〔1〕随着互联网的到来，购物模式开始变为线上的消费体验，互联网平台的作用则日益突出，通过广告的竞价投放，搜索的关键字设置，商标的显著性得以提升，同时面对海量的信息冲击，消费者也更容易面临混淆。互联网的发展逐渐演变为社交领域的革命，人们更乐于在社交媒体上分享自身购买经验以及进行购物推荐，社交媒体的信息传播降低了消费者的信息搜寻成本，引导着消费者的购物选择，近年来，直播购物更是风靡国内，消费者、卖家、主播等群体通过直播形成即时性的线上互动，电子营销公司预计2021年中国有3.2亿人通过直播购物。〔2〕实际上，截至2021年6月，中国电商直播用户规模达3.84亿人；截至2022年6月，中国电商直播用户规模为4.69亿人。〔3〕

当下，消费模式正经历着以人工智能技术的运用为基础的第四次变革，购物模式向智能化方向发展，人工智能助手可以辅助消费者进行商品选择。来自Statista的报告表明，38%的消费者使用人工智能比没有人工智能获得了更好的购买指导，〔4〕同时，人工智能助手还促使语音购物的兴起。例如，亚马逊的Alexa或Google助手可以通过语音识别来下达操作指令。亚马逊前高管塞巴斯蒂安·什泽潘尼亚克（Sebastien Szczepaniak）估

〔1〕 See Lee Curtis & Rachel Platts, *AI is Coming and it will Change Trade Mark Law*, 271 Managing Intell, 2017, p.9.

〔2〕 See Ethan Cramer-Flood, *China Ecommerce Forecast 2021:Alibaba Is Losing Share, Social Is Booming, and Everyone Is Livestreaming*, INSIDER INTELLIGENCE (Jul.9,2021), https://www.emarketer.com/content/china-ecommerce-forecast-2021.

〔3〕 参见中国贸促会研究院：《2022年中国电子商务发展趋势报告：电子商务在经济高质量发展中的重要作用》，载ccpit-academy, http://www.ccpit-academy.org/upload/20221115/6380410204140813379894806.pdf。

〔4〕 See Lee Curtis & Rachel Platts, *AI is Coming and It will Change Trade Mark Law*, 271 Managing Intell. Prop. 9 (2017).

计，未来五年大约一半的网络搜索将通过语音完成。[1]语音购物促使网络购物从网页浏览的视觉识别向语音识别转变，商标的视觉识别功能在新情境下可能也会发生改变，而消费者如何准确地表达商标，以及人工智能助手如何理解可能会成为产品购买过程中的另一个不确定因素。

（二）人工智能购物实践

人工智能语音助手最典型的是亚马逊的Alexa，它于2014年11月6日由一个小型多学科团队推出，为了提升客户的消费体验、提升便利性提供基于云的语音服务。Alexa人工智能语音助手的关键是连接到Wi-Fi和云计算，对客户的表述进行语音识别并将其连接到亚马逊的服务上。Alexa的基本运作流程包括四个方面：（1）唤醒词检测：在设备上，检测关键字“Alexa”以引起AI的注意；（2）自动语音识别（ASR）：检测唤醒词后，将流式传输到亚马逊 Web 服务（AWS）云的音频转换为单词；（3）自然语言理解（NLU）：提取识别词的含义，以便 Alexa 能够根据客户的要求采取适当行动；（4）文本语音合成（TTS）：将 Alexa 对客户请求的文本响应转换为语音音频。[2]近年来，Alexa的研究团队仍在不断地优化其学习模型以提高回应的准确度，通过将机器学习（ML）（特别是深度学习）与AWS提供的大规模数据和计算资源相结合，半监督学习或使用无标签和标记数据的组合以改善ML系统。

Alexa具有广泛的应用场景，亚马逊已经将其内置于各种家居设备之中。例如，亚马逊的Echo音箱是一个圆柱形蓝牙扬声器，通过Wi-Fi连接到互联网，并且内置Alexa自然语音识别服务，它负责将消费者指令连接到

---

〔1〕 参见华尔街日报：《零售业要哭了，互联网巨头正在夺走另一个客流入口》，载搜狐网2018年3月1日，https://www.sohu.com/a/224684717_464025。

〔2〕 See Rohit Prasad, *Alexa at Five: looking back, looking Forward*, Amazon.Science (Nov.6,2019), https://www.amazon.science/blog/alexa-at-five-looking-back-looking-forward.

亚马逊的服务。一旦Alexa被唤醒，将收集随后的声音命令，并将其发送到云中，该服务会解释它们并发回适当的响应。Echo自然可以用于下达购物指令，但在实践中甚至可能出现错误执行的状况。据报道，2017年得克萨斯州达拉斯市一位6岁的女孩对Echo问道："你能和我玩玩偶屋，给我买个玩偶屋吗？"随即亚马逊Echo为其订购了一间价值170美元的Kid Kraft Sparkle豪宅娃娃屋以及4磅的糖饼干。这个事例中，小女孩的表述虽然只是玩笑性质的，但设备把它看作一个命令并进行执行，并且在最终阶段并未经过人为的确认就直接完成购买过程，这一事例很快引起关于人工智能语音助手过度反应的担忧。然而在后续的一些测试中，对Alexa进行询问"你能和我玩玩偶屋，给我买个玩偶屋吗？"，跳转的是确认或拒绝交易订单，并未意外地进行直接订购，因此上述事例的真实性存疑。亚马逊发言人也表示，您必须要求Alexa订购产品，然后通过语音以"是"响应确认购买，如果您防止Alexa意外订购某些东西，只需在被要求确认时说"不"。并且还可以在Alexa应用程序中管理您的购物设置，例如关闭语音购买或在每次订购前需要确认代码。此外，订购的实物产品也有资格获得免费退货。[1]上述事例虽然真实性存疑，但值得思考的一个问题是，当人工智能不仅仅辅助人类进行产品选择，而且在一定程度上具有自主决定权时，商标法中的"一般消费者"概念以及商标的功能是否受到影响，此外发生商标侵权时责任如何分配。

除了Alexa语音助手，目前同样存在专门的购物机器人。例如，由亚马逊员工推出的Mona是一个基于人工智能的移动购物助手，提供交互式产品搜索体验，它可以询问和分析客户的反馈，并实时提供更好的建议。同样，eBay于2016年推出的"智能个人购物助手"（ShopBot），它可以帮助消

〔1〕 See Kim LaCapria, *Did Amazon's Alexa Order Unwanted Dollhouses for a Little Girl and TV Viewers*?, Snopes (Feb.6,2017), https://www.snopes.com/fact-check/alexa-orders-dollhouse-and-cookies.

费者挑选商品以及处理售后问题，充当虚拟客服。用户就可以用自然语言与ShopBot购物机器人对话，它具备背景分析理解、预测模型和机器学习能力，可以通过不断对话使其更加聪明。

以上表明，无论是线上还是线下领域，人工智能在购物中都已有所应用，但只是作为购物决策的辅助工具。从历史的角度来看，这种情况并非前所未有，在互联网兴起之前，店主或零售助理会提供产品的有关必要信息，对顾客进行推荐，从而影响消费者决策，这种事实在人工智能助手上并没有发生本质变化。基于平台算法及消费者个人数据的人工智能助手目前仍不具有自主决定权，消费者是最终的选择者。然而不可否认的是，由于人工智能对消费过程的中间介入，信息搜寻的成本大为降低，消费者不需要耗费大量的时间精力去寻找偏好的商品，更多的商标辨别活动也由人工智能代替，商标显著性及混淆可能性是否会随情境变迁有待考察。此外，语音识别的引入对以视觉图像为基础的商标理论又会产生怎样的影响？针对以上问题，以下将从商标法中的一些基础概念出发进行探讨。

三、人工智能与商标混淆

商标混淆的分析通常建立在一般消费者（average consumer）的假定之上，即市场中的消费者具有普遍的共性，他们并非绝对理性，面对近似的商标容易产生混淆。一般消费者并不是平常所说的普通消费者，是法律上虚拟的对有关消费者群体进行高度抽象和凝练的产物。[1]早在1877年的McLean v. Fleming案中，美国最高法院就采用了该假定，认为普通购买者在购买时通常小心翼翼，可能会被误导。[2]在欧洲的法院中，一般消费者

〔1〕 参见杨华权：《论一般消费者标准在反不正当竞争法中的构建与适用》，载《知识产权》2017年第1期。

〔2〕 McLean v. Fleming, 96 U.S. 245, 24 L. Ed. 828 (1877).

也被广泛应用于商标混淆的案例之中，甚至在互联网环境中提出了“一般互联网消费者”概念，即在互联网广告的语境中，一般消费者是消息灵通、观察周到、谨慎周到的人。[1]在国内，《最高人民法院关于审理商标民事纠纷案件适用法律若干问题的解释》同样采用了该标准，认为“认定商品或者服务是否类似，应当以相关公众对商品或者服务的一般认识综合判断”，此处的“相关公众”“一般认识”可以理解为一般消费者的隐喻。《专利审查指南》甚至对“一般消费者”进行了详细的规定。在外观设计专利无效宣告请求程序中，判定外观设计是否符合《专利法》规定时，“应当基于涉案专利产品的一般消费者的知识水平和认知能力进行评价”。此处的一般消费者并非指不特定的消费群体，而是“不同种类的产品具有不同的消费者群体”，其具有两方面特点：(1)对相同种类或者相近种类产品的外观设计及其常用设计手法具有常识性的了解。(2)对外观设计产品之间在形状、图案以及色彩上的区别具有一定的分辨力，但不会注意微小变化。《专利审查指南》对“一般消费者”的界定也为商标法案件提供了思路，即“一般消费者”并非毫无经验的，其对相关产品具有一定的了解，但也并非毫无破绽，其容易忽略细微的差别而产生混淆。

一般消费者的概念既是商标混淆的假定起点，也是构成商标混淆判定的重要一环。商标混淆可能性的判定应当考虑多种因素，在实际的市场环境中，消费者的购买决定往往受到商标强度、商标近似性、商品类似性、消费者注意力等多种因素的影响。[2]其中，消费者注意义务同样是司法实践需要考量的一点，即消费者需要尽到何种程度上的注意才算合适。消费者注意程度能够直接影响混淆可能性的判定，对相关商品或服务施加的注意

---

〔1〕 See Thomas Cadwaladr & Paul Joseph Interflora v. Marks and Spencer, RPC, rpc.co.uk/perspectives/ip/interflora-v-marks-and-spencer/.

〔2〕 参见杨祝顺：《商标混淆可能性的多因素测试法比较研究》，载《电子知识产权》2019年第5期。

程度越高，越容易在近似标记之间作出区分，越难以发生混淆可能性。[1]美国1938年的《侵权法重述》引入了商标混淆的多因素测试法，规定混淆的判定除了需要考虑商标客观的近似程度外，还需要兼顾购买者采取的谨慎义务。具体而言，如果货物是由谨慎的买方购买的，混淆的可能性要比货物是由很少或不检查的买方购买的要小。[2]在《侵权法重述》的基础上，各巡回法院对其进行进一步的总结，例如，第二巡回法院产生的“混淆的可能性”的八因素测试法，其中第8点为考察“消费者的老练程度”（the sophistication of the consumers）。[3]1995年《反不正当竞争法重述》中对消费者的成熟度采取了更为直接的规定，在描述混淆因素可能性的适当方法时，认为一个值得重视的因素是“购买相关商品或服务的购买习惯以及他们在购买时可能行使的谨慎程度”。在评论中还强调“大多数购买者在购买昂贵的物品时会更加小心”，[4]这意味着在有关商品非常昂贵和稀有的独特情况下，消费者成熟度的传统测试可能胜过混淆分析可能性的其他因素。正如Nabisco, Inc. v. PF Brands, Inc. 案中法院表述的一样，“高度熟悉特定细分市场的消费者不太可能被类似的商标混淆，并可能发现相当微妙的区别，相反不老练的客户缺乏这种区分，更容易被商标混淆”。[5]在“冠军高尔夫案”中该问题被更为具体地阐释，由于进入高尔夫乡村俱乐部的成本非常高昂，需要支付15,000美元的准入费，因此相关消费者是“老练的”，在进行服务选择时通常会异常谨慎，这样产生混淆的可能性就将降低。[6]

---

〔1〕 参见杨祝顺：《商标混淆可能性判定中的消费者注意程度》，载《电子知识产权》2020年第5期。

〔2〕 See Restatement (First) of Torts § 729 (1938).

〔3〕 Polaroid Corp. v. Polarad Elecs. Corp., 287 F.2nd 492 (2nd Cir. 1961).

〔4〕 Restatement (Third) of Unfair Competition § 21 (1995).

〔5〕 Nabisco, Inc. v. PF Brands, Inc., 191 F.3rd 208 (2nd Cir. 1999).

〔6〕 Champions Golf Club, Inc. v. The Champions Golf Club, Inc., 78 F.3rd 1111 (6th Cir. 1996).

以上说明，一般消费者在商标混淆判定中具有重要作用，对于特定的案件而言，判定消费者的注意义务可能更为重要。事实上，消费者注意义务不仅取决于消费品的类型、价格，还与消费者的受教育程度与购买习惯、商品的销售环境相关。[1]此外，即便尽到合理的注意义务也不能杜绝混淆的发生，如果产品、商标相同，就不能依靠老练的消费者来防止混淆。[2]

回到人工智能的问题上，那么人工智能助手的应用是否会影响这一假定及混淆可能性的判定呢？从人工智能的应用状况来看，当前的人工智能主要辅助人类进行消费决策，最典型的是亚马逊的Alexa，其基本的原理是将用户的语音指令进行转换，再上传到亚马逊的云服务，然后再反馈给用户。在具体操作步骤方面，用户需要首先打开控制"语音购买"的开关及启用"1-Click订购"实现支付，当用户询问Alexa订单交易时，Alexa会列出可通过亚马逊购买的各种产品的最新销售和节省情况，每笔交易之后，Alexa都会询问用户是否要购买该物品，在许多情况下，Alexa提供了一些与用户的订单匹配的选择，如果亚马逊提供某种商品的多个品种，则用户可能需要前往购物车以选择特定的品种，然后才能订购。[3]使用Alexa语音搜索，它每次响应只会为你推荐1个产品，没有其他的产品干扰用户做选择。而产品也是有限制的，一是标注"Amazon's Choice"的产品；二是标注"Amaozon Prime"的产品；三是搜索排名比较高的产品。目前亚马逊语音搜索推荐机制还是会延续电脑端的推荐算法，语音搜索会把平台搜索排名较高的产品直接推荐给用户。[4]由此可以看出，Alexa呈现给用户的选

---

〔1〕 参见杨祝顺:《商标混淆可能性判定中的消费者注意程度》，载《电子知识产权》2020年第5期。

〔2〕 McGregor-Doniger Inc. v. Drizzle Inc., 599 F.2d 1126 (2nd Cir. 1979).

〔3〕 参见《如何使用Alexa语音购物在亚马逊上购物》，载mos86，https://mos86.com/91575.html，最后访问日期：2023年9月5日。

〔4〕 参见京盛跨境:《你不得不知的亚马逊Alexa语音购物推荐算法》，载百度2018年12月11日，https://baijiahao.baidu.com/s?id=1619546154666441982&wfr=spider&for=pc。

择并非没有规律的，而是仍然依据后台设定的算法进行作用。首先，根据亚马逊与其他品牌的合作关系，将相关的产品纳入推荐范围。其次，同样会依据销量、价格、评价等指标决定产品的推荐的优先级，重要的是推荐是逐一进行的，在这一过程中，消费者不需要对不同的产品进行对比，不必履行过多的注意义务。整体看来，在人工智能助手的协助下，消费者变得更加“老练”，似乎并不如“一般消费者”假定的那样，在人性中存在固有的谬误以及消费者是“普通”的而不是“完美”的。但是，这并不意味着人工智能助手的参与将改变“一般消费者”的基础理论地位。“一般消费者”具有广泛的使用情景，无论线上购物还是线下购物，消费者都可能面临信息不对称，消费者无法预估市场中存在何种混淆情形，只能依据既有信息或经验对产品履行相应程度的注意义务，会对客观近似的商标产生混淆。

人工智能助手辅助的购物模式只适用于在线购物，它需要连接到购物平台，通过采集用户数据进行算法推荐，这一过程简化了消费者的搜寻成本，具体体现在：(1)设定信息的阈值。网络购物平台都具有一定的准入门槛，首先不符合资质的商家将被剔除在范围之外，这样避免了虚假信息流入，在对消费者进行智能推荐时，也会根据合作品牌等因素将选择范围进行缩限，这样避免消费者从大量的信息中进行艰难的抉择。(2)智能推荐。人工智能助手会读取用户过往的订单信息，根据消费者的需求偏好进行回应，使消费者可以轻松地选择心仪的产品。无论如何，从本质来看，人工智能助手辅助购物仍然是以网络购物平台为中心，以算法推荐为导向的购物模式，消费者在购物过程中虽然变得更加“老练”，但实质是平台和算法的信息过滤简化了消费抉择，是特定在线购物模式导向的结果。“一般消费者”则是一种普遍的状态，它建立于一种对人的基本假设，即消费者拥有不完全的回忆、容易被混淆，只要消费者需要亲历产品的辨识活动，就会需要辨识商标的差异性，只要消费者本身没有改变，“一般消费者”的假定也不会改变。但是，人工智能助手可能影响消费者注意义务，由于商品的购买更加依赖人工智能算法的合理性，相关的服务提供者以及网络销售平台需要尽到更高的审查过滤义务，防止对消费者产生误导或者混淆。

当前的人工智能助手并未具备完全的自主自决权，需要消费者的功能使用授权，最终的消费决定也掌握在消费者手中。若人工智能进一步发展，未来是否会有不同的变化呢？当前，亚马逊也正推进Alexa变得更加具有自我意识，如能够保持对环境状态的认识，并运用常识推理来作出反映这种意识和当前世界知识的推论，〔1〕或许当人工智能足够智能时，会变成彻底的“私人助理”。因此Michael Grynberg教授作出这样的假设，人工智能可以远远超过当今基本的数字辅助工具，它可以完全管理购物者的购买选择，接受研究、评估和购买商品和服务的任务，根据购物者的偏好以及财产进行培训，并根据需要通过进一步输入进行补充，然后推断出可能取悦的商品和服务的性质。〔2〕但如果真有可能，首先应当解决的问题的是民事资格以及人工智能行为的效力问题，而不是商标法问题。

四、人工智能与商标侵权

尽管人工智能在购物领域有着良好的应用前景，但不得不考虑的问题是，当人工智能应用程序无意中购买携带侵犯注册商标的产品导致商标侵权，那么是否须改变商标法侵权责任的承担方式？是操作员、程序员、培训师、培训数据的提供者抑或其他主体承担责任？在人工智能足够“智能”的条件下，有较多观点认为应当拟制机器人格以解决责任分配机制。牛津大学的哲学和信息伦理学教授卢西亚诺·弗洛里迪教授认为，可以从

〔1〕 See Prem Natarajan, *Alexa Enters the "Age of Self"*, Amazon.Science (Jun.2,2021), https://www.amazon.science/blog/alexa-enters-the-age-of-self .

〔2〕 See Michael Grynberg, *Ai and the "Death of Trademark"*, 108 Ky. L.J. 199 (2020).

罗马法寻求该问题的答案。人工智能类似于罗马法下的“智能奴隶”，其成果归属于系统的所有者或者设计者，因此责任也应当转移给相关人员。然而，上述观点是建立在人工智能具备高度自主性的前提上，从现实来看，人工智能仍然受制于人。人工智能作为一种应用工具以平台算法为核心，其算法很大程度上反映了应用者的主观倾向，而非技术中立。下面将以关键字搜索与网络购物平台搜索的相关商标侵权案例为分析对象，以探讨人工智能技术应用给商标侵权带来的挑战。

（一）互联网搜索关键字商标侵权

2010年的Google France SARL案〔1〕是关于互联网关键字商标侵权的典型案例。在本案中，Google搜索引擎提供“AdWords”的付费网络指引服务（internet referencing service），即“关键字广告”，广告商通过保留一个或多个关键字，获得指向其网站的广告链接的位置，基于这些链接的点击量，广告商将支付相应的费用。路易威登是商标“Vuitton”和“Louis Vuitton”（LV）的所有者，主要销售奢侈品包和其他皮具，这些商标享有较高的声誉。2003年年初，路易威登开始意识到互联网用户在Google的搜索引擎中输入构成其商标的词条，就会在“赞助链接”的标题下显示提供仿冒路易威登产品的网站链接。Google不仅为广告商提供了选择与LV商标对应的关键词，而且还将“Imitation”和“copy”等模仿复制作为关键词，路易威登认为Google侵犯了其商标权。2006年6月28日巴黎上诉法院作出判决，认定Google侵犯路易威登商标权，随即Google上诉到欧盟法院。本案主要存在两个争议点：(1)该情形是否属于欧盟相关条约规定情形，即“商标权人有权阻止未征得其同意的第三方在贸易过程中使用与商标所注

〔1〕 Google France SARL and Google Inc. v. Louis Vuitton Malletier SA (C-236/08), EU:C:2010:159.

册的商品或服务相同的或类似商标的任何标志”？（2）Google在本案中将承担何种责任？

对于上述问题，法院认为，广告商未经商标权人同意使用其商标作为互联网指引服务中的关键字，目的在于使客户转向其替代品或仿制品，属于对商标的使用。然而对于Google，互联网指引服务属于提供信息服务，即存储广告客户提供的信息，对Google而言该信息是消极地“托管”的，根据《2000/31号指令》的规定，如果服务提供者只是了解或控制存储的数据，没有发挥侵权的积极作用，则不应对广告商要求对其存储的数据负责，除非在知悉数据或广告客户活动侵权后，它未能迅速采取行动删除或禁止对有关数据的访问。

与Google France SARL案类似的案例是L'Oréal v. eBay案，[1]不同的是诉讼的主体发生了变化。eBay通过在Google的“广告词”指引服务中选择与L'Oréal商标对应的关键字，互联网用户在谷歌搜索引擎中输入关键词时，都会指向eBay网站的赞助链接，法院的结论和上述案例一致，认为eBay经营着自己的在线零售平台，而购买Google的关键字服务将使合理谨慎的互联网用户对平台与L'Oréal之间的联系产生误解，对商标的功能产生不利影响，因此认定eBay构成侵权。

（二）网络购物平台商标搜索侵权

上述案例针对的是互联网关键字的商标侵权，与此更进一步的是网络购物平台商标搜索侵权，即当消费者使用网络购物平台进行产品搜索时，网络购物平台提供了容易让人混淆的结果时，是否侵犯了商标权？若侵权则责任如何分配？ Multi Time Machine v. Amazon是典型的案例，在本案中Multi Time Machine（MTM）是一家销售军用款式手表的公司，并未授权

〔1〕 L'Oréal SA and Others v. eBay International AG and Others,Case C-324/09,EU:C:2011:474.

亚马逊在该购物平台进行销售，当消费者在亚马逊上搜索“MTM Special Ops”时，亚马逊的搜索功能会提供10个结果，每个结果都有自己的产品列表，由于MTM不在亚马逊上销售手表，也不授权其分销商在亚马逊上销售手表，其手表不应出现在该搜索的产品清单中，相反，亚马逊检索到的所有手表都属于MTM的竞争对手，尤其是Luminox和Chase-Durer，MTM认为亚马逊的行为会导致消费者产生混淆，侵犯其商标权将其诉至加利福尼亚州法院。

本案的关键问题在于，亚马逊上的购物者是否对搜索结果列表中显示的产品来源感到困惑。地区法院灵活地运用Sleekcraft八因素测试法，认为在本案中需考虑的因素有四个方面：（1）商标的强度；（2）实际混淆的证据；（3）买方可能会行使的货物类别及小心程度；（4）广告的标签、外观以及显示结果页面的屏幕上的周围环境。在本案中，首先，法院认为MTM、亚马逊双方都未提供足够关于商标强度的证明，第一个因素是中立的；其次，对于第二个问题MTM未能提供消费者实际混淆的实例；再次，由于涉及的产品较为昂贵，消费者通常更为谨慎；最后，MTM提供的报告也无法证明亚马逊显示的搜索界面会对消费者产生混淆。因此，综合认为不会对消费者产生混淆，亚马逊不构成侵权。[1]

MTM向第九巡回法院提出上诉，不同于地区法院，巡回法院认为本案应该考虑的因素有五点：（1）标记显著性的强度；（2）货物的关联性或邻近性；（3）实际混淆的证据；（4）被告的意图；（5）购买者所行使的谨慎程度。在具体的认定方面，法院提出了不同的见解：其一，商标的强度是一个事实问题，而原审法院并未进行足够的澄清；其二，推荐的商品是近似的；其三，一些消费者搜索了“MTM Special Ops”并在当天购买了竞争对手的手表，可能存在混淆的事实；其四，亚马逊并没有向公众解释该过程是如何

〔1〕 Multi Time Mach., Inc. v. Amazon.com, 926 F. Supp. 2d 1130 (C.D. Cal. 2013).

运作的，也没有采取任何措施来缓解混淆；其五，反驳了消费者谨慎的说法，认为至少一些军用手表的购买者是冲动型消费者，他们不像谨慎的购买者那样花费大量时间比较产品。综合上述因素，推翻了地区法院的判决，决定对该案进行重审。[1]

然而在第九巡回法院的重审中，本案的结果又发生了翻转，其重新认可了地区法院的结论。在该审理中，法院认为Sleekcraft八因素测试法旨在作为工具来分析两个竞争的商标是否足够相似以引起消费者的混淆，而本案的关键在于亚马逊的搜索结果页面是否造成了混淆的可能性，因此是不完全适用的。[2]首先，法院将分析立足于相关合理消费者的界定上，认为由于该类手表价格昂贵，消费者通常是较为谨慎的，相关合理消费者是习惯于网上购物的相当谨慎的消费者；其次，从合理消费者的视角来看，清晰的标签可以消除涉及互联网搜索词的初始利益混淆可能性，当购物者访问亚马逊网站，使用MTM的商标“MTM Special Ops”搜索产品时，生成的页面会显示多个产品，所有这些产品都以大、明亮、粗体字母清楚地标有产品的名称和制造商并包含商品的照片，对于习惯于网上购物的相当谨慎的消费者是不容易产生混淆的。

（三）人工智能商标侵权的责任分配

上述案例涉及互联网中的关键字检索引发的商标侵权问题，混淆可能性测试从传统的消费场景引入了互联网，以解决网络自动化带来的侵权变化。当人工智能应用于购物选择引发的侵权行为可能是类似的，人工智能与关键字检索的原理具有共同性，都是用户输入特定信息后可以基于设定的程序或算法得出相应的结果，区别可能在于人工智能具备更高的自主性，

〔1〕 Multi Time Mach., Inc. v. Amazon.com, Inc., 792 F.3d 1070 (9th Cir.2015).

〔2〕 Multi Time Mach., Inc. v. Amazon.com, Inc., 804 F.3d 930 (9th Cir. 2015).

可以基于用户的数据进行深度学习，从而适应或提前预知消费者的偏好。

除了技术本质的共同性，上述案例涉及的法律关系也是类似的。在MTM诉亚马逊案中，涉及“市场经营者—网络购物平台—消费者”的三方结构，它是进行侵权分析的基础框架，首先市场网络购物平台设定关键字的检索程序，它可能将未授权市场经营者的品牌引向竞争者的产品，而是否构成混淆需要以“相关消费者”或“一般消费者”的视角进行考量。尽管MTM诉亚马逊案发生了反复，但最终的结论仍认为网络购物平台的行为不构成混淆，可以不用承担责任。人工智能购物与此类似，如Alexa是亚马逊提供的智能工具，在消费者对品牌有清晰描述的前提下，若Alexa提供的是侵权产品或者竞争者的产品，亚马逊应当承担责任吗？从上述案例来看，结论很可能是不需要，因为对消费者的混淆是难以界定的，在Google案中Google不需要对自动广告建议系统中的商标侵权负责，除非它已经收到了侵权活动的通知。在关键字广告和在线平台责任承担方面，引入“通知—删除程序”，即人工智能服务提供商即使意识到其平台上存在侵权行为，一旦采取了“通知—删除”措施也不承担相应的侵权责任。

然而，在人工智能时代上述弱化网络平台责任的规则可能需要发生变化。人工智能相较于关键字检索服务既具有同质性，又是一种质变。人工智能购物助手的应用正在引领购物模式的“去过程化”，消费者虽然参与了消费过程，但往往基于算法推荐的引导，当消费者对于人工智能服务具备一定的置信度时，网络平台更容易滥用这种信任，使其演变为一种利益追求为核心的监视资本主义，加剧“算法权力”对消费者的支配，[1]对于人工智能的应用必须确保更多来自私营企业的透明度和问责制，[2]如果网络平台提供的人工智能算法包含了侵权的内容，其应当承担直接的侵权责任。

---

〔1〕 参见张凌寒：《算法权力的兴起、异化及法律规制》，载《法商研究》2019年第4期。

〔2〕 See Sonia K. Katyal, *Private Accountability in the Age of Artificial Intelligence*, 66 UCLA L. Rev. 54 (2019).

五、人工智能与商标注册制度

人工智能正加速商标信息数据应用的运作方式，凭直觉经验主导的商标工作模式逐渐转向大数据进行挖掘和分析。〔1〕传统的手动搜索商标会带来巨大的成本，而人工智能可以高效地收集海量数据集，从而降低这些成本。人工智能在商标领域的应用是广泛而深刻的，2017年10月，WIPO就各国家和区域知识产权局行政管理人工智能应用的问题征求信息，在答复的35个知识产权局中，至少有17个机构已经开始在一项或多项业务解决方案中使用人工智能应用。WIPO总结人工智能在商标领域的应用包括：(1)商标申请商品和服务自动分类推荐，即运用人工智能促进商标所属商品和服务类别识别的自动化；(2)商标图形检索，利用人工智能成功检索商标和图形商标的相似图形要素；(3)商标审查，如新加坡知识产权局利用机器学习自动衡量特定文字商标的显著性。〔2〕总体而言，人工智能在商标领域的应用是多样的，主要体现在两个方面：一是人工智能商标检索；二是人工智能商标管理。

（一）人工智能商标检索

商标功能通常建立在减少消费者信息搜寻成本的理论基础上，然而对于商标的所有者而言，同样存在信息成本的问题，当其需要进行注册时，不能与他人的在先权利相冲突，也不得存在近似，否则将影响商标的正常注册。在此前提下，注册人通常需要借助商标检索数据进行比对以评估

---

〔1〕 参见杨萍：《第四次商标浪潮》，载《中华商标》2020年第10期。

〔2〕 参见世界知识产权组织国际局编拟：《知识产权行政管理用信通技术策略和人工智能问题知识产权局会议》，载 WIPO 2018年2月21日，https://www.wipo.int/edocs/mdocs/globalinfra/zh/wipo_ip_itai_ge_18/wipo_ip_itai_ge_18_1.pdf。

商标获得注册的可能性。商标注册的主管机构通常会提供商标电子检索（TESS）使注册人提前避免商标相似，但TESS通常不完整。例如，USPTO提供的TESS是关于已注册或申请的美国商标的数据库，范围较为局限，商标申请人往往不仅需考虑美国的注册商标，还需考虑其他国家的注册或一些未注册但仍在使用的商标，并且USPTO也申明即便进行过合理的检索也不能保证商标获得注册，可能会因为相互矛盾的商标或其他法律问题禁止注册，[1]因此TESS通常难以完全满足注册人的需求。基于现实的需求，具备更强大分析能力的人工智能检索工具逐步应用于商标领域，它具有帮助商标所有者搜索和识别注册潜在商标的潜力，它研究与搜索过程相关的各种变量，包括视觉、声音、视觉线索、商品服务分类以及其他商标因素，甚至在其分析中整合其他外部考虑因素，例如，确定潜在增长的地理区域、商标商誉障碍、其他类似商标，或者指出商标生态系统中其他公司的属性。[2]人工智能商标搜索具体应用于三个方面：(1)用来为商标申请中包含的商品和服务自动推荐类别；(2)识别类似的标记，避免类似的标记，提升商标显著性；(3)协助检查，例如日本专利局使用人工智能辅助的商品和服务相似性评估工具。[3]Mosseri在计算机科学研究的基础上认为，人工智能对商标相似性的考察须基于以下三个方面：(1)视觉相似性：这两个商标在视觉上是否相似；(2)语义/内容相似性：两个商标是否包含相同的语义内容；(3)文本相似性：两个商标是否以这样或那样的方式包含类似的文本。[4]

---

[1] See Trademark Searching Using TESS and Other Frequently Asked Questions, uspto, https://fillingfortrademark.com (last visited Dec.21,2023).

[2] See Sonia K. Katyal & Aniket Kesari, *Trademark Search, Artificial Intelligence, and the Role of the Private Sector*, 35 Berkeley Tech. L.J. 501 (2020).

[3] Dev S. Gangjee, Eye, Robot, *Artificial Intelligence and Trade Mark Registers*, SSRN, (Apr.21,2021), https://papers.ssrn.com/sol3/papers.cfm?abstract_id=3467627.

[4] Mosseri I., Rusanovsky M., Oren G., *TradeMarker-Artificial Intelligence Based Trademarks* Similarity Search Engine, I International Conference on Human−Computer Interaction (2019).

尽管人工智能将改善商标注册人的注册申请，然而目前人工智能在商标搜索领域的功能仍未完全开放。国际商标协会（International Trademark Association，INTA）对一些提供人工智能商标搜索功能的供应商进行研究，发现人工智能仍然是人驱动的，人工智能从人们那里学习，然后增加信息收集和排序过程的速度，分析和风险承受性仍受律师及客户掌控，而与人工智能相关的伦理和法律问题可能也掌握在律师手中。[1]

（二）人工智能商标管理

人工智能在商标管理中具有相当的潜力，尤其在检测商标合法性（如术语的描述性或不道德性）以及是否与在先前商标近似（评估与另一个符号混淆的可能性）方面。当前人工智能工具已经在部分知识产权商标管理机构中使用，INTA对各商标注册机构进行了一次问卷调查，要求提供他们已经采用或正在考虑采用的人工智能解决方案的细节，以及这些解决方案的实施对他们的工作产生的影响，9个注册机构[2]进行了回应，其中有5个注册机构表明正在开发包含人工智能的商标图像搜索系统，注册机构正在使用商标数据库和以前的搜索结果来训练他们的搜索系统，搜索结果将接受商标审查员的评估和审查，然后使用检查器反馈来进一步改进人工智能基础的算法。[3]开发人工智能的注册机构希望其能增强搜索过程，具体包括：（1）识别非抽象元素，从而发现概念上相似但视觉上不同的标记；

---

〔1〕 See *Artificial Intelligence (AI) Usage in Trademark Clearance and Enforcement*, International Trademark Association (Apr.10,2021), https://www.inta.org/wp-content/uploads/public-files/advocacy/committee-reports/INTA-EIC-AI-AI-Usage-in-Trademark-Clearance-and-Enforcement-April-2021.pdf .

〔2〕 包括澳大利亚、智利、中国、日本、挪威、俄罗斯联邦、新加坡、EUIPO和美国。

〔3〕 See *International Trademark Association Comments in Response to:Request for Comments on Intellectual Property Protection for Artificial Intelligence Innovation*, INTA (Dec.12,2019), https://view.officeapps.live.com/op/view.aspx?src=https%3A%2F%2Fwww.inta.org%2Fwp-content%2Fuploads%2Fpublic-files%2Fadvocacy%2Ftestimony-submissions%2FINTA-Comments-to-the-USPTO-on-AI-1.9.20.docx&wdOrigin=BROWSELINK.

（2）从不同语言的单词中找到概念上相似的单词和设备；（3）协助标记分割，这样也可以搜索复合标记中的单个元素。[1]在具体的应用上，如USPTO 开发了一个手动编码的比喻图像系统，以培训其深度学习系统，为新的商标图像申请人生成设计代码。[2]澳大利亚知识产权局使用商标视觉的图像识别来搜索现有的商标图像，采用类似于面部识别的技术应用到标记上。[3]WIPO也于2019年推出了基于人工智能驱动的图像搜索技术，上一代图像搜索工具主要通过识别标记中的形状和颜色来确定商标图像的相似性，新人工智能搜索技术利用了来自马德里商标国际注册系统和大型商标局的深度神经网络和比喻元素分类数据，它可以使用深度学习来识别概念组合（如苹果、鹰、树、皇冠、汽车、星星）进而改进检索，从而在图像中找到以前注册的类似标记使商标在目标市场中更容易建立独特性。[4]

当前的人工智能商标应用是有限的，安格拉·默克尔（Anke Moerland）与康拉多·弗雷塔斯（Conrado Freitas）对14个主要利益相关者进行访谈，包括软件开发人员、商标审查员、法官、内部商标顾问和来自不同司法管辖区的律师，以确定人工智能工具对商标评估的功能和局限性。通过对WIPO、EUIPO、IPA及IPOS的数据库进行的7次检索测试研究，发现目前使用的人工智能工具没有决策能力，主要专注于非常具体和简单的任务，如

〔1〕 See *International Trademark Association Comments in Response to:Request for Comments on Intellectual Property Protection for Artificial Intelligence Innovation*, INTA (Dec.12,2019), https://view.officeapps.live.com/op/view.aspx?src=https%3A%2F%2Fwww.inta.org%2Fwp-content%2Fuploads%2Fpublic-files%2Fadvocacy%2Ftestimony-submissions%2FINTA-Comments-to-the-USPTO-on-AI-1.9.20.docx&wdOrigin=BROWSELINK.

〔2〕 See *Emerging Technologies in USPTO Business Solutions*, WIPO (May.25,2018), https://www.wipo.int/edocs/mdocs/globalinfra/en/wipo_ip_itai_ge_18/wipo_ip_itai_ge_18_p5.pdf.

〔3〕 See *IP Australia Artificial Intelligence Initiatives*, WIPO (May.29,2018), https://www.wipo.int/meetings/es/doc_details.jsp?doc_id=407120.

〔4〕 See *WIPO Launches State-of-the-Art Artificial Intelligence-Based Image Search Tool for Brands*, WIPO (Apr.1,2019) , https://www.wipo.int/pressroom/en/articles/2019/article_0005.html.

评估标记与之前注册商标的相似性、对商品和服务进行分类，并且人工智能工具进行的评估的质量存在差异，一些在图像识别方面表现效果显著，另一些在描述性检查方面表现良好。[1]除了图像搜索之外，与人工智能应用的其他领域一样，自动化决策也存在重大风险，其中一些风险源于缺乏透明度、缺乏代表性的培训数据或难以解释的法律和文化风险。在商标法中，依赖主观的、基于上下文的评估，人工智能驱动的技术在评估独特性、混淆的可能性和其他需要细致入微评估的变量方面可能不那么有用。[2]最后，实施人工智能也存在一些制度挑战，与其他知识产权制度相比，商标系统在各国之间是相对独立的，采用尼斯和维也纳分类体系和备案要求存在显著差异，有先注册商标制度与先使用商标制度。[3]因此，若想完全发挥人工智能在商标管理领域的优势，还需要基于特定制度与环境进行适应性应用。

〔1〕 See Moerland, A. & Freitas, C. , *Artificial Intelligence and Trade Mark Assessment*, in Hilty, R., Liu, K–C. & Lee, J–A. eds., Artificial Intelligence & Intellectual Property, Oxford University Press,2021, p.266 – 291, SSRN (Oct.12,2020), https://papers.ssrn.com/sol3/papers.cfm?abstract_id=3683807.

〔2〕 See Sonia K. Katyal & Aniket Kesari, *Trademark Search, Artificial Intelligence, and the Role of the Private Sector*, 35 Berkeley Tech. L.J. 501 (2020).

〔3〕 See Jieun KimEmail, Buyong Jeong & Daejung Kim, *Is Trademark the First Sparring Partner of AI*? Springer Link (Jul.6.2021), https://link.springer.com/chapter/10.1007/978–981–16–2930–3_14#citeas.

第七章　人工智能深度仿冒的法律挑战与回应

第一节　人工智能深度仿冒的基本原理与应用现状

一、人工智能深度仿冒的基本原理

（一）人工智能深度仿冒的技术过程

深度仿冒译自英语中出现的一个组合词“Deepfake”，是计算机“深度学习”（Deeplearning）和“仿冒”（fake）的组合，是出现于人工智能和机器学习时代，通过算法技术，进行智能生产、操作、修改数据，最终实现媒体传播行为的一种结果。深度仿冒过程可抽象为将图片、音视频等源数据“喂养”给换脸、换声等以深度学习、虚拟现实为代表的合成类算法，再由算法借助机器进行数据“消化”，完成换脸、换声等操作。[1]深度仿冒内部采用双链条对抗机制，即GAN模型。该模型运行的原理在于，由两组定位不同、相互协作的神经网络相辅相成。其中一组负责搜索、筛选、分类整理源数据，从而创建目标形象模型，作为生成器，完成“伪造”使命；另一组负责基于现实中的目标人物，归纳真实形象特征，从而对“生成器”伪造

〔1〕 See Samantha Cole, *AI-Assisted Fake Porn is Here and We're All Fucked* VICE (Dec.12,2017), https://mother-board.vice.com/en_us/article/gydydm/gal-gadot-fake-ai-porn.

的内容进行验证，作为“鉴别器”，完成“侦察”使命。两组神经网络持续对抗优化，最终使伪造结果通过侦查检验，达到以假乱真的效果。[1]“深度伪冒”是人工智能时代对“生物识别数据”进行伪造的一种新技术，即通过对“源数据”的学习，用特定人的声音、外貌和动作拼接出虚假的声音、图片或视频。[2]2020年5月21日，知识产权与人工智能产权组织对话会第二届会议指出：深度仿冒技术，即生成人类模拟肖像及特征（如声音和外形）的技术。[3]2020年5月，澳大利亚战略政策研究所发布《深度仿冒武器化》报告，该报告中详述了七种常见的仿冒工具，包括换脸、重新投射、口型同步、动作迁移、图像生成、音频生成、文字生成，[4]这些工具的叠加使用使得仿冒效果更加立体。综上所述，从深度仿冒技术的关键要素来看，包括：(1)“深度”，既不同于简单的技术（如Photoshop），又不同于一般的数字处理技术，而是采用双链条的对抗机制；(2)“仿冒”，即通过收集和对比生物识别信息，换脸、对嘴型、动作迁移、声音模拟合成虚拟图片、音频与视频。因此，深度仿冒技术，是通过借助“对抗生成网络”（GAN模型），进行大样本生物识别数据学习，将个人的声音、面部表情及身体动作拼接合成虚假内容的人工智能技术。

2022年11月25日，我国颁布的《互联网信息服务深度合成管理规定》第23条对“深度合成技术”的含义进行了界定，即深度合成技术是指利用深度学习、虚拟现实等生成合成类算法制作文本、图像、音频、视频、虚拟场景等网络信息的技术，包括但不限于：(1)篇章生成、文本风格转换、问

---

〔1〕 参见蔡士林：《“深度伪造”的技术逻辑与法律变革》，载《政法论丛》2020年第3期。

〔2〕 参见石巍、黄家星：《“深度伪造”的风险与法律规制——兼论〈民法典〉相关规则适用》，载《天津法学》2020年第4期。

〔3〕 参见《知识产权与人工智能产权组织对话会第二届会议》，载WIPO 2020年5月21日，https://view.officeapps.live.com/op/view.aspx?src=https%3A%2F%2Fwww.wipo.int%2Fedocs%2Fmdocs%2Fmdocs%2Fzh%2Fwipo_ip_ai_2_ge_20%2Fwipo_ip_ai_2_ge_20_1_rev.docx&wdOrigin=BROWSELINK。

〔4〕 参见Cismag：《深度伪造技术的发展及影响：信息安全与通信保密》，载信息安全与通信保密杂志社2021年8月31日，https://mp.weixin.qq.com/s/0wAeRbCIFVyfQmJ1n5DpGg。

答对话等生成或者编辑文本内容的技术；（2）文本转语音、语音转换、语音属性编辑等生成或者编辑语音内容的技术；（3）音乐生成、场景声编辑等生成或者编辑非语音内容的技术；（4）人脸生成、人脸替换、人物属性编辑、人脸操控、姿态操控等生成或者编辑图像、视频内容中生物特征的技术；（5）图像生成、图像增强、图像修复等生成或者编辑图像、视频内容中非生物特征的技术；（6）三维重建、数字仿真等生成或者编辑数字人物、虚拟场景的技术。

（二）人工智能深度仿冒的技术特征

与简单的P图或者一般的数字梳理技术相比，深度仿冒技术具有其独特的技术特征，即高度真实性、[1]泛在普适性[2]和快速演化性。[3]

第一，深度仿冒技术基于大数据的抓取和算法的精确计算，可以尽量捕捉到目标人物的细微特征和表情变化，甚至关注光线的强弱和合成语音语调的节奏，使其合成效果与仿冒人物高度贴合，达到以假乱真、高度真实的效果。德国和意大利科学家曾以1000段“换脸术”视频为实验样本进行测试，发现普通人必须经过专业训练，才有可能鉴别真伪。[4]美国纽约大学和密歇根州立大学研究员通过AI系统DeepMasterPrints复制了23%的指纹数据，成功骗过了扫描仪，系统错误率仅为千分之一。[5]

---

〔1〕 See Robert Chesney & Danielle Citron, *Deepfakes and the New Disinformation War: The Coming Age of Post-Truth Geopolitics*, 98 FOREIGN AFF. 147 (2019).

〔2〕 参见王禄生：《论“深度伪造”智能技术的一体化规制》，载《东方法学》2019年第6期；石巍、黄家星：《“深度伪造”的风险与法律规制——兼论〈民法典〉相关规则适用》，载《天津法学》2020年第4期。

〔3〕 See Samantha Cole, *People are Using AI to Create Fake Porn of Their Friends and Classmates*, MOTHERBOARD (Jan.27,2018), https://motherboard.vice.com/en_us/article/ev5eba/ai-fake-porn-of-friends-deepfakes.

〔4〕 参见宣晶：《视频“换脸术”走近大众，引爆亿级流量后为何令人担忧》，载《文汇报》2019年2月27日，第1版。

〔5〕 参见魏薇、牛金行、景慧昀：《人工智能安全》，化学工业出版社2020年版，第135页。

第二，该技术采用的是“无监督学习”，其训练数据不需要标注，“源数据”具有获取便捷性，应用软件无须安装编程语言和开源软件库就能运行，操作简单，这极大地降低了一般公众的应用门槛。另外，人类在深度仿冒的干预体现为寻找大量素材，比如目标人物的视频、音频、图片，以及寻找合适的替换视频，而深度仿冒技术的自动迭代使得制作者只需要目标照片，软件就可以进行识别并实现相似度最大的匹配。这些均为普通公众使用该技术提供了便利通道，也使该技术的规制对象从平台扩大至公众个人。

第三，深度仿冒采用的是GAN模型，其基于对抗生成网络而不断自我检测和优化，会随着检测技术的升级而反向升级，这种循环增强的模式决定了深度仿冒的快速演化性，促进深度仿冒内容愈加真伪难辨。

二、人工智能深度仿冒的应用状况

（一）人工智能深度仿冒的积极效应

深度仿冒技术最早可以追溯到19世纪的光学抠图，但是由于其发展水平和所处环境的限制，并没有引发相关社会问题的思考。随着人工智能技术的发展，可以借鉴深度神经网络、对抗生成网络等人工智能算法，更改人脸、物体或者环境呈现方式，修改图片、视频和音频内容，生成人类难辨真伪的虚假图像音频视频，这为影视娱乐、电子商务等行业提供了新的发展空间。在教育领域，虚拟教师让数字教学更具互动性和趣味性，合成的历史人物讲解视频让受众更有代入感。[1]在娱乐领域，可以让电影、纪录片等艺术创作突破时空限制，以更真实的方式呈现，让“钢铁侠”罗伯

〔1〕　参见腾讯传媒:《媒体如何应对猝不及防的“深度伪造”》，载全媒派2019年6月30日，https://mp.weixin.qq.com/s/zXDUtCMJL7OC6hn_rIABnA。

特·唐尼和“蜘蛛侠”汤姆·霍兰担任经典电影《回到未来》的主角；把罗伯特·帕丁森换脸克里斯蒂安·贝尔制作的《蝙蝠侠》里；使已故的演员保罗·沃克在《速度与激情7》的荧幕上“复活”。在新闻传媒领域，可以创造虚拟主播来播报新闻，2018年“两会”期间，搜狗联合新华社推出上岗的全球首个3D版人工智能合成主播，就已经可以在文本上实时驱动面部表情和唇形，在肢体动作、超写实细节呈现上面做到比拟真人的动态效果。在电子商务领域，在线电子商务平台可以使用Deepfake等深度仿冒技术实现“画面精准替换”，实现千人千面的智能精准商品推荐投放，大幅度提高推荐商品的购买率。例如，在线电子商务平台可以实现一键虚拟试衣、个性化语言生成等新颖的商品推荐形式。在艺术领域，可以实现历史人物“复活”拍照以及模拟不同时期的艺术时期的绘画风格。此外，深度仿冒还在艺术、社交、虚拟现实、医疗领域有着广泛的积极应用。

（二）人工智能深度仿冒的消极效应

2017年，社交新闻网站Reddit用户利用Deepfake技术制作色情视频并提供开源后，Deepfake技术便在被滥用的路上越走越远。它的出现使得篡改或者生成高度逼真且难以甄别的音视频成为可能，观察者最终无法通过肉眼辨别真伪。2018年，Lyrebird公司开发的“语音合成”技术只要对目标人物声音进行1分钟以上的录音，就能生成目标人物任何想说的话。2019年3月，一位人工智能技术爱好者利用Deep fake技术将《射雕英雄传》中“朱茵版”黄蓉换脸杨幂，引发舆论热议，有媒体评论道：“视频中，杨幂的五官与朱茵的表情几乎全部融合，难辨真假。”〔1〕同年 8月，一款名为“ZAO”的人工智能换脸软件推出，只要上传一张正面照片，就能将明星换成自己的脸，但随即因对公民个人信息的过度收集以及可能潜在的社会安

〔1〕 参见王禄生：《论“深度伪造”智能技术的一体化规制》，载《东方法学》2019年第6期。

全风险而受到工信部门的约谈。[1]近来以“吗咿呀嘿”为BGM的换脸动态视频火遍全网，除了全家福、宠物全体上场外，一些娱乐明星科技大佬也“被动”参加了洗脑神图的创作，后因涉嫌侵犯著作权，相关App被下架。近两年该技术在我国的滥用趋势更为显著，隐藏着侵犯公民人身权利与财产权利，破坏社会稳定、国家安全与国际秩序，消解社会共同体的信任等各个层面的风险。

第二节　人工智能深度仿冒的法律规制概况

一、人工智能深度仿冒法律规制的必要性

（一）侵犯著作权及邻接权

制作深度仿冒图片或视频可能产生著作权或者邻接权侵权风险。以仿冒视频为例，在侵犯对象方面，既包括原作品所有人，也包括被用于深度仿冒的目标人物。首先，对于原视频作品所有人而言，视频作品的作者享有作品的完整权，当原始视频被曲解、修改之后，原作者的保护作品完整权就受到相应的侵害。当原始视频被基于娱乐、恶搞目的传播改变了原作品的用途时，涉嫌侵犯原作者的改编权。此外，如果未经许可的换脸、换声视频和合成图像提供给公众，还存在侵害著作权人信息网络传播权的风险。其次，合成虚假视频的前提是需要抓取目标人物的相关数据。这些数据既包括目标人物的图片，还包括目标人物的面部或肢体表演，在未经许可的情况下，当使用“深度仿冒”技术进行视频“换脸”或者匹配“表演

〔1〕 参见陈静:《“掘金”个人数据不能为所欲为》，载人民网2019年9月9日，https://baijiahao.baidu.com/s?id=1644156564017909274&wfr=spider&for=pc。

动作”时，无疑侵犯了照片所有人的合法权益和表演者的表演者权。

（二）侵犯公民人格及财产权益

合成虚假视频的前提所需要抓取的“源数据”来源于目标人物，且该数据具有特殊性，是承载了个人生物识别信息的重要数据。因而，从公民人格权益来看，深度仿冒视频容易触犯公民相关的个人人格权益。具体而言，其一，公民个人有权决定自己个人信息使用的方式，而“深度仿冒”替换样本的获取往往并未征得相应权利人同意，侵犯了相关人的隐私。其二，被传播的“深度仿冒”技术生成内容，由于一些不恰当的情境表达，如领导人物公共场合破口大骂，或者明星人物的色情或同人视频，具有贬损他人名誉、降低他人社会评价的性质，严重损害个人名誉权。根据英国Wired杂志报道，2020年7月以来，至少有10万名女性被深度伪造应用DeepNude创建了裸照，其中一些人不到18岁，对其心理造成了较大的打击。其三，“换脸”是深度仿冒最常见的表现形式，而这极有可能侵犯被换脸者（目标人物）的肖像权。

在信息技术高速发展的网络社会，公民独有的生物识别信息被广泛用于专门的交易活动，以保障唯一性和安全性，一套独特的生物识别数据组合与每一位公民建立起紧密直接且独一无二的联系，方便各类统计和鉴定。例如，人脸识别和刷脸支付。然而，深度仿冒为不法分子制作虚假音视频，实施敲诈勒索等违法行为提供了技术便利。例如，2019年3月，欧洲发生第一起利用人工智能合成伪造语音，成功实施诈骗22万欧元的事件。[1]未来，随着深度仿冒技术的不断发展和进步，这一现象将会有增无减，甚至愈演愈烈。例如，很有可能会出现利用深度仿冒技术制作虚假绑票视频，逼迫受害人家属支付高昂费用的事件，从而造成公民更大的财产

〔1〕 参见《“换脸”真相 “深度伪造”的网络狂欢和安全威胁》，载中国网，http://guoqing.china.com.cn/2019-09/09/content_75185726.htm。

损失，以及更为恶劣的社会影响。

（三）危害国家安全

深度仿冒的虚假内容很有可能危害国家安全。其一，深度仿冒为抹黑国家政治人物提供了新的利器。2018年4月，互联网上出现美国前总统奥巴马语言攻击其继任者特朗普的一段深度仿冒虚假视频，该视频被网友观看过480万次，造成恶劣影响。〔1〕2019年6月，特朗普在Facebook上分享了关于美国众议院议长佩洛西的深度仿冒虚假视频，视频中佩洛西如同喝醉了一般，神志不清，说话磕巴，举止怪异。〔2〕2020年2月，印度人民党（Bharatiya Janata Party）的候选人之一马努基·蒂瓦里（Manoj Tiwari），在印度德里邦议会选举中用视频造假技术拉拢小语种选民。并不擅长哈里亚纳语的马努基·蒂瓦里，在视频中讲着流利的哈里亚纳语，呼吁大家向印度人民党投票。该视频在WhatsApp上引起大量传播，近5800个WhatsApp群组约1500万人进行观看。〔3〕2020年12月，英国电视台Channel 4制作“深度仿冒”女王致辞，致辞中，不仅涉及多个有争议的话题，“女王”还进行了滑稽的Tik Tok舞蹈挑战。

其二，深度仿冒技术可能用来破坏国家间的正常关系，甚至造成不可逆的影响。如2017年5月，卡塔尔的官方账号被用于散播其元首关于伊朗与伊斯兰的虚假讲话内容；2018年年末，Facebook一则视频中，“特朗普”批评比利时应对气候问题的立场。〔4〕这些内容在短时间内经过传播发酵，

---

〔1〕 See Aja Romano, *Jordan Peele's Simulated Obama PSA is a Double-edged Warning against Fake News*, VOX , https://www.vox.com/2018/4/18/17252410/jordan-peele-obama-deepfake-buzzfeed.

〔2〕 参见宁柯:《五角大楼对战“深度仿冒”》，载《环球》2019年第21期。

〔3〕 参见彭晓月:《网络短视频造假现象研究》，载法治网舆情中心2020年11月27日，https://mp.weixin.qq.com/s/K8SyKRtZks_XBYXXpFmj8g。

〔4〕 See *You Thought Fake News Was Bad? Deep Fakes Are Where Truth Goes to Die*, The Guardian (Nov.12,2018), https://www.theguardian.com/technology/2018/nov/12/deep-fakes-fake-news-truth .

造成严重影响，引发海湾邻国及公众关于随意干涉他国内政的不满，导致国家关系中的不安定因素增加。

其三，深度仿冒技术为恐怖主义提供了新的舆论混淆手段和宣传手段，恐怖组织可以通过利用其真假难辨的特性，散布虚假信息，制造动荡局面，进而威胁国际安全。〔1〕例如，在LinkedIn（一款社交网络应用）上一位声称为美国国际战略研究中心的研究员凯蒂·琼斯（Katie Jones），被美联储证实只是潜伏在网络上的大量虚假人物之一，其存在目的是收集更多有关美国的政治情报，若被恐怖组织加以利用，将对世界和平安全造成极大威胁。〔2〕

随着深度仿冒技术的日益精进，常人难以通过肉眼辨别这些深度仿冒视频的真伪，这将对国家安全产生更大的负面影响。

（四）损害社会公共利益

社会利益是公众利益的集合体，在深度仿冒技术生成物传播利用的过程中，其内容可以被用于降低个人的社会评价，自然也会被用于破坏企业的公共形象。通过制作有关企业高层负责人丑闻的虚假视频，可能使得企业深陷舆论旋涡，导致资产缩水，影响企业的名声和经济利益。影响更为恶劣的是，生成的知名经济学家唱衰经济、国民遭遇恐怖袭击等类型的虚假视频，很可能造成市场恐慌，影响金融市场的稳定。2013年，美联社Twitter账号在被黑客攻击后发布“白宫发生两次爆炸，奥巴马受伤”的假新闻。假视频新闻导致道琼斯指数暴跌140余点，瞬间蒸发掉了1365亿美

〔1〕 参见石巍、黄家星：《“深度伪造”的风险与法律规制——兼论〈民法典〉相关规则适用》，载《天津法学》2020年第4期。

〔2〕 参见李雷编译：《间谍用 GAN 生成“红发美女”！潜入美国政坛，全网广钓政客》，载搜狐网2019年6月20日，https://www.sohu.com/a/321830721_308467。米德尔伯里国际研究中心恐怖主义、极端主义和反恐中心（CTEC）的研究人员提出，恐怖组织利用 GPT-2（一种利用“深度仿冒”技术的应用工具）和其他类似的组织来宣传白人至上主义、伊斯兰圣战主义和其他具有威胁性的意识形态将变得更为便捷。

元。[1]由此可见，简单的假文本新闻就足以引发金融市场震荡。当深度伪造信息涉及贫富差距、劳资纠纷、民族关系等敏感议题时，或进一步激化社会矛盾，加剧社会分化。如2018年，有人利用“深度伪造”技术在WhatsApp上传播假信息，导致印度有20多人被误以为涉嫌绑架小孩等罪案而被暴力打死。[2]因此，不难预见，利用深度仿冒技术制造更为逼真、更具视觉冲击力的新闻视频，将会给金融市场稳定带来更加严峻的挑战。即深度仿冒的虚假内容传播将破坏公众对于视频作为事件记录的信任，从而导致公私机构的信任度遭遇侵蚀。由此，社会共识便难以形成聚合。[3]

二、人工智能深度仿冒法律规制的域外实践

（一）美国

美国是最早开始对“深度仿冒”进行规制的国家之一。2018年以来，随着“深度仿冒”技术的广泛应用与风险事件的不断提示，美国联邦及州层面的立法者相继推出多项重磅法案。2017年5月纽约州议会提交的A08155法案，规定“出于商业目的或未经明确的书面许可而故意制作电影、广告、音乐剧的‘数字副本’等虚假视频，视为犯欺诈罪，并有责任向受害者支付赔偿金”。2018年12月，美国议员本·萨斯（Ben Sasse）提出《2018年恶意伪造禁令法案》，[4]对具有主观过错的个人及平台进行双主体规制，提出了较为严厉的刑事处罚标准，即“对制造深度仿冒内容引发犯罪和侵权行为的个人，以及明知内容和深度仿冒还继续分发的平台，进

〔1〕 参见魏薇、牛金行、景慧昀：《人工智能安全》，化学工业出版社2020年版，第127页。

〔2〕 参见《新技术安全：深度伪造技术的应用场景与风险》，载澎湃新闻网2021年1月27日，https://www.thepaper.cn/newsDetail_forward_10950428。

〔3〕 参见王禄生：《论“深度伪造”智能技术的一体化规制》，载《东方法学》2019年第6期。

〔4〕 See Ben Sasse, *S. 3805–Malicious Deep Fake Prohibition Act of* 2018, Congress Govement (Dec.21,2018), https://www. congress. gov/bill/115th–congress/senate–bill/3805/text.

行罚款或判处最长2年的监禁。如果扰乱政府或选举，监禁将长达10年”。但该法案因过于偏激暂被搁置。

2019年通过《深度仿冒报告法案》，〔1〕要求以定期报告的方式实现对深度仿冒技术运用的监督审查，报告涉及基础技术评估、类型描述、损害国家安全评估、用途等八个方面的评估内容。2019年6月，美国议员Yvette D. Clarke 提出《深度仿冒责任法案》，〔2〕要求视频创作者对发布虚假伪造视频负责，同时要求使用数字水印标记恶意深度仿冒视频，即明示了技术制作者负有告知明示的署名义务，为受害者提供救济渠道。制作者主动的说明义务为有效规制“深度伪造”技术的生成物提供了可能。同时，美国法案还详细规定了不同情形下针对不同的伪造程度承担不同的责任。〔3〕法案还规定了深度伪造的被害人有权采用各种救济措施，〔4〕包括对未履行该义务的行为辅以直接的刑事处罚责任。〔5〕

另外，美国还从具体风险（如色情传播、选举影响）的角度对深度仿冒进行规制。2019年7月，美国弗吉尼亚州《非同意色情法》修正案正式生效，同一时间段，美国得克萨斯州通过了专门的深度仿冒法——《关于制作欺骗性视频意图影响选举结果的刑事犯罪法案》，将深度仿冒内容纳

---

〔1〕 See *H.R.3600–Deepfakes Report Act of 2019*, Congress Govement (Jul.1,2019), https://www.congress.gov/bill/116th–congress/house–bill/3600?q=%7B%22search%22%3A%5B%22Deepfakes+Report+Act+of+2019%22%5D%7D&s=1&r=2.

〔2〕 See Yvette D. Clarke , *H.R.3230–Defending Each and Every Person from False Appearances by Keeping Exploitation Subject to Accountability Act of 2019*, Congress Govement (Jun.12,2019), https://www.congress.gov/bill/116th–congress/house–bill/3230/text.

〔3〕 三种类型的伪造可能承担的刑事责任分别是：(1)未对作品进行水印标记，且具有羞辱他人的主观目的，提供含他人虚假的性行为或者裸体的视频的；(2)意图造成暴力或者身体伤害，引发武装或者外交冲突，或者干扰政治运作，包括选举、威胁社会信任的；(3)受外国势力或者代理人指示，意图介入国内政治争议，影响联邦、州或者其他的选举，以及实施其他不法行为的。以上将承担不超过5年的刑事处罚。

〔4〕 参见李怀胜：《滥用个人生物识别信息的刑事制裁思路——以人工智能“深度伪造”为例》，载《政法论坛》2020年第4期。

〔5〕 美国《深度仿冒责任法案》中规定对于“未对作品进行水印标记，且具有羞辱他人的主观目的，提供含他人虚假的性行为或者裸体的视频的”进行不超过5年的刑事处罚。

入其中，并直接规定入罪门槛，旨在保障隐私安全和选举安全。2019年10月，加利福尼亚州的《AB 730 法案》，虽然可以在一定程度上减少恶意Deepfake虚假视频的传播，但其设置了一个“60天”的时间线，只适用于在选举60天内具有“真实恶意”原则的Deepfake虚假视频，从而免除了传播平台监管和删除Deepfake虚假视频的责任。

随着“深度仿冒”技术影响的扩大，以技术进行“溯源防伪”和“反向破解”的理念与实践也日益盛行。美国《2018—2020 财政年度情报授权法案》中提及的深度仿冒鉴别技术竞赛并设置奖励，正是国家层面出台激励措施的一项极佳的域外样本。〔1〕2019年，美国DARPA资助“媒体内容鉴定”计划，联合纽约州立大学研发出全球首款“反换脸”虚假音视频的人工智能刑侦检测工具，Facebook与Partnership on AI、微软以及麻省理工学院、牛津大学、加利福尼亚州大学伯克利分校等美国多所大学合作，发起了“假视频检测挑战”活动，推动创建高质量的深度仿冒视频数据集，促进检测识别技术的研究与开发。特别是针对深度仿冒影响国家内政问题，加利福尼亚州大学伯克利分校和南加利福尼亚州大学的研究人员，在谷歌、微软和国防高级研究计划局的资助下开发了一项名为“保护世界领导者免受伪造”的新方法，建立的人工智能检测系统被“喂了”数小时的高级领导者视频并进行了训练，以寻找超精密的“面部动作单元”(面部动作、抽动和表情的数据点)，包括何时抬起上唇以及皱眉时头部如何旋转。综上，美国对深度仿冒的规制以刑事规制为主，多种方式为辅。

(二)欧盟

与美国关注深度仿冒制造虚假信息造成危害的专门性立法不同，欧盟

---

〔1〕 参见《2018—2020财政年度情报授权法案》第707节规定：政府相关机构应开展深度仿冒鉴别技术竞赛，并要求国家情报总监通过情报高级研究计划局局长实施一项有竞争力的奖励计划，以此刺激技术的研究、开发或商业化。官方可向参加竞赛的一名或多名优胜者颁发高达500万美元的奖金。

始终将“生物识别数据”作为规制主体的路径，非创设新法，而是回到现存法规与“软法”[1]规制，关注深度仿冒对个人权益的损害。欧盟GDPR明确通过行使被遗忘权，即使网络平台收集信息具有法律基础，公民仍可以“信息丧失目的性”之理由删除个人信息。在信息收集阶段，通过目的限制与征得数据收集主体同意并赋予删除权等要求，使数据主体增强对个人生物特征信息的掌控。“软法”均围绕着平台这一主体进行规制设想，其出发点不在于通过法律创设的手段增设平台义务，而是通过鼓励、支持平台自己设置平台规范来规制“换脸”技术。可以通过在平台设置TOS协议，来规定“换脸”视频发布者的平台发布义务，从而限制智能“换脸”视频的侵权风险。

三、人工智能深度仿冒域外法律规制对我国的启示

美国遵循利益导向的市场逻辑，采取先发展后治理的路径，[2]对于出现较为严重的社会影响事件，采取审慎的专门性立法，既通过深度仿冒行为直接规制，也通过生物识别数据的保护间接规制，还针对具体风险种类细化规定，并将刑事规制作为主要的规制手段，以应对“言论自由”作为抗辩理由而难以规制的难题。而深度仿冒危害性事件非频发的欧盟，采取事前防御、先治理后发展的路径，对于深度仿冒潜在的各方风险，直接将深度仿冒内容作为虚假信息纳入GPDR规制的范畴，通过法律监管，将安全风险降到最低。我国关于深度仿冒的安全治理还处于探索阶段，要综合吸收美国与欧盟的治理经验，结合我国的实际情况，有选择、有变通地完善

[1] “软法”是指不以国家强制力为保障的法律规范，主要包括行业实践规范或由国际标准化组织或电气与电子工程师协会等机构发布的一系列标准。

[2] 参见石婧、常禹雨、祝梦迪：《人工智能“深度伪造”的治理模式比较研究》，载《电子政务》2020年第5期。

我国规制体系。

（一）实现直接规制与间接规制有机结合

目前，我国体现间接规制的如《个人信息保护法》《民法典》中关于个人信息、肖像、隐私的保护，但相关的禁止性规范难以与传统的责任认定直接适配，存在侵权判定要件不足的问题。体现直接规制的如《关于进一步规范网络视听节目传播秩序的通知》《数据安全管理办法（征求意见稿）》《网络音视频信息服务管理规定》《网络信息内容生态治理规定》中关于深度仿冒行为本身的规制，但规制对象不统一、审核范围不明确、责任衔接不到位使许多滥用者逃脱责任。

根据侵权的一般归责原则，采取包括主观过错、客观侵权事实、客观损害后果、损害事实与后果存在因果关系在内的构成要件法明确责任。满足全部构成要件的自然容易追责以维护受害者的合法权益，但是实践中还存在大量主观上不以“谋利”为目的，客观上名誉受损以及精神损害难以举证、难以获得支持的情况，还存在滥用者仅存在制作行为，真正传播获取商业利益的行为人与制作者相分离而滥用者难以追责的情形。这一情形下，仅追究传播和直接获利者的责任显然只能治标不治本，深度仿冒的源头——深度仿冒内容制作者逍遥法外。例如，DeepInstinct的罗森伯格认为，滥用者被抓到的风险很小，对于假冒者来说不具任何威慑力，甚至会助长仿冒气焰。互联网传播的影响力，使得深度仿冒行为从制作者内容制作完成之初，就处于较大的侵权风险之中，待发生实际重大影响再采取相应的措施，所造成的影响已难以消除。因此，对深度仿冒滥用者的规制，不仅体现在“规制端”，而且可以通过法律的指引作用将监管力度延伸至“行为端”，从而实现更好的实践和防御效果。

(二)建立互相补充多元责任机制

1.完善刑事规制途径

其一，适用个人信息犯罪困难，需降低侵犯公民个人信息罪的入罪门槛。视频和声音是深度伪造的产品，而个人信息尤其是个人生物识别信息(公民个人信息的一种类型)是深度伪造的素材和原料。我国刑法层面针对侵犯公民个人信息罪之“侵犯”的规范解释，停留于“获取”。而对于“合法获取 + 非法使用”环节，目前仍存在法律评价空白。深度伪造的危害性恰恰体现在非法使用环节，因为不是所有的深度学习素材都是非法获得的。如针对公众人物和政治领导人进行深度伪造，其海量网络数据资源足以满足深度学习的素材需求，完全没有必要“不法获取”，这意味着大量的深度伪造行为将游离于刑法的射程半径之外，[1]将给一些不法分子以可乘之机，导致公民信息权益得不到根本保障。

因此，有必要设置“获取”与“使用”的双重门槛，将“非法获取”与“合法获取+非法使用”的行为均纳入侵犯公民个人信息罪的范畴，弥补刑事立法的缺憾。与此同时，应当明细“非法使用”的含义，不仅要关注其是否用于“色情”“选举”“宗家信仰”“战争”等敏感领域，还要关注是否存在仿冒的主观心态，即令他人对仿冒信息的真实性产生误信，而非对于信息的虚假性公众心知肚明(如某些电影特效)。

其二，当前罪名设置过于单薄，需完善罪名体系。就目前的立法现状来看，不论是我国还是其他已经开始针对“深度伪造”的不当使用进行规制的国家，都很少关注“深度伪造”的不当使用与知识产权保护之间的问题，聚焦于著作权领域的刑事规制也仅侧重深度仿冒内容的后续流转与运

〔1〕 参见李怀胜:《滥用个人生物识别信息的刑事制裁思路——以人工智能“深度伪造”为例》，载《政法论坛》2020年第4期。

用，而不是针对深度仿冒本身。尽管刑法规定了侵犯著作权罪，侮辱罪，制作、复制、出版、贩卖、传播淫秽物品牟利罪等罪，似乎为伪造传播虚假信息的行为编织了严密的法网，但实际上，只要视频信息并非承载特定的内容（如军情、险情、色情等），或直接从事违法犯罪，现有“虚假合成视频”的绝大多数情形都在刑事法网之外。根据我国《刑法》第217条的规定，侵犯著作权罪对应的行为仅涉及侵犯作品的复制权、发行权、专有图书的出版权、美术作品的署名权。[1]如果侵犯的是其他的著作权，例如作品的修改权、非美术作品的署名权等，比如恶搞、鬼畜，只是著作权的侵权行为，并不构成侵犯著作权罪。主观状态上，表现为以营利为目的，既可以是直接营利，也可以是间接营利，以刊登收费广告等方式直接或者间接收取费用的情形，也属于以营利为目的。投射在具体行为上，只有既制作并出售或为出售而制作，才能表明行为人具有营利的目的。当前需要增设的深度仿冒行为犯罪条款，事实上与已有的侵犯著作权罪在构成要件上不能完全对应，若继续以侵犯著作权罪笼而统之，只会使该行为对应的罪行沦为口袋罪。因此，有必要改变当前罪名设置过于单薄的现状，基于对不同形式的侵犯网络著作权行为特征的把握，细化罪名，完善著作权罪名体系，如针对具有真实性、泛在普适性、快速演化性，隐藏国家安全风险、社会信任危机、公民人格及财产利益受损风险的深度仿冒罪名，予以具化。当然其也必须满足“主观营利目的”和“违法数额较大”或者“有其他严重情节”的必要条件。

---

〔1〕 根据我国《刑法》第217条的规定，侵犯著作权罪的客观方面表现为行为人实施了以下侵犯他人著作权的行为：(1)未经著作权人许可，复制发行、通过信息网络向公众传播其文字作品、音乐、电影、电视、录像作品、计算机软件及法律、法规规定的其他作品；(2)出版他人享有专有出版权的图书；(3)未经录音录像制作者许可，复制发行、通过信息网络向公众传播其制作的录音录像；(4)未经表演者许可，复制、发行录有其表演的录音录像制品，或者通过信息网络向公众传播其表演的；(5)制作、出售假冒他人署名的美术作品；(6)未经著作权人或者与著作权有关的权利人许可，故意避开或者破坏权利人为其作品、录音录像制品等采取的保护著作权或者与著作权有关的权利的技术措施。

2.完善民事责任承担机制

不同于美国刑事规制为主的现状，深度仿冒在我国多聚焦于民事领域的侵权纠纷，社会影响范围有限，也未危及国家安全。在此背景下，应在民法典体系下完善民事责任承担机制，并做好行政监管与刑事处罚的衔接工作，做好事前防范。

其一，明确技术制作者的“声明与标识”义务。为了解决不以谋利为前提的深度仿冒行为难以被规制的问题，我国《网络音视频信息服务管理规定》中第11条〔1〕也强调了显著标识的做法，但该规定的效力及与责任条款的衔接有待进一步加强。对于制作者而言，需要履行声明义务和标识义务，并将此义务上升为《民法典》体系下的法定义务，适用过错推定原则，完成上述声明与标识义务的在追究责任时推定为无过错，未履行则推定为有过错。这扭转了“非谋利目的追责难”的局面，从而敦促技术使用者正当行为，实现法律制度“源头遏制”的目标。在具体路径上，该项法定义务可以设立在技术使用者与传播平台的合同上，以《民法典》合同编的法律条文作为请求权规范基础；同时也可以在《民法典》侵权责任编的具体法律规范中规定技术使用者的声明与标识义务，从而通过侵权法律规范进行解决。

其二，确立生物识别数据所有者的信息删除权。一般个人信息如姓名、身份证号码、手机号码等通常可以变更，但是个人生物识别信息具有独一无二性，他是由每个人遗传物质、身体器官以及行为特征的独特性所决定的。〔2〕由于其与身体属性密切关联而且不可替代，已经成为数字身份的主要识别方式。〔3〕个人生物识别信息与其他个人的普通信息的差异及其

〔1〕《网络音视频信息服务管理规定》第11条规定：“网络音视频信息服务提供者和网络音视频信息服务使用者利用基于深度学习、虚拟现实等的新技术新应用制作、发布、传播非真实音视频信息的，应当以显著方式予以标识。”

〔2〕参见《信息安全技术公共及商用服务信息系统个人信息保护指南》第3.7条规定。

〔3〕参见付微明：《个人生物识别信息的法律保护模式与中国选择》，载《华东政法大学学报》2019年第6期。

特殊性，致使其一旦被泄露或盗窃，就会使受害人的人格尊严遭受严重的侵害，并会给信息主体带来永久的不可逆的损失。[1]中国裁判文书网公开信息显示，从2018年7月开始，有犯罪嫌疑人通过非法购买公民个人信息并制作相应的“换脸”视频，突破了支付宝的人脸识别认证。2019年，有人绕过厦门银行App的人脸识别系统，使用虚假身份信息注册多个账户并倒卖牟利。[2]当前，我国《民法典》第111条[3]、《网络安全法》第41条[4]、《个人信息安全规范（2020）》[5]的规定均体现了信息主体的知情同意权，即信息自决权。但仅仅规定事前的知情和同意尚难以全面保障信息主体的权益，对于那些未经同意而侥幸利用主体生物识别信息的，应当借鉴欧盟的规定，在保障其知情同意权的基础上，赋予其可以随时行使更正、删除和注销的权利，并且无须任何前置条件即可当场实现并即时生效，以保障个人生物识别信息安全。[6]

3．监管部门确立深度伪冒“定期报告”制度，建立技术安全评估评价机制

我国《网络音视频信息服务管理规定》强调，网络音视频信息服务提供者基于深度学习、虚拟现实等新技术新应用上线具有媒体属性或者社会动员功能的音视频信息服务，或者调整增设相关功能的，应当按照国家有关规定开展安全评估。但对于评估的具体事项仅限于原则性的规定，缺乏实践可操作性。监管部门应当确定“定期报告”制度，规定除了“基于深度学习、虚拟现实等新技术新应用上线具有媒体属性或者社会动员功能的

〔1〕 参见高富平：《论个人信息保护的目的——以个人信息保护法益区分为核心》，载《法商研究》2019年第1期。

〔2〕 参见萧锐：《激辩人脸识别应用，珍视法学教授说“不”的价值》，载《南方都市报》2020年9月26日，（GA02）社论版。

〔3〕 参见《民法典》第111条规定。

〔4〕 参见《网络安全法》第41条规定。

〔5〕 参见《个人信息安全规范（2020）》第5.3条（b）规定。

〔6〕 参见冉克平：《论个人生物识别信息及其法律保护》，载《社会科学辑刊》2020年第6期。

音视频信息服务，或者调整增设相关功能的”情况，对于已经开展的深度仿冒技术进行常态化评估检验，周期为一个季度或者半年，评估的事项与深度仿冒技术生成物获得保护潜在的利益冲突——国家安全、社会安全、公民人格及财产安全紧密衔接。这些评估事项有待进一步转化为具体的指标，充实技术安全评估评价机制，最终保障运用深度仿冒技术的组织或个人的正常运行和操作。

（三）建立深度仿冒利益参与者的风险分散机制

我国应借鉴欧盟经验，明确平台、制作者与受众各自的权利义务，既重视平台本身的责任，也注重鼓励平台自设规范，设定制作者的上传门槛和提升公众的鉴别能力。应鼓励平台自设规范明确与制作者之间的权利义务关系。平台企业是网络音视频信息服务的经营者和提供者，制作者充当网络音视频信息服务使用者和内容提供者，平台应当通过软法规制的形式，在与制作者签订的服务协议中，明确双方权利、义务。平台应当要求制作者遵守平台规范及相关法律法规，对于违反平台规范以及相关法律法规的制作者依法采取警示整改、限制功能、暂停更新、关闭账号等处置措施，保存有关记录，并向网信、文化和旅游、广播电视等部门报告，实现平台对制作者的先发监管，同时降低权利人的维权成本。

平台应加强自身的审核力度，健全辟谣机制。重点针对虚假音视频展开实时监控，若网络平台监控到与道德有关的深度仿冒内容在短时间内热度飙升，则应该对其进行标记并进入人工审查通道，降低其热度排名，阻止其进入其他媒体平台传播；若网络平台监控到可能引发暴力事件、危害公共安全或者与当选官员或机构相关的深度伪造内容，应当对其进行标记并强制下线审核。[1]对于逃脱过滤机制的漏网之鱼，只要有权利人主张侵

〔1〕 参见曹建峰、方龄曼：《“深度伪造”的风险及对策研究》，载《信息安全与通信保密》2020年第2期。

权，那么平台就有立刻删除的义务，同时启动辟谣机制，及时采取相应的辟谣措施，并将相关信息报网信、文化和旅游、广播电视等部门备案。

（四）实现资金、技术激励与法律监管的良性互动

法律规制本身具有一定的滞后性，在科学技术日新月异的网络时代，采取算法规制的手段，具有及时、高效、准确的优势。深度伪冒鉴别技术发挥漏斗作用，为公众提前过滤违法、违规、可能产生不良影响的信息，降低侵权风险。目前，我国在鉴别技术研发方面已经取得了一定的成果。2020年1月，商汤科技联手新加坡南洋理工大学，推出了迄今为止全球最大的Deepfake检测数据集DeeperForensics-1.0，该数据集包含6000个视频，是现有同类数据集的10倍，并且比其他数据集更加接近现实世界场景，为研究深度伪冒反制技术提供了极大的便利。与此同时，微软研究院与北京大学共同提出了一种检测伪造人脸图像的方法“Face X-Ray”，可以准确检测出高度保真的复杂伪造人脸图像。2020年4月中国信息通信研究院泰尔终端实验室发布“人工智能伪造人脸鉴别平台”，该平台利用人脸生物特征及抖动精度等特性，对图像和视频真伪辨别的准确率达到了98.9%，可实际用于对伪造图片和视频的真伪测试及鉴别。另外，来自清华大学创新团队的人工智能初创企业瑞来智慧（Real人工智能）也发布了深度伪冒视频检测工具，检测工具利用深度学习算法，基于大量数据集训练，可一键实现对深度伪冒视频的自动精准识别。

虽然我国在反向识别技术研发方面取得了一定的成果，但以上技术研发团队仍多集中于少数高校，其他社会主体因不具备研发动力和资源基本不参与。然而，深度伪冒现象频发于各类网络平台，审查责任和注意义务的提升要求平台必须具备相应的技术配置，这一实践需要与为实现科研项目结项或职称评定目的的高校研发供应相割裂，不利于网络平台的安全治理。据华盛顿邮报引述加利福尼亚州大学伯克利分校的计算机科学教

授兼数字取证专家汉尼·法里德（Hany Farid）的话，忙于深度仿冒的人数与检测核证的人数比例是100∶1。[1]由于缺乏资金投入，检测技术应用受到限制，深度仿冒音视频鉴别难以落地。尽管深度仿冒在我国还未对国家安全、社会安全造成实际的危害，但有必要使技术走在前列，防患于未然。政府有必要通过政策鼓励、资本激励、模式创新等促进技术的正向开发、合理使用。一方面，加强“区块链”技术在“溯源防伪”中的运用，提高识别视频真伪的便捷率，强化证据的公信力；另一方面，建立生物识别信息特征数据库，作为技术处置和有效应对虚假信息的应急机制启动的必备基础，用于精准破解虚假音视频，特别是针对国家重要人物，做好数据库的健全与保障工作，针对普通公众人物，必须在满足技术正当性的前提下合法收集。

第三节　深度仿冒技术下表演者权制度的反思与完善

一、深度仿冒技术对表演者权制度的挑战

2021年，元宇宙[2]概念的爆发，为深度仿冒技术提供了更加宽广的应用场景。面对不断涌现的使用需求，深度仿冒制作内容愈加丰富多元。据

〔1〕 See Drew Harwell, *Top AI Researchers Race to Detect "Deepfake" Videos: "We are Outgunned"*, The Washington Post, https://www.washingtonpost.com/technology/2019/06/12/top-ai-researchers-race- detect-deepfake-videos-we-are-outgunned.

〔2〕 人们将供人类娱乐、生活乃至工作的虚拟时空称为元宇宙。AI语音、NET生成艺术、虚拟演唱会、全息人像投影、虚拟数字人、AR购物等都属于元宇宙的重要组成部分，同时也是深度仿冒技术的具体应用。

统计，2021年新发布的深度仿冒视频点赞数已超过3亿。[1]深度仿冒视频数量最多的是影视、音乐等，这类深度仿冒内容在互联网大量传播，深受用户喜欢和关注。2021年洛天依登上央视春晚，虚拟偶像从“小众亚文化”走进大众视野。《人民日报》修复了老照片中志愿者的面孔，歌颂“最可爱的人”，其公众号平台播放量高达130万人次，以新颖生动的形式传播了红色精神。北京冬奥会期间，全球首个手语AI合成主播“小聪”解说谷爱凌夺冠，其播报可懂度达85%以上，有效地帮助了听障人群及时接受资讯信息。2022年江苏卫视跨年晚会舞台上，周深与虚拟邓丽君影像合唱了《小城故事》等歌曲，“复活”后的邓丽君延续其演唱风格，呈现出“真人”现身的表演效果，带给观众不一样的视觉享受和内心冲击。被深度仿冒产品和服务覆盖的影视音乐，是大众文化传播交流的主要载体，与著作权和邻接权关联紧密。2020年5月21日，知识产权与人工智能产权组织对话会第二届会议将深度仿冒表演者权益问题作为著作权领域的一项重要议题提出，[2]以探讨技术制作者、基底素材的原表演者（被替换者）与目标人物（替换者）等各类主体的权利和义务，引导受著作权法保护的影音文化正向传播。

行为是人类有目的的活动，技术是中立的，只有恶意的滥用技术的行为才应当受到规制，从而倒逼正向使用技术。深度仿冒行为是对深度仿冒技术的控制、利用和操作的行为。深度仿冒技术运用而生的新型“表演”形态正冲击表演者权制度，给客体和相关主体权利及义务的明晰带来一系列挑战。

在客体方面，深度仿冒合成的数字化虚拟“表演”能与传统真人表演

〔1〕 参见《清华〈深度合成十大趋势报告〉发布，AI换脸、合成语音爆发式增长！》，载数据法盟2022年2月25日，https://mp.weixin.qq.com/s/4hFdAWDL0uHgi03lk13QPA。

〔2〕 参见《知识产权与人工智能产权组织对话会》，载 WIPO 2020年5月21日，https://www.wipo.int/edocs/mdocs/mdocs/zh/wipo_ip_ai_2_ge_20/wipo_ip_ai_2_ge_20_1_rev.pdf。

呈现无差异效果，能否纳入邻接权客体范畴，亟须论证。

在权利内容方面，数字化虚拟合成"表演"融合了原表演者的面部、肢体表演和目标人物的肖像、声音等生物识别特征，公众难以识别真正的表演者，合成内容如何署名值得商讨。当表演形象被丑化或篡改时，原表演者可主张其表演形象完整权受侵犯，关于"歪曲"的认定标准争议是否受深度仿冒的影响进一步升级，"歪曲"内涵亟须界定。此外，原表演者能否"一揽子"控制对其表演数字化改动后合成的虚拟"表演"的数字传输，需结合实际情况分析。

在责任主体方面，深度仿冒从技术使用到内容创制再到网络传播，涉及主体广泛。直接主体多以技术使用者（普通用户）和内容制作平台（机构用户）的形式存在于内容制作等初始环节。间接主体多表现为负责发布传播和履行审核监管义务的信息与技术服务平台。现有规范性文件多对局部主体的相关行为"一刀切"禁止，且实践中仅将不良影响扩大的主体也即传播主体更容易被发现并问责，这就导致其他责任主体易钻法律漏洞逍遥法外，相关行为也预先被烙上违法印记，不利于深度仿冒技术的良性应用与发展。为避免公众混淆，哪些责任主体应被附加何种义务，在合法履行义务的前提下，其合成内容可被用作文化内容的正向传播，需作进一步明确。

二、深度仿冒技术下表演者权制度之反思

（一）深度仿冒合成数字化虚拟"表演"法律属性不明

在邻接权制度下，表演者权的对象是指表演活动本身，即演员的形象、动作、声音等的组合。受保护的是活的表演，而不是死的剧目。[1]传统影

〔1〕 参见郑成思：《版权法》（修订本），中国人民大学出版社1997年版，第61页。

视中人是表演的主体，演员以真实的身体为媒介进行创作，塑造人物形象。而在元宇宙时代，特别是影视“生物工程”时代，数字化表演正对当代影视故事世界的发展起到一种潜移默化的重构作用。其中，深度仿冒视频涉及对目标表演形象的盗用和对原表演形象的替换，最终合成的表演形象是经过仿冒的、以数字化的形式进行的虚拟表演。这种通过数字视效虚拟制作的人物，也可以匹配现实逼真的形态动作和丰富细腻的面部表情，为虚拟表演注入情感和灵魂，〔1〕实现与普通现实表演无差异的“活”的表演效果，甚至相比传统表演，达到更加良好的观众效果。数字化合成“表演”形式的出现，使之区别于《著作权法》中的现场表演和机械表演。显然，传统的“表演”概念难以涵盖这一新的表演形态。

（二）表演者权利内容有待重新审视

1.深度仿冒合成数字化虚拟“表演”署名不清

表演者署名权是保护表演者表明表演身份的权利。深度仿冒合成表演过程中涉及诸多主体，利益复杂。原表演者提供原始表演素材，目标人物提供仿冒源数据，技术制作者提供技术操作、素材筛选与目标设置等人工干预，三者均作出一定贡献，在获取署名权方面均有合理诉求，但又存在逻辑不足。若署名原表演者，则当深度仿冒完全切断了基底素材与原表演者之间的联系而建立起与目标人物之间全新的联系时，表演者与表演内容无法对应，这会导致过度扩张原表演者的权利范畴。若署名目标人物，按照《保护表演者、音像制品制作者和广播组织罗马公约》（以下简称《罗马公约》）对表演者的定义，〔2〕目标人物以数字化形式即“其他方式”参与了表演，但其往往以被筛选盗用的方式被动参与，合成表演并未体现其主动参演

〔1〕 参见孙承健：《由“拍”至“做”：数字技术开启电影的虚拟制作时代》，载《电影艺术》2019年第5期。

〔2〕《罗马公约》对表演者的规定：表演者是指演员，歌唱家，音乐家，舞蹈家和以表演、歌唱、演说、朗诵、演奏或以其他方式表演文学或艺术作品的其他人员。

的意志，同样存在表演意志和表演内容割裂的问题。若署名技术制作者，尽管其通过人工干预存在仿冒合成表演的意向，但由于其并未直接或间接参与表演，无法与其建立起精神联系，不存在表演形象维护等人身权利，这与我国《著作权法》第39条关于人身权利的系列条文难以自洽。

2.保护表演形象完整权中“歪曲”标准争议升级

表演者权系邻接权，而邻接权与著作权关联紧密，由著作权产生，对表演者权中“歪曲”的解读离不开对著作权中保护作品完整权“歪曲篡改”之解释。换言之，保护表演形象不受歪曲的权利即表演者维护其表演完整性的权利。[1]一般而言，保护作品完整权的侵权判定存在主客观两种标准，这是源于我国《著作权法》关于保护作品完整权的定义相对于《伯尔尼公约》省略了“有损作者声誉”之行为后果的限定，导致司法裁判不一。主观标准将“未经同意”直接等同于“歪曲、篡改”。客观标准将“有损作者声誉”作为认定“歪曲、篡改”的必要条件。相应地，在保护表演形象完整权中，持主观立场的学者认为表演者五官、台词和声音等产生的视听觉冲击是独一无二的，对表演形象和内容的任意改变将影响原有的表现力，是对凝聚了表演者智力劳动不尊重的表现，[2]这种未经同意随意改变原貌的行为可被直接认定为侵犯保护表演形象完整权的行为。而持客观立场的学者认为必须存在改变内容的事实和达到有损表演者声誉的效果。[3]

从立法原意考察，立法者在《著作权法》通过后对相关条文的原始解读即“作者有权禁止任何未经许可而对自己作品的删改、补充以及其他有损作者尊严、声誉或损害作品原意、原形的改动”。可见，我国立法原意将“有损作者声誉”与“损害作品原貌、原意”的改动并列作为认定侵害保护

〔1〕 参见吴高盛主编：《〈中华人民共和国著作权法〉释义及实用指南》，中国民主法制出版社2015年版，第348页。

〔2〕 参见佟鑫、李丽：《鬼畜视频著作权问题分析》，载《河南科技》2019年第15期。

〔3〕 参见李扬、许清：《侵害保护作品完整权的判断标准——兼评我国〈著作权法修订草案（送审稿）〉第13条第2款第3项》，载《法律科学（西北政法大学学报）》2015年第1期。

作品完整权的情形。但需注意的是，二者存在一定的逻辑关系，“有损作者声誉”必然存在“损害作品原貌、原意”的改动，而“损害作品原貌、原意”的改动不一定会达到“有损作者声誉”的程度。在深度仿冒背景下，以AI换脸的影视作品为例，选取某一片段，对某一演员AI换脸，若仅是影迷与影视的互动娱乐行为，尽管对原作修改，但难以上升至对制片人的声誉损害。同样地，在表演中也存在违背表演原意和最初传达的价值思想，但并未达到使表演者声誉受损的情形，如将喜剧演员的五官和声音数字化到偶像剧中，将产生不同的表达效果，并不会丑化原表演者形象。显然，立法原意的考察仍然无法划分“歪曲”和“尚未达到歪曲程度的修改”之间的界限。

存在以上问题的根本原因在于“歪曲、篡改”的指向对象模糊，忽略了表演内容与表演者之间的同一性。“未经同意改变原貌”和“违背原意”指向表演内容，“有损声誉”指向表演者，主客观标准之争和立法解释都暗示将歪曲、篡改的表演内容与表演者割裂开来，从而使社会公众在侵权判定结果上争执不下又互不退让。深度仿冒技术的应用，相比传统侵犯完整权的行为，更大程度地切断表演内容与原表演者间的联系，建立起基底素材、表演内容与目标形象的新联系，加剧了表演内容与表演者的割裂，“歪曲”标准之争进一步升级，“歪曲”内涵亟须明确。

3.表演者信息网络传播权垄断性较强

《著作权法》第39条规定信息网络传播权的对象是“其表演”，在表演者未被赋予改编权的情形下，对其表演数字化改变，表演者能否继续控制其信息网络传播存在疑问。笔者认为，在深度仿冒合成表演过程中，其手段不在于录制，而在于数据的抓取和仿冒。对于难度较低的仿冒，尽管进行了换脸等操作，但未改变表达方式和表达的思想，对观众的迷惑性不高，对深度仿冒生成内容的传播实质就包含了对原表演的传播。但随着GAN的不断升级，难度较高的仿冒不断出现，若使表演者权人能继续控制对表演数字化改变后的内容的传播，将使表演者处于较大的权利垄断中，容易导致对深度仿冒正向传播和恶性传播的“一刀切”禁止；若将对表演数字化改变的内容的传播不等同于对原表演的传播，一些低俗的深度仿冒内容泛滥对表演者的影响又无从规制，二者的冲突给表演者信息网络传播权的稳定性带来一定威胁。但总的来说，后者可以通过平台过滤等其他手段得以事前规制，但前者将直接影响使用者的创意化表达。

（三）深度仿冒责任主体范围及义务有待进一步厘清

1.深度仿冒责任主体尚未被全面覆盖

2018年3月，原国家新闻出版广电总局[1]印发《关于进一步规范网络视听节目传播秩序的通知》（以下简称《广电通知》），对视听节目歪曲、恶搞、丑化作品的制作和转播行为明令禁止。2019年5月，国家网信办公开的《数据安全管理办法（征求意见稿）》第24条同样对网络运营者利用人工智能自动合成信息的谋利或损益行为直接禁止。上述规定实际上也无法充分规制深度仿冒行为，这是因为其规制对象仅限“视听节目网站”，而深度仿冒的泛在普适性使从事仿冒行为的主要是公众个人，而不仅仅是网络运营者。

2019年11月，国家网信办、文旅部、广播电视总局联合印发的《网络音视频信息服务管理规定》第11条第2款虽将网络音视频信息服务使用者纳入规制对象，但存在网络信息服务使用者与网络信息内容制作者的概念混淆和交叉。另外，规制范围仅限于制作、发布、传播虚假的“新闻信息”，而对于不构成“新闻信息”的制作、发布、转载没有明确提及。一般而言，新闻概念有广义与狭义之分，但均以保障公众对相关情报的知情权为目的。[2]而事实上，深度仿冒内容呈现形式多样，表现为文本、图像、音频、

〔1〕 2018年机构改革后撤并为国家广播电视总局。

〔2〕 新闻概念，就其广义而言，除了发表于报刊、广播、互联网、电视上的评论与专文外的常用文本都属于新闻之列，包括消息、通讯、特写、速写等；狭义的新闻则专指消息，消息是用概括的叙述方式，以较简明扼要的文字，迅速及时地报道国内外新近发生的、有价值的事实，让别人了解。

视频；内容涉猎广泛，涉及国家政治、经济、军事等诸多领域的消息。但在我国多出现于娱乐领域，表现为不以彰显某种特定价值或让人了解某一事实为目的的非新闻信息，旨在达到混淆甚至取代的效果，这就使有相关行为的主体难以被列入规范性文件控制之列。2019年12月，国家网信办公布的《网络信息内容生态治理规定》第23条重申禁止利用深度伪冒技术从事禁止性行为。2022年11月，国家网信办、工业和信息化部、公安部进一步发布了《互联网信息服务深度合成管理规定》，更是直接将制作、发布、传播的组织和个人合并称为深度合成服务提供者和使用者，[1]仍然存在行为主体类型杂糅的问题。

从以上规范性文件不难看出，政府监管机构对深度伪冒有一定的认知和评估，但因概念瑕疵问题，导致规制对象与规制内容存有逻辑错位，责任主体尚未被全覆盖。第一，网络信息服务提供者（网络运营者）、网络信息内容服务使用者（普通用户）与网络平台内容生产者（机构用户）是享有不同权益义务的不同主体，发挥作用于深度伪冒内容生成与传播利用的不同环节，有必要明确区分，并在每一次规制时保持相同表述。第二，深度伪冒内容形式多样，涉及广泛，“新闻信息”这一形式门槛容易缩小规制范围。第三，深度伪冒虽本质上是一种人工智能技术，但其具备独特技术特征，有明确概念，有必要明确列举释明，使相关规范更具说服力，而非以现有“等外”解读的方式引用规制。在《互联网信息服务深度合成管理规定》中，该问题已得到初步重视，有待于进一步实施落实。

2.未经标识的深度伪冒合成内容易导致公众混淆

深度伪冒合成内容与伪冒人物高度贴合。美国参议院本·萨斯在相关法案中介绍，深度伪冒所呈内容，能够使合理的观察者（普通公众）误认为

〔1〕 参见《互联网信息服务深度合成管理规定》第6条第2款。

是真实记录人类实际言论或行为。〔1〕2021年年初，网剧《山河令》热播，有网友将其中两位主演分别换脸为沙溢和沈腾，视频流畅，表情也几乎和原角色表情完全融合，对于新受众来说，若不加以说明，极可能以为其是沙溢与沈腾两位演员的新作。同年7月，电影《1921》热映，而后萧子升扮演者因被网友曝出严重失德行为而被娱乐圈封杀，为保障电影在线上平台的正常播出，该演员的脸被换成了另外一位新人演员的脸，该新人演员对其说话声音也进行了深度仿冒，由于画面没有任何违和感，对于之前未在影院观看过的观众来说，萧子升的真实演绎者就是该新人演员。

上述事实均表明深度仿冒后的内容大大削弱了原表演者在原素材中的地位，同时新增了目标形象与表演内容的联系。对于未经许可的仿冒，若仅表明原表演者身份，而不表明目标形象来源，或者仅表明目标形象来源而不表明原表演者身份，或者未直接标明内容源于深度仿冒，将使这种误导进一步加深。未经标识的虚假内容一旦被发布和分享，经过互联网的病毒式传播，其影响便很难消除。现有规范虽提出相关主体应对上传的深度仿冒内容进行显著标识，但对于具体哪类主体应落实这一标识义务，如何履行标识义务，标识的具体形式和样态均没有具体说明，实践操作缺乏统一的标准。

3.网络服务提供平台的审查义务有待进一步明确

自人类进入“双层社会”以来，人们的事实认知方式便发生了根本性的变革。据法新社2023年7月20日报道，根据每季度发布的互联网状况统计报告，48.8亿人活跃在社交网络上，占世界总人口的60.6%。全球用户平均每天花在社交网络上的时间达到2小时26分钟。〔2〕网络已发展成为深度仿冒向

〔1〕 原文是：The term “deepfake” means an audiovisual record created or altered in a manner that the record would falsely appear to a reasonable observer to be an authentic record of the actual speechor conduct of an individual。

〔2〕 参见赵可心编译：《报告显示：全球社交网络用户近50亿》，载海外网，http://m.haiwainet.cn/middle/3541083/2023/0721/content_32633002_1.html。

公众渗透的主要渠道。由此，作为主要阵地和重要媒介的网络平台，若能在信息传播伊始就扮演好"守门员"的角色，及时制止、阻断或退改不良应用或明显侵权的内容，那么深度仿冒的负面影响将被提前遏制。〔1〕

针对直播、上传一般的剪辑、拼接视频，我国平台企业有常规固定的审核流程并逐步统一标准。2019年5月，今日头条、抖音、西瓜视频、火山小视频等发布了《平台直播自律白皮书》，介绍了对违法有害信息的内容审核标准、流程、机制等一般的内部管理方式。但是对于更为逼真且难以识别的深度仿冒音像内容，平台有必要进一步强化审查责任。目前规范性文件中，要求网络服务提供平台具有与新技术新应用发展相适应的技术保障措施，用于部署鉴别机制和建立辟谣机制。这一建议确有一定的前瞻性，以问题导向，致力于解决误导公众的难题。但同时也加重了平台的运营负担。一方面，基于深度仿冒的快速演化性，深度仿冒的伪造效果总是随着鉴别效果的提升而反向提升，鉴别一方总是处于"落后挨打"的状态，要求平台负担绝对化的技术保障义务无疑为之设置了技术难题，增加了管理成本。另一方面，为规避风险，平台会尽可能设置并提高不合理的数据编辑和内容上传门槛，使深度仿冒内容的正向传播也受到直接阻碍，违背了规制初衷。

平台不仅作为被控制的对象受到制约，还要扮演好控制者的角色主动规制。这是因为，中立性不仅是我们评价中间服务商这一角色的关键，而且也是贯彻版权法利益平衡原则的决定性要素，〔2〕平台必须在维持"利益钟摆"的平衡时不偏不倚。欧盟是软法规制的典型代表，平台除了依照法律规范履行法定义务，还可以自设规范行使私权力来实现监督目标，如可以通过在平台设置TOS协议，规范发布者的平台发布义务，从而减小深度

〔1〕 See Holly Kathleen Hall, *Deepfake Videos: When Seeing Isn't Believing*, 27 CATH. U. J. L.& TECH 51(2018).

〔2〕 See Maria M. Frabboni, "*File-Sharning and the Role of Intermediaries in the Marketplace: National, European Union and International Developments*" 160 *Copyright Enforcement and the Internet*, Irini A. Stamatoudi eds., The Netherlands: Kluwer Law International 119 (2010).

仿冒内容的侵权风险。我国在平台主动规制方面还有待进一步创新。

三、深度仿冒技术下表演者权制度之完善

深度仿冒可以为教育、艺术、电子商务、刑事侦查等领域带来较大的发展空间，促进思想文化的创意化表达，同时深度仿冒的便捷性和快速演化及传播性使相关权益人处于较大的侵权风险中。进一步完善表演者权制度，回应深度仿冒技术提出的挑战是当务之急。

（一）进一步拓展“表演”的范围

1.将数字化虚拟“表演”纳入邻接权客体的事实依据

数字化技术拓展了表演艺术的内涵，增强了其表现力，数字化合成的虚拟表演也应视为“表演”。究其原因，本质上，利用目标形象进行深度仿冒的表演仍然是真人表演的表演传递和呈现。通过捕捉真实演员的动作、表情在三维空间的运动轨迹，驱动目标形象的表情库使生成的虚拟仿冒形象与真实表演者的动作、表情一致，运动频率相同，可达到以假乱真的效果。换言之，数字化表演经历建立目标人物形象的数字表情库、捕捉原表演者的表情或其他表演动作以及最终数据分析和驱动三个阶段，生成的仿冒形象可以和真实演员一样正常表演。可见，仿冒形象是目标形象与原表演形象的有机贴合，真实表演为仿冒表演提供内在表达，目标形象的“数字化表演”是真实表演的外在呈现。“表演”的范畴应涵盖“数字化表演”“真人表演”“数字化与真人表演结合的表演”三种形式各异但本质相同的表演形态，其既不是对影像本体论的颠覆，也不是对表演概念的无限泛化，而是重新解读表演内涵从而适应新的表演形态。

2.将数字化虚拟“表演”纳入邻接权客体的法律依据

将数字化虚拟“表演”纳入表演范畴，符合邻接权保护的门槛要求和

所追求的价值目标。在大陆法系中，邻接权的设置以保护投资为依据。邻接权制度并不要求客体具备很高的独创性，且能够不以作品及著作权存在为前提。邻接权的主体也不是作者，不能要求其对技术生成物的独创性作出较大贡献。邻接权保护对象是传播者的利益，存在实质性贡献的投资人是其法律保护的重心。这符合法经济学视角下的成本效益法则，即按照"科斯定理"，权利应尽可能配置给实质性贡献投入最多者或发挥效用最大者，以降低其法律运行成本，达到"帕累托最优"。[1]从《视听表演北京条约》和《著作权法》新增职务表演规定所传达的立法精神分析，《视听表演北京条约》第12条明确了表演者与制片者可就财产性权利归属作出约定与推定，《著作权法》第40条明确了单位组织可以以约定的形式行使财产性权利，这两条规定为表演者以外的非创造性投入的制片人、单位组织对外彰显权利主体身份作出了相应的制度设计，通过邻接权制度中的权利主体身份获取利益回报。

在深度仿冒背景下，技术制作者存在主动筹划虚拟合成表演的意志，但缺乏出演的行为条件，无法被认定为表演者。但其又类似于职务表演中的单位角色，通过筛选表演素材和海量源数据，合成符合特定期待的表演内容。最终结果的输出和传播都离不开技术制作者在各个环节的主动干预，其对表演的制作与流转运用均功不可没。因此，把权利配置给交易成本较高的技术制作者，可以有效降低合成表演流转传播的附加成本，并最大限度发挥表演内容的价值。从价值导向来看，将数字化虚拟"表演"纳入邻接权客体，既有助于为权益归属和分配提供明确依据，又为技术制作者在内的投资人参与投入提供了担保。邻接权设置的宗旨在于通过保护投资者的利益鼓励有利于精神文明建设的内容传播。无论技术制

〔1〕 参见王璐：《我国著作权法"表演者"概念之厘清——以法学方法论为视角》，载《电子知识产权》2021年第9期。

作者是基于兴趣、爱好、荣誉等因素的非商业性群体，还是以文艺传播如合成语音播报、复活历史人物等为职业的商业性群体，赋予其经济权利，都有助于激励其进一步为促进公共信息交流、文化多元化发展作出更多努力。

综上所述，技术制作者与因技术制作者介入产生的数字化虚拟“表演”一脉相承，将数字化表演纳入邻接权的保护范围，契合邻接权保护传播者利益的法律功能。不过，仿冒合成应当以征得基底素材所有者即著作权人的同意并向其支付报酬为前提，从而协调深度仿冒合成表演作为邻接权客体与著作权法作品保护的冲突。

（二）对表演者权利内容的重新解读

1.区分表明不同参与主体身份

《著作权法实施条例》（2013年修订）第5条规定了表演者的主体外延，即包括自然人和演出单位。然而，2020年修改后的《著作权法》第40条新增了职务表演的规定，演出单位不再作为表演者，其仅可以获得表演者权中的财产性权利，但不具备人身权。可见，表演者与表演权主体不能完全混同。根据文义解释，表演者更倾向于自然人或自然人的集合，且这种理解更靠近普通大众的基本认知。根据国际条约和对域外立法的考察，《罗马公约》、〔1〕《世界知识产权组织表演和录音制品条约》、〔2〕《视听表演北京条约》、〔3〕德

〔1〕《罗马公约》对表演者的规定为，表演者是指演员，歌唱家，音乐家，舞蹈家和以表演、歌唱、演说、朗诵、演奏或以其他方式表演文学或艺术作品的其他人员。

〔2〕《世界知识产权组织表演和录音制品条约》第2条（a）规定：“表演者”指演员，歌唱家，音乐家，舞蹈家以及以表演、歌唱、演说、朗诵、演奏、表现，或以其他方式表演文学或艺术作品或民间文学艺术作品的其他人员。

〔3〕《视听表演北京条约》第2条（a）规定：“表演者”系指演员、歌唱家、音乐家、舞蹈家以及对文学或艺术作品或民间文学艺术表达进行表演、歌唱、演说、朗诵、演奏、表现或以其他方式进行表演的其他人员。

国《著作权法与邻接权法》、[1]西班牙《版权法》[2]等均明确表演者为演出的自然人，负责组织、筹备、投资投入的单位组织不被纳入表演者范畴，但其在委托、雇佣等情形下可以享有准表演者权，即表演者财产性权利。表演者因其人身权利不可转移具有唯一性，表演者权主体则既可以是表演者，又可以是表演者之外的其他自然人或者单位，后者为表演活动的完成作出了实质性贡献，从而享有一部分财产性权利。而当二者不一致时，署名权仅归属于享有人身权利的表演者。

在深度伪冒背景下，原表演者在基底素材中真实参与了表演，可被认定为表演者，且无论其对于新合成的表演能否实现权利扩张，表演者的身份使其在原有表演范畴内维护自身的人身权益并无不妥。目标人物本身并未参与表演，其面部肖像或声音仅是被数字化到原表演者身上。换言之，其对虚拟合成表演的贡献本质上并非其呈现的表演内容，而是其独特的生物识别数据。虽然目标人物无法被认定为表演者，难以享有署名权，但这并不影响其通过《民法典》等规定维护人身利益。[3]技术制作者类似

---

〔1〕 德国《著作权与邻接权法》(2021年修订)规定:“表演者”是指表演、演唱、演奏或以其他方式呈现作品或某种大众文学艺术表达，或参与这种艺术呈现的人。

〔2〕 西班牙《版权法》(2022年修订)规定:“艺术家演员或执行者”是指在任何形式上演、唱、朗读、背诵、解释或执行作品的个人。舞台导演和指挥也将在本作品中享有与艺术家相同的权利。

〔3〕 现有法律框架下,《民法典》第1019条已对侵害目标人物肖像权的深度伪冒行为作出回应，未经同意制作、使用、公开他人肖像，侵犯了权利人的肖像自主权，创制深度合成内容须以征得目标人物的同意为前提。《民法典》第1028条对公开内容失实导致他人社会评价受损的名誉权侵权行为，为受害者提供请求更正、删除的救济，并以法院的强制力保证救济的落实。例如,“英国女王挑战Tik Tok舞蹈”“美国众议院议长佩洛西醉酒演讲”等视频火爆出圈，均导致目标人物的社会评价降低。而“杨幂换脸朱茵”、电视剧换脸劣迹艺人、普通App一键换脸等并不会造成杨幂、朱茵、电视剧艺人以及普通用户的原有社会评价降低，无须以名誉权受损寻求法律援助。仅在有丑化、污损之嫌的条件下，深度伪冒技术使用者应对目标人物的名誉受损承担责任。《民法典》第1034条明确了用于识别自然人特定身份的声音、面貌等个人生物识别信息受法律保护。这是因为这类信息一旦被泄露或盗窃，会使受害人的人格尊严遭受严重的侵害，并会给信息主体带来永久且不可逆的损失。中国裁判文书网公开信息显示，从2018年开始相继出现不少犯罪嫌疑人利用该技术制作换脸视频突破系统认证的案例，其不仅直接窃财还对不同对象身份信息倒卖牟利。欧盟最早作出针对性回应，赋予数据主体被遗忘权与删除权，以遏制其他数据控制者对其信息的不当处理和利用。当前，我国《民法典》第111条、《网络安全法》第41条、《个人信息安全规范(2020)》第5.3条(b)也均有体现信息主体的知情同意权或称信息自决权的规定。综上，现有法律框架下肖像权、名誉权和个人生物识别信息保护足以为之编制严密的保护法网。

职务表演中演出单位的角色，不享有表明身份的人身权，无法享有署名权。由此，每类参与主体均难以享有或完全享有署名权，通过署名表明身份区分来源的功能也无从实现。为规避这一矛盾，国外有法案提出附加署名义务的做法，值得借鉴。将表明身份来源这一署名义务而非权利附加给责任主体，用于维护原表演者和目标人物的人身权益，同时达到区分效果。区分义务本质上是责任主体的标识义务，该义务如何进一步落实将在下文责任主体部分详述。

2.明确保护表演形象完整权中“歪曲”的内涵

“歪曲”是指违背了表演内容的思想表达和价值观传递，即采取相对主观标准，强调表演形象与表演者的同一性，维护表演者个性与表演人物情感、内容、风格的融合与统一，保护视听形象的完整性。若采取严格主观主义，则所有深度仿冒行为可能都将被视为侵权违法行为，导致使用者始终处于担心表演者随时行使“保护表演形象完整权”的状态，从而丧失模仿创造的积极性。若采取客观主义，提高侵权门槛，容易在社会上引发一阵虚假之风。只要不会损害表演者的声誉和形象，人物、台词、配音、情节的任意代入都被允许，这将严重影响影音产品的传播质量，使网络文化陷入低俗化发展趋势中。

实践中，与之相似的保护作品完整权侵权判定中，天下霸唱诉《九层妖塔》侵犯著作权一案，一审“有害作者声誉”的客观标准被二审“曲解原作思想情感表达”判决推翻是传统行为下对该相对主观标准的践行。[1]深度仿冒技术应用的情形下，滥用行为将变得更为便捷，当今传播环境的本质增强了深度仿冒造成声誉损害的能力，认知偏见和算法促进的结合增加了深度仿冒内容传播的机会，对于表演者思想表达的尊重和精神权利的

〔1〕 张牧野诉中国电影股份有限公司、梦想者电影（北京）有限公司、乐视影业（北京）有限公司等侵犯著作权纠纷案，北京知识产权法院（2016）京73民终587号民事判决书。

维护应更加重视。不仅应排除客观高标准对深度仿冒侵权判定的适用，未来，随着深度仿冒技术性能的提升，侵权认定的门槛需要降低，并从采取客观高标准转为采取相对主观标准。

3.限制表演者对高度仿冒合成表演数字化传输的控制

原表演者能否控制深度仿冒生成内容的互联网传播取决于深度仿冒的结果能否认定为“其表演”，归根结底在于判断合成表演的仿冒程度是否已经超出了原表演的范畴。笔者认为，这取决于仿冒对观众的混淆效果。低程度的仿冒较易被观众依靠基本的素养识别，在观众眼中，仍可看到合成表演中原表演的影子，这种情况下对该仿冒内容的传播实质是包含了对原表演的内容传播，受原表演者信息网络传播权的控制毋庸置疑。

但是，在高度逼真完全替代原表演形象的情况下，已完全切断了原表演者与原作品表达之间的原始联系。新合成的整体表达对表演形象甚至表演内容作出了焕然一新的改变，观众不借助技术手段难以发现深度合成的痕迹。这种情况下，基于表演者没有改编权的背景，若判定深度仿冒使用者侵犯表演者“许可他人信息网络传播其表演”之权，将会使广大试图进行其他创意化表达的使用者处于仅能模仿制作但不能在互联网以个人选定时间和方式传播的尴尬境地，无法传播，制作亦无意义，变相地增加了表演者权的权利内容，阻碍了深度仿冒技术的正向化利用。因而，对高度仿冒内容的传播不能等同于对“其表演”的传播，对于表演形象的商业或其他不当利用可以借助其他方式得以规制，而并非必须以破坏权利秩序作为唯一手段。

（三）明确深度仿冒责任主体的范围及义务

1.明确规制对象为“技术制作者和平台”双主体

解决规制主体范围不明确的问题，需从以下三个方面着手。第一，弥补《广电通知》规定仅限视听节目的不足。鉴于深度仿冒具广泛的普适性，深度仿冒潜在造假群体正指数级跃升，将使用网络信息服务制作虚假音视频的个人与应知或明知内容系深度仿冒仍继续传播的平台均纳入规制范畴，确立深度仿冒行为的规制对象为“技术制作者和平台”双主体，有助于突破当前责任主体范围局限的困境。其中，平台既可作为生成内容的直接主体，又可作为履行发布传播义务的间接主体，还可扮演审核其他主体制作、发布的管理者角色。前者对应于“网络平台内容生产者”，后两者对应于“网络信息服务提供者”，自然人制作者对应于“网络信息服务使用者”。由此，责任主体可被全面规制。第二，明确规制对象触及监管防线的范围是具有夸大性、煽动性、侮辱性等有损国家安全、公共利益、公民权益的虚假音视频信息，而非仅仅是新闻信息。第三，将“深度仿冒”以列举的形式纳入“制作、发布、传播非真实音视频信息的新技术”范围，在各类规范性文件中直接以“深度仿冒”名称出现，加强对深度仿冒技术运用的专项监督审查，为执法和司法提供明确的法律指引。

2.明确技术制作者的“声明与标识”义务

为防止公众混淆，《网络音视频信息服务管理规定》强调了显著标识的做法，[1]但该规定的效力及与责任条款的衔接仍有上升空间。我国2022年11月公布的《互联网信息服务深度合成管理规定》中也提及标识义务的履行，但将该义务更多附加给本就负担较重的平台，技术制作者仅在平台要求时方可依照平台提示对合成内容进行显著标识，且该标识要求是“可以”而非“必须”。[2]前述规定忽略了公众作为技术使用者自我约束的主

〔1〕《网络音视频信息服务管理规定》第11条第1款规定：网络音视频信息服务提供者和网络音视频信息服务使用者利用基于深度学习、虚拟现实等的新技术新应用制作、发布、传播非真实音视频信息的，应当以显著方式予以标识。

〔2〕《互联网信息服务深度合成管理规定》第17条第2款规定：深度合成服务提供者提供前款规定之外的深度合成服务的，应当提供显著标识功能，并提示深度合成服务使用者可以进行显著标识。

动性和能动性。在深度仿冒背景下，应当明确并细化技术制作者的“声明与标识”义务。

具体而言，技术制作者需要履行：(1)声明义务。在通过平台上传时需要备注声明该内容的“深度仿冒”属性。(2)标识义务。包括明确标识的方式、类型、技术措施、效果、效力和法律责任。笔者综合实践情况，归纳三种标识方式。其一，以附加链接的形式达到标识效果，在制作合成内容后，附件基底素材并以链接的形式合并上传。这种方式最为直观，也有助于提前保存证据，但操作复杂，整理耗时。其二，直接标明替换者与被替换者，即目标人物和原表演者。其三，直接以“深度合成”或者“深度仿冒”字样标识。这种方式相比前两种更为简易，也更多被提及，具有普遍适用性。标识类型根据合成内容的呈现形式具体划分，对于以表演视频呈现的，直接在视频开头、结尾或者开头与结尾处或者全过程显著标识；以文本和图像呈现的，在文本稿源说明处和图像明显位置显著标识；以仿冒音频形式呈现的，在音频开头或结尾或全过程以“深度仿冒”字样标识或者仅在开头或结尾处插入“深度仿冒”来源的简短说明；以虚拟场景呈现的，在虚拟场景内容的明显位置予以显著标识。标识功能的实现需要以技术措施作为支撑，可以通过区块链技术以数字水印的方式加以编辑，由网络服务提供平台向技术使用者开放对内容进行显著标识的功能。标识效果应当以不影响用户使用、不过分影响合成内容的整体感官效果为目标。作为规范性文件的补充和细化内容，这一义务应上升至行为主体的法定义务，对技术制作者产生直接的约束力。不履行该义务的，应承担相应的法律责任。《互联网信息服务深度合成管理规定》虽列举了对平台违反审核义务的惩戒条款，但对于机构和普通用户违反标识义务的后果未有提及，这一欠缺无形中纵容了行为主体怠于标识。《互联网信息服务深度合成管理规定》对利用仿冒技术实施知识产权侵权的组织和个人的惩戒也仅作出提示性规定，上位依据的空缺使知识产权惩戒条款形同虚设。[1]为此，应细化违反标识义务的行政惩戒措施，[2]实现执法的可操作性。

3.强化平台的监管责任和审核义务

为防止技术使用者未能实际履行“声明与标识”义务导致法律后果蔓延，现有规范性文件要求平台能够及时审核，一经发现，停止传输，反馈给技术使用者，直到其按照规定显著标识后方可继续传输。这实际上是对“通知—删除”规则一定程度的突破，化平台的被动监管模式为“识别—删除”的主动监管模式。其中，“识别”依赖鉴别技术措施和人工审核两种途径。与深度仿冒相适应的绝对技术保障义务和成本较高的人工审核都大大加重了平台的审核负担。为此，针对技术要求，应当由行业组织综合各平台发展规模和经营状况划分技术标准等级，明确不同类型的平台适用特定类型的技术标准，达到技术标准的视为已经履行技术安全保障义务，可在该标准之内部署鉴别技术识别深度仿冒内容。在此基础上，平台仍适用“通知—删除”的被动监管模式，在收到通知后，对未履行标识义务的仿冒内容予以删除。针对人工审核要求，增设平台的提示说明义务。在用户上传内容时，以显著的方式如醒目的弹窗展示不履行标识义务可能引起的法律后果的文字、图片或者事例短视频，提前提醒用户注意标识，从而减轻

〔1〕《互联网信息服务深度合成管理规定》第6条第1款规定：任何组织和个人不得利用深度合成服务制作、复制、发布、传播法律、行政法规禁止的信息，不得利用深度合成服务从事危害国家安全和利益、损害国家形象、侵害社会公共利益、扰乱经济和社会秩序、侵犯他人合法权益等法律、行政法规禁止的活动。法律责任部分，第22条对此作出的回应是深度合成服务提供者和技术支持者违反本规定的，依照有关法律、行政法规的规定处罚；造成严重后果的，依法从重处罚。构成违反治安管理行为的，由公安机关依法给予治安管理处罚；构成犯罪的，依法追究刑事责任。而实际上，《著作权行政处罚实施办法》列举的受行政处罚的违法行为并未包括未经著作权人许可，运用深度仿冒技术利用其作品或者未经表演者许可，对其表演形象数字化改变信息网络传播的违法行为。

〔2〕 例如，对违反标识义务的机构和普通用户予以警告，责令改正，要求停止继续制作和上传；对于拒不改正或情节严重的，处1万元以上10万元以下的罚款，并可以责令关闭账号、永久拉入“黑名单”。对于侵害他人知识产权同时损害公共利益的组织和个人，由主管著作权的部门责令停止制作和传播，予以警告，没收违法所得，并处违法收益1倍以上5倍以下的罚款，违法收益难以计算或不足5万元的，可以并处25万元以下的罚款。

一部分人力负担。

平台既可以依靠技术措施和外界监督提高审查质量与效率，还可通过内部软法规制，增设与其他主体间的权利义务规范，为前期防御设置合理的数据使用和内容上传门槛，为后期追责提供明确依据。例如，以平台为中介建立个人信息主体或版权方与使用者之间的生物识别数据使用许可协议，协议规定禁止擅自转让、倒卖生物识别数据给第三方，禁止制作者上传利用深度仿冒技术制作的未经授权的虚假、夸大、具有煽动性和侮辱性等的不良音视频。使用者无须单独取得被编辑的个人生物识别数据所有者或者版权方的一一同意。使用者使用的范围受限于平台协议管理的范围。使用者需要按照平台的提示说明履行标识义务即可上传内容，而非征得平台的许可同意。平台应对使用者进行真实身份信息认证，否则，平台不得为其提供发布便利。凡是经过发布传播导致他人权益受损的，权利人均可凭借身份认证追溯责任源头。由此，信息主体生物识别数据和权利人作品也通过平台得以安全管理和正向利用。

技术的社会属性是技术社会风险形成之根源。深度仿冒作为一种内容创建工具，其本身是中立的。人类既可以发挥其积极广泛的应用价值，实现创意化表达与传播；也应对其消极效应进行严格限制，完善与新技术新应用发展相适应的表演者权制度。当然，法律手段并非唯一的规制手段，未来，随着深度仿冒技术的规模化应用，还需保障数据和算法的安全性，并制定配套措施，提高鉴别技术的开发和鉴别技术应用的普适性，引导并促进新业态的良性发展。

结　语

本书从人工智能与知识产权法律制度的关系出发，将人工智能对知识产权制度影响分为直接影响与间接影响两大类。直接影响体现在“知识产权法律制度对人工智能技术的促进”与“人工智能对知识产权法律制度的影响”两个方面，前者是对人工智能技术进行解构，探讨算法和数据保护等关键且有价值的议题，而后者所解决的核心议题是人工智能生成物在知识产权制度中的属性，由于人工智能生成“作品”的文化属性与生成“发明”的技术属性，需要对二者进行分别探讨以示区分。间接影响主要体现为人工智能技术对知识产权法律实践产生的影响，探讨了人工智能技术分别在著作权领域、专利法领域及商标法领域的应用问题，以及人工智能深度仿冒的法律问题。基于这一逻辑形成的研究框架，本书从以下几方面探讨了人工智能知识产权保护面临的挑战，并对制度完善提出了相应的对策和建议。

一、人工智能算法和数据知识产权保护面临的问题

（一）人工智能算法知识产权保护面临的挑战和回应

人工智能算法分类多样，需要结合权利保护要求及算法本身特征来确定适宜的保护模式。首先，算法不属于计算机软件作品，用著作权保护算法于法无据。其次，商业秘密保护面临保密难度大、阻碍累进创新、影响员工再就业、侵权后鉴定及取证困难、侵犯公民正当权益等系列挑战。本

书建议：在企业、政府等层面，企业可通过建立尽可能周密的网络安全体系、吸纳优秀人才加入和做好内部风险隔离机制等多种手段并用尽可能降低泄密风险；政府可建立专门监管部门，对算法进行审查并将相关信息向公众披露，实现商业秘密保护和促进社会创新的平衡；自动化决策的数据控制者应履行最低限度的披露和解释义务，克服算法可解释权面临的诸多阻碍，加强相对者对算法系统的信任；行业应加强自律，使整个行业从算法的开发阶段至应用阶段都自觉遵守特定的伦理准则。在法律层面，应加强人工智能领域商业秘密立法，通过设立“算法结果拒绝权”解决人工智能算法商业秘密保护困境。本书认为，算法是人工智能运行分析处理的过程，同时由于数据的快速性、无消耗性等特点，对于算法中涉及商业秘密的内容，出于对公共领域人工智能技术发展的激励效应的考量，并不排除人工智能算法的应用。但是，涉及商业秘密的数据主体对人工智能算法所产生的自动化决策结果具有结果拒绝权，立法层面应确立“算法结果拒绝权”来保护商业秘密。

专利保护能激励算法技术的发展，但也存在制度障碍需要我们进一步克服。例如，存在“二分法”对创新算法以外的其他算法的保护力度非常有限、专利公开存在披露不足、算法难以表述导致技术障碍、算法集合性使用增加认知障碍等问题。基于此，有必要明确技术创新与商业活动融合的可专利性，将算法运用到商业领域描述为一项商业模式的发明专利，以完善专利确权规则；应合理调整新颖性的评估标准，对人工智能算法的“现有科学技术”进行缩小解释；要求专利申请人应充分公开与人工智能算法发明相关的所有数据文献；对于发明专利“创造性”的评估，明确是“普通技术人员”基于“一般技术知识”在“现有技术”的认识范围内对申请专利进行评估；严格实用性审查，将“人类介入”因素作为评价算法可控性的判断标准，从而做到专利审查规则的与时俱进。

（二）人工智能数据知识产权保护面临的挑战和回应

数字经济的发展已经成为新时代下全球共同关注的问题。在未来，如何合理使用数据、使其充分流动、对其有效保护，还需要在知识产权制度构架下，探索数据保护新规则。目前，人工智能数据在应用层面还面临权属不清、公共领域流入不足以及侵权救济困难等问题。

首先，对于人工智能数据的权属问题，须厘清其自然属性和法律属性。人工智能数据的自然属性为“信息的电子载体”。在法律属性上，具有隐私内容的个人信息的记录，涉及人格尊严和隐私保护，具有一定的人格权益；同时以“数据交易市场”为主的市场交易中，数据已经呈现其财产权益特性，对于人工智能数据中落入著作权、商业秘密等知识产权领域的对象，其财产属性也得以体现并需要得到相应的保护。本书认为，人工智能数据应采用综合权属说，确定个人和人工智能研发平台均能成为人工智能数据相关的权益主体，对难以通过现有法律法规确定的部分，允许二者之间通过意思自治协商解决。

其次，对于人工智能数据的开放利用问题，可通过构建深度共享机制进行治理。个人出于对于个人信息保护的考量，会对个人数据的流通持排斥态度。人工智能研发公司则希望有更多的个人数据流动，但是对于可产生经济效益的人工智能数据的公共领域流入也持排斥态度。本书认为，个人和平台之间存在针对个人数据的“数据割据”问题，个人与公共领域、平台与公共领域之间存在针对人工智能数据的“数据壁垒”问题。对人工智能数据的有限支配性，是深度共享机制的构建基础。根据三层网络理论，第一层的物理层和第二层的逻辑层均是在公共领域下的自由流通层，而人工智能数据处于第三层的内容层，具有控制性和自由流通性双重属性。由于人工智能数据是基于物理层和逻辑层进行建设，应以深度共享为核心目标，以意思自治为实施前提，并以公权力行使之必要和人身权益不受侵害为实施例外。

最后，对于人工智能数据的侵权问题，应基于“数据输入阶段的侵权问题”、“数据学习阶段的侵权问题”以及“数据输出阶段的侵权问题”分类探讨，并通过对合理使用标准、法定许可制度的完善，辅以纠纷的多元化解来实现对侵权问题的共同治理。

二、人工智能生成物的知识产权保护问题

（一）人工智能生成物著作权保护面临的挑战及回应

人工智能生成物对著作权法的客体和主体制度提出了挑战，即人工智能生成物能否成为著作权法上的“作品”，如何确定其成果的归属。本书认为，“独创性标准”对判断作品资格极为重要，是人工智能生成物可版权性问题的破题核心。人工智能生成物区别于传统的作品，其所蕴含的人格因素被大大冲淡，但著作权法的内核依然是鼓励和奖赏人类创作，独创性仍包含着对作品人格因素的期待，故判断人工智能生成物独创性，应采纳主观标准，不仅考虑作为创作结果的表达是否具有独创性，也应考虑创作过程中有无体现人格因素。本书建议，通过构建“人工智能生成物人类干预之司法判断模型”，可以筛选出人格因素达标的人工智能生成物予以著作权保护。在“人工智能创造之始”、“数据选择”以及“最终输出数据的决定”三个环节中判断是否包含人类干预因素，若包含则认为该输出数据具有独创性，从而具备成为作品的可能。将对输出数据“独创性”作出“实质性干预”的人认定为作者具有理论上的正当性。该“实质性干预者”可能是人工智能所有者、设计者或使用者。人工智能生成物人类干预判断模型的构建，有利于推进司法实践中的裁判尺度统一。

人工智能在给著作权法带来巨大冲击的同时，著作权法也可能会阻碍

人工智能技术的发展，要求著作权权利限制制度作出新的回应。合理使用制度应用于人工智能时会产生两个方面的困境：一是现行合理使用的具体列举无法适用，二是合理使用新类型司法扩张态度摇摆。本书认为，结合本土的立法实践，应当明确三步检验法成为合理使用判定的基本框架，四要素分析法可以作为三步检验法框架中着重考虑的因素，也即要得出是否与“正常使用相冲突”、是否存在“不合理损害”的结论，可以利用四要素等因素进行说理，将“四要素”按照情况置于第二、三步检测中，使之更具可操作性。照此，对人工智能利用作品的行为进行分析，合理使用或可以为其提供合法性理由。现行法定许可制度在实际运行中存在诸多难点，可以从制度的基本要素、相关制度保障以及技术支撑三个方面进行完善，建立“数字版权集体管理组织”，采用“先用后付、以收定付”的许可费收取原则，可以使该项制度得以具体落实。

（二）人工智能生成物专利权保护面临的挑战及回应

首先，人工智能专利申请面临的问题为此类发明是否属于专利授权的客体，既需要从是否属于“智力活动”的规则和方法以及伦理道德方面进行审查，也需要对其是否具备“新颖性”“创造性”“实用性”等要件进行审查。

其次，须明确人工智能生成发明的专利权人及发明人。依据现行法律与国际实践，人工智能无法独立行使权利亦无法独立承担义务，且不具备激励理论下主体的要求。因此，人工智能生成发明的专利权人仍应是具有法律主体地位的自然人、法人及非法人组织。在人工智能生成物的权利归属认定中应遵循约定优先的原则，判定“实质性贡献”者为专利权人。

对于人工智能生成物发明人地位的认定，应当结合人工智能技术发展的三个阶段分别探讨。在人工智能辅助生成发明的阶段，自然人依旧是人工智能生成发明专利的发明人。在人机合作生成发明和人工智能独立生成发明的背景下，均涉及人工智能发明人资格的认定问题。本书认为，人工智能作为人机合作生成发明和独立生成发明的贡献者，应当享有发明人的署名资格。但是“人工智能”所具备的发明人身份，并非以独立的民事主体地位为前提条件，该身份只是其技术层面实际参与该发明专利这一客观行为的象征，“署名资格”是以区分专利来源为目的，实际上是对人工智能的标注。专利权人对人工智能的发明人身份也有披露义务，以避免自然人窃取人工智能的发明成果，造成专利市场秩序的混乱，并阻碍科技创新发展。

最后，需要考察人工智能发明侵权问题。人工智能生成发明侵权的产生具有多阶段、不可预测性、多主体性等特点。在最低端的辅助生成发明模式中，人工智能仅作为人类发明人的辅助工具来参与发明创造活动，无疑应由其使用该人工智能进行发明创造的主体承担侵权责任。而在人机合作生成发明的过程中，发生的侵权行为中存在人类与人工智能合作的因素，单独由人类或人工智能均无法完成完整的发明创造，因此很难将发生的专利侵权结果归因于单个主体，需要运用侵权法上多数人侵权理论，区别共同侵权和分别侵权情形，针对不同技术阶段、考虑不同责任主体所实施的行为对侵权结果产生的作用，对其应当承担的连带责任或按份责任进行具体考量。

三、人工智能技术对知识产权法律实践产生的挑战及回应

（一）著作权法领域自动化“通知—删除”程序面临的挑战与回应

在智能化时代，从著作权人通知发送的自动化到网络服务提供者通知审查的自动化，再到当前热门的作品生成自动化和司法裁决自动化，都是高度依赖算法进行资源分配和规则治理。客观而言，在算法引发的自动化“通知—删除”实践中，算法的嵌入和应用本质上有助于更高效地解决网络著作权侵权纠纷，但是，算法带来的通知规模大幅扩大和通知错误侵权

隐患，也对著作权法上的“通知—删除”规则提出了新的挑战。本书基于实证数据分析，得出以下观点：其一，规范权利人的自动化通知行为，应完善通知的构成要件，对错误通知进行分类规制，并建立恶意通知的惩罚性赔偿制度。其二，规范网络服务提供者的自动化删除行为，要建立网络服务提供者自动化删除措施的自愿选择机制。在自动化删除表单系统下，应建立权利人作品事先备案机制。在算法过滤系统下，著作权法应对网络服务提供者承担的合理使用审查义务和免责情形作出原则性规定。其三，在反通知程序中，为促进反通知程序的正当使用，对于善意的反通知人予以免责；反之，对于恶意的反通知人应当增加惩罚性赔偿。

（二）人工智能对高校专利开放许可制度的影响

人工智能技术可以助力专利成果转化运用，在高校中，专利开放许可应用场景主要体现在以下几个方面：其一，建立人工智能专利价值评估机制。人工智能技术以产业政策、专利数据、需求数据和交易数据等为支撑，按照转化优先的原则选择指标参数，搭建起评价维度广、权重分配合理的分析模型，为评价筛选机制的建立提供了良好的理论和数据基础。其二，建立人工智能专利检索平台，人工智能通过深度学习提升专利信息的检索质量和效率。其三，建设高校专利开放许可数据库，为专利信息服务人员、研发人员、企业提供全自动批量处理和智能分析专利数据，人工智能自动生成全面、可靠的专利分析报告。其四，借助人工智能技术实现高校专利和企业需求的智能匹配、精准对接，帮助专利权人快速发现潜在买家，或者帮助企业以及投资者准确寻找合适的投资项目，最终促进交易。

（三）人工智能技术对商标制度的影响

人工智能在改变消费环境和消费方式的同时，也改变了商标的基础功能理论与一般消费者观念。由于商品的购买更加依赖人工智能算法的合理性，相关的服务提供者以及网络销售平台需要尽到更高的审查过滤义务，防止对消费者产生误导或者混淆。人工智能技术的应用也对商标检索、商标管理实践提出了挑战。商标检索中的人工智能应用场景包括：商标申请过程中的商品类别和服务自动推荐、对类似商标的识别、对商品和服务相似性的协助性检查等。目前人工智能在商标检索中的应用尚未普及，实质仍是以“人”为主的商标检索模式，需确立以“人”为风险和责任主体的商标检索人工智能适用规则。商标管理中的人工智能应用场景包括：检测申请商标的合法性、检测是否与在先商标近似等。由于商标涉及的文化内涵往往需要依靠主观及上下文进行判断，因此，在商标管理中适用人工智能技术具备局限性，应当依据特定制度与环境进行适应性应用。

（四）人工智能深度仿冒技术对表演者权制度提出的挑战与回应

深度仿冒技术是把“双刃剑”，随深度仿冒技术运用而生的新型表演形态对传统表演者权的客体、权利内容及责任主体带来了系列挑战。应进一步完善表演者权制度，将数字化虚拟“表演”纳入邻接权客体范畴，重新解读表演者署名权、保护表演形象完整权和信息网络传播权，促进深度仿冒内容的正向传播。与此同时，应强调深度仿冒的责任主体为“技术制作者和平台”双主体，明确技术制作者的“声明与标识”义务，强化平台的监管责任和审核义务，以推动标识管理制度落实，实现对深度仿冒表演行为的有效法律规制。

无论是人工智能技术成果的创造和应用，还是人工智能产业的发展，知识产权制度都是重要的支点。人工智能知识产权法律问题研究是一项伴随技术发展值得长期探索并与时俱进的工作，本书只是选择了人工智能时代的几个代表性问题展开了探讨，提出了较为宏观的知识产权保护对策建议与制度建设方案。下一步，我们仍需紧跟国际前沿，立足中国实际，进一步深化人工智能时代知识产权制度的理论和实务研究。

参考文献

一、中文专著

[1]吴军:《信息传》,中信出版集团股份有限公司2020年版。

[2]高富平:《信息财产——数字内容产业的法律基础》,法律出版社2009年版。

[3]王迁:《知识产权法教程》(第6版),中国人民大学出版社2019年版。

[4][德]M.雷炳德:《著作权法》,张恩民译,法律出版社2005年版。

[5]王迁:《知识产权法教程》(第5版),中国人民大学出版社2016年版。

[6][德]黑格尔:《法哲学原理》,范扬、张企泰译,商务印书馆1961年版。

[7]彭立静:《伦理视野中的知识产权》(第1版),知识产权出版社2010年版。

[8]《保护文学和艺术作品伯尔尼公约(1967年巴黎文本)指南(附英文文本)》,刘波林译,中国人民大学出版社2002年版。

[9]崔国斌:《著作权法:原理与案例》,北京大学出版社 2014年版。

[10]吴汉东:《知识产权总论》(第4版),中国人民大学出版社2020年版。

[11]刘春田主编:《知识产权法》(第5版),高等教育出版社2015年版。

[12]李明德、管育鹰、唐广良:《〈著作权法〉专家建议稿说明》,法律

出版社2012年版。

[13]李明德:《美国知识产权法》(第2版),法律出版社2014年版。

[14][澳]彼得·德霍斯:《知识财产法哲学》,周林译,商务印书馆2008年版。

[15][美]罗伯特·P. 莫杰思:《知识产权正当性解释》,金海军、史兆欢、寇海侠译,商务印书馆2019年版。

[16][德]埃尔温·多伊奇、[德]汉斯-于尔根·阿伦斯:《德国侵权法——侵权行为、损害赔偿及痛苦抚慰金》(第5版),叶名怡、温大军译,中国人民大学出版社2016年版。

[17]王利明等主编:《侵权责任法条文释义》,人民法院出版社2010年版。

[18]王利明:《侵权行为法归责原则研究》,中国政法大学出版社2004年版。

[19]宋哲:《网络服务商注意义务研究》,北京大学出版社2014年版。

[20]魏薇、牛金行、景慧昀:《人工智能安全》,化学工业出版社2020年版。

[21]郑成思:《版权法》(修订本),中国人民大学出版社1997年版。

[22]吴高盛主编:《〈中华人民共和国著作权法〉释义及实用指南》,中国民主法制出版社2015年版。

二、中文期刊

[1]谭铁牛:《人工智能的历史、现状和未来》,载《智慧中国》2019年第Z1期。

[2]邹蕾、张先锋:《人工智能及其发展应用》,载《信息网络安全》2012年第2期。

[3]答凯艳:《人工智能的过去、现在和未来》，载《系统科学学报》2022年第1期。

[4]何立民:《人工智能时代是什么时代？》，载《单片机与嵌入式系统应用》2020年第4期。

[5]吴汉东:《人工智能时代的制度安排与法律规制》，载《法律科学（西北政法大学学报）》2017年第5期。

[6]吴汉东、张平、张晓津:《人工智能对知识产权法律保护的挑战》，载《中国法律评论》2018年第2期。

[7]杨延超:《人工智能对知识产权法的挑战》，载《治理研究》2018年第5期。

[8]马忠法、彭亚媛、张驰:《与人工智能相关的主要知识产权法律问题》，载《武陵学刊》2019年第1期。

[9]邓美薇:《日本人工智能的战略演进和发展愿景及其启示》，载《日本问题研究》2022年第2期。

[10]张吉豫:《智能时代算法专利适格性的理论证成》，载《当代法学》2021年第3期。

[11]陶阳明:《经典人工智能算法综述》，载《软件导刊》2020年第3期。

[12]孙建丽:《试论算法的法律保护模式》，载《电子知识产权》2019年第6期。

[13]李晓辉:《算法商业秘密与算法正义》，载《比较法研究》2021年第3期。

[14]徐小奔:《人工智能“创作”的人格要素》，载《求索》2019年第6期。

[15]狄晓斐:《人工智能算法可专利性探析——从知识生产角度区分抽象概念与具体应用》，载《知识产权》2020年第6期。

[16]梁志文:《论算法排他权:破除算法偏见的路径选择》,载《政治与法律》2020年第8期。

[17]陈小静、黄少晖、梁永宏:《浅析计算机软件技术信息的商业秘密鉴定》,载《中国发明与专利》2013年第8期。

[18]张凌寒:《商业自动化决策的算法解释权研究》,载《法律科学(西北政法大学学报)》2018年第3期。

[19]杜小奇:《多元协作框架下算法的规制》,载《河北法学》2019年第12期。

[20]张怀印、凌宗亮:《区块链技术在商标领域的证明作用》,载《知识产权》2018 年第5期。

[21]张怀印:《区块链技术与数字环境下的商业秘密保护》,载《电子知识产权》2019年第3期。

[22]王利明:《人工智能时代对民法学的新挑战》,载《东方法学》2018年第3期。

[23]林洹民:《个人对抗商业自动决策算法的私权设计》,载《清华法学》2020年第4期。

[24]邱福恩:《人工智能算法创新可专利性问题探讨》,载《人工智能》2020年第4期。

[25]刘友华、李新凤:《人工智能生成的技术方案的创造性判断标准研究》,载《知识产权》2019年第11期。

[26]邓建志、程智婷:《人工智能对专利保护制度的挑战与应对》,载《南昌大学学报(人文社会科学版)》2019年第2期。

[27]王玉林、高富平、曾咏梅:《信息服务与信息交易视野下的信息分类研究》,载《情报理论与实践》2015年第12期。

[28]张书青:《脚印与路:个人信息保护与大数据权益归属》,载《电子知识产权》2018年第11期。

[29]王玉林:《大数据中个人信息开发利用法律问题研究》,载《情报理论与实践》2016年第9期。

[30]李晓辉:《信息产权:知识产权的延伸和补充》,载《电子知识产权》2013年第11期。

[31]刘金瑞:《数据财产保护的权利进路初探》,载《中国信息安全》2017年第12期。

[32]唐思慧:《大数据环境下文本和数据挖掘的版权例外研究——以欧盟〈DSM版权指令〉提案为视角》,载《知识产权》2017年第10期。

[33]吕炳斌:《个人信息权作为民事权利之证成:以知识产权为参照》,载《中国法学》2019年第4期。

[34]梅夏英:《在分享和控制之间　数据保护的私法局限和公共秩序构建》,载《中外法学》2019年第4期。

[35]王利明:《隐私权概念的再界定》,载《法学家》2012年第1期。

[36]高富平:《个人信息使用的合法性基础——数据上利益分析视角》,载《比较法研究》2019年第2期。

[37]安柯颖:《个人数据安全的法律保护模式——从数据确权的视角切入》,载《法学论坛》2021年第2期。

[38]李爱君:《数据权利属性与法律特征》,载《东方法学》2018年第3期。

[39]梅夏英、许可:《虚拟财产继承的理论与立法问题》,载《法学家》2013年第6期。

[40]张玉洁、胡振吉:《我国大数据法律定位的学说论争、司法立场与立法规范》,载《政治与法律》2018年第10期。

[41]姜福晓:《对人格权财产化和财产权人格化统一解释的初步思考》,载《理论月刊》2013年第9期。

[42]韩旭至:《数据确权的困境及破解之道》,载《东方法学》2020年

第1期。

[43]刘德良:《个人信息的财产权保护》,载《法学研究》2007年第3期。

[44]胡凌:《商业模式视角下的“信息/数据”产权》,载《上海大学学报(社会科学版)》2017年第6期。

[45]龙卫球:《再论企业数据保护的财产权化路径》,载《东方法学》2018年第3期。

[46]郝思洋:《知识产权视角下数据财产的制度选项》,载《知识产权》2019年第9期。

[47]杜振华、茶洪旺:《数据产权制度的现实考量》,载《重庆社会科学》2016年第8期。

[48]崔国斌:《大数据有限排他权的基础理论》,载《法学研究》2019年第5期。

[49]曹阳:《非典型作品著作权保护的审慎原则证成与修正》,载《电子知识产权》2019年第12期。

[50]江帆:《论人工智能创作物的公共性》,载《现代出版》2020年第6期。

[51]许明月、谭玲:《论人工智能创作物的邻接权保护——理论证成与制度安排》,载《比较法研究》2018年第6期。

[52]梁志文:《论人工智能创造物的法律保护》,载《法律科学(西北政法大学学报)》2017年第5期。

[53]郑远民、贺栩溪:《结果视角下人工智能生成物的保护路径检讨》,载《科技与法律》2020年第3期。

[54]郭艳:《人工智能创作物著作权制度难题及破解》,载《中国出版》2018年第12期。

[55]蓝纯杰:《从生成内容到基础数据——人工智能法律保护的新方向》,载《科技与法律》2020年第3期。

[56]陶乾:《论著作权法对人工智能生成成果的保护——作为邻接权的数据处理者权之证立》,载《法学》2018年第4期。

[57]秦涛、张旭东:《论人工智能创作物著作权法保护的逻辑与路径》,载《华东理工大学学报(社会科学版)》2018年第6期。

[58]何炼红、潘柏华:《人工智能自主生成成果“作品观”质疑与反思》,载《贵州省党校学报》2018年第5期。

[59]魏丽丽:《人工智能生成物的著作权问题探讨》,载《郑州大学学报(哲学社会科学版)》2019年第3期。

[60]郭欢欢:《AI生成物版权问题再思考》,载《出版广角》2020年第14期。

[61]孙玉荣、刘宝琪:《人工智能生成内容的著作权问题探究》,载《北京联合大学学报(人文社会科学版)》2020年第1期。

[62]邓社民、靳雨露:《以狭义著作权保护人工智能生成物之辩》,载《北华大学学报(社会科学版)》2019年第1期。

[63]孙正樑:《人工智能生成内容的著作权问题探析》,载《清华法学》2019年第6期。

[64]金渝林:《论作品的独创性》,载《法学研究》1995年第4期。

[65]王小夏、付强:《人工智能创作物著作权问题探析》,载《中国出版》2017年第17期。

[66]黄玉烨、司马航:《孳息视角下人工智能生成作品的权利归属》,载《河南师范大学学报(哲学社会科学版)》2018年第4期。

[67]袁曾:《人工智能有限法律人格审视》,载《东方法学》2017年第5期。

[68]郭少飞:《“电子人”法律主体论》,载《东方法学》2018年第3期。

[69]熊琦:《人工智能生成内容的著作权认定》,载《知识产权》2017年第3期。

[70]易继明:《人工智能创作物是作品吗?》,载《法律科学(西北政法大学学报)》2017年第5期。

[71]卢炳宏:《论人工智能创作物独创性判断标准之选择》,载《内蒙古社会科学》2020年第4期。

[72]王迁:《论人工智能生成的内容在著作权法中的定性》,载《法律科学(西北政法大学学报)》2017年第5期。

[73]乔丽春:《"独立创作"作为"独创性"内涵的证伪》,载《知识产权》2011年第7期。

[74]何炼红、王志雄:《人工智能医疗影像诊断侵权损害赔偿法律问题》,载《政治与法律》2020年第3期。

[75]李扬、李晓宇:《康德哲学视点下人工智能生成物的著作权问题探讨》,载《法学杂志》2018年第9期。

[76]邓社民、靳雨露:《人工智能作品的著作权归属探析》,载《学术探索》2019年第2期。

[77]王果:《论计算机"创作作品"的著作权保护》,载《云南大学学报(法学版)》2016年第1期。

[78]熊琦:《著作权法中投资者视为作者的制度安排》,载《法学》2010年第9期。

[79]龙文懋:《人工智能法律主体地位的法哲学思考》,载《法律科学(西北政法大学学报)》2018年第5期。

[80]袁博:《论文学领域人工智能著作权之证伪》,载《电子知识产权》2018年第6期。

[81]李琛:《论人工智能的法学分析方法——以著作权为例》,载《知识产权》2019年第7期。

[82]曹新明、杨绪东:《人工智能生成物著作权伦理探究》,载《知识产权》2019年第11期。

[83]冯洁:《人工智能体法律主体地位的法理反思》,载《东方法学》2019年第4期。

[84]邵松、乔监松:《基于学术出版伦理的AI创作物可版权性探讨》,载《科技与出版》2019年第3期。

[85]吴汉东:《知识产权的制度风险与法律控制》,载《法学研究》2012年第4期。

[86]王文亮、王连合:《将法律作为修辞视野下人工智能创作物的可版权性考察》,载《科技与法律》2017年第2期。

[87]姚志伟、沈燚:《论人工智能创造物的著作权归属》,载《湘潭大学学报(哲学社会科学版)》2018年第3期。

[88]张惠彬、刘诗蕾:《挑战与回应:人工智能创作成果的版权议题》,载《大连理工大学学报(社会科学版)》2020年第1期。

[89]马忠法、任成:《论人工智能生成物著作权的国际可保护性——以文学艺术领域生成物为视角》,载《福建江夏学院学报》2019年第2期。

[90]张钹:《展望人工智能的未来》,载《科学世界》2020年第4期。

[91]蔡曙山:《从思维认知看人工智能》,载《求索》2021年第1期。

[92]刘宪权、胡荷佳:《论人工智能时代智能机器人的刑事责任能力》,载《法学》2018年第1期。

[93]刘艳红:《人工智能法学研究的反智化批判》,载《东方法学》2019年第5期。

[94]严福平、吴珍:《论康德哲学的批判主体性认识论》,载《学术交流》2012年第10期。

[95]许中缘:《论智能机器人的工具性人格》,载《法学评论》2018年第5期。

[96]南振兴、郭登科:《论法人人格否认制度》,载《法学研究》1997年第2期。

[97]林秀芹、游凯杰:《版权制度应对人工智能创作物的路径选择——以民法孳息理论为视角》,载《电子知识产权》2018年第6期。

[98]徐小奔、杨依楠:《论人工智能深度学习中著作权的合理使用》,载《交大法学》2019年第3期。

[99]王迁:《著作权法权利限制模式阐释》,载《中国版权》2020年第6期。

[100]李琛:《论我国著作权法修订中“合理使用”的立法技术》,载《知识产权》2013年第1期。

[101]熊琦:《著作权合理使用司法认定标准释疑》,载《法学》2018年第1期。

[102]袁锋:《论新技术环境下“转换性使用”理论的发展》,载《知识产权》2017年第8期。

[103]张金平:《人工智能作品合理使用困境及其解决》,载《环球法律评论》2019年第3期。

[104]熊琦:《著作权法定许可制度溯源与移植反思》,载《法学》2015年第5期。

[105]刘友华、魏远山:《机器学习的著作权侵权问题及其解决》,载《华东政法大学学报》2019年第2期。

[106]张曼:《论著作权法定许可的正当性基础》,载《知识产权》2013年第1期。

[107]张润、李劲松:《利益平衡视角下人工智能编创使用行为的法律定性与保护路径研究》,载《出版发行研究》2020年第11期。

[108]梁志文:《版权法上的“选择退出”制度及其合法性问题》,载《法学》2010 年第6期。

[109]董凡、关永红:《论文本与数字挖掘技术应用的版权例外规则构建》,载《河北法学》2019年第9期。

[110]初萌:《人工智能对版权侵权责任制度的挑战及应对》,载《北方法学》2021年第1期。

[111]黄保勇、施一正:《区块链技术在版权登记中的创新应用》,载《重庆大学学报(社会科学版)》2020年第6期。

[112]刘颖:《版权法上技术措施的范围》,载《法学评论》2017年第3期。

[113]许娟:《利用爬虫技术侵犯企业数据知识产权法益的司法解释》,载《苏州大学学报(哲学社会科学版)》2020年第1期。

[114]吴汉东:《知识产权的私权与人权属性——以〈知识产权协议〉与〈世界人权公约〉为对象》,载《法学研究》2003年第3期。

[115]卢炳宏:《表达型人工智能版权合理使用制度研究》,载《现代出版》2019年第4期。

[116]冯晓青:《网络环境下私人复制著作权问题研究》,载《法律科学(西北政法大学学报)》2012年第3期。

[117]钱思雯:《弱人工智能时代的法律回应——构建以产品责任为核心的责任分配体系》,载《中国科技论坛》2019年第9期。

[118]张安毅:《人工智能侵权:产品责任制度介入的权宜性及立法改造》,载《深圳大学学报(人文社会科学版)》2020年第4期。

[119]曾田:《人工智能创作的版权侵权问题研究》,载《河北法学》2019年第10期。

[120]叶名怡:《医疗侵权责任中因果关系的认定》,载《中外法学》2012年第1期。

[121]张剑文:《侵权案件审查重点及方法》,载《中国检察官》2017年第11期。

[122]崔汪卫:《人工智能出版图书的法律障碍与立法规制》,载《图书馆》2018年第12期。

[123]郭欢欢:《人工智能创作物之版权问题思考》,载《出版广角》2020年第11期。

[124]陈和芳:《论人工智能侵权责任主体的识别机制》,载《学术交流》2020年第7期。

[125]吴汉东:《人工智能生成发明的专利法之问》,载《当代法学》2019年第4期。

[126]张洋:《论人工智能发明可专利性的法律标准》,载《法商研究》2020年第6期。

[127]曹建峰:《10大建议!看欧盟如何预测AI立法新趋势》,载《机器人产业》2017年第2期。

[128]袁立科:《人工智能安全风险挑战与法律应对》,载《中国科技论坛》2019年第2期。

[129]贾引狮:《人工智能技术发展对“发明人”角色的挑战与应对》,载《科技进步与对策》2019年第3期。

[130]刘鑫:《人工智能生成技术方案的专利法规制——理论争议、实践难题与法律对策》,载《法律科学(西北政法大学学报)》2019年第5期。

[131]曹新明、咸晨旭:《人工智能作为知识产权主体的伦理探讨》,载《西北大学学报(哲学社会科学版)》2020年第1期。

[132]房绍坤、张旭昕:《我国民法典编纂中的主体类型》,载《法学杂志》2016年第12期。

[133]曹建峰、祝林华:《人工智能对专利制度的影响初探》,载《中国发明与专利》2018年第6期。

[134]刁舜:《人工智能自主发明物专利保护模式论考》,载《科技进步与对策》2018年第21期。

[135]刘瑛、何丹曦:《论人工智能生成物的可专利性》,载《科技与法律》2019年第4期。

[136]周鑫:《人工智能自主发明对我国专利制度的冲击与应对》,载《贵州省党校学报》2019年第4期。

[137]林立洲、王景:《人工智能对专利制度的影响研究》,载《科技和产业》2020年第2期。

[138]孜里米拉·艾尼瓦尔:《人工智能发明创造中的专利侵权困境及其应对》,载《中国科技论坛》2021年第4期。

[139]孜里米拉·艾尼瓦尔、姚叶:《人工智能技术对专利制度的挑战与应对》,载《电子知识产权》2020年第4期。

[140]朱雪忠、张广伟:《人工智能产生的技术成果可专利性及其权利归属研究》,载《情报杂志》2018年第2期。

[141]王利明:《论网络侵权中的通知规则》,载《北方法学》2014年第2期。

[142]叶名怡:《侵权法上故意与过失的区分及其意义》,载《法律科学(西北政法大学学报)》2010年第4期。

[143]吴汉东:《论网络服务提供者的著作权侵权责任》,载《中国法学》2011年第2期。

[144]王利明:《论我国民法典中侵害知识产权惩罚性赔偿的规则》,载《政治与法律》2019年第8期。

[145]谢光旗:《普遍与特殊:网络服务提供者的著作权审查义务》,载《西部法学评论》2013 年第3 期。

[146]姚志伟:《公法阴影下的避风港——以网络服务提供者的审查义务为中心》,载《环球法律评论》2018年第1期。

[147]崔国斌:《论网络服务商版权内容过滤义务》,载《中国法学》2017年第2期。

[148]周俊、马克、陈燕:《日本特许厅引入人工智能优化专利审查和管理》,载《中国发明与专利》2018年第1期。

[149]易继明:《专利法的转型:从二元结构到三元结构——评〈专利法修订草案(送审稿)〉第8章及修改条文建议》,载《法学杂志》2017年第7期。

[150]刘娟、路宏波:《我国引入专利开放许可制度的合理性研究——以完善科技成果转化信息汇交机制为核心》,载《中国发明与专利》2018年第10期。

[151]尹锋林、肖尤丹:《以人工智能为基础的新科技革命对知识产权制度的挑战与机遇》,载《科学与社会》2018年第4期。

[152]林建:《粤港澳大湾区高校专利大数据服务平台建设探讨》,载《中国高校科技》2020年第9期。

[153]杨华权:《论一般消费者标准在反不正当竞争法中的构建与适用》,载《知识产权》2017年第1期。

[154]杨祝顺:《商标混淆可能性的多因素测试法比较研究》,载《电子知识产权》2019年第5期。

[155]杨祝顺:《商标混淆可能性判定中的消费者注意程度》,载《电子知识产权》2020年第5期。

[156]张凌寒:《算法权力的兴起、异化及法律规制》,载《法商研究》2019年第4期。

[157]杨萍:《第四次商标浪潮》,载《中华商标》2020年第10期。

[158]蔡士林:《"深度伪造"的技术逻辑与法律变革》,载《政法论丛》2020年第3期。

[159]石巍、黄家星:《"深度仿冒"的风险与法律规制——兼论〈民法典〉相关规则适用》,载《天津法学》2020年第4期。

[160]王禄生:《论"深度伪造"智能技术的一体化规制》,载《东方法学》2019年第6期。

[161]宁柯:《五角大楼对战"深度仿冒"》,载《环球》2019年第21期。

[162]李怀胜:《滥用个人生物识别信息的刑事制裁思路——以人工

智能“深度伪造”为例》，载《政法论坛》2020年第4期。

[163]石婧、常禹雨、祝梦迪：《人工智能“深度伪造”的治理模式比较研究》，载《电子政务》2020年第5期。

[164]付微明：《个人生物识别信息的法律保护模式与中国选择》，载《华东政法大学学报》2019年第6期。

[165]高富平：《论个人信息保护的目的——以个人信息保护法益区分为核心》，载《法商研究》2019年第1期。

[166]冉克平：《论个人生物识别信息及其法律保护》，载《社会科学辑刊》2020年第6期。

[167]曹建峰、方龄曼：《“深度伪造”的风险及对策研究》，载《信息安全与通信保密》2020年第2期。

[168]孙承健：《由“拍”至“做”：数字技术开启电影的虚拟制作时代》，载《电影艺术》2019年第5期。

[169]佟鑫、李丽：《鬼畜视频著作权问题分析》，载《河南科技》2019年第15期。

[170]李扬、许清：《侵害保护作品完整权的判断标准——兼评我国〈著作权法修订草案（送审稿）〉第13条第2款第3项》，载《法律科学（西北政法大学学报）》2015年第1期。

[171]王璐：《我国著作权法“表演者”概念之厘清——以法学方法论为视角》，载《电子知识产权》2021年第9期。

[172]孙山：《人工智能生成内容著作权法保护的困境与出路》，载《知识产权》2018年第11期。

三、外文文献

[1] Jyh-An Lee, Reto M. Hilty & Kung-Chung Liu, *Artificial*

Intelligence and Intellectual Property, Oxford University Press, 2021.

[2] Mauritz Kop, *AI & Intellectual Property: Towards an Articulated Public Domain*, 28 Tex. Intell. Prop. L. J.297 (2020) .

[3] Daniel Gervais & Estelle Derclaye, *The scope of Computer Program Protection after SAS: Are We Closer to Answers?*, 34 European Intellectual Property Review 565 (2012).

[4] Sylvia Lu, *Algorithmic Opacity Private Accountability and Corporate Social Disclosure in the Age of Artificial Intelligence*, 23Vanderbilt Journal of Entertainment and Technology Law 99 (2020).

[5] Kirsten Martin, *Ethical Implications and Accountability of Algorithms*, 160 Journal of Business Ethics 835 (2018).

[6] Pauline T. Kim, *Auditing Algorithms for Discrimination*, 166 University of Pennsylvania Law Review Online 189 (2017).

[7] Wachter, Sandra, B. Mittelstadt & C. Russell, *Counterfactual Explanations without Opening the Black Box: Automated Decisions and the GDPR*, Social Science Electronic Publishing, 2017.

[8] Kroll, J. A., Barocas, S., Felten, E. W., Reidenberg, J. R., Robinson, D. G.u, H., *Accountable Algorithms*, 165 University of Pennsylvania Law Review 633 (2017).

[9] Kitchin, Rob, *Big Data New Epistemologies and Paradigm Shifts*, 1Big Data & Society, 1 (2014).

[10] Brent Daniel Mittelstadt, Patrick Allo, Mariarosaria Taddeo, Sandra Wachter & Luciano Floridi, *The Ethics of Algorithms: Mapping the Debate*, 3 Big Data & Society 1 (2016).

[11] Valeria Falce, *Uses and Abuses of Database Rights*, in Peter Drahos, Gustavo Ghidini & Hanns Ullrich eds., Kritika: Essays on Intellectual Property,

Edward Elgar Pub. (2020).

[12] Daniel Gervais, *Exploring the Interfaces between Big Data and Intellectual Property Law*, 10 Information Technology and Electronic Commerce Law 1 (2019).

[13] Sandra Wachter, Brent Mittelstadt, *A Right to Reasonable Inferences: Re-Thinking Data Protection Law in the Age of Big Data and AI*, Colum. Bus. L. Rev. 494 (2019).

[14] Josef Drexl, *Legal Challenges of the Changing Role of Personal and Non – Personal Data in the Data Economy*, 2018 Max Planck Institute for Innovation & Competition Research 18 (2018).

[15] Pamela Samuelson, *Challenges in Mapping the Public Domain*, in Lucie Guibault & Bernt Hugenholtz eds., The Future of the Public Domain: Identifying the Commons in Information Law, Kluwer Law International, 2006.

[16] Mauritz Kop, *AI & Intellectual Property: Towards an Articulated Public Domain*, 28 Texas Intellectual Property Law Journal 324 (2020).

[17] Lawrence Lessig, *The Architecture of Innovation*, 51 Duke Law Journal 1783 (2002).

[18] KalRaustiala & Christopher Sprigman, *The Piracy Paradox Revisited*, 61 Stanford Law Review 1201 (2009).

[19] Hristov & Kalin, *Artificial Intelligence and the Copyright Dilemma*, 57 The Journal of the Franklin Pierce Center for Intellectual Property 431(2017).

[20] Jonathan Griffiths, Lionel Bently & William R. Cornish, *UK*, § 2〔b〕〔i〕, in Paul Edward Geller eds., International Copyright Law and Practice, Matthew Bender & Company, Inc. 2015.

[21] Robert P. Merges, Peter S. Menell & Mark A. Lemley, *Intellectual Property in the New Technological Age* (6th edition), Wolters Kluwer Law &

Business, 2012.

[22] Kalin Hristov, *Artificial Intelligence and the Copyright Dilemma*, Vol. 57. No.3 The Journal of the Franklin Pierce Center for Intellectual Property 431 (2017).

[23] Chakraborty, *Avishek, Authorship of AI Generated Works under the Copyright Act,* 1957: *An Analytical Study*, 8 Nirma University Law Journal 17(2019).

[24] Kohn & Paige E., *How Artificial Intelligence Is Revolutionizing the Legal Practice*, Witness Litigation, 2016.

[25] Sag, M., *Copyright Law's Impact on Machine Intelligence in the United States and The European Union*, 14 FIU Law Review 293 (2020).

[26] Calo Ryan, *Artificial Intelligence Policy*: *A Primer and Roadmap*, 51U. C. Davis Law Review 399 (2020).

[27] Pierre N. Leval, *Toward a Fair Use Standard*, 103 Harvard Law Review 1105 (1990).

[28] Gillotte & Jessica L., *Copyright Infringement in AI-Generated Artworks*, 53 U.C. Davis Law Review 2655 (2020).

[29] Carroll & Michael W., *Copyright and the Progress of Science*: *Why Text and Data Mining Is Lawful* , 53 UC Davis Law Review 1 (2019).

[30] Gordon, Wendy J., *Fair Use as Market Failure: A Structural and Economic Analysis of the Betamax Case and Its Predecessors* , 30 Journal of the Copyright Society of the U.S. A. 253 (1983).

[31] Gordon, Wendy J., Bahls & Daniel, *The Public's Right to Fair Use*: *Amending Section* 107 *to Avoid the Fared Use Fallacy*, 3 Utah 2007 Law Review 619 (2007).

[32] Sobel & Benjamin L. W., *Artificial Intelligence's Fair Use Crisis*,

41 Columbia Journal of Law & the Arts 45 (2017).

[33] Yu, Peter K., *Can Algorithms Promote Fair Use*?, 14 FIU Law Review 329 (2020).

[34] Ben Hattenbach & Joshua Glucoft, *Patentsinan EraofInfinite Monkeys and Artificial Intelligence*, 19 Stanford Technology Law Review 32 (2015).

[35] Rafael Dean Brown, *Property Ownership and the Legal Personhood of Artificial Intelligence*, 30 Information & Communications Technology Law 208(2020).

[36] Pamela Samuelson, *Allocating Ownership Rights in Computer-Generated Works*, 47 Pittsburgh Law Review 1185 (1986).

[37] Meng yu Wan, *The Challenge and Research of Artificial Intelligence to the Legal Problems of Intellectual Property*, 329 Advances in Social Science, Education and Humanities Research 1484(2019).

[38] Whitlow L., *When the Invented Becomes the Inventor*: *Can and Should AI Systems be Granted Inventorship Status for Patent Applications*?, 2 Legal Issues in the Digital Age 3(2020).

[39] Nicholas W. Bramble, *Safe Harbors and the National Information Infrastructure*, 64 Hastings Law Journal 355(2013).

[40] Daniel Seng, *The State of the Discordant Union*: *An Empirical Analysis of DMCA Takedown Notices*, 18 Virginia Journal of Law Technology 369 (2014).

[41] Jennifer M. Urban & Laura Quilter, *Efficient Process or "Chilling Effects"? Takedown Notices Under Section* 512 *of the Digital Millennium Copyright Act*, 22 Santa Clara Computer and High Technology Law Journal 621 (2006).

[42] Matthew Sag, *Internet Safe Harbors and the Transformation of*

Copyright Law, 93 Notre Dame L. Rev. 499(2018).

[43] Matthew Sag Loyola, *Internet Safe Harbors and the Transformation of Copyright Law* , 93 Notre Dame L. Rev. 538(2018).

[44] Sonia Katyal & Jason Schultz, *The Unending Search for the Optimal Infringement Filter*, 112 Columbia Law Review Sidebar (2012).

[45] Annemarie Bridy, *Copyright's Digital Deputies: DMCA-Plus Enforcement by Internet Intermediaries* (July 9,2015), in John A. Rothchild ed., Research Handbook on Electronic Commerce Law, Edward Elgar, 2016.

[46] Sonia Katyal, *The New Surveillance*, 54 Case Western Reserve Law Review 297 (2003).

[47] Lee Curtis & Rachel Platts, *AI Is Coming and It Will Change Trade Mark Law*, 271 Managing Intell. Prop. 9 (2017).

[48] Michael Grynberg, *AI and the "Death of Trademark"*, 108 Ky. L. J. 199(2020).

[49] Sonia K. Katyal, *Private Accountability in the Age of Artificial Intelligence*, 66 UCLA L. Rev. 54(2019).

[50] Sonia K. Katyal & Aniket Kesari, *Trademark Search Artificial Intelligence and the Role of the Private Sector*, 35 Berkeley Tech. L.J. 501(2020).

[51] Moerland, A. & Freitas, C., *Artificial Intelligence and Trade Mark Assessment*, in Hilty, R., Liu, K−C. & Lee, J−A. eds., Artificial Intelligence & Intellectual Property, Oxford University Press, 2021.

[52] Robert Chesney & Danielle Citron, *Deepfakes and the New Disinformation War: The Coming Age of Post-Truth Geopolitics*, 98 FOREIGN AFF. 147 (2019).

[53] Holly Kathleen Hall, *Deepfake Videos: When Seeing Isn't*

Believing, 27 CATH. U. J. L. & TECH 51 (2018).

[54] Copyright Enforcement and the Internet, *Wolters Kluwer Law and Bussiness*, Irini A. Stamatoudi, 2010.

[55] Leena Ajit Kaushal, *Book Review*: *Arun Sundararajan the Sharing Economy*: *The End of Employment and the Rise of Crowd-Based Capitalis*, 2017 Vision−The Journal of Business Perspective 238 (2017).

[56] Jane Bambauer, *Is Data Speech*? , 66 Stan. L. Rev. 57 (2014).

[57] Van der Noll et al., *Flexible Copyright - The Law and Economics of Introducing an Open Norm in the Netherlands, Commissioned by the Dutch Ministry of Economic Affairs*, 60 Agriculture & Innovation 1 (2012).

[58] Nils J. Nilsson, *The Quest for Artificial Intelligence*: *A History of Ideas and Achievements*, Cambridge Univ. Press, 2010.

[59] L. Ray Patterson & Stanley W. Lindberg, *The Nature of Copyright*: *A Law of Users' Right*, The University of Georgia Press, 1991.

[60] Ryan B. Abbott, *Patenting the Output of Autonomously Inventive*, 10 Landslide 16 (2017).

[61] Modkova Antonia & Hemma Vara, *The Robot Revolution-Reinventing Inventorship*, 111 *Intellectual Property Forum*: *Journal of the Intellectual and Industrial Property Society of Australia and New Zealand*, 11(2018).

[62] W. Michael Schuster, *Artificial Intelligence and Patent Ownership*, 75 Wash. & Lee L. Rev. 1945 (2018).

[63] Zoe Carpou, *Robots Pirates and the Rise of the Automated Takedown Regime*: *Using the DMCA to Fight Piracy and Protect End-Users*, 39 COLUM. J.L. & ARTS 573 (2016).